江戸東京

ご利益事典

長沢利明

目次

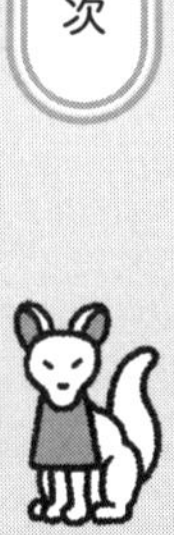

笠間書院

はじめに

人は誰でも、いろいろな願いごとを持って生きています。病気を治したい、長生きをしたい、事業や商売を成功させたい、受験に合格したい、理想の伴侶にめぐりあって結ばれたい、良い会社に就職したい、芸能人になってデビューしたい、諸芸の奥義をきわめてその道の大家になりたい、などなど言い出したらきりがないでしょう。願望を成就させるためには、個人の努力と精進とが強く求められるのは当然ですが、神仏の加護に頼ってみようと思うことも、そこにあってよいと思います。そのための案内書として作られたのがこの本で、事典の形式を取ってはいるものの、神仏参りのためのガイドブックと思っていただけたならさいわいです。

この事典には、東京都内にある民間信仰・庶民信仰の対象としての諸神仏、すなわち「ご利益神仏」をできるだけ多く取り上げ、その効験とご利益、さらにはそうした信仰の生まれた歴史的経緯などが極力わかりやすく、かつ簡略に解説されています。ここに収録されたご利益神仏は、特定の具体的なご利益分野を明確に持つもの、民俗学的に見て重要と思われるもの、という選択基準に沿って選ばれています。家内安全・商売繁盛・諸病平癒・受験合格といった具合に、何でもかんでもご利益があるという総合的なものは、逆にあまり選ばれてはおりません。「百貨店型」よりは「専門店型」を重視したということなのです。あれほど著名な寺社が収録されていないのはおかしいではないか、と感ずる読者もおられるかも知れませんが、これは通常の寺社事典ではなくて、ご利益神仏事典なのです。その点をぜひ、おわかりいただきたいと思います。

さて、二〇二〇年は散々な年でした。新型コロナウイルス感染症の大流行は、多大な社会影響をもたらし、学園や公共施設は閉鎖され、多くのイベント行事などが中止に追い込まれて、巣ごもり生活とテレワークとが日常化してしまうこととなりました。とはいえコロナ禍は、疫病退散のための新たな信仰のあり方を、ぞくぞくと生み出す契機ともなり、そうした民間信仰の復活と活性化をもたらしていて、寺社側の対応には非常にすばやいものがあったのです。この事典が世に出る頃、世の中は一体どうなっていることでしょう。パンデミックが早く終息し、誰もが自由に外に出られるようになれば、皆さんがこの事典を片手に各地の寺社をたずねつつ、半日程度のウォーキングを楽しんでいただくこともできると思います。

「アフター・コロナは神仏まいり！　マスクをはずして街へ出よう！」などというキャッチ・コピーさえ、私たちは考えてみたのですが、少々はしゃぎ過ぎでしょうか。でも、早くそういう世の中になってもらいたいものです。寺社をたずねることは、その土地の歴史や文化に触れるということでもあります。そうした体験を通じ、私たちは日常生活をもっと豊かでみのり多いものにしていくことができるのではないでしょうか。もう少しの辛抱です。この事典がおおいに活用され、役立つ時がやってくることを、私は心から願っています。

二〇二一年四月一日

長沢利明

凡例

◎本事典は、江戸東京ゆかりのご利益神仏を極力たくさん取り上げ、それらに簡単な解説をほどこしつつ、まとめてみたものである。約六四〇項目を収録しているが、もちろんあらゆる事例を取り上げることなど到底できないので、特に重要と思われるもののみを精選した。残念ながら収録できなかったものも多いが、基本的なものは一応一通り網羅することができたものと思われる。

◎本事典に収録されたご利益神仏は、ある特定のご利益に特化したものを中心としており、あらゆる願いごとを叶えてくれるという「諸願成就」型の神仏は、あえて除外されている。ために、大寺・大社であるにもかかわらず、収録されなかった寺社も多い。

◎ここに収録された諸神仏についての解説は、そのご利益ということがメイン・テーマであるため、祭神名や本尊名、宗旨や縁起由緒といった解説は、まずほとんど省略されている。そうした基本情報を知りたいと思われる読者は、ぜひ寺院名鑑や神社誌などを閲覧していただきたい。本事典でおもに解説されているのは、あくまでもご利益ということが中心である。そのご利益がいかにして生まれたのか、どのように受け入れられていったのか、といった伝承情報については、極力くわしい解説をほどこしておいたので、参考にしていただきたいと思う。

◎本事典に収録されている約六四〇項目のご利益神仏は、現在の東京都内の全域に分布しており、都心部二十三区内・多摩地域・島嶼《とうしょ》部の全市区町村を網羅して選択されている。ひとつの市区町村から最低でも一項目は立項がなされるように気を配り、地域的バランスに配慮をしたつもりである。

◎本事典には、すでに消滅してしまい、現存しないものもいくつか収録されているが、そうしたものを何でもすべて取り上げたということではない。歴史上、特に重要と思われるもののみを、そのように扱った。

◎個人の自宅敷地内に祀られているものについては、当事者が迷惑をこうむることを避け、一部を除いてほぼそのすべてを削除し、本事典には収録しなかった。かなり重要なものも多く、何とも惜しい気もするのであるが、この事典を読んだ一部の人々が、勝手に個人の敷地内に立ち入ることがあってはならないし、人に迷惑はかけられない。ご理解を願いたい。

◎個々の項目名の小見出しには、その寺社の正式名称ではなく、すべて通称・俗称が用いられている。たとえば「神田神社」は「神田明神」、「真源寺」は「入谷鬼子母神」と表記されることになる。その方がわかりやすいと思われたので、それで統一したのであるが、きちんとした呼び名は、本文中の記述で知ることができる。参考文献については、必要最小限のものを挙げておくにとどめた。

◎本事典の末尾には、いくつかの索引が設けられている。地域別・ご利益別・祭神本尊別など、いろいろなやり方での検索が可能である。事典の本文は単なる五十音別に項目を並べたに過ぎない。重要なのは索引なのであって、いろいろな角度からの検索を通じて、目標を探してみていただきたい。

◎複数の寺社を参詣する巡拝型の信仰対象は、数多く見られる。たとえば七福神めぐりなどは現在、東京都内に約二十コースもあって、今なお増えつつある。観音信仰関係の三十三ヶ所・八十八ヶ所めぐりの類も、枚挙にいとまもないほど多くのコースがあって、今でも巡拝はさかんである。本事典は、個別の神仏に関する信仰実態を記録することを基本方針としているので、複数の寺社で構成される対象は除外せざるを得なかった。とはいえ、七福神めぐりの場合、江戸東京はその歴史も古く、発祥の地といっても過言ではないので、まったく無視するわけにもいかない。そこで、数ある巡拝コースの中でも、江戸時代から存在する重要な老舗クラスのもののみについて、立項しておくことにした。

◎ごく最近になって祀られた新しいご利益神仏も数多く見られるが、あまりに奇をてらったもの、一時的流行に終わりそうなもの、などなどは、あえて収録しなかった。とはいえ、それに近いものであっても、すでにすっかり定着して社会に受け入れられているもの、多くの信徒に支持されているものなどについては取り上げておくことにした。

◎ご利益分野の中でも特に多いのは「病気平癒」であるが、江戸時代に用いられていたさまざまな病名用語のうち、現代ではリアリティを失ってしまっているものも多くみられる。それらは現代的な病名一般と読み替えても差しつかえはない。

あ

阿《あ》於《お》芽《め》猫《ねこ》祖《そ》神《じん》

青梅市住江町一二

御利益

○商売繁盛
○金運成就

青梅市の総鎮守社である住吉神社の境内には、ユーモラスな表情の猫神がいくつも祀られている（**恵比須猫・大黒天猫**参照）。境内入口の祠《ほこら》の中に祀られているのが「阿於芽猫祖神」で、地元商店街の**商売繁盛**を願い、平成十年（一九九八）に祀られたものである。祠の中に安置されている猫神の銅像は、右手をあげて金運を呼び寄せるポーズを取っており、左手にはマタタビの葉を持っている。目は青いが、「青目《あおめ》」を「青梅《おうめ》」に掛けており、それを「阿於芽」と表記している。

猫神の目が青いのは青梅の青に掛けている

赤《あか》紙《がみ》仁《に》王《おう》

北区田端二ノ七

御利益

○病気平癒
○疾病退散

田端の東覚寺に祀られている**病気治し**の仁王尊。一般に仁王といえば、寺院の参道入口に立つ仁王門の中に巨大な木像が祀られていることが多いが、当寺のそれは珍しい石造の一対の仁王像で、護摩堂の前に高さ二メートルもある大きなそれが立っている。向かって右側が口を開けた阿形像《あぎょうぞう》で、左側は口を閉じた吽形像《うんぎょうぞう》となっている。仁王像の背銘には、「施主道如宗海上人東岳寺賢盛代、寛永十八年辛巳天八月廿一日」とあり、江戸市中に流行していた疫病をしずめるために、宗海上人が寛永十八年（一六四一）、像を建立したと伝えられる。この仁王像に病気平癒の祈願をおこなうには、短冊状の赤い紙を寺から分けてもらい、仁王の身体に糊でそれを貼り付けて祈るのが決まりとなっている。まずは阿形像から、次に吽形像に対して祈り、赤紙を貼る。頭痛持ちの人であれば仁王の頭上に、心臓病を病む人であればその胸の所に赤紙を貼る。自分の身体の病気の部位と同じ場所に赤紙を貼って、その治癒を願うと、全快するといわれている。左右の両像の同じ所に一枚ずつ赤紙を貼らねばならない。赤い紙の色は、悪魔をしりぞける火の色であるという。頭のてっぺんから足腰に至るまで、どのような身体部位の病気でも治してくれるといわれており、祈願者の病を仁王が身代わりになって引き受け、心身安穏をもたらしてくれるのだという。こうした祈願習俗は、明治時代から始まったといわれている。祈願が聞き届けられ、病気が治ったならば、礼参りにワラジを奉納するのも決まりごととなっており、両像のかたわらには、おびただしい数のワラジがつねに納められている。仁王様は、祈願者・病人を見舞うために日夜歩かれるので、さぞかしたくさんのワラジが必要だろうから、との思いやりがそこに込められているともいう。毎日毎日、多くの祈願者らが赤紙をベタベタと貼っていくので、時には仁王の全身が赤紙のかたまりのようになり、それが仁王なのか何なのか、すっかりわからなくなってしまうこともあるほどで、それほど多くの祈願者がいることを物語っている。

なお、この仁王像は江戸時代までは、田端村の鎮守社である田端八幡神社の入口にあり、明治時代の神仏分離で東覚寺の九品仏堂前に移された。さらに平成二十年（二〇〇八）には、道路の拡張によって再び移転をし、護摩堂前の現在地へと移されている。

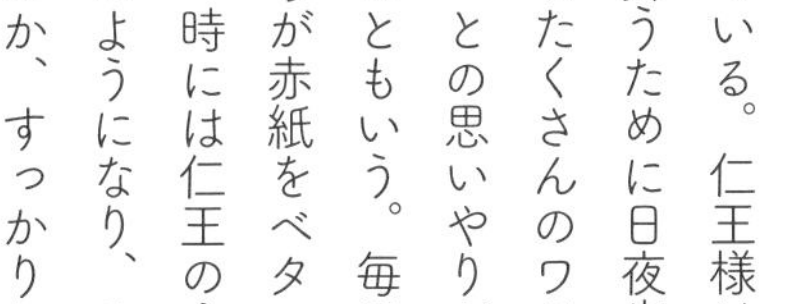
自分の病気の部位と同じ場所に赤紙を貼り治癒を願う

［参考文献］北区役所（編）、一九五一『北区史』、北区役所。北区役所（編）、一九七一『新修北区史』、北区役所。

赤《あか》城《ぎ》神《じん》社《じゃ》

新宿区赤城元町一ノ一〇

御利益

- 商売繁盛
- 芸能上達
- 良縁成就

牛込の総鎮守である赤城神社は、上《こうず》野国《けのくに》の豪族大胡《おおご》氏が牛込に進出した際、故郷の赤城山の神を当地に移して祀った神社で、最初の鎮座地であった旧牛込早稲田村田島にも元赤城神社（新宿区早稲田鶴巻町五六八）が祀られており、それが元宮である。のちに神楽坂上の現在地へと遷座した。神楽坂の歓楽街に近いこともあり、戦前は神楽坂芸者たちや水商売関係者らがさかんにおとずれ、良い客がついてくれるようにと繁盛祈願をおこなった。現在でも、神楽坂商店街の商店主らによってあつく信仰されており、参拝者も多い。当社の主祭神である磐筒雄命《いわつつおのみこと》は、**殖産興業・厄難消除・学問芸術振興・火災防止**の神としても、信心されている。さらに近年では、テレビ・映画業界関係者や芸能界、プロレス団体の興行関係者などが熱心な信心を寄せるようになり、そうした業界では有名な神社となりつつある。そもそもの始まりは、漫画家の水木しげる氏の代表作品である『ゲゲゲの鬼太郎』がテレビ・アニメ化されることになった時、同氏が赤城神社にヒット祈願の祈祷《きとう》を依頼したことにあったといい、それが縁で鬼太郎の「ちゃんちゃんこお守り」・「目玉おやじお守り」などが赤城神社から授与されるようにもなった。その後、劇場映画やテレビドラマ、アニメ作品などの制作スタッフらがクランクインの前に赤城神社をおとずれようになり、まずは撮影・制作現場での安全祈願をおこない、作品が完成すればそれがヒットすることを祈って、再び神前での祈祷を受けに来るのがさかんになった。歌謡曲の歌手らが、新曲の大ヒットを祈願するためにおとずれることも多い。プロレスの興行団体では、試合の安全祈願を依頼するためにやってくる。映画界でいえば『呪怨』など、テレビのアニメドラマでいえば『金田一少年の事件簿』などが、この神社のご利益で大ヒットを記録することができたといわれている。これら芸能関係者らが、制作した作品名や祈願の趣旨を記して奉納していったたくさんの木札が、境内には掲げられている。近年ではさらに、女性の願いごとを叶えてくれるパワースポットとしても注目されており、女性参拝者に人気がある。**良縁成就・夫婦円満・安産達成**などのご利益があるといい、当社で神前結婚式をあげるカップルも多い。

［参考文献］東京都神社庁（編）、一九八六『東京都神社名鑑』上巻、東京都神社庁。

赤城《あかぎ》神社《じんじゃ》の大百足《おおむかで》

新宿区赤城元町一ノ一〇

御利益

○疫病退散
○疫病退散（コロナ退散）

牛込の赤城神社の境内に、ごく近年祀られた大ムカデのモニュメントで、「赤城神社の大百足」と呼ばれている。大ムカデは赤城山の神の化身であり、赤城神社の本拠地である群馬県内には、大ムカデを彫刻した神社の鳥居、それを描いた奉納額などが多く残されている。説話によれば大昔、赤城の神は大ムカデに変身し、そのライバルである二荒山《ふたらさん》の神は大マムシに変身して、上《こうず》野国《けのくに》・下野国《しもつけのくに》の国境で激しく戦ったという。中禅寺湖の領有をめぐってその神戦がおこなわれたといい、奥日光の戦場ヶ原という地名はそこから起こったとされている。令和二年（二〇二〇）の春から夏にかけて、新型コロナウイルス感染症の世界的な感染拡大が発生し、日本中が大混乱におちいって、政府による緊急事態宣言が発令されることとなった。あらゆる学校が休校となって、文化施設・商業施設なども長期間の閉鎖へと追い込まれることにもなり、多くの感染者・犠牲者も発生した。未曾有のこの事態を前にして、赤城神社氏子会長の飯島光幸氏は、**コロナウイルスの感染症沈静**を願い、赤城の神の化身である大ムカデのモニュメントを、神社へ寄進することとなった。令和二年五月のことである。モニュメントは、赤城山をあらわした大岩の上に、光り輝く特殊合金製の大ムカデを這《は》わせた彫刻作品で、制作者は島久之氏である。参拝者は、この大ムカデの身体をさすって神の力を授かり、そののちに本社や摂社を参詣することとなっており、ここを起点にお百度参りをしてもよいという。新型コロナウイルス騒動をきっかけに祀られた、もっとも現代的で、しかも芸術的でもあり、まったく新しい形で生み出された信仰物といってもよいことであろう。

コロナウイルスの感染症沈静を願い寄進された

赤《あか》城《ぎ》神《じん》社《じゃ》の出世《しゅっせ》稲荷《いなり》

新宿区赤城元町一ノ一〇

御利益

- 立身出世
- 開運招福
- 五穀豊穣

牛込の赤城神社の境内に祀られている摂社のひとつで、正式には「赤城出世稲荷神社」と称する。赤城神社が現在地へ移転してきたのは弘治元年（一五五五）のことであったが、それ以前の時代から牛込の地主神、産土神《うぶすながみ》として祀られており、赤城神社の現在地への遷座後は、その境内摂社となった。

出世・開運のご利益があり、江戸時代には大名・公家をはじめ、一般大衆からも深く信心されてきたという。また、稲荷を祀っているため、穀物・食物をつかさどる神であるともされ、**五穀豊穣・衣食住満足・商工業繁栄**の神としても信仰されている。もちろん、出世祈願の神でもあるので、それを願う人々からも信心をされてきた。地元の神楽坂商店街の店主らも、さかんに商売繁盛の祈願を寄せ、近隣サラリーマンらの崇敬もあついという。例祭日は毎年五月五日で、戦前はその日に神楽の上演・奉納もなされていたという。この出世稲荷は現在、東照宮（葵神社）と八耳《やつみみ》神社との三社合同社殿内に祀られているが、社殿内の中央に出世稲荷、向かって左手に東照宮、右手に八耳神社が鎮座する形を取っている。

［参考文献］東京都神社庁（編）、一九八六『東京都神社名鑑』上巻、東京都神社庁。

赤《あか》城《ぎ》神《じん》社《じゃ》の東《とう》照《しょう》宮《ぐう》

新宿区赤城元町一ノ一〇

御利益
○学業成就
○産業発展

牛込の赤城神社の境内に祀られている摂社のひとつで、徳川家康公を祭神として祀るが、公式なその祭神名は「徳川初代将軍徳川家康公」となっている。徳川家の三葉葵《みつばあおい》の家紋にちなみ、葵《あおい》神社と称しているが、俗に東照宮と呼んでいる信徒も多く、「神楽坂の東照宮」という通称で親しまれてもいる。もともとは牛込五軒町の宝蔵院という寺院の境内に祀られていたが、明治時代初期の神仏分離によって、赤城神社へと引き取られた。その後の明治十八年（一八八五）に新しい社殿が建設されたものの、昭和時代の第二次大戦下での戦火で焼失してしまった。平成二十二年（二〇一〇）に社殿が再建され、葵神社と称されるようになった。祭神の徳川家康公は、幕府の初代将軍として、江戸時代の政治・文化・経済の礎を築き、近世日本の発展に多大な貢献を果たした偉人であり、神としてあがめられるようになった。そこで、その神徳にあやかり、**学問と産業の発展祈願**をこの神社に寄せるようになったという。現在では、境内摂社の出世稲荷・八耳《やつみみ》神社との三社合同社殿内に祀られている。

［参考文献］東京都神社庁（編）、一九八六『東京都神社名鑑』上巻、東京都神社庁。

赤《あか》塚《つか》の諏《す》訪《わ》神《じん》社《じゃ》

板橋区大門一二ノ一

御利益
○五穀豊穣

板橋区の諏訪神社は、有名な郷土芸能である「赤塚の田遊び」がおこなわれる神社として知られている。田遊びは、一年間の農作業をひとつひとつ神前で演じ、豊作を祈願する民俗芸能もしくは神事であって、毎年一月十三日に境内でおこなわれる。シメ縄の張られた聖域内で、終夜にわたってそれが上演される。田打ちから始まって、代《しろ》掻《か》き・鳥追い・田廻り・田うない・田植え・稲刈りへと至る一連の農作業の所作を演技することによって**五穀豊穣**、特に稲の豊作がもたらされると信じられてきた。この田遊びの神事は、板橋区内の徳丸の北野神社でもなされており（**徳丸の北野神社**参照）、大門の諏訪神社と合わせて「板橋の田遊び」と呼ばれることもあり、ともに東京都の無形民俗文化財に指定されている。両者を比べて見ると、赤塚の方の田遊びは所作が派手で演戯性が強いが、徳丸の方は非常に素朴であって、それぞれの特色をよく示している。

〔参考文献〕東京都神社庁（編）、一九八六『東京都神社名鑑』下巻、東京都神社庁。高橋秀雄、一九七八「板橋の田遊び」『祭りと芸能の旅』二巻、ぎょうせい。

秋《あき》葉《ば》神《じん》社《じゃ》

台東区松が谷三ノ一〇

御利益

火災消除

東京の街を火災から守るために祀られた火《ひ》伏《ぶ》せの総鎮守が、秋葉原の秋葉神社である。秋葉原という地名と駅名が、この神社に由来するということは、あまり知られていない。火伏せの神なので、火産霊神《ほむすびのかみ》・水波能売神《みずはのめかみ》・埴山比《はにやまひ》売神《めのかみ》の火防三神を祭神として祀る。もともとは静岡県秋葉山の秋葉神社（現在の秋葉山本宮秋葉神社）の分霊を江戸へ勧請《かんじょう》し、千代田城内の鎮火守護神として祀っていたという。明治維新の直後に東京府内で火災が頻発したので、英照《えいしょう》皇太后（明治天皇の母）の下命で東京一円の**火災鎮護**の神が祀られることとなり、宮城内紅葉山より鎮火三神が今の秋葉原の地へと移し祀られた。明治二十一年（一八八八）、鉄道駅建設のため、社地が現在地へとまた移されて今に至っている。毎年十一月六日には、鎮火祭と火渡り神事とがおこなわれている。

〔参考文献〕東京都神社庁（編）、一九八六『東京都神社名鑑』上巻、東京都神社庁。

浅《あさ》草《くさ》神《じん》社《じゃ》

台東区浅草二ノ三

御利益

- **五穀豊穣**
- **商売繁盛**
- **子孫繁栄**

台東区の浅草寺の隣に鎮座している神社が浅草神社である。浅草観音の感得説話物語における主人公、檜隈浜成《ひのくまのはまなり》・檜隈竹成《ひのくまのたけなり》・土師中知《はじのなかとも》の三人を祭神として祀っているので、俗に「三社様《さんじゃさま》」と呼ばれている。毎年五月十七～十八日に挙行されるこの神社の大祭が三社祭で、江戸東京を代表する初夏の祭礼であり、実に盛況な神輿《みこし》の巡行がそのハイライトとなっている。「びんざさら舞」と呼ばれる奉納芸能も、当社独特のものであって、獅子舞と田楽とが同時上演されるのが特色であり、他所《よそ》の神社に例を見ず、大変貴重なものといえる。この舞は、氏子の**五穀豊穣・商売繁盛・子孫繁栄**を祈願する奉納舞であるといわれている。

〔参考文献〕台東区役所（編）、一九六六『台東区史・社会文化編』、台東区役所。浅草寺日記研究会（編）、一九九〇『江戸浅草を語る』、東京美術。

浅《あさ》草《くさ》名《な》所《どころ》七《しち》福《ふく》神《じん》

浅草神社（恵比須）　台東区浅草二ノ三
浅草寺（大黒天）　台東区浅草二ノ三
本龍院（毘沙門天）　台東区浅草七ノ四
吉原神社（弁財天）　台東区千束三ノ二〇
今戸神社（福禄寿）　台東区今戸一ノ五
矢先神社（福禄寿）　台東区松が谷二ノ一四
橋場寺不動院（布袋尊）　台東区橋場二ノ一四
石浜神社（寿老人）　荒川区南千住三ノ二八
鷲神社（寿老人）　台東区千束三ノ一八

御利益

- **祈願成就**

恵比寿・大黒天・毘沙門天・弁財天・福禄寿・布袋尊《ほていそん》・寿老人のめでたい七人の福の神の組み合わせが七福神であるが、これら七人の神々をそれぞれ祀った七ヶ所の寺社を正月中に巡拝し、当年の**無病息災・開運繁盛**などを祈る祈願習俗が七福神参りである。全国各地にその巡拝コースが設けられているが、東京都内にも現在、二十三～二十五コース（消滅したものも含む）が開設されている。それらのうち、浅草観音（浅草寺）を中心として、台東区・荒川区内の諸寺社をまとめて設けられた巡拝コースが、「浅草名所七福神」である。浅草周辺のおもな名所寺社が網羅されているので人気があり、戦前は多くの巡拝者らでにぎわっていた。七福神とはいうものの、福禄寿と寿老人を祀る寺社が二ヶ所ずつあるので、全体では九ヶ所となり、やや変則的な形を取っている。九ヶ所の寺社とは、①浅草神社（恵比須）、②浅草寺（大黒天）、③本龍院（毘沙門天）、④吉原神社（弁財天）、⑤今戸神社（福禄寿）、⑥矢先神社（福禄寿）、⑦橋場寺不動院（布袋尊）、⑧石浜神社（寿老人）、⑨鷲《おおとり》神社（寿老人）をいう。戦前は「浅草七福神」と称しており、昭和十一年（一九三六）にそれが開設されたのであるが、戦時中の空襲被害を受けて下町地域が焼け野原になってしまい、中心寺院である浅草寺も全焼してしまったため、巡拝は中断されることとなった。三十年ぶりにそれが再開・復活したのは昭和五十二年（一九七七）のことで、その時に「浅草名所七福神」と改称されることとなった。同時に、二寺社を増やして九ヶ所の組み合わせとなったのであるが、「九」という数字は天地の至数、あるいは易《えき》の陽数をあらわしていて縁起がよいとされた。今日では正月の初詣でを兼ねて、浅草寺や浅草神社への参詣客らがさらに足を伸ばし、九ヶ所を巡拝して朱印を受けていくことが多く、戦前の盛況さが戻ってきている。

〔参考文献〕台東区教育委員会（編）、一九八一『台東区の年中行事』、台東区教育委員会。大石真人、一九八九『最新版全国七福神めぐり』、緑書店。

浅《あさ》草《くさ》の鷲《おおとり》神《じん》社《じゃ》

台東区千束三ノ一八

御利益
- 商売繁盛
- 開運招福

台東区の鷲神社は、酉《とり》の市《いち》で有名な神社であり、毎年十一月の酉の日に、境内に多くの熊手商が出店して、縁起物の熊手を売る。熊手はもちろん、商家などが店先に飾って**商売繁盛**を祈願するためのもので、本来は落葉などを掻《か》き集めるための道具であった熊手が、客を寄せ集める呪具となり、そのようなご利益が期待されるようになった。十一月中に酉の日が三度あれば三回の市が立つが、それぞれ一の酉・二の酉・三の酉と呼ばれる。三の酉まである年は火事が多いので、火の始末に気をつけなければならないともいわれている。酉の市はもともと江戸東京独特の祭りあるいは門前市であって、都内にある鷲《おおとり》・大鳥《おおとり》系の神社すなわち日本武尊《やまとたけるのみこと》を祭神として祀る神社でおこなわれてきた。かつては酉の市と呼ばれ、その発祥の地は旧葛西花又村の鷲神社であり（**花畑の大鷲神社**参照）、のちに浅草鷲神社などでもおこなわれるようになった。ために花又のそれを大酉《おおとり》・本酉《ほんとり》、浅草のそれを新酉《しんとり》とも呼んだ。千住勝泉寺の鷲明神のそれを中酉という場合もある。今では酉の市は都内各地の寺社でおこなわれているが、もっとも盛況なのは何といっても浅草の鷲神社で、今でも多くの人出でにぎわう。そこで売られる縁起物の熊手には、「福を掻き込む」という意味が込められているが、その熊手には御多福・入船・檜扇《ひおうぎ》・大福帳・大判小判・千両箱・当たり矢・恵比須《えびす》・大黒などのめでたい装飾がたくさん付いており、商売繁盛・千客万来の願いがあらわされている。

〔参考文献〕台東区役所（編）、一九六六『台東区史・社会文化編』、台東区役所。長沢利明、二〇〇六「鷲神社の酉の市」『東京都の祭り・行事―東京都祭り・行事調査報告書―』、東京都教育委員会。

浅《あさ》草《くさ》の富《ふ》士《じ》神《じん》社《じゃ》

台東区浅草五ノ三

御利益

○病気平癒

浅草の富士神社は、富士山の神（木花咲耶姫）を祀る神社で、境内にはかつて富士塚も設けられていた（**浅草富士**参照）。古くから灸点《きゅうてん》治療をおこなう神社としてもよく知られており、俗に「富士の灸」と呼ばれて、**諸病平癒**の効験絶大とされ、評判となっていた。徳永直の小説、『浅草の客』にも、それが出てくる。「富士の灸」の灸点所は、今も浅草神社の境内にある。この灸点治療は、巳の日にはおこなわれることがなく、その日に灸をすえると「巳（身）を焼く」といって、タブーとされていた。寺社でおこなわれる灸点治療は、単なる病気治療行為にはとどまらず、何らかの宗教的加持祈祷《きとう》をともなっていたもので、世田谷区の森《しん》巌寺《がんじ》や渋谷区の妙円寺などでも、さかんにそれがなされていた（**森巌寺の淡

島堂・妙円寺参照）。

［参考文献］台東区役所（編）、一九六六『台東区史・社会文化編』、台東区役所。

浅《あさ》草《くさ》富《ふ》士《じ》

台東区浅草五ノ三

御利益

富士登拝利益

富士登山に行きたくても行けない人々のために築造された小丘が、富士塚・小富士などと呼ばれるミニチュア富士で、それに登れば**本物の富士山に登拝したのと同じご利益**を授かることができるとされた。かつての江戸市中には、五十五ヶ所もの富士塚が存在したといわれているが、それらのうちで浅草にあったものが浅草富士で、象潟《きさかた》富士・田圃《たんぼ》の富士・砂利場の富士・六郷の富士などと呼ばれることもあり、浅間神社もそこに祀られている。浅草富士の富士塚が築造されたのは元禄年間（一六八八～一七〇四）のことであったといわれるが、のちに切り崩されてしまったようで、浅間神社の境内に残る低い丘がその名残りであるといわれている。富士山の山開きの日である六月一日の開山祭が、古くからそこでおこなわれており、寛永年間（一六二四～一六四五）に編さんされた『江戸惣《そう》鹿子《かのこ》名所大全』に、すでに出ている。明治時代中期頃からは開山祭に合わせて植木市が立つようになり、俗に「お富士さんの植木市」と呼ばれ、今でも大変盛況である。現在では新旧の暦日に合わせ、五月三十一日～六月一日・六月三十日～七月一日の二度、開山祭と植木市とが開催されている。なお、富士塚の山開きといえば、麦藁蛇《むぎわらへび》の縁起物が有名で、文京区の駒込富士では今もそれが授与されているが（**駒込富士**参照）、浅草富士でもそれがかつて売られており、それを家内に祀っておくと火伏せのまじないになるといわれていた。残念ながら、今ではもうそれも見られない。

［参考文献］台東区役所（編）、一九六六『台東区史・社会文化編』、台東区役所。長沢利明、一九九九『江戸東京の年中行事』、三弥井書店。

浅《あさ》草《くさ》不《ふ》動《どう》尊《そん》

台東区浅草二ノ三

御利益
○家内安全
○商売繁盛
○病気平癒

浅草観音（浅草寺）の宝蔵門をくぐってすぐ左手にある不動堂を、俗に浅草不動尊と呼ぶ。浅草寺の広い境内の中に取り込まれたような形で堂が祀られているため、浅草寺の子院・付属堂宇のひとつであろうと思っている人が多いが、浅草寺とは何の関係もない独立寺院である。本尊の不動明王に祈れば、**家内安全・商売繁盛・交通安全・開運厄除け・災難除け・病気平癒**（**特に六三除け・虫封じ**）・**学業成就**などにご利益があるといわれ、毎日つねに多くの参拝者でにぎわっている。護《ご》摩《ま》木《ぎ》に願いごとを書いて納めると、本尊の前でそれを焚《た》き、祈《き》祷《とう》をしてもらえるほか、希望があれば随時、堂内での護摩祈祷を受け付けている。

［参考文献］やまひこ社（編）、一九八七『東京御利益案内』、リブロポート。

浅《あさ》草《くさ》不《ふ》動《どう》尊《そん》の三《さん》宝《ぼう》荒《こう》神《じん》

台東区浅草二ノ三

御利益
○火災消除
○疫病退散

浅草不動堂は不動明王を祀る寺堂であるが、不動堂に接続しつつ、その右手にある小堂が三宝荒神堂である。三宝荒神は火《ひ》伏《ぶ》せの神であるとともに、台所の守り神であるともされ、庶民生活に密着した神である。台所にその守護札を祀っておけば、**火災防止**や**食中毒防止**のご利益があるといわれている。主として飲食店の経営者らが、この浅草不動堂の三宝荒神を熱心に信心しており、さかんに参拝がなされてきた。

［参考文献］やまひこ社（編）、一九八七『東京御利益案内』、リブロポート。

浅《あさ》草《くさ》不《ふ》動《どう》尊《そん》の撫《な》で仏《ぼとけ》

台東区浅草二ノ三

御利益
○病気平癒

浅草不動堂の境内に祀られている露座の僧形像を撫で仏といい、**病気治し**の霊仏として、きわめてさかんに信心されている。胃病を持つ人は像の腹の部分を、足腰に痛みを持つ人はその下半身を手で撫でてさすれば、病が軽くなるといわれている。浅草寺への参拝者らも多くここに立ち寄って、像を撫でていく。外国人観光客らにも大変人気があり、毎日つねに像が撫でられ続けた結果、全身が磨かれてツルツルに光り輝くほどになっている。各地の寺院の本堂入口によく祀られている「おびんずる様（賓頭盧尊者《びんずるそんじゃ》）」への祈願方法と同じことがなされている。

〔参考文献〕やまひこ社（編）、一九八七『東京御利益案内』、リブロポート。

朝《あさ》日《ひ》稲荷《いなり》

中央区銀座三ノ八

御利益
○商売繁盛
○良縁成就

銀座三丁目の路傍に祀られている稲荷の小社が朝日稲荷神社である。古くから銀座に鎮座する稲荷社であったが、安政の大地震で社殿が倒壊して三十間堀に埋没したほか、大正六年（一九一七）の津波、同十二年（一九二三）の関東大震災、昭和時代の戦災などでも大きな被害を受けている。しかし、そのつど銀座三丁目の信徒らの手で再建され、神社が維持されてきた。戦前は縁日も盛大で、銀座四丁目の出世地蔵（**銀座出世地蔵**参照）の祭りと並ぶ、銀座の街の名物であったという。今の社殿は昭和五十八年（一九八三）に建てられた。**商業繁栄**と**縁結び**にご利益のある神として、あつく信仰されている。

ビルと一体化したモダンな神社

旭《あさ》日《ひ》日《にち》蓮《れん》大《だい》菩《ぼ》薩《さつ》

練馬区関町北四ノ一六

御利益
- 立身出世
- 開運招福

練馬区関町の本立寺《ほんりゅうじ》は「関のボロ市」の立つ寺として有名であるが、本尊として祀られている日蓮聖人像は、「旭日日蓮大菩薩」と呼ばれ、**出世・開運**のお祖師様として信仰されている。毎年十二月九～十日には日蓮聖人の命日忌の行事である御会式《おえしき》がおこなわれるが、その時に立つ門前市が「関のボロ市」で、農機具や古着などを売る露店が参道や境内に立ち並んだ。ボロ市は、今でも盛大に挙行されている。

［参考文献］練馬区史編さん協議会（編）、一九八二『練馬区史・歴史編』、練馬区。長沢利明、二〇一七「江戸東京歳事記をたずねて（第八回）―関のボロ市―」『西郊民俗談話会ホームページ』二〇一七年十二月号、西郊民俗談話会。

本尊として祀られている日蓮聖人像

朝日薬師《あさひやくし》

荒川区町屋二ノ二〇

御利益
- 病気平癒（眼）
- 母乳満足

町屋の慈眼寺《じげんじ》に祀られている薬師如来は、俗に「朝日薬師」と呼ばれ、**眼病平癒**の霊仏として知られている。また、この薬師に祈れば**産婦の乳の出がよくなる**ともいわれている。

［参考文献］やまひこ社（編）、一九八七『東京御利益案内』、リブロポート。

麻布十番稲荷《あざぶじゅうばんいなり》

港区麻布十番一ノ四

御利益
- 火災消除
- 病気平癒（火傷）
- 旅行安全

港区の麻布十番稲荷神社は、「かえるの守り」・「紙絵馬」の縁起物を授与する神社として知られている。かえるの守りは小さな金色のカエルをかたどったお守りで、**火伏《ひぶ》せ・火傷除け**の守りになるほか、「無事かえる」・「若がえる」・「何でもかえる」お守りといって、**探し物や旅行安全**にもご利益があるという。海外旅行に行く人が、よくこれを受けていく。「紙絵馬」はいわゆる宝船絵で、宝船に乗った七福神の姿が刷られた一枚絵であり、「なかきよの、とをのねふりのみなめさめ、なみのりふねの、をとのよきかな」の回文も添えられている。一月二日の夜に、これを枕の下に敷いて眠ると、よい初夢を見ることができるという。

枕の下に敷いて眠ると、よい初夢が見られる

〔参考文献〕東京都神社庁（編）、一九八六『東京都神社名鑑』下巻、東京都神社庁。長沢利明、一九八九『東京の民間信仰』、三弥井書店。

阿《あ》豆《ず》佐《さ》和《わ》気《けの》命《みこと》神《じん》社《じゃ》

大島支庁利島村一

御利益

- 安産達成
- 子育成就

伊豆大島の利島《としま》に鎮座する阿豆佐和気命神社（通称「明神様」）の境内には、猿《さる》田彦命《たひこのみこと》を祭神とする道祖神社が祀られているが、当地ではそれが産《うぶ》の神として信仰されており、出産をひかえた妊婦がここに**安産・子育て**を祈願する。安産祈願は必ず、明神様と道祖神社の両方を拝まなければならない。特に初産の場合は、神社で神主に安産祈願のお祓《はら》いをしてもらう。無事に出産を終えると、その礼参りである「願果《がんば》たし」を、新生児の初宮参りを兼ねておこなうことになっている。この初宮参りは、阿豆佐和気命神社・堂山神社・道祖神社・浜宮《はまのみや》神社の四ヶ所を、その順番で拝礼しなければならず、赤ん坊は母親か姑《しゅうとめ》が抱き、三人で巡拝するのがならわしであった。

〔参考文献〕東京都教育庁生涯学習部文化課（編）、一九九二『東京都の民俗（八）』、東京都教育庁生涯学習部文化課。

阿蘇神社《あそじんじゃ》

羽村市羽加美四ノ六

羽村市の阿蘇神社は、鎮座以来一四〇〇年の歴史を今に伝える多摩地域有数の古社とされている。**五穀豊穣**の神として地域住民らに深く信仰され、春の祈年祭、秋の新嘗祭《にいなめさい》など、農耕にまつわるさまざまな古式神事が今でも毎年、厳粛にとりおこなわれている。神《しん》饌《せん》用に特別に栽培された赤米・黒米などの古代米を神前にささげ、関係神社三十数社にもそれらを奉納して、当年の収穫感謝を神に奉告するための神事が、毎年いとなまれている。

〔参考文献〕羽村町史編さん委員会（編）、一九七四『羽村町史』、羽村町。東京都神社庁（編）、『東京都神社名鑑』下巻、東京都神社庁。

愛宕神社《あたごじんじゃ》

港区愛宕一ノ五

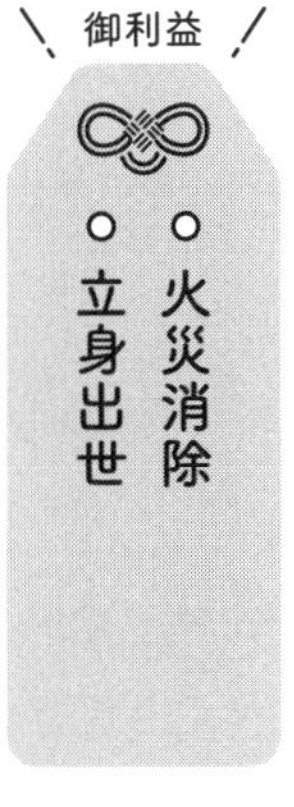

港区の愛宕山の頂に祀られている愛宕神社は、**火伏《ひぶ》せ**の神として著名で、徳川家康が江戸開府の際、江戸の防火の総鎮守として社殿を寄進・建造したと伝えられる。火伏せの神としての火産霊命《ほむすびのみこと》のほか、罔象女命《みずはのめのみこと》・大山祇《おおやまずみの》命《みこと》・日本武尊《やまとたけるのみこと》を祭神に祀る。いかに霊験あらたかな防火の神であったとはいえ、江戸大火や大正十二年（一九二三）の関東大震災、昭和二十年（一九四五）の戦災などによる全焼をまぬがれることはできなかったが、そのつど社殿は再建されて現在に至っている。参道にある八十六段の石段は、将軍家光の目の前で四国丸亀藩士の曲垣平九郎《まがきへいくろう》が、馬に乗って駆け登ったことで知られ、「**出世の石段**」とも呼ばれている。

〔参考文献〕東京都神社庁（編）、一九八六『東京都神社名鑑』上巻、東京都神社庁。

穴沢天神《あなざわてんじん》

稲城市矢野口三二九二

御利益

- 受験合格
- 学業成就

稲城市の穴沢天神社は、延喜五年（九〇五）に編さんされた『延喜式神名《じんみょう》帳《ちょう》』に記載された、多摩地域八社のうちのひとつで、都内有数の古社である。少彦名命《すくなひこなのみこと》を祀る神社であったが、後に菅原道真公をあわせ祀り、天神社となった。少彦名命は医薬・造酒の神、菅《かん》公《こう》は学問の神とされ、**健康増進・学業成就**のご利益があるという。受験生の合格祈願なども、さかんになされている。

学業成就にご利益のある都内有数の古社

［参考文献］東京都神社庁（編）、一九八六『東京都神社名鑑』下巻、東京都神社庁。

穴《あな》沢《ざわ》天《てん》神《じん》の筆《ふで》塚《づか》

稲城市矢野口三三二九二

御利益

- 芸能上達（書道）

稲城市の穴沢天神社の境内には、江戸時代に建立された古い筆塚があり、これに祈れば**書道の手が上達する**といわれている。この筆塚は当地域で活躍した書道家、原田金陵《きんりょう》（天真堂）の功績をたたえて、矢野口村・長沼村・押《おし》立《たて》村の門弟ら一六四名が、文久三年（一八六三）に建てたものである。原田金陵は、府中に原田塾を開いた原田玄蕃（誠堂）の弟子で、現在の神奈川県川崎市多摩区菅《すげ》にあった福泉寺（後に廃寺となり現存しない）に住して、手習塾を開き、多くの門弟を育てた功労者であった。

書道家・原田金陵の功績をたたえて建てられた塚

穴《あな》沢《ざわ》天《てん》神《じん》の弁《べん》天《てん》社《しゃ》

稲城市矢野口三二九二

御利益

○無病息災

稲城市の穴沢天神社の境内崖下には、神社の杜《もり》から湧き出る豊富な清水の泉があって、その水は神聖な御神水とされている。そこには弁天社が祀られているほか、岩屋の洞窟などもあって、境内の聖地となっている。湧水は、平成十四年（二〇〇二）に東京都が選定した「東京の名湧水」のひとつにも選ばれていて、かつてはこの御神水を飲めば**無病息災**といわれていた。今でもこの水を汲みに来る人々が多いが、そのまま飲用することは許されておらず、必ず煮沸してから利用するようにと、神社では注意を喚起している。

［参考文献］東京都神社庁（編）、一九八六『東京都神社名鑑』下巻、東京都神社庁。

穴《あな》八《はち》幡《まん》神《じん》社《じゃ》

新宿区西早稲田二ノ一

御利益

○金運招来
○商売繁盛

新宿区にある穴八幡神社は、冬の冬《とう》至《じ》祭《さい》で有名な神社であり、祭りの日に神社から授与される「一陽来復守《いちようらいふくまも》り」は**金銀富貴・商売繁盛**に絶大なご利益があるといわれ、多くの参詣者らがそれを得るためにおとずれて、札売場の前には長蛇の列ができる。このお守りは、「一陽来復」の文字の刷られた厚紙を筒状に巻いた風変わりなもので、手に持って振るとコロコロと音がするが、中にはキンカンとギンナンの実が一個ずつ入っているともいわれている。キンカンとギンナンとで「金銀」をあらわしているのだという。このお守りを家内の柱の高い所を選び、これから迎える新年の恵方《えほう》に向けて貼っておくと、富貴を得ることができるという。陰きわまって陽に転ずる冬至の日に、このお守りを受けることによって運気を転換し、繁盛を呼び込むことができるともいわれている。なお西早稲田には、穴八幡神社のほかにも一陽来復守りを出す寺社があり（**放生寺・水**

稲荷を参照）、同じご利益があるとされている。

［参考文献］長沢利明、一九九九『江戸東京の年中行事』、三弥井書店。稲葉　博、一九八七『東京古社名刹の旅』、読売新聞社。

穴守《あなもり》稲荷《いなり》

大田区羽田五ノ二

御利益
家内安全
商売繁盛

羽田空港に近い穴守稲荷神社はかつて、今の羽田空港内に鎮座していた稲荷社で、昭和二十年（一九四五）の終戦直後、米軍による空港拡張工事のため、強制退去命令を受けて現在地へ移転した神社である。文化～文政年間（一八〇四～一八三〇）の頃、鈴木新田（今の羽田空港内）が開墾される際、沿岸の堤防がしばしば東京湾の波浪を受けて浸水し、堤防に大きな穴があいて海水が流れ込むこともあったという。そこで村民は、堤防上に稲荷社を祀り、**水害防除**の神とすることになった。堤防の穴を守る神なので、「穴守稲荷」と称されたという。**家内安全**と**商売繁盛**、特に水商売の繁盛に多大なご利益があるとされ、今でも参拝者が多い。境内にある「奥之宮」はもっとも神聖な場所で、稲荷の霊窟が祀られているが、神前の両側には「招福の砂」の授与場があって、霊験あらたかで清浄な霊砂を、そこで授かることができる。参拝者はめいめいに、シャベルでその砂をすくい取り、自分で袋に詰めて持ち帰る。仕事場などにその霊砂をまいて清めとすると、家運・商売運が向上し、千客万来のご利益が得られるという。この招福の砂については、次のような伝説も語られている。昔、羽田浦の要島《かなめじま》に一人の老漁師が住んでいた。ある日、大漁を得て海から帰ってきたが、魚籠《びく》の中をのぞくと魚は一匹も入っておらず、すべて消え失《う》せており、ただ湿った海底の砂のみが残されていた。翌日も翌々日も同じことが起こる。皆が言うのには、それは穴守稲荷の狐の仕業であろうということであった。そこで、皆で協力して稲荷社を取り囲み、狐を捕らえたのであるが、先の老漁師はあわれんで、その狐を逃がしてやった。その後は出漁するたびに大漁で、魚籠の中はたくさんの魚であふれていたが、湿った砂も必ずそこに入っていた。その砂を庭にまいておいたところ強運に恵まれ、老漁師は巨富を得たといい、多くの人々がその砂をもらいに来るようになった。それが穴守稲荷の「招福の砂」の始まりであったという。奥之宮から霊砂を受けてきた参拝者は、それを家の玄関先にまいておくとよいといわれ、商店経営者はもちろん店先にまいておけば千客万来のご利益が得られるという。病人は枕元に、家を新築する人はその敷地内に、霊砂をまくことになっている。

「奥之宮」には「招福の砂」の授与場がある

[参考文献]大田区史編さん委員会(編)、一九八三『大田区史・資料編(民俗)』、大田区。長沢利明、二〇〇一「砂勧請」『民俗』一七八号、相模民俗学会。長沢利明、二〇一九『江戸東京の庶民信仰』、講談社。

油《あぶら》掛《か》け大《だい》黒《こく》天《てん》神《じん》

中央区日本橋小伝馬町三ノ二

御利益

商売繁盛
開運招福
安産達成

中央区の十思《じっし》公園は、江戸時代の牢屋敷の跡地であって、幕末の志士である吉田松陰らもここで処刑されている。牢屋敷の跡地に立つ二つの寺院のうちのひとつが身延別院《みのぶべついん》で、日蓮宗の総本山である山梨県身延町の身延山久《みのぶさんく》遠寺《おんじ》の東京別院となっている。当院の本堂手前に小さな祠《ほこら》があって、中には大黒天の石像が祀られているが、これが「油掛け大黒天神」である。像は食用油を満たした水盤の中に安置されており、参拝者はその水盤の油を柄杓《ひしゃく》ですくって、大黒天像の頭上に注ぎかけ、祈願をおこなうことになっている。**商売繁盛・開運・安産**などにご利益があるという。この油掛け大黒天が当院に祀られるようになった経緯には、映画俳優の長谷川一夫とその妻とが深くかかわっているので、そのエピソードを紹介しておけば、次の通りである。まず長谷川一夫は京都の伏見の出身であったが、伏見には油掛町という町があって、油売り商人たちが多く住んでいたという。その商人たちが昔、道端に祀られていた大黒天の石像に油を掛けて祈願をしたところ、商売が大繁盛したといい、その言い伝えの記憶がつねに、一夫の脳裏に残されていた。また一夫の妻、しげ夫人は神仏に深く帰依していた人であったが、戦後まもなくの頃、夢の中にしきりに伏見の油掛け大黒天があらわれて、「帝都にわれを祀って衆人と結縁《けちえん》せしめよ」と告げたという。そのようなことがいろいろあって、夫妻は身延別院の住職と相談をすることとなった。ところが不思議なことに、その時の身延別院の住職であった藤井日静《にちじょう》上人（のちの身延山第八十六世法主）もまた大黒天と縁のある人であることがわかった。上人は幼少時、生家で就寝中に火災が起きそうになったという経験があり、その時に大黒天神があらわれて、眠っている自分の頭を打出小槌《うちでのこづち》で打とうとしたという。あわてて目覚めて、すぐに火元に駆けつけることができたので、大事には至らなかった。上人はこれに感謝をし、以来、火防《ひぶ》せの大黒天を信心してきたのだという。これらのさまざまな縁に導かれて、身延別院に油掛け大黒天神が新たに祀られることとなり、長谷川一夫夫妻が大施主となって、今見るような小祠《しょうし》が本堂前に設けられることとなった。宗祖日蓮聖人の著した『大黒天神御書』には、大黒天の別名を「闘戦塚問浴油神」とも記し、「油をもって灰身を浴して所求を成ずる」神であると述べられているという。身延別院では甲子《きのえね》の日に、この油掛け大黒天神の祭りをおこなっているが、特に年の始めと終わりの甲子日には多くの信徒らもやってきて盛況であるという。

〔参考文献〕岡崎柾男、一九八六『史跡をたずねて各駅停車——山手線歴史散歩——』、鷹書房。

食用油を大黒天の頭上に注ぎ、祈願をおこなう

雨《あま》乞《ご》い地《じ》蔵《ぞう》

杉並区梅里一ノ四

御利益
○雨乞い成就

杉並区の西方寺《さいほうじ》に祀られている石地蔵で、**雨乞い祈願**にご利益があるという。西方寺は江戸時代、内藤新宿にあったが、大正九年（一九二〇）に現在地へと移転しており、雨乞い地蔵もまた当地へ移された。本堂の正面に高さ三メートルほどの築山があり、地蔵山と呼ばれているが、たくさんの石地蔵がそこに祀られている。これらは当寺信徒であった出入り職人が寄進したものといわれている。この地蔵山の頂上に立っている高さ一メートルほどの石地蔵が雨乞い地蔵で、有輪・合掌の姿をしている。元禄年間（一六八八～一七〇四）に建立されたものだといい、当寺中興の上人が土中よりこの像を発見したと伝えられる。寺がまだ内藤新宿にあった頃、境内には地蔵小屋があって、干ばつが続くと多数の男女信徒がそこに集まり、念仏を唱えながら小屋のまわりをぐるぐると回ったという。それが雨乞い祈祷《きとう》の儀式で、数日内には雨が降ったという。

［参考文献］三吉朋十、一九七二『武蔵野の地蔵尊（都内編）』、有峰書店。

雨《あま》乞《ごえ》弥勒《みろく》

三鷹市上連雀七ノ二六

御利益
○雨乞い成就

三鷹市の井口院《いこういん》の境内には、珍しい石造の弥勒菩薩像が祀られているが、「雨乞弥勒」と呼ばれている通り、**雨乞い祈願**にご利益のある仏として有名である。当院の第十九世慧秀が文政十一年（一八二八）、降雨祈願のために経巻百巻をここに納め、弥勒菩薩を祀ったのであるが、その開眼供養を担ったのは、雨乞い祈祷僧《きとうそう》として名高い学存という僧侶であった。きわめて霊験あらたかな雨乞い仏として、広く知られるようになり、日照り続きの年には遠く秩父・川越方面からも、農民たちが雨乞い祈願にやってきたという。雨乞いは昭和二十年代までおこなわれており、明治時代の中頃までは、弥勒像の周囲をめぐる馬駆けなどもなされていた。雨乞い祈祷に功績のあった学存を記念して、のちに「学存塔」が井口院の境内に建てられているが、その時の寄進者名簿を見ると、雨乞いの恩恵を受けた秩父・川越方面の信徒らも名を連ねている。かなり広域的な地域範囲から、雨乞い弥勒が信心されていたことがわかる。

雨乞い仏として広く知られている

天沼《あまぬま》八幡《はちまん》

杉並区天沼二ノ一八

御利益

○雨乞い成就
○安産達成

杉並区内には八幡神社がいくつもあるが、俗に天沼八幡と呼ばれているものが天沼の鎮守の八幡神社である。八幡神社なので、祭神として応神天皇を祀っているが、その相殿に市杵島姫命《いちきしまひめのみこと》をもあわせ祀る。この相殿の神はもともと四面堂の厳島神社に祀られていたが、明治時代に当社に合祀されたものである。水の神なので、古くは**雨乞い**行事などもなされており、また女神であったため、女性の信仰を集めて**安産守護**の神ともされていた。

〔参考文献〕天沼八幡神社社務所（編）、一九八三『天沼八幡』一二号、天沼八幡神社社務所。東京都神社庁（編）、一九八六『東京都神社名鑑』上巻、東京都神社庁。

天沼《あまぬま》八幡《はちまん》の大鳥様《おおとりさま》

杉並区天沼二ノ一八

御利益

○商売繁盛
○千客万来

杉並区天沼の八幡神社の、境内社のひとつとして祀られている大鳥神社。鷲《おおとり》・大鳥《おおとり》系の神社なので祭神として日本武尊《やまとたけるのみこと》を祀り、毎年十一月酉《とり》の日には社前に酉の市が立ち、縁起物の熊手が売られる。**商売繁盛**と客寄せにご利益があるといい、商店経営者らが参詣におとずれて、熊手を求めていく。杉並区内にはほかにも、酉の市のおこなわれる神社がいくつか見られる。

〔参考文献〕東京都神社庁（編）、一九八六『東京都神社名鑑』上巻、東京都神社庁。

阿《あ》弥《み》陀《だ》寺《じ》の日《ひ》限《きり》地《じ》蔵《ぞう》

練馬区練馬一ノ四四

御利益

○病気平癒（眼）

練馬区の阿弥陀寺に祀られている石地蔵は、**眼病平癒**の霊仏として信心されている。享保十四年（一七二九）に建立された地蔵尊であるが、俗に「日限地蔵」と呼ばれている。「日限」とは決まった日数を定めるということで、三日間とか百日間とかという具合に日数を決め、毎日の参詣を続けることになっている。熱心な信徒が今もおり、つねに線香や灯明がささげられている。日限地蔵は時宗寺院によく祀られており、東京都内にはほかにもいくつかの例がある（**松秀寺の日限地蔵・日輪寺の日限地蔵・称名寺の日限地蔵堂**など参照）。

〔参考文献〕やまひこ社（編）、一九八七『東京御利益案内』、リブロポート。長沢利明、一九九九「日限地蔵の信仰――東京都港区白金松秀寺――」『西郊民俗』一六六号、西郊民俗談話会。

日限とは一定の日数を定めること

あゆ塚《づか》

八王子市日吉町八ノ二〇

御利益

○慰霊供養

○魚霊供養

八王子市の日吉八王子神社の境内には、**鮎の供養**のために祀られた「あゆ塚」というものがある。八王子市内の浅川で漁獲されたアユは、享保年間（一七一六～一七三六）から幕府に献上されるようになり、体長四寸以上・一五二五尾のアユが当地から江戸城へ送られるならわしになっていたという。アユの霊を慰めるため、昭和三十二年（一九五七）に建立されたのがこの「あゆ塚」である。

あゆは江戸幕府に献上された

新《あら》井《い》薬《やく》師《し》

中野区新井五ノ三

御利益
- 病気平癒（眼）
- 子育成就

「目の薬師様」として著名な中野区の新井薬師は、正式な寺号を梅照院という。本尊の薬師如来は**眼病平癒**のご利益で広く知られており、白内障・緑内障・疲れ目・鳥目などの病に悩む人々が、さかんに参拝におとずれる。この本尊は「子育て薬師」と呼ばれることもあって、わが**子のすこやかな成長**を願う母親たちの信心をも集めてきた。特に眼病平癒のための切実な祈願を寄せる人々は、「向かい目」の小絵馬を仏前に納めるのがならわしで、本堂入口の賽銭箱《さいせんばこ》の上には祈願者の奉納した何枚もの小絵馬が、つねに何枚も重ねてささげられている。「向かい目」の絵馬とは、「め」という字を向かい合わせにして、左右対称に書き入れた板絵馬のことである。薬師如来が眼病治しの仏として信仰されている例は各地に数多く見られるが、その祭日はたいてい八の日とされており、薬師の縁日といえば八の日と決まっている。新井薬師でもそれは同じで、毎月八日・十八日・二十八日が縁日となっている。縁日には境内に市が立ち、花屋・植木屋・金魚屋・食べ物屋などの露天商が集まる。特に月初めの八日の市は盛況である。

［参考文献］中野区役所（編）、一九四四『中野区史』下巻（一）、中野区役所。北村　肇（編）、一九九九『東京文化財の旅（一）』、毎日新聞社。

「向かい目」の絵馬は眼病にご利益

新《あら》井《い》薬《やく》師《し》堂《どう》

西多摩郡日の出町大久野二四三五

御利益

○病気平癒(眼)

日の出町にある新井薬師堂は、**眼病平癒**に霊験あらたかな薬師如来を祀ることで、近在に広く知られてきた。『新編武蔵風土記稿』によると、堂が今ある地の北側の山上にかつて寺があり、のちに廃寺となったが、その本尊の薬師如来像を山麓に移して、この薬師堂が祀られたという。堂内に残る棟札によれば、薬師堂が建立されたのは元禄六年(一六九三)のこととされている。堂の本尊、薬師如来は毎年十月十二日に開帳されることになっており、多くの参詣者がおとずれる。堂内には「逆さ目の字」の古い小絵馬も残されているが、それは平仮名の「め」の字に、さかさまに書いたもうひとつの「め」の字を並べて、左右対称に組み合わせたもので、いわゆる「向かい目」の意匠のことをさす。現在では、十二支動物の図柄の判を押した白木の小絵馬をつねに堂の扉の前に置き、参拝者が自由にそれを受け取って願文を書き入れ、堂の壁に吊してもよいことになっていて、薬師堂を管理する地元世話人たちの粋なはからいがなされている。そして今では、眼病平癒のみならず、あらゆる願いごとを絵馬に書き入れて奉納してもよいことにもなっている。

[参考文献] 日の出町史編さん委員会(編)、一九八九『日の出町史・文化財編』、日の出町。

新《あら》井《い》薬《やく》師《し》の水《みず》子《こ》地《じ》蔵《ぞう》

中野区新井五ノ三

御利益

○水子供養
○病気平癒

中野区の新井薬師梅照院の境内に祀られている石地蔵で、**水子供養**の仏とされている。多くの女性たちが毎日おとずれ、参拝をしていくが、順番待ちの行列ができることもあり、さかんに信仰されている。この水子地蔵への参拝のやり方は、地蔵の身体に水を柄杓《ひしゃく》で掛け、かたわらに用意されている亀の子タワシでゴシゴシと地蔵の全身をこすって磨きあげ、また水を掛けるというもので、ていねいに全身を清めて洗ってやることになっている。そのため、この地蔵のことを「タワシ地蔵」・「水掛け地蔵」と呼ぶ人もいる。地蔵に掛けるための水は、そばの井戸から汲み上げてこなければならない。こうして地蔵の身体を洗ってやると、水子の供養になるのはもちろんであるが、持病持ちの人であるならば、病の痛みが取り除かれるという。**病気治し**の地蔵としても、深く信仰されている。水子地蔵の井戸だけでなく、境内奥の大悲殿の脇にある水屋でも、竜の口から地下水が湧き出しており、これらの水を汲んでいく参拝者も多い。なお、日蓮宗系の寺院にもよくタワシ仏が見られるが、それは浄行菩薩《じょうぎょうぼさつ》であって、実は地蔵ではない。

［参考文献］北村 肇（編）、一九九九『東京文化財の旅（一）』、毎日新聞社。

荒《あら》波《は》々《ば》伎《き》神《じん》社《じゃ》

あきる野市二宮二二五二

御利益

- **健康長寿（足腰）**
- **旅行安全**

あきる野市の二宮神社の境内社のひとつとして、荒波々伎神社という風変わりな小祠《しょうし》が祀られている。俗に「ハバキの神」などとも呼ばれているが、ハバキとは修験者（山伏）が足に巻く脛当《すねあ》てのことなのだという。きびしい山中での修行を終えた山伏が、ハバキを脱いでくつろぐように、ゆったりと心身を癒やすことができることを祈願するという意味が、そこに込められているともいわれている。祠《ほこら》の脇には、たくさんのワラジや草履などの履物が奉納されているが、そのような言い伝えによるものなのだという。そのことから転じて荒波々伎神社は、**足腰の健全**や**旅行の安全**を祈願する神祠となり、祈願物がワラジなどの履物をそこにささげるようになったという。

足腰の健全を祈願するためのワラジ

阿《あ》波《わ》洲《しま》神《じん》社《じゃ》

西東京市新町二ノ七

御利益

- 安産達成
- 病気平癒（婦人病）

西東京市の阿波洲神社は、江戸時代の享保九年（一七二四）から開発の始まった上保谷《かみほうや》新田の鎮守神として祀られた神社である。創建当初は粟嶋明神《あわしまみょうじん》と呼ばれていたことからわかるように、紀州加太《かだ》の淡島明神の分霊を祀った神社である。明治時代に現在の社号にあらためられたが、淡島の神を祀ることに変わりはない。紀州の本社と同様、**安産祈願**の神祠《しんし》として知られ、出産をひかえた若嫁らが参拝におとずれる。祈願者が、拝殿前に下がっている鈴の緒の五色の紐《ひも》を切って分けてもらい、それを腹帯にはさんでおくと安産のご利益があるという。各地の淡島堂と同様（**浅草寺淡島堂・森巌寺の淡島堂**参照）、婦人の信仰のよりどころとなってきた神社で、針供養や雛《ひな》人形納めなどもおこなわれてきた。子授け・安産・婦人病平癒を祈願した古い奉納絵馬も二十一枚、残されており、西東京市の有形民俗文化財に指定されている。絵馬の図柄は「夫婦拝み」と呼ばれるものが多く、夫婦が神前に手を合わせて祈願をおこなう姿が描かれている。

［参考文献］保谷市史編さん委員会（編）、一九八九『保谷市史・通史編（三）』、保谷市史編さん委員会。東京都神社庁（編）、一九八六『東京都神社名鑑』下巻、東京都神社庁。

安《あん》詳《しょう》寺《じ》の草《そう》木《もく》塔《とう》

大田区久が原四ノ四

御利益

- 産業発展（造園業）

大田区の安詳寺の境内にある「草木《そうもく》供養之碑《くようのひ》」は、人間のために役に立った草花や樹木の魂を供養して祀られたもので、**造園業者・園芸家・庭師らの守り神そして造園・園芸業界の繁栄**の守護神ともなっている。いわゆる「草木塔」と呼ばれるもののひとつで、東京都内にもいくつかこれが祀られている（**泉龍寺の草木塔・無量寺の草木塔・等々力不動の草木塔**など参照）。安詳寺のものは高さ一七〇センチメートルほどの碑で、大田緑地組合の手で平成十二年（二〇〇〇）に建立されたものである。

［参考文献］やまがた草木塔ネットワーク事務局（編）、二〇〇七『写真集草木塔』、山形大学出版部。

安養寺《あんようじ》のこんにゃく閻魔《えんま》

江戸川区東瑞江二ノ五〇

御利益
○病気平癒（眼）

コンニャクを供えて**眼病平癒**を祈る閻魔堂が、東京都内にはかつて四ヶ所ほどあり、もっとも有名だったのは小石川の源覚寺のそれであったが（**こんにゃく閻魔**参照）、江戸川区の安養寺の閻魔もやはりそう呼ばれ、同様な祈願がおこなわれていた。眼病に悩む人々は、願掛けをする時と礼参りの時に、閻魔堂にコンニャクを供えることになっていた。戦後になってこうした祈願も廃れ、今ではおこなわれていない。

［参考文献］江戸川区（編）、一九七六『江戸川区史』三巻、江戸川区。木村和子、一九九四「東京の閻魔信仰」『西郊民俗』一四七号、西郊民俗談話会。

い

医王寺《いおうじ》の薬師《やくし》

葛飾区柴又五ノ一三

御利益
○病気平癒（眼）

葛飾区の医王寺に祀られている薬師如来は、**眼病平癒**のご利益で古くから知られてきた。応永十四年（一四〇七）、下総国《しもうさのくに》一円に赤目病という眼病が大流行したというが、赤目病とは両眼が充血して悪化すると目ヤニが出、瞳が白く濁り、下まぶたが垂れ下がって赤く腫れ、最後には失明に至るというおそろしい病であった。将軍足利義満が後小松天皇に、悪疫退散の祈願寺院の設置を上奏したところ、柴又村に医王寺が建立されることとなって、京都仁和寺の観見和尚が薬師瑠璃光如来像をそこに運んで安置したと伝えられている。医王寺の薬師はさかんに信仰され、眼病治しを祈る人々が近郷・近在からぞくぞくと参詣におとずれるようになった。昭和二十年（一九四五）頃を最後に、赤目病は姿を消したが、医王寺からは眼病平癒にご利益のあるという、境内から湧き出る清水（現在はない）・護符・祈祷札《きとうふだ》・茶目薬などを室町時代から昭和時代中頃まで出していた。終戦後、薬事法の定めにより、それらは授与されなくなったが、医王寺の薬師は今でも、眼病治しの仏として信心され続けている。

雷《いかずち》不《ふ》動《どう》

江戸川区東葛西四ノ三七

御利益

- 災難消除（雷・海難）

江戸川区の真蔵院に祀られている不動明王は、「雷不動尊」・「波切り不動尊」などの通称で知られている。昔、葛西沖で時化《しけ》に遭った漁師が、この寺の松に棲む竜の発する光に導かれ、難をのがれたという。船中に残された不動の化身である剣を、漁師は真蔵院の不動にささげて恩に報いたといい、そこから「波切り不動」の名が生まれた。また、この不動は大雷雨の時、民のために雷を退治してくれたともいい、そこから「雷不動」の通称も生まれたとされている。こうしたいわれから真蔵院の不動明王は、**海難除け・雷除け**のご利益のもとに広く知られるようになったという。

〔参考文献〕江戸川区（編）、一九七六『江戸川区史』三巻、江戸川区。北村　肇（編）、一九九九『東京文化財の旅（一）』、毎日新聞社。

易《い》行《ぎょう》院《いん》の比《ひ》翼《よく》塚《づか》

足立区東伊興四ノ五

御利益

- 良縁成就
- 夫婦円満
- 除厄達成

江戸一番の色男といわれた花川戸《はなかわど》助六《すけろく》は、江戸歌舞伎のヒーローである。二代目市川団十郎が正徳二年（一七一二）に、この助六を演じて初演興行をおこなって以来、「助六縁江戸《すけろくゆかりのえど》桜《ざくら》」は市川家の主演する大ヒット作となり、歌舞伎十八番のひとつにも数えられている。その助六の墓があるのが足立区の易行院で、本堂左手前に墓標や記念碑など、四体の石造物が並んで立っている。その手前には六地蔵も祀られ、全体が屋根で覆われて保護されている。四体の石造物のうち、右から二番目にあるのが助六の墓石なのであるが、その愛人であった遊女揚巻《あげまき》とともに、二人の法名が並んで刻まれており、俗に「比翼塚」と呼ばれてきた。易行院が当地へ移転する前、寺は浅草にあったが、その当時から助六の熱烈なファンらが、彼の墓石を打ち欠いて持ち去るようになり、その石のかけらをお守りにして身につけていれば、**縁結び・厄除け**にご利益があるといわれていた。多くの人々に削られ続けた結果、墓石の上部三分の一ほどが失われてしまっている。今でもこの助六・揚巻の比翼塚に**夫婦円満・結婚成就**を祈る人々は多く見られる。易行院に伝わる文化年間（一八〇四〜一八一八）の過去帳には助六について、「西入浄心信士、俗称戸沢助六、承応二歳癸巳二月十一日死ス。高厚之有施主七代目市川団十郎、無縁ヲ弔、墓所造立シ永追福経営施主」と記されている。つまり助六は、承応二年（一六五三）の没後、誰も弔ってくれる者がなかったので、七代目団十郎がこの墓石を建てて供養してやったというわけである。市川家はその後も代々、助六の供養を続け、先の七代目団十郎はその後も文化九年（一八一二）に助六の一六五年忌法要をおこなっているほか、九代目団十郎も明治時代にその大法要をいとなんでいる。

［参考文献］足立区役所（編）、一九六七『新修足立区史』上巻、足立区役所。

歌舞伎でも有名な助六と揚巻の塚

石《いし》井《い》神《じん》社《じゃ》

江東区亀戸四ノ三七

御利益

- **病気平癒（百日咳）**
- **無病息災**

亀戸の住宅街の中に祀られている石井神社は、かつて縄文時代の石棒を御神体として祀っていた神社である。石棒とは男性器をかたどった石造物で、弘法大師の手で発見されたと伝えている。石の御神体を祀るので「石神《しゃくじん》」と呼ばれ、それがなまってシャクジとなり、「おしゃもじ様」などと呼ばれるようになった例はよくあり、その語呂合わせと連想から、シャモジを供えて願掛け祈願をおこなう神社も、あちこちに見られる（**社母子尊・釈護子稲荷**など参照）。文政三年（一八二〇）刊行の『野乃舎《ののや》随筆』に、「咳神、葛飾の亀戸村にオシャモジという神の祠あり。神前に杓子を夥しくつめり。依って其故よしを土人に問けるに、咳病を煩う人此神に願たてぬればさはやぐ事すみやかなり。此故に報賽に杓子を奉納するといへり」と記されている。当社が俗に「おしゃもじ様」と呼ばれていたこと、咳を治す神であったこと、礼参りに杓子《しゃくし》を奉納するならわしがあったこと、などがわかる。こうした祈願習俗は今でもなされており、社殿内には願いの筋を記した大きなシャモジが、何本も奉納されているのを見ることができる。**百日咳・熱病の平癒**にも効験があるという。毎年九月二十八日におこなわれる例大祭には、たくさんのサツマイモが氏子から奉納され、それをふかしたものを参拝者や子供らに振る舞って、**無病息災**を祈り、百日咳の予防とすることになっている。「おしゃもじ様の芋祭り」として、大変有名である。

［参考文献］東京都神社庁（編）、一九八六『東京都神社名鑑』下巻、東京都神社庁。

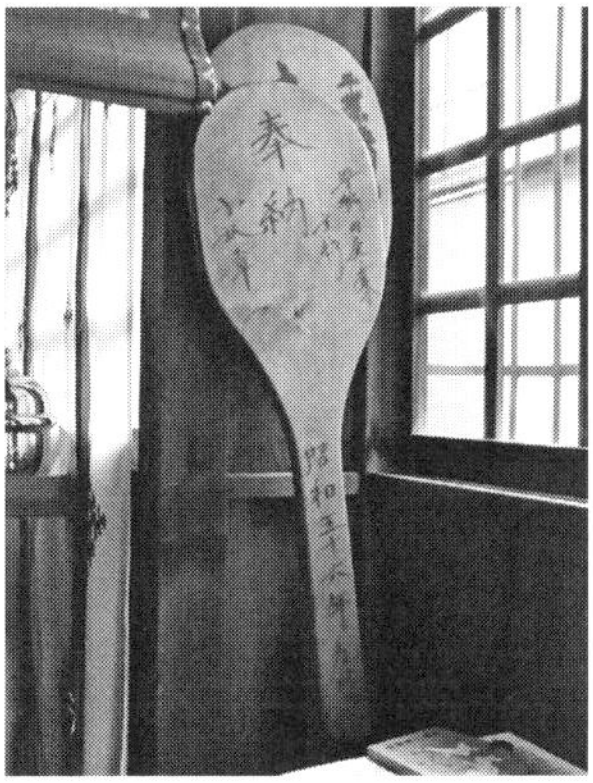

咳にご利益がある「おしゃもじ様」

石《いし》神《がみ》社《しゃ》の大イチョウ

青梅市二俣尾一ノ一九九

御利益

○子育成就
○災難消除
○母乳満足

青梅市の石神社は二俣尾《ふたまたお》地区の鎮守社であるが、境内にある大イチョウは市内随一のイチョウの巨木で、市の天然記念物にも指定されている。イチョウの老木には、樹上から気根がよく垂れ下がるもので、それが女性の乳房に似ているため、母乳の出をよくするための祈願対象とされる例が、各地に見られる（**乳イチョウ**など参照）。石神社の大イチョウもまたその一例で、赤ん坊を産んだばかりの母親がこの樹に祈ると**乳がよく出て、子供も丈夫に育つ**とされてきた。この大イチョウは幹が二股に分かれているが、その股の所に着生したナンテンの樹も、「**難を転じる**」という語呂合わせに通じ、大変縁起のよい樹といわれている。

母乳の出がよくなる大イチョウ

石《いし》不《ふ》動《どう》

足立区梅田三ノ一八

御利益

○病気平癒（耳）

足立区内の旧道筋の路傍に祀られている不動堂は、「石不動尊」あるいは「耳不動尊」などと呼ばれており、そこに安置されている石像の不動明王は、**耳の病の平癒**にご利益があるという。耳の遠い人、中耳炎に悩む人、耳だれのある人などが参拝におとずれる。平癒の後には、竹筒に酒を入れて奉納する習慣がかつてはあったという。

［参考文献］やまひこ社（編）、一九八七『東京御利益案内』、リブロポート。

石薬師《いしやくし》

練馬区豊玉北五ノ一八

御利益

○病気平癒（眼）

練馬大鳥神社の境内の右手に、「石薬師」と呼ばれる石造の薬師如来像を祀る堂宇がある。石像の薬師なので、「石薬師」と呼ばれているのであるが、もとはここから五百メートルほど南に離れた路傍に祀られていたもので、のちに大鳥神社の境内に移された。**眼病治し**に多大なご利益があるといい、祈願者は「向かい目」の絵馬をそこに奉納して、病の平癒を祈る。絵馬は、大鳥神社の社務所で一枚五百円で売られており、誰でも気軽に祈願をすることができる。

〔参考文献〕練馬区史編さん協議会（編）、一九八二『練馬区史・歴史編』、練馬区。

祈願者は「向かい目」の絵馬を奉納する

磯《いそ》の神《かみ》

八丈島支庁八丈町末吉地先

御利益

○大漁達成

○海上安全

伊豆七島の八丈島の島内には、多くの民間信仰関係の神祠《しんし》が祀られているが、特に重要なのは「磯の神」で、**大漁**と**海上安全**の守護神としてあつく信仰されている。末吉の港漁協の裏山に祀られている自然石がその御神体であって、島の漁師たちがつねにそれを拝んでいる。漁師らは出漁前に、必ず供物やサカキの玉串をそこに奉納して拝礼し、漁から帰れば取れた魚などをそこに供えて、漁の無事を感謝する。

〔参考文献〕東京都教育庁生涯学習部文化課（編）、一九九二『東京都の民俗（八）』、東京都教育庁生涯学習部文化課。

板橋《いたばし》の文殊院《もんじゅいん》

板橋区仲宿二八

御利益

○立身出世
○学業成就
○極楽往生

板橋区の文殊院は、板橋宿本陣の飯田家の菩提寺として創建された寺院である。天保六年（一八三五）の火災で堂宇が全焼してしまったが、のちに再興された。しかし安政年間（一八五四～一八六〇）以降、正住職が置かれることはなく、赴任してくる仮住職も短期間で他所《よそ》の大寺へ移ってしまうことが多かった。そのことから「出世寺」と呼ばれるようになり、この寺に祈願すれば**出世・栄達**が叶うといって、参拝におとずれる人々が増えていったという。本尊の文殊菩薩は智恵の仏として知られ、**学問上達**をそこに祈る人もいる。閻魔《えんま》大王も祀られていて、**極楽往生**をそこに祈る人も見られる。さらに、**足腰の守り神**として知られる子《ね》ノ権現も、境内に祀られている（**文殊院の子ノ権現**参照）。

市《いち》守《もり》大《おお》鳥《とり》神《じん》社《じゃ》

八王子市横山町二五

御利益

○商売繁盛
○開運招福

八王子市の市守大鳥神社は、旧横山宿の市の守り神である。江戸時代には横山宿で毎月四の日に、八王子宿では毎月八の日に市が立つことになっていて、多くの商人らがそこに集まって商売をおこない、大変な人出でにぎわっていた。これらの市の繁栄を祈って祀られたのが市守大鳥神社で、「市《いち》守《もり》」とは市の守護神という意味である。こうした市の守り神のことを「市《いち》神《がみ》」と呼び、各地の市の立った場所には、たいてい市神が祀られていたが（**五日市の市神様**参照）、横山宿の場合、もともと市神として稲荷神が祀られており、毎月二月の初午日には、その稲荷を祀って「市守祭《いちもりさい》」がおこなわれてきた。江戸時代末期にはそこに大鷲神が勧請《かんじょう》され、毎年十一月の酉《とり》の日に大鷲祭が挙行されるようになったという。大鷲祭とは要するに酉の市のことであり、**開運招福・商売繁盛**を祈って縁起物の熊手がそこで売られるようになった。酉の市の熊手市は、都内各所に祀られた鷲・大鳥系の神社であればどこでもおこなわれているが（**浅草の鷲神社・花畑の大鷲神社**など参照）、市守大鳥神社のそれは南多摩地域ではほとんど唯一の、しかも最大規模のものであって、境内には多くの熊手商らが店を出し、景気よく熊手を売る。熊手の売値は、小型のもので数千円から、大きなものは十五万円もの豪華版まであるが、よく売れるのは三万～五万円級のものであるという。八王子の街に晩秋の季節のおとずれを告げる風物詩ともなっている。

〔参考文献〕八王子市史編集委員会（編）、二〇一七『新八王子市史・民俗編』、八王子市。読売新聞社（編）、二〇二〇「各地で一の酉」『読売新聞』十一月三日付朝刊多摩版、読売新聞社。

五《いつ》日《か》市《いち》の市《いち》神《がみ》様《さま》

あきる野市五日市一一〇

市の立つ場所には市の守り神である市神がよく祀られており、立派な神社が建てられることもあったが（**市守大鳥神社**参照）、あきる野市の五日市の市神様の場合は大きな自然石の御神体が路傍に祀られていただけで、素朴な市神信仰の姿を伝えている。五日市の市がいつ頃から始まったのかはよくわかっていないが、中世末期の記録にすでに五日市の名が登場し、近隣地域の物資交易の場として、現在の檜原《ひのはら》街道沿いに市が立っていたらしい。江戸時代に入ると、大消費地である江戸の広域商業圏に取り込まれ、主として木炭の売買を中心とする市として栄えることとなった。当初は五の日の三斎市《さんさいいち》で、毎月五日・十五日・二十五日の三度、市が立ったが、五日市という町の名もそこから起こった。のちに十の日を加えて六斎市《ろくさいいち》となり、月に六度（五日・十日・十五日・二十日・二十五日・三十日）の市が立つことにもなった。市神様は市場の中心に祀られ、**市の繁栄と商売繁盛**の守り神として、商人たちに信心

されるようになった。戦後、都道の拡幅によって市神様の御神体石は阿伎留《あきる》神社の境内へと引き取られていったが、その後に「五日市ひろば」公園が整備されたのを契機として、五日市商店街の振興と地域経済の発展を願いつつ、その公園内に市神様が戻されることとなった。

〔参考文献〕五日市町史編さん委員会（編）、一九七六『五日市町史』、五日市町。

市神様は石の御神体で、素朴に路傍に祀られていた

糸塚《いとづか》

台東区浅草七ノ四

御利益

芸能上達

待乳山聖天《まつちやましょうでん》（本龍院）の境内には、使い古した三味線の弦を供養した「糸塚」が祀られている。三味線を扱う人々、浪曲・長唄・舞踊などの関係者が参拝し、**芸道の上達**を祈願する。この糸塚を建立したのは、長唄の十一世杵屋《きねや》六左衛門（後の三世杵屋勘五郎）である。六左衛門は父である十世杵屋六左衛門の遺思により、元治元年（一八六四）にこれを祀った。六左衛門親子は、長唄三絃《さんげん》の名人といわれた人々である。

三味線の弦を供養し、芸能の上達を祈願する

糸引観音《いとひきかんのん》

町田市広袴二ノ一四

御利益

○豊蚕満足

○商売繁盛

町田市広袴《ひろはかま》の妙全院の本尊は観世音菩薩であるが、俗にそれを「糸引観音」と呼ぶのは、中将姫《ちゅうじょうひめ》作と伝えられる丈一寸八分の木彫りの小観音像が、その本尊仏の胎内に納められていたことから来ている。中将姫はいうまでもなく、奈良の当麻寺《たいまでら》で蓮糸《はすいと》の五色曼荼羅《まんだら》を織りあげたという仏教説話の主人公であるから、それにちなんで妙全院の観音像も「糸引観音」と呼ばれるようになった。寺伝によれば中将姫は何と、幼少時に東国武蔵野の広袴の地にやってきて、亡母の供養のために三十三体の板彫りの観音像を作り、十七歳で剃髪《ていはつ》して仏門に入ったという。その後、長い年月をかけて蓮糸で五色の曼荼羅を織りあげた後、奈良の当麻寺へと旅発っていったという。中将姫の彫った三十三体の観音小像のうちの一体が、妙全院の本尊像の胎内仏として残されてきたと伝えられる。「糸引観音」の通称から、この観音は養蚕農家から深く信心されるようになり、**豊蚕祈願**がそこに寄せられることとなった。江戸時代から明治時代にかけては、この観音の小像が巡行仏《じゅんこうぶつ》となり、各地を広く移動しながら拝まれていたこともあり、現在の町田市・立川市・多摩市・稲城市方面をはじめ、神奈川県川崎市内などの養蚕農家にも巡回していたという。観音像は厨子《ずし》に納めて背負われ、家から家へと運ばれて礼拝された。毎年四月十八日には「送り込み」がなされ、観音像は妙全院へと戻ってきた。養蚕農家のみならず、商人らも深くこれを信仰し、**商売繁盛**の祈願も寄せられていたという。

〔参考文献〕町田市史編纂委員会（編）、一九七六『町田市史』下巻、町田市。中島恵子、一九七九「中将姫伝説と巡行仏―東京都町田市広袴の糸引観音―」『西郊民俗』八九号、西郊民俗談話会。

稲荷鬼王神社《いなりきおうじんじゃ》

新宿区歌舞伎町二ノ一七

御利益

○病気平癒（腫物）

新宿区の稲荷鬼王神社は、鬼神を祀る神社として知られている。鬼が祭神なので、節分の豆まきも「福は内、鬼は内」と唱えることになっており、氏子らは決して桃太郎の話などをしない、というならわしを守ってきた。祭神の鬼王権現は、**病気治し**の神とされてきたが、特に**腫れ物・湿疹**の平癒にご利益絶大といわれ、祈願者は神前に豆腐をささげ、願掛け期間中は豆腐や油揚げを断つことになっていた。平癒の後には、再び豆腐を供えて礼参りをした。奉納用の豆腐を売る豆腐屋が門前に数軒、明治時代まであったというから、いかに多くの参拝者がいたかがわかる。さらに、境内にある「鬼の手水《ちょうず》鉢《ばち》」も有名で、大きな石盥《いしだらい》を鬼が持ち上げる姿を彫刻した珍しい石造物が祀られており、熱病平癒の神として信仰され、神社ではこれを「力様《りきさま》」と呼んでいる。

[参考文献] 長沢利明、一九九九『江戸東京の年中行事』、三弥井書店。

鬼が手水鉢を持ち上げている

井《い》の頭《かしら》動《どう》物《ぶつ》園《えん》の動《どう》物《ぶつ》慰《い》霊《れい》碑《ひ》

武蔵野市御殿山一ノ一七

御利益

・動物慰霊

井の頭公園の中にある井の頭動物園は、正式には都立井の頭自然文化園といい、上野動物園・多摩動物園と並ぶ三大都立動物園のひとつで、大正六年(一九一七)に開園した。園内で死んだ**飼育動物の慰霊碑**が、日本庭園の一角に祀られており、「園内動物慰霊の碑」と呼ばれている。この碑は昭和二十年代に建立されたものと伝えられるが、平成十三年(二〇〇一)からはその碑前で動物慰霊祭もおこなわれるようになった。現在では、毎年の秋分の日にそれがなされている。慰霊祭では、動物園の正門前広場でまず園長による挨拶、この一年間に死亡した動物と水生物の紹介がなされ、次いで飼育担当者による代表死亡動物への弔辞が読まれ、その後に慰霊碑への白いカーネーションの献花がおこなわれる。この慰霊祭には、動物園のスタッフ、動物友の会会員、ボランティアのほか、一般来園者らも多く参列する。普段でも、慰霊碑を参拝していく見学者もおり、動物の慰霊と感謝のために、そこをおとずれる人々は少なからず見られる。自宅で飼っていて死んだペット動物の慰霊のために参拝する人も多い。なお動物慰霊碑は、他の都立動物園にも見られる（**上野動物園の動物慰霊碑・多摩動物園の動物慰霊碑**など参照）。

［参考文献］松崎憲三、二〇一九「動物園にみる慰霊祭─都立井の頭自然文化園を中心に─」『西郊民俗』二四九号、西郊民俗談話会。

井《い》の頭《かしら》弁《べん》天《てん》

三鷹市井の頭四ノ一

御利益

○五穀豊穣
○芸能上達
○金運招来

三鷹市の井の頭池の中島に祀られている井の頭弁財天は、**水の恵みをもたらす神**、**福の神**としてあがめられてきたほか、技芸神として美術・工芸・音楽・文学などの**芸道成就**の神としても、信仰されている。若者の街として知られる地元の吉祥寺には、芸術家・音楽家の道をめざす若者も多くおり、彼らがその夢を叶えるために参詣におとずれる。境内には銭洗い場もあって、そこに湧き出る神水で金銭を清めれば、一粒万倍の**財運**を得ることができるとされている。弁天堂の境内には、人面蛇身の宇賀神《うがじん》の石像も安置されているが、それは弁財天の化身であって、明和四年（一七六七）に建立されたものである。

［参考文献］矢嶋仁吉、一九七六「井の頭池と紫灯籠をめぐる歴史地理（一）」『地理』二一巻一一号、古今書院。

人面蛇身の宇賀神の石像

今《いま》熊《ぐま》山《やま》

八王子市上川町一九

御利益
失せ人捜索
足止め成就

八王子市の今熊山（標高五〇五メートル）は、そこに登って亡き人の名を呼べば、その人に再会できるといわれてきた霊山で、「呼ばわり山」ともいう。山麓には今熊神社も祀られている。駆け落ちした者、家出人や行方不明者などがいると、その家族がこの山に登り、山頂でその者の名を呼ぶと、戻ってくるともいう。今熊神社では、**家出人の足止め祈願**などもさかんになされてきた。戦時中は、戦死者の未亡人が夫の名を山頂で呼んだという。家族の依頼を受け、今熊神社の神主が鉦《かね》を叩き、家族が太鼓を叩きながら、誰それに会わせて下さいと念じながら、山頂の奥宮のまわりを三周して祈願をおこなうこともあったという。近年では、死んだ飼い犬や飼い猫の名をそこで呼ぶ人がよくいるという。

［参考文献］庄司千賀、一九八六「八王子市上川口の今熊山について」『多摩のあゆみ』四二号、多摩中央信用金庫。長沢利明、二〇〇七「茶湯石から呼ばわり山へ」『民俗』二〇一号、相模民俗学会。

今《いま》戸《ど》神《じん》社《じゃ》

台東区今戸一ノ五

御利益
良縁成就
恋愛成就

台東区の今戸神社は、**縁結び・恋愛成就**の神として大変人気があり、若い女性の参拝者が多い。祭神として応神天皇のほか、伊弉諾尊《いざなぎのみこと》・伊弉冉尊《いざなみのみこと》の夫婦神を祀っているので、縁結びの神とされるようになった。今戸地区は今戸焼の産地としても知られており、今戸焼の招き猫にちなんで、二匹の夫婦猫の姿を描いた縁結び絵馬を、神社から出すようになったところ、大きな評判を呼んで、若い女性たちがさかんにそれを奉納し、良縁成就祈願をするようになった。それ以来、猫は今戸神社

猫は今戸神社の縁結びと恋愛成就のシンボル

のシンボルとなり、境内の至る所に猫の石像などが祀られるようになったが、社殿の正面にも大きな二体の猫の像が飾られていて、ユニークである。

〔参考文献〕東京都神社庁（編）、一九八六『東京都神社名鑑』下巻、東京都神社庁。

芋窪《いもくぼ》の産泰様《さんたいさま》

東大和市芋窪一ノ二〇六七

御利益
- ○安産達成
- ○子育成就

東大和市芋窪地区の鎮守社は豊鹿嶋《とよかしま》神社であるが、その境内に祀られている産泰神社は**安産・子育ての神**であって、俗に「芋窪の産泰様」と呼ばれている。豊鹿嶋神社の社殿裏手にその小祠《しょうし》が鎮座しているが、群馬県前橋市の産泰神社から分霊を迎えて祀られたものので、社前には赤い奉納幟《のぼり》が何本も飾られており、信者の多いことを物語っている。戦前はこの産泰様を信心する講中があり、お日待ちなどもさかんになされていた。既婚女性のみで構成されていた女人講中で、お日待ちは村の婦人たちの慰安の場ともなっていた。戦後の一時期、講中が復活して、お日待ちが再開されたこともあった。新たに当地に嫁いできた若嫁や、出産をひかえた女性たちが、先輩の中年婦人たちから経験談や教訓を聞く場ともなっていた。

〔参考文献〕東大和市史編さん室（編）、二〇〇〇『東大和市史』、東大和市。

入谷《いりや》鬼子母神《きしぼじん》

台東区下谷一ノ一二

御利益
- ○安産達成
- ○子育成就
- ○健康長寿

「おそれ入谷の鬼子母神」という言い回しでよく知られた台東区の真源寺《しんげんじ》は、**安産・子育て**の神である鬼子母神を祀る寺として、きわめて有名である。真源寺という寺号よりも、「入谷の鬼子母神様」といった方が通りがよいほどであり、そこに祀られている鬼子母神は雑司が谷・中山法華経寺のそれと合わせて、江戸三大鬼子母神のひとつに数えられている。真源寺を日蓮宗の寺だと思っている人々が多いが、実は法華宗に属する寺院であって、静岡県沼津市の光長寺を本山として仰いでいる。寺に祀られた鬼子母神像は、像高わずか一寸八分の小像であるが、光長寺開祖の日法《にっぽう》上人が自ら刻み、日蓮聖人が開眼をした霊像であるという。そのご利益はもっぱら安産・子育てということに置かれているものの、本来は主として**身体健全・健康増進**の祈願が寄せられてきたのであって、当寺における鬼子母神信仰の中心はもともと、そうしたことを基調にしてきたものだといわれている。鬼子母神の縁日は毎月の八の日とされており、八日・十八日・二十八日の月三回、開帳法会がなされており、年間三十六回を数えることとなる。そのほか、正・五・九月の二十八日にも鬼子母神の大祭がおこなわれていて、多くの参詣者らが寺に集まる。さらに毎年七月六～八日には、門前で朝顔市がおこなわれ、東京の代表的な夏の行事のひとつとなっている。寺の前の言問《こととい》通りの沿道二二〇メートルの範囲に、六十軒の朝顔屋と百軒のその他の露天商が並び、きわめて盛況な市が立つ。この朝顔市は、七月八日の鬼子母神の縁日から生まれたもので、門前市・縁日市が朝顔市へと発展していった。市のおこなわれる三日間にかぎり、寺からは「朝顔守り」という独特のお守りが信徒に授与されるが、正式にはこれを「身体健全朝顔《しんたいけんぜんあさがお》御守並《おまもりならびに》かんざし御守《おまもり》」と称する。赤・紫・水色の三色の朝顔の花をリアルに模した造花に、「南無妙法蓮華経」の題目の刷られた小さな身体健全守りがヘアピンではさまれている。寺の札売場からそれを受ける際、僧侶が「妙法《みょうほう》蓮華経序品第一《れんげきょうじょぼんだいいち》！」と唱えながら切り火をおこない、簡単な祈祷《きとう》をしてくれることになっている。このお守りを受け取った信徒らは一年間、自宅の仏壇にそれを祀り、翌年の朝顔市の時に寺に納め、新しいものをまた受けてくるのが決まりである。納められた古いお守りは、寺でお焚《た》きあげにしてくれるという。この朝顔守りの歴史は古く、明治時代には花型をした「かんざし守り」というものがあった。女性がそれを髪に挿しておくと病気除け、特に頭痛除けになったというが、かんざし守りの中には鬼子母神の護符と朝顔の種子が納められており、その朝顔の種子を煎じたり、すりおろしたりして服用すると、効果てきめんであったという。朝顔という植物はもともと薬草であり、漢方では牽牛子《けんごし》と呼んでその種子が便秘薬・下剤として用いられていた。そのようなところにも、本来の身体健全祈願とそのご利益があらわれている。現在では日本髪の女性が少なくなったため、かんざし守りではなくヘアピンで髪にそれを固定する形に変わっている。境内には「畳針供養碑」も祀られており、その縁で畳屋職人が繁盛祈願によくおとずれる。

安産・子育てにご利益がある鬼子母神を祀る

〔参考文献〕台東区役所（編）、一九六六『台東区史・社会文化編』、台東区役所。長沢利明、二〇〇六「入谷の朝顔市」『東京都の祭り・行事―東京都祭り・行事調査報告書―』、東京都教育委員会。

入《いり》谷《や》鬼《き》子《し》母《ぼ》神《じん》の日《にっ》朝《ちょう》様《さま》

台東区下谷一ノ一二

御利益

- 病気平癒（眼）
- 学業成就
- 健康長寿

「入谷鬼子母神」、すなわち台東区の真源寺《しんげんじ》の境内にある日朝堂には、法華信仰の高僧として知られる日朝上人の像が祀られており、「日朝様」の愛称で親しまれている。日蓮宗・法華宗系の寺院には、日朝上人を祀る例がよく見られるが、主として**眼病平癒・学業成就**の神として信心されており、当寺のそれも同様である。目が見えなくなるほど勉学に励んだという日朝上人にあやかろうとして、そのような信仰が生み出されていった。真源寺に祀られている鬼子母神は、一般には安産・子育ての神として受け入れられているが、もともとは病気平癒・身体健全・健康増進の祈願ということが基本にあり、当寺の門前に立つ朝顔市も、そうした信仰から発したものなのであったが、日朝様への眼病平癒の祈願も、もちろんそうした信仰に発している。真源寺の境内には、左手に日朝堂、右手に福禄寿堂が祀られており、双方の堂の前には鬼子母神にちなむザクロの木が一本ずつ植えられているが、日朝堂のそれは樹齢二五〇年以上、福禄寿堂のそれは樹齢一五〇年以上の古木と推定されている。そこに実ったザクロの実は、**身体健全・健康増進**のご利益があるといい、縁起物として寺から信徒へと配られている。

〔参考文献〕長沢利明、二〇一〇「入谷の朝顔市―東京都台東区下谷真源寺―」『西郊民俗』二一三号、西郊民俗談話会。

日朝上人は法華信仰における高僧

岩《いわ》蔵《くら》の御《み》嶽《たけ》神《じん》社《じゃ》

青梅市南小曽木五ノ三〇六五

御利益

○災難消除（盗難除け）

青梅市の御岳山の山頂に鎮座する武蔵御嶽神社は、オオカミ信仰の聖地として広く知られているが、そこから分霊を移して祀られた御嶽社は各地に見られる。同市内岩蔵の御嶽神社もそのひとつであった。当地の御嶽神社は、俗に「御狗様《おいぬさま》」と呼ばれているが、それこそが御岳山の神の眷属《けんぞく》とされるオオカミのことで、そのオオカミの姿を刷った神札を、毎年十二月七日（現在ではそれに近い日曜日）の祭りの日に、氏子の家々に配っている。この神札を家内に貼っておくと**盗難除け**になるといわれており、御岳山のオオカミが眼光するどくにらみつけて、つねに盗賊の侵入を見張り、家を守ってくれると信じられてきた。この十二月の祭りのことを、「御神狗様《おいぬさま》日待《びま》ち」と呼んでいるが、その時に、山の中に棲む御狗様（オオカミ）に供物をささげる儀式が今もおこなわれている。後日、その場所を見にいくと、雪の上に御狗様の足跡が見られたり、供物を食べちらかした跡が残っていたりするといわれている。御狗様が供物に手をつけないと火事などが起こるといって、何度も供え直したこともあったという。さらに毎年七月二十四日には「御精進《おしょうじん》日待《びま》ち」という祭りがおこなわれ、集落境の六ヶ所にワラジを吊して悪疫の侵入を防ぐまじないがなされており、これを俗にフセギ（塞ぎ）と称している。

〔参考文献〕大島建彦、二〇〇五「岩蔵のオイヌさま―東京都青梅市小曽木五丁目―」『西郊民俗』一九三号、西郊民俗談話会。

う

上《う》野《え》護《の》国《ご》院《こく》の大《いん》黒天

台東区上野公園一〇ノ一八

御利益

○開運招福
○良縁成就
○金運招来

上野の護国院に祀られている大黒天は、東京都内でもっとも名の知られた大黒様であるが、徳川家康の護持仏《ごじぶつ》であったといわれ、谷中七福神のひとつにも数えられている（**谷中七福神**を参照）。三代将軍徳川家光から贈られたという大黒天の画像も、寺に伝えられている。木像の大黒天は、本堂（釈迦堂）内の正面に安置されているが、厨《ず》子《し》にも納まらず、むき出しのままで祀られているので、誰でもそばに近づいて、身近に拝観・参拝することができる。大きな木像で、長年にわたり線香の煙でいぶされ続けて黒光りをしている。両目はやや下を向き、ほほえむ表情が特徴である。当院の大黒天はご利益絶大な**福の神**とされ、これに祈れば誰でも福運を授かることができるといわれてきた。縁日は毎月の三日で、寺では法会もおこなわれ、多くの参詣客が参列する。特に一月三日の初大黒の日の縁日は盛況で、本堂内に入りきれないほどの参詣者であふれる。江戸時代にも大群衆がおとずれて、大変なにぎわいであったという。寺では、本堂内に祀られた大黒天への供物餅を湯に浸し、その湯を「御福《おふく》の湯」・「大黒湯」と称して、参詣者らに分け与え、飲ませたという。この湯を飲むと**諸願が成就**するとか、**福運**や**智恵**を授かるとかいわれていた。この一月三日の祭りのことは、寛延四年（一七五一）版『江戸惣鹿子《そうかのこ》名所大全』などにすでに出ており、『東都歳事記』にも「大黒天の尊前へ備ふる所の餅を湯に浸して参詣の諸人にあたふ。これを大こくの湯又福湯といふ。これを飲は福智を得るといへり」と記されている。今日ではこの日、本堂内で護摩が焚《た》かれ、参詣者は護摩火の煙を浴びて心身の健康祈願をおこなうことがさかんである。谷中七福神の巡拝をおこなう人々も必ずおとずれるので、一月三日を中心とした正月中には、多くの参詣者らで寺はにぎわう。

〔参考文献〕三田村鳶魚（編）、一九八一『江戸年中行事』、中央公論社。

上《うえ》野《の》護《ご》国《こく》院《いん》のおびんずる様《さま》

台東区上野公園一〇ノ一八

御利益

○病気平癒

上野の護国院の本堂（釈迦堂）内には賓頭盧尊者《びんずるそんじゃ》の木像が祀られているが、俗に「おびんずる様」と呼ばれ、**病気治し**のご利益で知られている。参拝者は、自分の持病のある身体部位と同じ像の部位を撫《な》でさすり、病の平癒を祈願する。像は全身が朱漆で塗られ、赤く輝いているが、特に頭のてっぺんがピカピカに光っており、参拝者たちに長年にわたってさすり続けられてきたことがわかり、特に頭痛平癒祈願がさかんであったらしいことが察せられる。近年では外国人（特に中国人）観光客にも人気があり、多くの参拝者らが日本人と同じように、おびんずる様の身体を撫で回して祈る姿を、よく見かけるようになった。

持病のある身体部位と同じ部位をさする

上《うえ》野《の》浄《じょう》名《みょう》院《いん》

台東区上野桜木二ノ六

御利益

○子育成就
○病気平癒（小児病）

上野の浄名院は、地蔵信仰の中心地として有名である。境内の地蔵山には八万四千体もの地蔵尊の石像が、整然と並んで祀られており、まことに壮観であるが、実際には二万体ほどにとどまるとのことである。この地蔵群は、当院の第三十八世住職であった妙運和尚が明治十二年（一八七九）、インドの中天竺の阿育《アショカ》大王が八万四千体の法塔を建立したことにならい、同数の地蔵尊の建立を発願して祀られてきたものである。妙運和尚の呼びかけにこたえ、多くの名士らが石地蔵の寄進をおこなったが、北白川宮能久《よしひさ》親王が十数体を奉納したほか、徳川家・小松家・一條家・近江家・毛利家などの各名家も地蔵を寄進している。いうまでもなく、地蔵は**子供の守り神**といわれているので、子を持つ親たちが**わが子のすこやかな成長、そして幼児関係の病気平癒**を祈願して、さかんに参拝におとずれている。モダンな建物の本堂内では、地蔵信仰にかかわるお守り・キーホルダーなど、さまざまな地蔵グッズを授与しており、若い人々にも人気がある。毎年七月二十四日朝には、浄名院で地蔵会の大法会がいとなまれることになっているが、俗に地蔵盆とも呼ばれている。地蔵盆は、盆月二十四日になされる地蔵尊の祭りで、関西では非常にさかんであるが、東京都内では珍しい。この日、境内地蔵山にある八万四千体の石地蔵の前には、ロウソクが一本ずつ立てられ、集まった信徒らは本堂の燭台から移した火を用いて、そこに点火をしていく。読経をしながら一本ずつロウソクに火をともしていく、熱心な信徒の姿も見られる。住職も地蔵山へやってきて、地蔵群の中を巡回しつ

子供の守り神、地蔵信仰の中心地。多くの名士も寄進

つ経をあげていく。地蔵山一帯にはおびただしい数の灯明がともされて、幻想的な雰囲気に包まれる。

〔参考文献〕佐藤 高、一九八八「お富士さんから、仲秋へ―東京七・八・九月―」『江戸っ子』五九号、アドファイブ出版局。

上《うえ》野《の》浄《じょう》名《みょう》院《いん》のうかがい地《じ》蔵《ぞう》

台東区上野桜木二ノ六

御利益

○祈願成就

上野の浄名院の境内には三福堂といって、毘沙門天・弁財天・大黒天の三神を祀る堂宇があるが、その堂内には、「うかがい地蔵」と呼ばれる石地蔵も安置されている。像高八寸、台座を含めて一尺ほどの小像であるが、明治時代に祀られたものであるという。なぜこれを「うかがい地蔵」と呼ぶかというと、参拝者がこの地蔵を両手で持ち上げて、その時に感じた軽重の印象による占いがなされてきたからである。自然石や石仏を持ち上げて占いをおこなうことを、民俗学では「石占《いしうら》」と呼ぶが、王子稲荷の「お石様」などをはじめ、東京都内にはいくつかの類例が見られる（**王子稲荷のお石様**など参照）。「うかがい」とは、**自分の願いごとが叶うか否か**、地蔵にうかがいを立てるという意味で、叶うならば軽く、そうでなければ重く感じられるので、それがわかるという。浄名院のうかがい地蔵は三体があって、うち一体はつねに寺に安置されているが、残りの二体はいわゆる「巡行仏《じゅんこうぶつ》」で、信者の家々を巡回して祀られてきた。その巡行範囲は都内一円にわたり、時には神奈川県内にまでおよんでいたというが、毎月二十四日の縁日には必ず浄名院に戻されることになっていた。地蔵は風呂敷に包んで背負われ、家から家へと回されていたともいう。

〔参考文献〕大島建彦、一九九二『道祖神と地蔵』、三弥井書店。

上《うえ》野《の》浄《じょう》名《みょう》院《いん》の喘《ぜん》息《そく》地《じ》蔵《ぞう》

台東区上野桜木二ノ六

御利益

○ 病気平癒（喘息）

地蔵信仰の中心地として知られる上野の浄名院の境内には、たくさんの石地蔵が祀られているが、その中のひとつが喘息地蔵である。**幼児の咳や喘息を治してくれる**、ありがたい地蔵尊で、わが子の小児喘息に悩む親たちが参拝におとずれ、その平癒を祈る姿が見られる。大人であっても喘息に苦しむ人があれば、祈願におとずれる。この地蔵は一名「へちま地蔵」とも呼ばれているが、それは毎年旧暦八月十五日にこの地蔵尊の前で、「へちま供養」の祈祷《きとう》がおこなわれることから来ている。へちま供養（へちま加持）とは、ヘチマの実を仏前にささげていとなまれる、病気治癒のための特別な儀式のことであるが、関西の諸寺院などでよくおこなわれているものの、東京では珍しい。かつては、このへちま供養での喘息平癒・咳止め祈願などがなされる際に、寺から配られた祈祷札を信徒が家に持ち帰り、それを水につけて子供に飲ませると、小児喘息が治るなどともいわれていた。

［参考文献］やまひこ社（編）、一九八七『東京御利益案内』、リブロポート。

上野《うえの》動物園《どうぶつえん》の動物慰霊碑《どうぶついれいひ》

台東区上野公園九ノ八三

御利益

○ 動物慰霊

上野公園の中にある上野動物園は、正式には恩賜上野動物園といい、井の頭動物園・多摩動物園と並ぶ三大都立動物園のひとつで、明治十五年（一八八二）に開園した東京都内最古の動物園である。園内で死んだ**飼育動物の慰霊碑**が、ゾウ舎の脇に祀られており、「動物よ安らかに」の碑文がそこに刻まれている。慰霊碑が最初に建てられたのは昭和六年（一九三一）のことであったが、その後の昭和五十年（一九七五）に新たなものが建立され、今あるものがそれである。碑の前にはつねにリボンや千羽鶴がたくさんささげられており、動物園をおとずれる家族客らも、よくそこで手を合わせている。園内で死んだ動物たちのみならず、自宅で死んだ**ペット動物たちへの慰霊**の想いを込めて、祈りをささげていくのだという。毎年の秋分の日には碑前で動物慰霊祭もおこなわれている。慰霊祭は宗教色を排した形で園長が主催し、死んだ代表動物への弔辞を飼育担当者が読み、動物園スタッフや一般来園者らが献花をおこなっている。なお動物慰霊碑は、他の都立動物園にも祀られている（**井の頭動物園の動物慰霊碑・多摩動物園の動物慰霊碑**など参照）。

［参考文献］松崎憲三、二〇一九「動物園にみる慰霊祭―都立井の頭自然文化園を中心に―」『西郊民俗』二四九号、西郊民俗談話会。

氏《うじ》義《よし》神《じん》社《じゃ》

三宅島支庁御蔵島村南郷地先

御利益

良縁成就

伊豆七島の御蔵島《みくらじま》の南郷《なんごう》の山中に氏義神社が祀られているが、**縁結び**のご利益で知られている。源平合戦で敗走した平家方の落武者夫婦を祀る神社で、夫の方を「男神」、妻の方を「女神」としてあがめられてきたが、のちに双方を合祀して夫の方の名を取り、氏義神社と名づけられたという。

［参考文献］栗木一郎、二〇一〇「御蔵島」『伊豆諸島を知る事典』、東京堂出版。

臼《うす》杵《き》神《じん》社《じゃ》

西多摩郡檜原村七八二地先

御利益

養蚕守護

檜原村《ひのはらむら》とあきる野市との境界に伸びる山脈稜線上に臼杵山（標高八四二メートル）がそびえ立っているが、その山頂に鎮座するのが臼杵神社である。ここに祀られている祭神を臼杵権現といい、**養蚕守護**の神として、山麓の養蚕農家たちからのあつい信仰を集めてきた。毎年二月の初午日にはかつて、農家の人々が山道を登ってそこに参詣し、山頂のせまい社地内には多くの人々が集まって、大変にぎやかであったという。神社の社殿内には昔、農家の奉納した猫の木像がたくさん納められており、それをひとつ借りてきて蚕室内に祀っておくと、蚕大当たりが約束されると信じられてきた。その年の春蚕《はるご》・夏蚕《なつご》・秋蚕《あきご》の養蚕がすべて終了し、収穫された繭の出荷を済ませると、猫の木像を二体に増やして臼杵神社へ納め、礼参りをすることにもなっていた。養蚕の衰退した今ではもう、そのようなことはなされておらず、猫の木像はひとつも残ってはいないが、社前には一対の猫の石像が今でも祀られていて、往事の様子を伝えている。一体なぜ、猫が養蚕の守護神になったのかというと、蚕を食い荒らす天敵がネズミで、そのネズミを駆除してくれるのが猫であったためである。東京の多摩地域や山梨県下などでは、蚕の守り神として蚕室に陶器の招き猫を祀ったり、神社にそれを奉納して豊蚕を祈願する習俗が広く見られ、臼杵神社のそれと同じことであった。なお、先に述べた社前の猫の石像は、地元では猫神の像であると言っているものの、その鼻先は長く突き出し、ずんぐりとした体型はあたかも豚かイノシシのようで、あまり猫らしくは見えない。おそらくこれは本来、オオカミの姿をあらわしたもので、西多摩の山間部地域特有の大口真神《おおくちのまがみ》信仰、すなわちオオカミ信仰にもとづくものなのであったろう。オオカミを神の眷属《けんぞく》としてあがめる御嶽《みたけ》山《さん》系の神社の境内に、丸々と太った豚かイノシシを思わせるようなオオカミの石像を祀る例は、他所《よそ》にも見られる。もともとあったオオカミ信仰に、養蚕守護の猫神信仰が結びついた結果、それが猫の石像であると説明されるようになったのではなかろうか。

〔参考文献〕檜原村史編さん委員会（編）、一九八一『檜原村史』、檜原村。守屋龍男、一九八八『多摩の低山』、けやき出版。

あまり猫に見えない猫像。オオカミともいわれる

烏《う》枢《す》沙《さ》摩《ま》明《みょう》王《おう》

港区三田四ノ八

御利益
- 子授成就
- 安産達成
- 子育成就

烏枢沙摩明王とは、**不浄や穢《けが》れを祓《はら》う**とされた仏教神で、禅宗寺院ではよく東司《とうす》（便所）内にその神像が祀られ、不浄除けの神とされている。港区の正《しょう》山寺《ざんじ》には、その烏枢沙摩明王を安置した寺堂があって、道路に面してつねに開扉されており、そこを通行する人々は、誰でも気軽にそれを拝むことができる。そこに安置されている烏枢沙摩明王の尊像は、憤怒の形相をしているが、その怒りの力で魔をしりぞけ、遠ざけて、清浄な心を守るとされている。**安産と子育て、女性の受胎祈願（子授け）**にご利益があるともいわれている。

笛《うず》吹《しき》の産《うぶ》神《がみ》

西多摩郡檜原村二一二二

御利益
- 安産達成
- 子育成就

檜原村笛吹《ひのはらむらうずしき》の鎮守は、笛吹山《うずしきやま》神社であるが、その境内に祀られている石碑は**安産・子育**ての神として、あつく信心されてきた。この石碑の刻銘には、「奉祭大己貴命・少彦名命、明治三十三年、中村甚之丞建之」とあり、大己貴命《おおなむじみこと》と少彦名命《すくなひこなのみこと》を祀って明治三十三年（一九〇〇）にこれが建立されたことがわかるが、どうしてそれが産《うぶ》の神とされるようになったのかは定かでない。地元の笛吹地区では、新生児が産まれて三十三日目に初宮参りがおこなわれているが、母親が赤ん坊を背負ってこの碑を参拝し、オサンゴ（饌米）をそこに供えて、無事に出産ができたことを産神に感謝しつつ、礼参りをすることになっていた。産神への参拝日には、出産祝いをもらった家々に対し、返礼をすることにもなっていた。

［参考文献］長沢利明、一九八九『東京の民間信仰』、三弥井書店。

宇《う》田《だ》川《がわ》地《じ》蔵《ぞう》

渋谷区渋谷三ノ五

御利益
- 旅行安全
- 五穀豊穣

渋谷区の東福寺の境内にある地蔵堂内には、「宇田川地蔵」と呼ばれる石地蔵が祀られている。この地蔵尊はかつて、道玄坂下の宇田川・渋谷川の合流地点付近の宇田川橋のたもとに祀られていたもので、そこには見事な枝ぶりの松の巨木があり、その根元にこの地蔵が立っていたという。松の樹下は、そこを通行する旅人や、荷車を曳《ひ》く農民たちの休憩場所となっており、旅人らは**旅行安全**を、農民らは**五穀豊穣**を地蔵に祈っていたという。かつての渋谷では稲作もさかんで、地蔵は農民たちに特にあつく信仰されていたともいう。渋谷の街の発展にともない、地蔵は明治四十年（一九〇七）頃に、現在の西武百貨店B館裏手の高台に移されることとなった。しかし、そこもまた開発が進んだため、地蔵は昭和三十八年（一九六三）に宇田川町十番地付近にまた移されたが、のちの平成二十五年（二〇一三）に東福寺境内の現在地へと移転した。地蔵堂内の中央には、昭和三十七年（一九六二）に造立された新しい地蔵尊が立っているが、その右横にあるのが宇田川橋のたもとに立っていたもともとの宇田川地蔵である。戦災を受けてかなり破損をしているが、元禄元年（一六八八）に造立された古い地蔵尊である。

新旧の宇田川地蔵が祀られている

宇《う》田《だ》川《がわ》出《しゅっ》世《せ》弁《べん》天《てん》

渋谷区神南一ノ四

御利益
- 立身出世
- 商売繁盛

渋谷区の北谷《きたや》稲荷神社の境内に祀られている小さな弁天祠は、「宇田川出世弁財天」と呼ばれており、**立身出世**のご利益があるといわれている。また、渋谷の街の発展を見守ってきた**商業**の神ともされている。渋谷の道玄坂下の渋谷川・宇田川の合流地点付近に昔、見事な枝ぶりの松の大木があったが、昭和五年（一九三〇）に実施された東京市による区画整理事業によって、他所《よそ》へ植え替えられることとなった。ところが作業員に負傷者が多く出て、「おそろしい松」だとか、神木の祟《たた》りだとか騒がれることとなった。そこで道玄坂の住民たちが、神南町に移植された松の木の根元に弁天と竜神の祠を祀ったという。松はその後、枯死してしまったが祠は残り、「出世弁財天」と呼ばれるようになった。第二次大戦後、弁天祠は国鉄用地内へ一時移されたが、のちに北谷稲荷神社の境内へとまた移された。それが今の弁天祠で、弁財天と竜神とを祀った二つの石祠が並んで鎮座している。

〔参考文献〕東京都神社庁（編）、一九八六『東京都神社名鑑』上巻、東京都神社庁。

弁財天と竜神の二つの石祠が鎮座

鰻《うなぎ》供《く》養《よう》塔《とう》

豊島区西巣鴨四ノ八

御利益
- 魚霊供養
- 商売繁盛

豊島区の妙行寺は、『四谷怪談』のお岩の墓のある寺として著名であるが、境内に祀られている「魚河岸供養塔」・「鰻供養塔」の存在もよく知られている。特に鰻供養塔は、東京都内の鰻商らの手で建てられた**鰻の供養塔**で、たくさんの鰻の命を日頃、奪っている鰻屋の罪滅ぼしのために、それが建立されたという。鰻の蒲焼き屋や料亭、卸問屋、養鰻《ようまん》業者など、鰻商の関係者らが**業界の繁盛**を祈って、よく参拝におとずれている。

豊島区の妙行寺にある鰻の供養塔

え

永《えい》福《ふく》稲《いな》荷《り》

八王子市新町五ノ五

御利益

無病息災

八王子市の永福稲荷神社は、市内竹の鼻出身の力士、八光山権五郎が宝暦六年（一七五六）に稲荷神を当地に勧《かん》請《じょう》して祀られたと伝えられている。その縁で、毎年九月二日の例祭には、境内で相撲がおこなわれるならわしがあったが、『新編武蔵風土記稿』にもそのことが記されている。この八月二日の祭りには、境内に初物のショウガを売る露店が出ることでもよく知られ、そこで求めてきた葉ショウガを食べると、**無病息災**のご利益があるといわれている。秋祭りにショウガ市の立つ神社は、ほかにもいくつか見られる（**芝大神宮**・**二宮神社**など参照）。

［参考文献］東京都神社庁（編）、一九八六『東京都神社名鑑』下巻、東京都神社庁。八王子市史編集委員会（編）、二〇一七『新八王子市史・民俗編』、八王子市。

回《え》向《こう》院《いん》の吉《よし》展《のぶ》地《じ》蔵《ぞう》

荒川区南千住五ノ三三

御利益

誘拐防止
子育成就

昭和三十八年（一九六三）年に起きた「吉展ちゃん事件」は、世間を震撼させた凶悪な誘拐・殺人事件であったが、事件の犠牲者である村越吉展ちゃんの慰霊のために建立された「吉展地蔵尊」が、南千住の回向院の境内に祀られている。**子供の誘拐防止・安全**を祈願する人々が、今でも多く参拝におとずれる。なお「吉展地蔵」は、回向院に近い円通寺にも祀られている（**円通寺の吉展地蔵**参照）。

〔参考文献〕やまひこ社（編）、一九八七『東京御利益案内』、リブロポート。

子供の誘拐防止祈願の地蔵

江古田富士《えこだふじ》

練馬区小竹町一ノ五九

御利益

富士山登拝利益

江戸時代に富士講中の手で築かれた模造富士・人造富士としての富士塚は、そこに登れば本物の富士山を登拝したのと同じご利益があるとされていた。練馬区江古田にある浅間神社の境内にも富士塚があり、江古田富士と呼ばれている。浅間神社はもちろん、富士山の神を祀った神社で、当地のそれは俗に「茅原浅間《かやはらせんげん》」と呼ばれていた。江古田富士は、当地にあった富士講、小《こ》竹丸祓講《たけまるはらいこう》の手で、天保十年（一八三九）もしくは文化年間（一八〇四〜一八一八）に築造されたもので、当初の原形をよく保っており、国の重要有形民俗文化財に指定されている。毎年七月一日に山開きがおこなわれ、神職を先頭に地元世話人らが富士塚に登る。一般参詣者らの登拝も許され、日本一の富士の山に登ったのと同じご利益を授かることができるとされた。

〔参考文献〕長沢利明、一九九九『江戸東京の年中行事』、三弥井書店。

江古田富士の開山祭

江《え》島《じま》杉《すぎ》山《やま》神《じん》社《じゃ》

墨田区千歳一ノ八

御利益

○商売繁盛（鍼灸）

○病気平癒（眼）

本所一ツ目の江島杉山神社は、元禄六年（一六九三）に杉山和一検校《けんぎょう》によって祀られた神社である。江の島弁財天を移し祀った神社で、当初は弁天社と称していたが、明治七年（一八七四）に地元の村社となって、江島神社とあらためられ、昭和二十七年（一九五二）には杉山検校を祀る杉山神社と合祀して、江島杉山神社と呼ばれることになった。そうした経緯からもわかるように、当社は杉山検校そして江の島弁天ゆかりの神社なのであって、境内には弁天池や弁天岩屋なども設けられている。岩屋は江の島の弁天岩屋を模したものであるが、杉山検校は江の島のその岩屋にこもって断食修行を続け、ついに鍼法を感得したと伝えられる。今でも鍼灸《しんきゅう》の関係者らに当社は深く信心されており、日本盲人会連合・日本盲人社会福祉施設協議会・全日本鍼灸マッサージ師会・日本鍼灸師会・日本あん摩マッサージ指圧師会などなどの代表者らが崇敬者団体の役員をつとめ、特に五月十八日の祭礼には、これらの人々が一堂に会して拝礼をおこなっている。**鍼灸業界の繁栄と発展**、**視覚障害者らの健康安全**などが、そこで祈願されている。

〔参考文献〕墨田区役所（編）、一九八一『墨田区史』下巻、墨田区役所。大島建彦、二〇一三「江島杉山神社の信仰」『西郊民俗』二二五号、西郊民俗談話会。

江《え》戸《ど》六《ろく》地《じ》蔵《ぞう》

豊島区巣鴨三ノ二一

御利益

○病気平癒

江戸時代の江戸市中に祀られた、六ヶ所の巨大な地蔵尊の鋳造仏を「江戸六地蔵」という。六ヶ所のうち五ヶ所が今でも残っているが、特に有名なのは巣鴨の真性寺《しんしょうじ》のそれで、多くの参詣者が毎日おとずれる。真性寺は、有名な「巣鴨のとげぬき地蔵尊（高岩寺）」の参道入口にあり、江戸六地蔵のうちの一体を祀る寺として、古くから知られてきた。江戸深川に住んでいた地蔵坊正元という人が不治の病にかかり、その平癒を地蔵菩薩に祈ったところ全快したので、その報恩のために宝永三年（一七〇六）、京都の六地蔵にならい、江戸にもそれを祀ろうと思い立った。こうして浄財が集められ、江戸市中六ヶ所の寺院に巨大な鋳造仏の地蔵尊が建立されたのであるが、真性寺の境内に今ある露座の銅造地蔵尊像は、正徳四年（一七一四）にその四番目として造立されたもので、像高二六八センチメートルの巨大な鋳造仏であった。この地蔵尊は、主として**諸病平癒**にご利益のある霊仏として、今でもあつく信仰されている。

［参考文献］豊島区史編纂委員会（編）、一九八一『豊島区・通史編（一）』、豊島区。

巨大な銅製の鋳造仏のひとつ

榎《えのき》坂《ざか》の榎《えのき》

港区赤坂一ノ一〇

御利益

○病気平癒（歯）

赤坂溜池の榎坂は、アメリカ合衆国大使館の正門前を西北に下る、ゆるやかな勾配の坂道である。江戸時代にはそこに榎の巨木があって、さまざまな近世地誌類の挿絵にもそれが描かれているが、それらを見ると榎の木の根元には小祠《しょうし》が祀られ、おびただしい数の房楊枝《ふさようじ》がそこに奉納されているさまを見ることができる。それは**虫歯平癒**の願掛けのまじないなのであった。房楊枝とは、歯みがきに用いられた房付きの長い楊枝で、いわば江戸時代の歯ブラシであった。このまじない習俗のことは、『江戸神仏願懸重宝記』にも記されており、「榎坂のゑのき。溜池のあをい坂のうへに大ゑのきあり。この木の根にいたり白山《はくさん》権現を念じ、虫歯のぐわんをかけ、治してのち柳の楊枝を木の根に供ずるなりと、里人の物かたりなればしるす」と述べられている。ここにあるように、榎の樹下にある小祠は白山権現を祀るものであったらしい。「白山」の神は「歯臭《はくさ》」の語呂合わせから、歯の神そして虫歯治しの神として、よく信心されてきたのであって、これもその一例であったと思われる。榎の巨木も樹下の小祠も今はなく、信仰は廃れてしまっている。

〔参考文献〕長沢利明、一九九七「虫歯と榎—東京都港区赤坂榎坂—」『西郊民俗』一五八号、西郊民俗談話会。

昔は虫歯平癒の願掛けの場だった

恵《え》比《び》須《す》猫《ねこ》・大《だい》黒《こく》天《てん》猫《ねこ》

青梅市住江町一二

御利益

○開運招福

○商売繁盛

青梅市の総鎮守である住吉神社の境内には三体の猫神が祀られているが（**阿於芽猫祖神**参照）、うち二体がこの「恵比須猫」と「大黒天猫」である。境内入口の参道両側に立つ祠《ほこら》内に、恵比須・大黒天の姿の猫神像が安置されている。**開運招福**・**商売繁盛**のご利益があるという。青梅は戦前まで、大変養蚕のさかんな町であったが、蚕の守り神である猫神の信仰もさかんであったため、猫を大切にする風があったという。そのことにちなみ、平成時代には猫を用いた町おこしがさかんになされるようになり、「西ノ猫町・青梅」を名乗って、町中にさまざまな猫にちなむアート作品が飾られるようになった。住吉神社の「恵比須猫」・「大黒天猫」も、その一環として祀られるようになったものである。

恵比寿猫。猫は養蚕の守り神だった

縁《えん》切《きり》榎《えのき》

板橋区本町一八

御利益

縁切達成

旧中山道の板橋宿跡には、**男女の縁切り成就**にご利益があるという有名な榎の木があり、縁切榎と呼ばれている。この榎の木はもともと、大変縁起の悪い木とされ、この木のそばを通れば結ばれるべき男女も別れねばならなくなるといわれてきたため、婚礼行列などはそこを避けて遠回りに迂回《うかい》することになっていたと、江戸時代の記録にも多く記されている。榎の木のある目の前の道は「縁切り道」、道沿いの坂は「縁切り坂」と呼ばれて忌み嫌われてきたが、その坂道はもと「岩の坂」と呼ばれており、それは「縁切《えんき》り嫌《いや》の坂《さか》」の転訛《てんか》であるとか、榎が「縁退《えんの》き」に通ずる縁切りの木となったとか、さまざまに考証されてきた。こうした伝承を逆手に取り、悪縁を断ち切りたいと願う女性たちが縁切り祈願をそこでおこなうようになったともいわれ、いつしかそこに縁切り信仰が生み出されていったようである。『新編武蔵国風土記稿』にも、「世に男女の悪縁を離脱せんとするもの、この樹に祈て験《しるし》なしと云ふことなし。（中略）よりて近き年、楽宮様御下向の時も他路を御通行あらせられしなり」と述べられている。ここにいう「楽宮様御下向」とは、十二代将軍徳川家慶のもとに嫁ぐため、有栖川宮織仁《おりひと》親王の息女楽宮《さざのみや》が京都から下向した際のことを言っている。皇女の江戸への下向行列は中山道の板橋宿を必ず通らねばならないが、そこにある縁切榎があまりにも不吉なので、行列はそこを避けて迂回をしたというのである。それは文化元年（一八〇四）のことであったが、それに先立つ寛延二年（一七四九）にも、閑院宮直仁《なおひと》親王の息女五十宮《いそのみや》が九代将軍徳川家重の嗣子家治に嫁ぐ際にも、やはり下向行列は縁切榎の前を避け、迂回をしている。ところが、文久元年（一八六一）に孝明天皇の妹、和宮親子《かずのみやちかこ》内親王が十四代将軍徳川家茂に嫁いだ際には、下向行列はそのまま板橋宿をまっすぐ通過しており、不可解であるが、縁切榎はその時、根元から枝先まですっぽりと菰《こも》で覆い隠したと伝えられている。この榎の木に縁切り祈願をおこなう習俗は、江戸時代から実にさかんになされており、『四神地名録』にも「さまさまなるのそみも有にや。木の枝の幾つともなく絵馬をつるして有り」と述べられている。別れたい相手との縁切りを達成するため、榎の木の枝先に小絵馬を吊して願掛けをおこなったというのであるが、それは外国人の目にもとまった。幕末に日本に滞在したスイスの遣日使節、エーメ・アンベールは、その絵馬のことを「男女が互いに背を向けて地にうずくまっている図をあらわした奉納額」と述べている。互いにそっぽを向いた男女の姿を描いた、典型的な「縁切り絵馬」であったことがわかる。さらに、縁切榎の樹皮を削ってきて煎じ、その汁を別れたい相手にひそかに飲ませれば、離別することができるというまじないも、江戸時代にはなされており、「板橋の木皮の能は医書に洩れ」、「生木裂く願は榎の皮をむき」などと川柳にも詠まれている。このまじないは現在でもおこなわれていて、縁切榎の幹を見ると、樹皮をむかれて剥がされた痕を随所に認めることができる。なお、江戸時代の縁切榎は維新後に枯死してしまい、その跡地に植えられた二代目の木も後に切り倒され、今ある木は昭和四十四年（一九六九）に植えられた三代目である。

縁切り信仰で有名な御神木

（参考文献）長沢利明、二〇一九『江戸東京の庶民信仰』、講談社。

円《えん》光《こう》院《いん》の子《ね》ノ《の》聖《ひじり》大《だい》権《ごん》現《げん》

練馬区貫井五ノ七

御利益

○病気平癒（足腰）

練馬区の円光院は、「子ノ聖大権現」を祀る寺院として有名である。いわゆる「子《ね》ノ《の》権現《ごんげん》」を祀る寺社は、東京都内に何ヶ所もあるが（**子の聖神・田端神社・文殊院の子ノ権現**など参照）、円光院はその代表的な存在となっている。寺の伝承によれば、天正十三年（一五八五）

に没した開山の円長法師が密教の修行中、にわかに足腰の痛みをわずらい、あらゆる治療をためしてみたものの効果がなく、一念を込めて七日間の断食をこころみたという。断食中、法師は武州大鱗山の子ノ聖大権現を当地から遥拝し、病の平癒を祈願し続けた。その満願の日の明け方、夢の中で霊石のありかを告げられ、近くの水田の中に埋もれていたその霊石を掘り出すことができた。霊石は木槌《きづち》の形をしており、それを用いて足腰の痛む部分を撫《な》でさすると、たちどころに痛みが消え失《う》せたという。法師はいたく感激して当地に寺院を建て、貫井坊《ぬくいぼう》と称することにしたが、その近くに子ノ聖大権現を勧請《かんじょう》して霊石とともに奉安することとなった。それが円光院と、そこに祀られている子ノ聖大権現の始まりとなったわけであるが、特に子ノ聖大権現は**足腰の病を癒やす**神として広く信仰されるようになり、「貫井の権現様」と呼ばれるまでになった。十二年に一度、子の年・子の月・子の日に開帳されたので、多くの参詣者で寺はにぎわった。その後、寺内には観音堂も建てられたが、その本尊である観音は「子ノ聖観世音」と呼ばれ、馬の守り神として信仰されるようになり、毎年春の縁日には、境内で馬駆けもなされて、盛大な祭りへと発展していったという。円光院では、密教の根本仏である大日如来の分身が観音で、その化身が子ノ聖大権現であるとし、そのシンボルが例の霊石にちなむ木槌であるとしている。子ノ権現に木槌を奉納して足腰の病の平癒を祈る習俗は、他の寺社でもよく見られるが、円光院でもかつては信者が、小さな木槌を寺に納めることがなされていたという。現在、寺の本堂前には大きな石造の木槌のモニュメントが設置されており、「権現小槌」と呼ばれている。

〔参考文献〕練馬区史編さん協議会(編)、一九八二『練馬区史・歴史編』、練馬区。

木槌を奉納し足腰の病平癒を祈る

円通寺《えんつうじ》の吉展地蔵《よしのぶじぞう》

荒川区南千住一ノ五九

御利益
- **誘拐防止**
- **子育成就**

昭和三十八年（一九六三）年に起きた「吉展ちゃん事件」は、きわめて凶悪な誘拐・殺人事件であって、戦後の日本社会を震撼させた。執念の捜査によって犯人の小原保は逮捕され、裁判で死刑となったが、被害者の村越吉展ちゃんは生きて帰ることがなかった。その変わり果てた遺体の発見現場が、南千住の円通寺の境内で、そこには事件解決後、吉展ちゃんを供養するための地蔵尊が建立された。「吉展地蔵尊」と呼ばれており、**子供の誘拐防止・安全**を祈願する人々が今でも多い。なお「吉展地蔵」は、円通寺にも近い回向《えこう》院《いん》にも祀られている（**回向院の吉展地蔵**参照）。

近くの回向院にも祀られている

［参考文献］やまひこ社（編）、一九八七『東京御利益案内』、リブロポート。

円福寺《えんぷくじ》の白山権現《はくさんごんげん》

清瀬市野塩三ノ五一

御利益
- **除厄達成**

清瀬市の円福寺は曹洞宗の禅寺であるが、境内には白山明神を祀る小祠《しょうし》がある。正式には白山妙理大権現《はくさんみょうりだいごんげん》といい、曹洞宗寺院にはよくそれが祀られている。宗祖道元禅師が宋国に留学していた時、この白山権現がその修行を助けたと伝えられ、修行僧の守護神、仏教の護法神となった。寺のある地域周辺では、人が亡くなると葬儀から四十九日までの間、「ブク（人の死にともなう穢れ・死服のこと）がかかる」といって、その服喪期間中は神様に近づいてはならず、神社の鳥居をくぐってもいけないという習慣が守られてきた。とはいえ、どうしても出席しなければならない祝い事の席などがあれば、いかに服喪中とはいえ、義理を欠くわけにもいかない。そういう時には、円福寺の白山権現に詣でれば死服をまぬがれるとされており、それを「ブク祓《ばら》い」と称していた。

縁《えん》結《むす》び愛《あい》染《ぜん》明《みょう》王《おう》

目黒区下目黒三ノ二〇

御利益

○良縁成就
○恋愛成就

目黒不動尊（瀧泉寺）の境内には、**良縁・恋愛成就のご利益**仏として知られる愛染明王の石像が祀られている。特に若い女性たちに人気があり、思う相手と結ばれることを祈って絵馬を奉納することが、さかんになされている。祈願のやり方には作法があり、次の通りである。まず、祈願絵馬を札売場から求めてきて、愛染明王の前に立ち、絵馬を胸元で両手にはさんで合掌し、心の中で「南無愛染明王」と唱える。次に、男性であれば像の右側から反時計回りに、女性であれば左側から時計回りに、心をしずめつつ歩いて像のまわりを一周する。次に、像の前に戻って一礼し、心の中で「南無愛染明王、良縁成就」と唱える。最後に、絵馬掛けに絵馬を掛けて奉納する。より強い想いを込めて祈願をしたい人は、靴などの履物を脱いで裸足になり、以上の作法を実行すると、多大なご利益を得ることができるともされている。

祈願のやり方は男女で異なる

縁《えん》結《むす》び稲荷《いなり》

八王子市初沢町一三五二

御利益
- 良縁成就
- 受験合格

八王子市の大光寺には、男女の**縁結び**にご利益があるという稲荷が祀られており、「縁結び稲荷」と呼ばれている。そこに祀られているのは稲荷大明神であるが、寺院なので稲荷神社とは呼ばず、正式には仏教式に「荼枳尼天《だきにてん》」と称している。男女の縁結びのみならず、**受験合格**など縁を取り結ぶことすべてにご利益があるともいわれている。

縁《えん》結《むす》び地《じ》蔵《ぞう》

西多摩郡奥多摩町境七七一

御利益
- 良縁成就
- 恋愛成就

奥多摩の氷川から小河内《おごうち》方面へと至る旧青梅街道の山道を「奥多摩むかし道」と呼ぶが、その沿道にはさまざまなご利益神仏が祀られ、登山客らの目にもとまるので、よく知られるようになった。梅久保から板小屋へと至る道筋の路傍にある小さな石地蔵は「縁結び地蔵」と呼ばれており、良い伴侶とめぐりあい、**良縁が成就する**ことを若い男女らが祈願することになっていた。祈願をするには、二股大根をそこに奉納するのが決まりで、そうすれば**恋愛成就**が達成されると信じられてきた。

円《えん》明《めい》院《いん》のイボ地《じ》蔵《ぞう》

練馬区錦一ノ一九

御利益
- 病気平癒（イボ）
- 病気平癒（婦人病）

練馬区の円明院には、**イボの平癒**にご利益があるというイボ地蔵尊が祀られている。明治二十五年（一八九二）に建立された石地蔵であるが、別名を「血の道地蔵」ともいい、その名の通り**婦人病、特に血の道の病の平癒**にも効験があるといわれていた。寺の門前左手に立ち並ぶ何体かの石地蔵のうち、一番左側に立っている小像がそれで、つねに賽銭《さいせん》の小銭があがっており、多くの信者のいることがわかる。

〔参考文献〕練馬区史編さん協議会（編）、一九八二『練馬区史・歴史編』、練馬区。加藤紫識・長沢利明、二〇〇七「東京のイボ地蔵」『民俗学論叢』二二号、相模民俗学会。

「血の道地蔵」ともいわれている

お

於《お》岩《いわ》稲《いな》荷《り》田《た》宮《みや》神《じん》社《じゃ》

中央区新川二ノ二五

御利益
- 商売繁盛（花柳界）
- 縁切達成

四代目鶴屋南北の戯曲で、文政八年（一八二五）に初演された『東海道四谷怪談』の主人公、お岩を祀る寺社はあちこちに見られる（**於岩様**・**陽運寺のお岩様**・**妙行寺のお岩様**など参照）。中央区の「於岩稲荷」もそのひとつで、正式な社号である「於岩稲荷田宮神社」は、新宿区左門町の「お岩様」とまったく同じである。こちらの於岩稲荷は、歌舞伎俳優の初代市川左団次の所有地内に祀られたものではないかといわれている。花柳界・歌舞伎界の**繁栄**と**繁盛**とを祈って、その関係者らが熱心に参詣し、大変にぎわってきたという。また、お岩の物語にちなんで、**縁切り祈願**におとずれる人々もいるという。境内に立つ石鳥居は、明治三十年（一八九七）に建立されたもので、中央区内に現存する石鳥居の中では二番目に古いものだという。そのかたわらにある百度石は、区内最古のもので、「大阪浪花座興行記念、四代目市川右団次」と刻まれているから、右団次が関西での上演成功を記念して、これを建てたことがわかる。この百度石は、お百度参りをおこなう時に、参拝の起点とする目印で、今でもそれをおこなう人々が見られるという。

花柳界・歌舞伎界の繁栄を願う

於《お》岩《いわ》様《さま》

新宿区左門町一七

御利益

○縁切達成
○良縁成就

『四谷怪談』における悲劇のヒロイン、お岩のゆかりの神社が於岩稲荷田宮神社で、「於岩様」の通称で知られている。四谷左門町の御先手組《おさきてぐみ》同心、田宮家の邸内にあった稲荷社で、田宮家の初代である又左衛門の娘、お岩が信仰を寄せた稲荷社であったという。お岩は寛永十三年（一六三六）に没しているが、婿養子の伊右衛門とともに田宮家の家勢を再興したことから、この稲荷社が広く信仰されるようになったという。つまり、お岩は『四谷怪談』の物語とは裏腹に、実際には夫である伊右衛門をよく支え、夫婦円満の力で家の再興を果たした功労者なのであったということになる。しかしながら、鶴屋南北の戯曲『東海道四谷怪談』が文政八年（一八二五）に初演されると、お岩は亡霊となって夫を恨み祟《たた》る主人公とされるようになり、この稲荷社が多くの人々に知られるようになった。そして、主として**縁切り祈願**がそこに寄せられるようにもなった。田宮家の邸内にあったその稲荷社は、明治十二年（一八七九）の火災で焼失し、歌舞伎役者の市川左団次のすすめで、一度は中央区の新川へ移転することにはなったが、その後に田宮家の屋敷跡へ戻されて、昭和二十七年（一九五二）に現在の社殿が再興された。現在では、縁切り祈願ということだけではなく、逆に**縁結び**の守護神としても信心されており、小社ながら多くの参拝者がおとずれている。

［参考文献］新宿区教育委員会（編）、一九七九『ガイドブック新宿区の文化財（三）』、新宿区教育委員会。新宿区教育委員会（編）、一九八二『ガイドブック新宿区の文化財（六）』、新宿区教育委員会。

王子《おうじ》稲荷《いなり》神社《じんじゃ》

北区岸町一ノ一二

御利益

- 家内安全
- 商売繁盛
- 病気平癒

北区の王子岸町にある著名な稲荷神社が、王子稲荷神社である。江戸東京における稲荷信仰の、最大の総合センターであったといってもよい。江戸時代には、江戸の稲荷社の総元締めとしての地位を、妻恋稲荷と争ったことでも知られている（**妻恋稲荷**を参照）。音無川沿いの崖地に広がる約二千坪の境内には、本宮稲荷・嬉野森《うれしのもり》稲荷・北村稲荷・御石《おいし》稲荷・亀山稲荷などのさまざまな稲荷社が祀られている。境内にはまた、「稲荷の御穴《おあな》」・「狐の御穴」などと呼ばれる小さな洞窟もあって、稲荷神の眷属《けんぞく》である狐の巣穴跡とされており、そこに供物をささげて祈る人々も多い。王子稲荷の狐は、落語の「王子の狐」にも登場し、人を化かすはずの狐が、逆に人間にだまされる話として語られている。これらの稲荷社や聖地には毎日多くの参拝者らがおとずれ、きわめて熱心に信心されているが、**家内安全**・**商売繁盛**・**病気平癒**・**交通安全**・**受験合格**などにご利益があるという。**ギャンブル必勝**を祈る人も多く、特に競輪必勝にご利益絶大ともいわれている。稲荷神を祀る神社なので、その例祭日はもちろん二月初午日と決まっているが、当日は多くの参詣客が参拝におとずれて、社前は大盛況となる。境内や参道にはたくさんの露店が立ち並ぶが、王子稲荷の祭礼にのみ見られる独特な露天商として、凧《たこ》屋の存在があげられる。小さな奴凧《やっこだこ》から大きな角凧まで、さまざまな種類と絵柄の凧が売られており、名物となっている。ために、この王子稲荷の初午祭のことを「王子の凧市《たこいち》」とも呼び、他《よ》所《そ》の神社の祭礼には見られない独特な雰囲気をかもし出している。この神社の祭りになぜ凧市が立つかといえば、初午の**火防《ひぶ》せ**祈願という伝統習俗がその底流にあるからである。初午の日に火事除けのまじないをおこなうことは、さまざまな形を取りながら全国的に見られたが、王子稲荷の場合、火防せの縁起物として凧守りが神社から授与されてきた。それは小ぶりの奴凧であり、「火防守護の凧守り」と呼ばれ、今でも社務所でそれが授与されているほか、凧市の露店でも売られている。この凧守りは空に揚げることもできるが、基本的には縁起物のお守りなのであって、家々の神棚に納められ、一年間その家の火の安全を守ることになっている。凧は風を切って空を飛ぶので、火を切ってしずめることができると考えられたものらしい。なお、王子稲荷神社の社務所からは、この凧守りのほかにも、「暫狐《しばらくぎつね》」と呼ばれる縁起物も授与されており、歌舞伎十八番の「暫」と稲荷の狐とにちなんだ、郷土玩具ともなっている。

［参考文献］北区役所（編）、一九七一『新修北区史』、北区役所。
北区史編纂調査会（編）、一九九六『北区史・通史編（近世）』、北区。

「稲荷の御穴」・「狐の御穴」と呼ばれる小さな洞窟

王《おう》子《じ》稲《いな》荷《り》の御《お》石《いし》様《さま》

北区岸町一ノ一二

御利益

○祈願成就

北区の王子稲荷神社の境内には、いくつかの小さな稲荷社が境内摂社として祀られているが、それらのうちのひとつが御石稲荷神社である。その社名の通り、神前には二個の霊石が置かれており、それらが神聖な稲荷の御石である。参拝者がこの御石を手に取って持ち上げながら、その時に感じられた石の重さの軽重によって、自分の**願いごと**が叶うか否かを占うという、不思議な卜占《ぼくせん》習俗がそこでおこなわれてきた。御石はいずれもごく普通の自然石で、手前にある方の一個は、漬物石ほどの大きさと重さの石である。参拝者が自分の願いごとが叶うか否かを、この御石を用いて占いをおこなうためには、まず神前で拝礼をおこない、自分の願いごとをどうか叶えて下さいと、心の中で稲荷に祈る。次に願いごとを心に念じながら、御石を両手でかかえてそっと持ち上げる。その時、事前に予想したよりも石が軽く感じられたならば、願いは叶いやすいということになる。逆に重く感じられたならば、願いは叶いにくいということのサインであるので、まだまだ自分には努力が必要なのだ、ということになる。腕の力の弱った年配者らの場合、無理をして御石を持ち上げようとすると、腰を痛めたりすることがあるので、注意が必要である。持ち上げなくても、ただ石を手で撫《な》でるだけでもご利益があるといい、願いごとが叶いやすくなるともいわれている。なお、このようなやり方で占いをおこなうことを、民俗学では石占《いしうら》というが、全国各地に類例があり、石仏の断片などを持ち上げて占うこともある。「揚《あ》げ仏《ぼとけ》」・「持ち上げ石」・「重軽石《おもかるいし》」などと呼ぶ地方もある。王子稲荷のほかにも東京都内には、石占のなされている寺社がいくつか見られる。

［参考文献］大島建彦、一九九二『道祖神と地蔵』、三弥井書店。

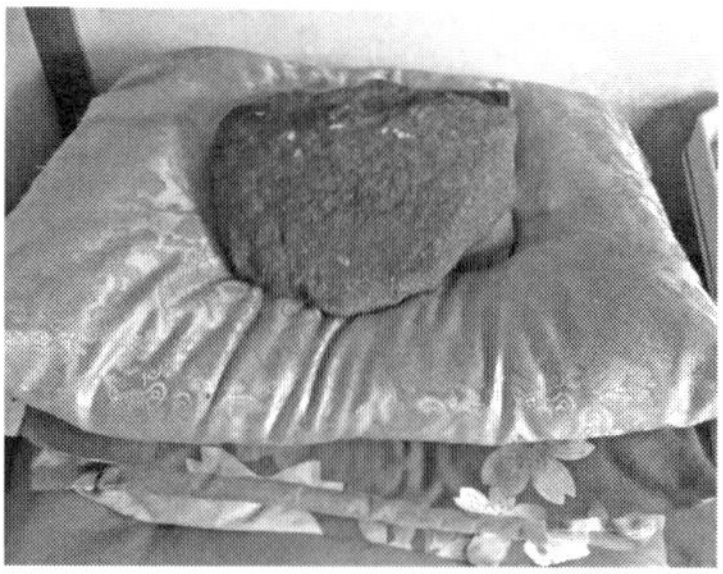
願いごとが叶うか否かを占う石占い

王《おう》子《じ》神《じん》社《じゃ》

北区王子本町一ノ一

御利益
○災難消除
○火災消除
○開運招福

北区の王子にある王子神社は、江戸時代には王子権現と呼ばれていた古社である。毎年七月十三日におこなわれてきたその例大祭は、俗に「槍《やり》祭り」とも呼ばれており、槍は当社への信仰のシンボルとして位置づけられている。現在では八月第一金・土・日曜日の三日間にわたって祭礼がなされており、初日の金曜日には宵宮祭り、二日目の土曜日には大祭式、三日目の日曜日には神輿《みこし》の連合渡御《とぎょ》と田楽舞奉納がおこなわれる。特にその田楽舞は、祭りの中心的な奉納演芸となっており、境内の大舞台上で上演がなされるが、大勢の地元氏子や信徒らが見物におとずれる。田楽舞の舞手たちが、槍をかまえて行列行進することから、槍祭りの俗称が生まれた。田楽舞の上演に先立ち、舞手らの行列行進がおこなわれ、旧別当寺の金輪寺《きんりんじ》跡地から出発して、王子神社まで練り歩く。行列には甲冑《かっちゅう》姿の警固武者やササラ持ち、田楽舞の舞手の子供たちが加わっており、独特な「七度半《しちどはん》の神事」などを経て、舞台上へと進む。舞手らが舞台に上ると、古式ゆかしく田楽舞が上演され、餅まきなどもなされて祭りは終わる。王子神社の祭礼については、一六九〇年（元禄三年）刊行の『江戸惣鹿子《そうかのこ》』に「七月十三日王子祭、寺中十二坊より踊を出す」とあるが、それが田楽舞のことであった。現在の田楽舞は、第二次大戦後に復活したものである。祭りの日には、神社から魔除けの小さな槍も授与され、これを家内に祀っておけば**魔を祓《はら》って福を招来する**といわれている。この魔除けの槍のことは、『江戸神仏願懸重宝記』にも「王子権現の槍」として記載されている。「王子権現の祭礼ハ毎年七月十三日なり。此日権現の社人および近隣の百姓家より神前に小き鎗を置て祈念なすに、悪事災難をまぬかるるといふ。諸人此日此神前にいたりて我願望を念じ、神前に納めある鎗を一本持かへりて是をかけおきて、翌年又七月十三日に神前にいたりて前年持かへりし鎗をふたたび持行、また神前にある鎗と取かへ持かへりて、我家にかけおくなり。かくすれバ諸願成就するのミならす、盗難火難をまぬかるると、諸人此鎗を乞請にゆくもの多し。はじめての時ハ地内又ハ途中にても小き鎗を求行て奉納する也。年毎にかへして奉納なしてハ、取かへ取かへする時は、心願成就し家内息才なりとて、毎年毎年此日にハ人群集なすなり。鎗祭りの神事ハ正午の刻にてぎしきあって、なほさんけいなしたる人にたずねとひ、くハしきことをしるべし」と、そこには述べられている。当時は信者が小さな槍（鎗）を用意して神前に納め、すでに納められているものと取りかえて家に持ち帰っていたことがわかる。この槍を祀れば、**悪事災難除け、**

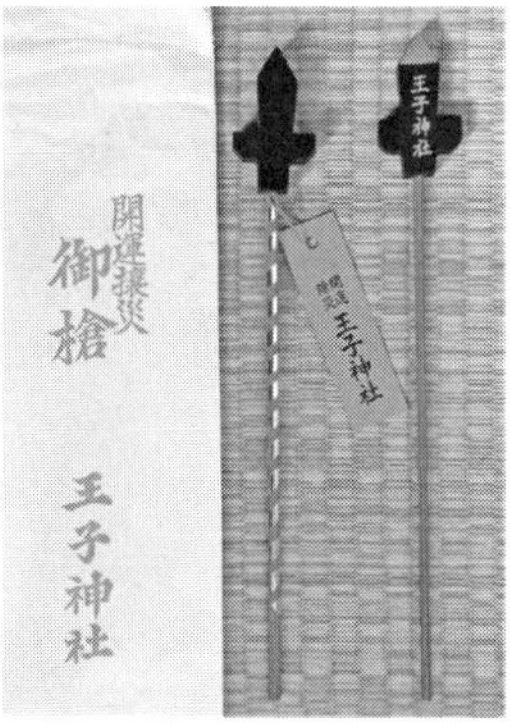

王子神社の信仰のシンボルである槍

盗難・火難除けのご利益があったとされていたこともわかる。

［参考文献］長沢利明、二〇〇六「王子神社の槍祭り」『東京の祭り・行事—東京都祭り・行事調査報告書—』、東京都教育委員会。長沢利明、二〇一一「王子の槍祭り」『西郊民俗』二一五号、西郊民俗談話会。

大《おお》木《き》戸《ど》稲荷《いなり》

西多摩郡奥多摩町氷川二一〇

御利益

- 登山安全
- 五穀豊穣
- 家内安全

JR青梅線の終点、奥多摩駅は奥多摩周辺の山々への登山口であり、夏の行楽期や秋の紅葉シーズンにはたくさんのハイカーらがおとずれて、駅前はつねににぎわっている。その奥多摩駅の駅前広場に祀られているのが大木戸稲荷神社で、目立つ赤い鳥居がそのシンボルである。武田氏の家臣が当地に稲荷社を勧請《かんじょう》したのが神社の始まりであるといい、**五穀豊穣・家内安全・商売繁盛**の神として、古くから地元の家々によって信仰されてきたが、今日では**登山安全**を守る神として知られ、奥多摩駅をおとずれた登山客らが出発前に、社前に手を合わせていくようになった。毎年四月初旬の奥多摩山開き祭も、ここでおこなわれており、地域住民や警察・消防関係者、山岳救助隊の隊員らが参列する。

奥多摩駅の駅前で登山安全祈願

大國《おおくに》魂《たま》神社《じんじゃ》

府中市宮町三ノ一

御利益

- 国土安全
- 産業発展
- 交通安全

武蔵国総社である府中市の大國魂神社は、**旧武蔵国の国土安穏**と**産業発展の守護神**として、あつく信仰されている。京王線府中駅の南側に広がる広大な社地と、そこに残された豊かな自然は、東京都民の大切な憩いの場ともなっており、参拝者はつねに多い。江戸時代には六所宮《ろくしょぐう》・六所明神・六社宮などと呼ばれていたが、武蔵国内の主要な六大神（小野大神・小河大神・氷川大神・秩父大神・金佐奈大神・杉山大神）をあわせ祀っていたためである。毎年五月五日を中心におこなわれる例大祭も、古くは六所祭りと呼ばれており、灯火を消した暗闇の中を八基の神輿《みこし》が巡行したので、俗に暗闇《くらやみ》祭りともいわれていた。祭りに先立つ四月三十日には東京湾で潮汲みの神事がおこなわれ、五月二日の御鏡磨式《みかがみすりしき》、同三日の競馬式《こまくらべしき》、同四日の御綱祭などの古風な諸神事が連続してなされている。江戸時代の祭礼では、五月六日に御供田《ごくでん》での「お田植え神事」がなされていたので、武蔵国内の農民たちは六所の神への遠慮から、自分たちの田植えをその日に決してしないという習慣を守っていたといい、**五穀豊穣**のご利益が期待されていた。大國魂神社ではそのほかにも、七月のすもも祭り・帷子《かたびら》祭り、八月の八朔《はっさく》相撲、十一月の酉《とり》の市、十二月の晦日市など、多彩な祭礼がなされており、多くの参拝者らが集まってにぎわう。近年では**産業経済の発展**や**交通安全**の祈願がさかんとなり、自動車のお祓《はら》いなども盛況になされるようになった。

すもも祭りなど多彩な祭礼がある

〔参考文献〕長沢利明、一九九九『江戸東京の年中行事』、三弥井書店。府中市教育委員会（編）、二〇〇六『新版・武蔵国府のまち―府中市の歴史―』、府中市教育委員会。

大《おお》國《くに》魂《たま》神《じん》社《じゃ》の大《おお》イチョウ

府中市宮町三ノ一

御利益

- **安産達成**
- **子育成就**
- **母乳満足**

府中市の大國魂神社の本殿裏には、大イチョウの神木があって、この木に**安産祈願**をおこなう女性が多く見られた。また出産後には、**母乳がよく出る**

ようにとの祈願もそこになされてきた。イチョウの実であるギンナンの形が女性の乳首に似ているので、そのような信仰が生まれたとも伝えられている。祈願をおこなうには、オサンゴウ（洗米）を紙に包んでイチョウの木の前まで行き、オサンゴウのみを木の根元に供える。包み紙の方は、イチョウの枝に結びつけておくことになっていた。

〔参考文献〕中島恵美子、一九九三「多摩川流域の安産祈願」『西郊民俗』一四二号、西郊民俗談話会。

母乳がよく出るご利益があるという

大國魂神社《おおくにたまじんじゃ》の大鷲様《おとりさま》

府中市宮町三ノ一

御利益

- 開運招福
- 商売繁盛

府中市の大國魂神社の境内社のひとつに住吉《すみよし》・大鷲《おおとり》神社があるが、住吉の神と大鷲の神とをあわせ祀ったもので、大國魂神社の社殿右手手前にその社地がある。住吉神社の例大祭は毎年十一月一日に、大鷲神社のそれは毎年十一月の酉《とり》の日におこなわれている。大鷲神社は俗に「大鷲様《おとりさま》」と呼ばれていて、**開運・商売繁盛**の神とされている。特に祭りが盛大なのは、もちろん大鷲神社のそれであって、いわゆる酉の市の熊手市が立つことでも知られ、十一月に酉の日が三度あれば、三度の市が立つ。酉の市とは開運招福・商売繁盛の縁起物である熊手を売る露天市であり、鷲・大鳥系の神社であれば、どこでも同じ日に熊手市が立つ（**浅草の鷲神社**・**市守大鳥神社**など参照）。大國魂神社の場合、参道沿いにたくさんの熊手屋が立ち並び、威勢のよい掛け声とともに熊手が売られるが、商家などは毎年欠かさずそれを求めに行き、店内に飾って客寄せの祈願をする。この府中の酉の市は、「関東三大酉の市」のひとつにも数えられているといい、例年八万人もの人出でにぎわう。初秋の府中の風物詩ともなっている。

〔参考文献〕読売新聞社（編）、二〇二〇「各地で一の酉」『読売新聞』十一月三日付朝刊多摩版、読売新聞社。

大《おお》國《くに》魂《たま》神《じん》社《じゃ》の松《まつ》尾《お》社《しゃ》

府中市宮町三ノ一

「関東三大酉の市」のひとつにも数えられている

御利益

○産業発展（酒造）

府中市の大國魂神社の境内に祀られている松尾神社は、東京都内の酒造業者らがあつく信仰する酒造りの神、酒造業界の守り神である。東京都内にはかつて、計十四場もの酒蔵があり、「東京都酒造組合」を組織してきた。日本酒のブランド銘柄でいえば、北区の「丸真正宗《まるしんまさむね》」、八王子市の「桑乃都」・「日出山《ひのでやま》」・「月丸」、青梅市の「澤乃井《さわのい》」・「大多摩」、府中市の「國府鶴《こうづる》」、東村山市の「金婚正宗《きんこんまさむね》」、福生市の「多満《たま》自慢《じまん》」・「嘉泉《かせん》」、狛江市の「桜子」、武蔵村山市の「吟雪《ぎんせつ》」、あきる野市の「喜正《きしょう》」・「千代鶴」などが、この組合に加盟していた。その後の昭和時代にいくつかの業者が廃業し、現在ではほぼ十二場が生き残っている。松尾神社の社前には、これらの酒造業者の奉納した各銘柄の清酒の菰被《こもかぶ》り樽が、ずらりとつねに展示されており、ビール製造会社なども崇敬団体に名を連ねていて、サントリーの武蔵野ビール工場から奉納された大量のビール・ケースも、そこに積み上げられている。この松尾神社は、造酒神として名高い京都嵐山の松尾大社から寛政十二年（一八〇〇）に、分霊を迎えて祀られたもので、同年九月三日に挙行されたその勧請祭のことについては、大國魂神社（当時は六所宮と称した）の神主日記、『公私用覚』にも記されている。「先達而《せんだって》より取掛候《とりかかりそうろう》松尾の社出来《でき》、今日勧請致也。酒解《さけとけ》神社と勧請致ス。昨夜内陣ニ而《て》勧《かん》請《じょう》、今朝御箱ヲ納置《おさめおく》也。八ツ時過願主酒屋共」が参列したと、そこにはある。鎮座当時の松尾神社は「酒解神社」と呼ばれており、現在の府中市・調布市・稲城市内の酒造業者・醤油屋らがこの神社を勧請して、鎮座祭に立ち会ったということもわかる。今日では、その年の清酒の仕込みが始まる直前の十一月中に、**新酒の安全祈願祭**が社前でいとなまれており、酒造組合に所属する全業者が参列することになっている。

〔参考文献〕長沢利明、二〇〇二「東京の酒造り」『西郊民俗』一八一号、西郊民俗談話会。

大《おお》嶽《だけ》神《じん》社《じゃ》

西多摩郡檜原村八一八九

御利益

○五穀豊穣
○災難消除

奥多摩町と檜原村《ひのはらむら》との境界山脈上にそびえ立つ名山、大岳山《おおだけさん》（標高一二六六メートル）の山頂直下に鎮座する大嶽神社は、古くは蔵王権現を祀る武蔵御《み》嶽山《たけさん》系の神社であった。御嶽山と同様に、大口真神《おおぐちまがみ》もそこにあわせ祀られるようになったが、大口真神とは「大きな口を持った真の神」という意味で、要するにオオカミのことである。日本列島にはかつて、ニホンオオカミという固有種のオオカミが棲息しており、それが山々の盟主としてあがめられ、ついには神社に祀られて信心されるまでになった。食物連鎖の頂点に立つ大型肉食獣としてのオオカミは、それだけでも風格のある聖獣であり、特別な存在とされてきた。しかもそのオオカミは、山間の畑の作物を食い荒らすイノシシや鹿などの害獣を退治してくれるという、農民らにとってはありがたい獣であったわけで、いつしかオオカミは農民たちの守り神となっていったのである。そのようにして、埼玉県秩父地方や東京都の西多摩地域には、オオカミを祭神とする神社が古来、数多く祀られていくこととなり、著名なところでは青梅市の御嶽神社などがあげられるが（**御嶽山**参照）、そのほかにも多くの御嶽神社が都内には存在する（**岩蔵の御嶽神社**など参照）。大嶽神社の場合、大岳山の山麓農民たちによって古くから**五穀豊穣**の神として信心されてきたが、神社から配られる大口真神の神札を戸口に貼っておくと、**盗難除**

けになるともされていた。神札にはおそろしい形相の黒いオオカミの姿が刷られており、オオカミが眼光するどくにらみをきかせ、家を守ってくれるといわれていた。この神札を竹にはさんで畑に立てておけば、**害獣除け**になるともされていた。

〔参考文献〕檜原村史編さん委員会（編）、一九八一『檜原村史』、檜原村。東京都神社庁（編）、一九八六『東京都神社名鑑』下巻、東京都神社庁。

太《おお》田《た》神《じん》社《じゃ》

文京区春日一ノ五

御利益

- **開運招福**
- **金運招来**
- **芸能上達**

文京区の北野神社の境内にある太田神社は、天鈿女命《あめのうずめのみこと》・猿田彦を祀る小社で、現在では**福の神・芸能上達**の神として信心されている。しかし、かつては貧乏神を祀る社として広く知られており、この神に祈れば貧乏を遠ざけて富貴が得られるとされ、大変もてはやされていたのである。祭りの日には、未明から深夜に至るまで参拝者がぞろぞろとおとずれて、おおいににぎわい、大正時代頃までそうした状況であったという。この社にもともと祀られていたのは、黒闇天女《くろやみてんにょ》（弁財天の姉神）という神で、それが貧乏神と呼ばれていたのである。ある貧乏旗本がこれを信心したところ、この神が窮状を救ってくれたので、逆に福の神とされるようになったという。歌舞伎や新劇の芸能人らもこれをあつく信仰し、名のある役者らが参拝におとずれたので、いつしか**芸能人の守護神、芸道上達の神**としてのご利益もいわれるようになったとされる。現在では太田神社と呼ばれ、高木神社と相殿で祀られているが、

かつては貧乏神を祀り、今では福と芸能上達を招来

高木神社とは、旧第六天町（現在の小日向一丁目付近）にあった第六天社が道路拡張によって移転し、ここにあわせ祀られたものである。

太《おお》田《た》姫《ひめ》稲荷《いなり》

千代田区神田駿河台一ノ二

御利益

○疫病退散

○病気平癒（疱瘡）

駿河台にある太田姫稲荷神社は疫神を祀った古社で、江戸時代にはJR中央線御茶ノ水駅付近の神田川土手上に鎮座していたが、昭和六年（一九三一）に現在地へ移転している。『武江《ぶこう》年表』には元和元年（一六一五）に創建されたとあり、江戸の稲荷社の草分け的存在であったが、社伝によれば、さらに古くにさかのぼった長禄二年（一四五八）に太田道灌が江戸城内に初めてこれを祀ったともいい、小野篁勧《おののたかむらかん》請《じょう》説なども時には聞かれる。小野篁は承和年中（八三四～八四八）における隠岐島への配流の際、海上で老翁神（疫神）と遭遇し、その姿を自ら刻んで山城の一口《いもあらい》里に祀ったが、のちに太田道灌がそれを江戸へ移したともいう。「一口《いもあらい》」とは「疱瘡《いも》を洗い落とす」との意味で、この社に祈れば**疱瘡《ほうそう》が全快する**ともされてきた。現在では、神田駿河台の西町会・東町会、神田錦町一丁目および小川町の一部を含む計四百戸を氏子とする鎮守社となっている。

［参考文献］長沢利明、一九九三「いもあらいの神――東京都千代田区太田姫稲荷神社―」『西郊民俗』一四五号、西郊民俗談話会。千代田区（編）、一九九八『新編千代田区史・通史編』、千代田区。

大《おお》松《まつ》木《き》之《の》下《した》稲荷《いなり》

小金井市本町三ノ八

御利益

○産業発展（竹細工）

小金井本町の市街地内の路傍に祀られている小さな稲荷社は、「大松木之下稲荷神社」と呼ばれているが、かつてその社地内に大きな松の神木があったので、その名が生まれたという。「赤稲荷」と呼ばれることもあった。社地内にある石灯籠は、建立年が判明しないが、その奉納者として、前沢村・南野中新田・砂川村・貫井《ぬくい》村・梶野新田の「籠細工講中」の名が刻まれており、竹細工職人組合がこれを建立・寄進したことがわかる。さらに、そのかたわらにある石祠は、明治七年（一八七四）に「大鋸《おおが》棟梁《とうりょう》（木挽職人）」らが建立・奉納したものである。**竹籠細工・木挽《こびき》業**の職人組合が、この稲荷をあつく信心していたことがわかり、大変珍しい例であって、それらの業界の**繁栄祈願**が、そこに寄せられていたらしい。なお、竹細工職人らの祀る職神としては、神田明神の境内にある「籠祖《かごそ》神社」もよく知られている（**籠祖神社**参照）。

［参考文献］小金井市誌編さん委員会（編）、一九七八『小金井市誌VI・今昔ばなし編』、小金井市役所。

大《おお》森《もり》の椿《つばき》神《じん》社《じゃ》

大田区大森北六ノ三二

御利益

○病気平癒（眼）

猿田彦すなわち道祖神を祭神として祀る椿神社という神社が蒲田にあるが（**椿神社**参照）、大田区内にはそれとは別の椿神社がもう一社ある。それは大森にある大森神社の境内社として祀られている椿神社で、戦前は**眼病などの病気平癒**の神として信仰されていた。

［参考文献］川添裕稀、二〇〇七「東京都大田区の椿神社とシャグジ」『西郊民俗』二〇〇・二〇一号、西郊民俗談話会。

大《おお》山《やま》お福《ふく》地《じ》蔵《ぞう》

板橋区大山町五四

御利益

○商売繁盛
○安産達成
○病気平癒

板橋区大山町の路傍に「お福地蔵」と呼ばれる地蔵尊を祀った小堂があり、地域の信仰を集めている。**商売繁盛・安産**にご利益があるという。文化～文政年間（一八〇四～一八三〇）の頃、お福という女行者が大山宿にやってきて、鎌倉街道筋に住む人々の難病を治し、住民らに大変慕われたという。彼女はそのまま街道筋の、現在の日大交差点のあたりに住みつき、その余生を衆生のために尽くしたので、死後は地蔵尊に祀られたと伝えられる。それが今のお福地蔵であるという。地蔵尊には多くの千羽鶴が奉納されていて、あつい信仰の寄せられていることがよくわかる。毎月三日・十三日・二十三日が縁日で堂が開帳され、参拝者も多くおとずれる。大山福地蔵尊奉賛会の手で堂が管理されているが、近年では境内に「お身洗《みあらい》地蔵尊」も新たに祀られ、地蔵の身体に水を掛けて洗うと、**諸病が治る**とされている。

お福さんがお地蔵さんになった

荻《おぎ》窪《くぼ》白《はく》山《さん》神《じん》社《じゃ》

杉並区上荻一ノ二一

御利益

○病気平癒（歯）

JR中央線の荻窪駅北口に鎮座する荻窪白山神社は、**虫歯治しの神**として古くから信仰されてきた。この神社は上杉顕定《あきさだ》の家臣、中田加賀守が祀ったと伝えられるが、加賀守の弟の兵庫が激しい虫歯の痛みに苦しんでいた時、神があらわれて「汝《なんじ》、わが社前に生える荻《おぎ》で箸を作って食事をせよ、さすれば歯痛は癒えん」と告げたという。その通りにしたところ、歯の痛みが消え、この神託が江戸の白山社の由緒と同じであったことから、当社も白山神社と名乗ることになったという。神社の境内には今でも、ゆかりの荻が一株、植えられている。昭和四十三年（一九六八）に社殿を改築した時、長押《なげし》の中から多量の荻の箸が出てきたが、虫歯が治った礼に、信徒が納めたものであるという。現在では新生児の初宮参りの時、赤ん坊に丈夫な歯が生えてくるようにと、御喰い初め用の箸が神社から授与されている。

［参考文献］杉並区教育委員会（編）、一九八六『すぎなみの散歩道』、杉並区教育委員会。長沢利明、一九九九「白山社と虫歯治し」『杉並郷土史会会報』一五三号、杉並郷土史会。

奥《おく》沢《さわ》神《じん》社《じゃ》

世田谷区奥沢五ノ二二

御利益

疫病退散

除厄達成

世田谷区の奥沢神社は、奇祭「大蛇お練り行列」がおこなわれる神社として知られている。毎年九月第二土・日曜日に、氏子らに担がれた巨大な藁《わら》の大蛇が神社を出発し、「ワッショイ、ワッショイ」の掛け声とともに、その行列が半日かけて氏子町内を練り歩く。これは**疫病除け・厄除け**の儀式なのであって、それを見物する沿道の氏子らには、疫病除けの縁起物である稲藁が配られる。この地域には江戸時代、疫病が大流行したことがあったが、その時に名主の夢枕に八幡神が立ち、「稲藁で作った大蛇を村人らに担がせて村内を巡行させよ」と告げたといい、以来、この祭りがおこなわれるようになったと伝えられる。稲藁の大蛇は、祭りの一週間前に作られるが、約四十人もの氏子らが一日がかりで、それをこしらえる。大蛇の長さは約九メートル、胴の直径は約二十五センチメートル、重さは百五十キログラムにも達するという。大蛇は町内を巡行した後、奥沢神社の鳥居にからめておき、一年間、地域内に疫病が侵入してこないように見守ることになっている。稲藁や茅《かや》を用いて大蛇を作って祀る行事は、東京都内の何ヶ所かに見られるが（**妙見宮**など参照）、それを担いで地域内を巡行する例は、この奥沢神社の例のみであり、貴重な民俗行事といえる。

［参考文献］世田谷区（編）、一九六二『新修世田谷区史』上巻、世田谷区。世田谷区民俗調査団（編）、一九八五『奥沢』、世田谷区教育委員会。

稲藁の大蛇の長さは約 9m、重さは約 150kg

おくまん様《さま》

江戸川区江戸川五ノ七

御利益

交通安全
海上安全

「おくまん様」とは熊野神社の俗称で、そう呼ばれる熊野社が各地に見られるが、もっとも有名なのは江戸川区の旧下今井村の鎮守であった熊野神社であろう。江戸川を上り下りする舟人たちがあつく信仰しており、航行中に熊野神社の社殿が見えてくると、礼帆を揚げて**航海安全**を祈ったという。神社前の江戸川は深瀬となっており、「おくまんだし」と呼ばれていたが、特に水がきれいであったため、茶の湯によく用いられた。徳川将軍家の茶の湯にも、ここで汲まれた水が使われていたという。芭蕉の句とされる「茶水汲むおくまんだしや松の花」の句碑も、昭和四十三年（一九六八）に境内に建てられている。野田の醤油の醸造にも、おくまんだしの水が用いられたといい、本所・深川・大島あたりには、ここで汲まれた水を買って飲む人々が多くいたと伝えられる。

〔参考文献〕江戸川区（編）、一九七六『江戸川区史』三巻、江戸川区。

尾《お》崎《ざき》観《かん》音《のん》

あきる野市菅生一二六三

御利益

安産達成
子育成就

あきる野市の宝蔵寺の本尊は薬師如来であるが、境内にある観音堂には如《にょ》意《い》輪《りん》観《かん》音《のん》が祀られており、そちらの方が有名で、俗に尾崎観音と呼ばれている。この観音は弘法大師の作であるとか、源氏の守り本尊であったとか伝えられてきたが、女性の守護仏でもあるとされ、**安産・子育て**祈願におとずれる信徒が多い。堂の前には、安産や子供の健康を願ってささげられた千羽鶴や小絵馬が、たくさん掲げられている。「女拝み」型の小絵馬は出産前の安産祈願の時に、「母子拝み」型のそれは産後の礼参りの時に、奉納されたものである。かつては底抜け柄杓《ひしゃく》をささげる人もいたというが、もちろんそれも安産祈願のまじないであった。

〔参考文献〕中島恵美子、一九九三「多摩川流域の安産祈願」『西郊民俗』一四二号、西郊民俗談話会。

尾《お》崎《ざき》観《かん》音《のん》の ぼけ封《ふう》じ観《かん》音《のん》

あきる野市菅生二六三

御利益
・病気平癒（ぼけ）

あきる野市の宝蔵寺には、「ぼけ封じ観音」が祀られており、これに祈れば老後にぼけることなく、家族にも迷惑をかけずに往生することができるという。「**ぼけ封じ**関東三十三観音霊場」の第九番にも数えられている。

［参考文献］中島恵美子、一九九三「多摩川流域の安産祈願」『西郊民俗』一四二号、西郊民俗談話会。

小《お》澤《ざわ》酒《しゅ》造《ぞう》の水《すい》神《じん》社《しゃ》

青梅市沢井二ノ七七〇

御利益
・産業発展（酒造）

酒造業者の酒蔵内には、酒造りにかかわるさまざまな神が祀られているものであるが、銘酒「澤《さわ》乃《の》井《い》」の蔵元として知られる青梅市の小澤酒造にあっても、それは同様である。「澤乃井」の仕込み水は、酒蔵内の横井戸から湧き出す良質で豊富な地下水であって、その横井戸のかたわらには水神社が祀られている。**良い酒を造る**ためには良い仕込み水がなければならず、この横井戸の湧き水はまさに、酒蔵の宝であって財産ともいえる。小澤酒造では毎年、その年の新酒ができあがると、まずはそれを一本、この水神社に供えて、水の恵みに感謝することになっている。酒蔵は一般にも公開されており、多くの見学者が毎日おとずれるが、この水神社に参拝していく人々も多い。仕込み水の水源地にあたる裏山にも、酒蔵を見守る八幡社・稲荷社が祀られているが、平成九年（一九九七）春からはそれらの社前で、「立春朝搾《りっしゅんあさしぼ》り」の神事がなされるようにもなり、当年正月に仕込まれた酒の醪《もと》がこの日、杜氏《とじ》の手で搾られて新酒の瓶詰めがおこなわれ、そこにささげられることになっている。酒蔵関係者らはもちろんのこと、「澤乃井」を扱う酒問屋・小売店などの流通業者らも一堂に会し、新酒の出荷祝いがなされる。この時に神事をつとめるのは武蔵御嶽《みたけ》神社の神職で、御岳山は小澤酒造にも近く、新酒の仕込みの前には同神社から毎年、神職を呼んで酒蔵内の修祓《しゅうふつ》をしてもらうことにもなっている。御岳山はまた、「澤乃井」の最大の消費地でもあって、山上の御師坊に宿泊する御嶽講中にも長年、「澤乃井」が振る舞われてきた。小澤酒造の酒蔵内には大きな神棚があり、そこには御嶽神社の神札はもちろん、府中市の大國魂《おおくにたま》神社の境内に祀られた松尾社の神札も納められている。松尾社はいうまでもなく酒造りの神であり、東京都内の造り酒屋らは毎年十一月に松尾社でいとなまれる安全祈願祭に参列する（**大國魂神社の松尾社参照**）。

［参考文献］長沢利明、二〇〇二「東京の酒造り」『西郊民俗』一八一号、西郊民俗談話会。

白粉《おしろいじぞう》地蔵

目黒区下目黒三ノ四

御利益

美容達成

地蔵尊の身体に白粉や紅を塗って化粧をさせ、女性が**美容達成**を祈願する例はいくつか見られるが（**化粧地蔵・欣浄寺の白粉地蔵**など参照）、下目黒の蟠《ばん》龍寺《りゅうじ》に祀られている「白粉地蔵」もそのひとつである。もともと浅草の地に祀られていた石地蔵で、のちに当地に移されたものであるが、関東大震災で被災し、顔面部分が破損してのっぺらぼう状態になっているものの、そこに参拝者らが白粉や口紅を塗りつけていく。足の指先にまでマニキュアが塗られていて、美人になりたいと願う若い女性たちの強い想いがそこに込められている。昔、顔にあばたのある娘がいて、人並みに結婚もできずに悩んでいたというが、この地蔵に願を掛けたところ、きれいにあばたが消えて幸せな生涯を送ることができたという。それ以来、その噂が広まって、多くの若い女性たちが信心を寄せるようになったという。また、江戸時代の歌舞伎役者らが白粉の鉛毒に悩み、この地蔵の顔に白粉を塗って鉛害平癒の願を掛けたとも伝えられている。今でも多くの女性参拝者がおり、人気スポットになっている。

［参考文献］北村　肇（編）、一九九九『東京文化財の旅（二）』、毎日新聞社。長沢利明、二〇一九『江戸東京の庶民信仰』、

講談社。

参拝者が白粉、口紅を塗っていく

お玉《たま》が池《いけ》稲荷《いなり》

千代田区岩本町二ノ五

御利益

○病気平癒（百日咳）

神田のお玉が池稲荷は、江戸時代にこの地にあったというお玉ヶ池の跡地に祀られている稲荷社で、お玉という女性の入水伝説とともに、広く知られてきた。『江戸砂子《すなご》』などによると、池のほとりにあった茶店で働いていた娘がお玉であったといい、池の名にもなったとある。『江戸名所図会』によると、お玉は絶世の美女で、何人もの男たちから求婚されたが、身の処し方を決めかね、ついに池に身を投げて果てたという。お玉の霊を祀ったのが、お玉ヶ池稲荷であるとも伝えられているが、この稲荷社から池の水を霊水として参拝者に授けていた時代もあり、その霊水を薬とすれば**百日咳などが治る**とされていた。この神田のお玉ヶ稲荷の分霊は、葛飾区新小岩にも祀られており、「於玉《おたま》稲荷神社」と称しているが、今でも霊水の授与がなされているという。

〔参考文献〕三田徳明、一九九二「お玉ヶ池の稲荷神社考」『西郊民俗』一四〇号、西郊民俗談話会。

お茶《ちゃ》坊《ぼう》様《さま》

町田市小山町二五二四

御利益

○病気平癒（風邪）

町田市の小山町片所《かたそ》にある福生寺《ふくしょうじ》には、**風邪を治す**のにご利益があるという「お茶坊様」という神が祀られている。境内にある観音堂へと登っていく石段の入口左手に立っている無縫塔（僧侶の墓石）がそれで、風邪をひいた時、そこに茶を注いだ湯呑み茶碗を供えて祈ると、快癒するといわれている。無縫塔の銘文には、「入定沙門智海法師霊位、安永八巳亥年十二月三日、荒ヶ谷戸観音寺住五十四歳」とある。智海法師という沙門《しゃもん》が、安永八年（一七七九）に五十四歳で入定仏となり、ここに眠っていることがわかるが、この人がどうして即身成仏への道を選んだかというと、彼の晩年の頃のその時代、小山～相原地域に「はやり風邪」が大流行し、多くの人々がそれで苦しんだという。人々の救済のために、彼は自身の命を差し出したわけで、生きながら棺に入り、墓穴を掘らせてそこに埋められ、鉦《かね》を叩きながら往生を遂げたという。自分の死後、墓に茶を供えて欲しい、さすれば我は風邪治しの神となって人々を救わん、と言い残したとも伝えられ、その遺言通りに今でも彼は地域住民に慕われ、信心されているのであった。祈願の際には茶をささげることになっているので、いつしかその墓は「お茶坊様」と呼ばれるようになった。町田市内には、このような風邪治しの神がほかにもいくつか祀られていて、「こうせん婆さん」とか「梵天《ぼんてん》様」とか呼ばれている（**大泉寺の風邪の神**参照）。

［参考文献］町田市史編纂委員会（編）、一九七六『町田市史』下巻、町田市。大島建彦、一九九六「町田市のコウセンバアサン」『西郊民俗』一五四号、西郊民俗談話会。

お茶を供えて祈ると風邪が快癒

鬼《おに》薊《あざみ》清《せい》吉《きち》の墓《はか》

豊島区南池袋四ノ二五

御利益
- 賭事必勝
- 学業成就

江戸時代の博徒や盗賊の墓石を削り取り、それをお守りにして**ギャンブルの必勝**を、あるいは**人生の大勝負に勝ち抜ける**ことを祈願する民間信仰は、さかんになされてきたことである（**鼠小僧の墓**など参照）。江戸の大盗賊、鬼薊清吉（鬼坊主清吉ともいう）の墓石もまた、散々に削られてきたのであって、その墓はもともと浅草の円常寺にあったが、大正二年（一九一三）に豊島区の雑司が谷霊園に移されて、今はそこにある。墓石には「妙法得実信士、文化二乙丑年六月廿九日二」との銘文があり、彼の辞世である「武蔵野にはびこる程の鬼薊、今日の暑さに枝葉しほるる」の歌も刻まれている。鬼薊清吉は安永五年（一七七六）の生まれで、文化二年（一八〇五）に捕縛・処刑され、享年三十歳で没している。彼にあやかろうとする祈願者の手で、その墓石はさかんに削り取られ、今では角塔婆の頭の部分がすっかり失われて、丸坊主のような状態になっている。鬼薊清吉の墓にはそのようにして、ギャンブルや勝負事の必勝祈願が寄せられてきたのであったが、現在ではそれがもっぱら、**受験合格祈願**の神となっており、高校・大学入試をひかえた受験生らが、その志望校を布片に書き入れ、絵馬のようにしてその墓前にささげている。受験戦争もまた、ひとつの勝負事には違いないということになる。

勝負事ばかりでなく受験にもご利益

おねいの井戸《いど》

昭島市拝島町一ノ一〇

御利益

○病気平癒（眼）

昭島市の拝島地区には、段丘崖《だんきゅうがい》に沿って五つの寺社が立ち並ぶ。西から円福寺・本覚院《ほんがくいん》（拝島大師）・薬師堂・大日堂・拝島日吉神社となっているが、そのうちの大日堂の境内に「おねいの井戸」あるいは「お鉢の井戸」と呼ばれる古井戸があり、**眼病治し**の井戸として知られている。室町時代の末期、八王子の滝山城主、北条氏照の家臣であった石川土佐守の娘、おねいが眼病をわずらった。土佐守は娘の眼病平癒を神仏に祈り続けたが、当地にあったこの井戸の水で娘の目を洗ったところ、たちどころに眼病が平癒したという。土佐守は感謝のしるしとして、井戸のかたわらに大日堂と仁王門を建てたと伝えられる。

［参考文献］昭島市史編さん委員会（編）、一九七八『昭島市史・附編』、昭島市。

井戸の水で眼病平癒を祈願

小野照崎神社《おのてるさきじんじゃ》

台東区下谷二ノ一三

御利益
○学業成就
○芸能上達

下谷の小野照崎神社には、祭神として平安時代初期の漢学者・歌人であった小野篁《おののたかむら》が祀られている。篁は上野《こうずけ》国司の任期をつとめ終え、帰路の途についた時、上野の照崎（忍ヶ岡）に立ち寄り、その風光を賞したと伝えられる。その後、仁寿二年（八五二）に没した後、その記念の地に篁の霊を祀ってこの小野照崎神社が創建されることになったという。寛永二年（一六二五）に現在地へと移されているが、祭神にちなんで**学問・芸能**の神として、深く信仰されるようになった。

［参考文献］東京都神社庁（編）、一九八六『東京都神社名鑑』下巻、東京都神社庁。

お福神社《ふくじんじゃ》

大田区西蒲田七ノ四〇

御利益
○病気平癒（風邪）

蒲田の御園《みその》神社は、猿田彦を祀る神社であったが、その境内にある「お福神社」は、俗に「おしゃもじ様」と呼ばれ、**風邪の平癒**にご利益があるとされている。そもそも、かつては御園神社そのものが「おしゃもじ様」と呼ばれ、風邪治しの神として信心されてきたのであって、境内地がしゃもじ型をしていたので、そう呼ばれるようになったともいわれているが、いわゆるシャグジ（石神）系の神祠《しんし》であったものと思われる。『新編武蔵風土記稿』には「石居神社」と記されているが、「石居」をシャグジと読ませていたのかも知れない。明治二十年（一八八七）における東海道線の線路敷設のため、境内の風致がはなはだしく損なわれたので、その翌年に整備がなされ、社号も御園神社とあらためられた。かつての風邪治しの神としての信仰も、しだいに薄れていったので、それを惜しんで境内に「お福神社」という小社が、あらためて祀られることとなり、それが昔通りに「おしゃもじ様」と呼ばれるようになったという。

〔参考文献〕川添裕稀、二〇〇七「東京都大田区の椿神社とシャグジ」『西郊民俗』二〇〇・二〇一号、西郊民俗談話会。

お万《まん》榎《えのき》

渋谷区千駄ヶ谷二ノ二九

御利益

- 病気平癒（口）
- 病気平癒（性病）

千駄ヶ谷の街にはかつて著名な榎の巨木があり、「お万榎」と呼ばれていたが、巨木の根元に大きな割れ目があって女性器の形に似ていたため、そのような呼び名が生まれることとなった。紀州徳川家の奥方、お万の方にゆかりの榎であったので、そう呼ばれるようになったとの俗説も時には聞かれるものの、あまりあてにはならない。巨木の根の割れ目に供物を供え、新宿方面の娼妓《しょうぎ》や水商売関係者らが、**性病平癒**をそこに祈ったのも、もちろん「お万榎」という俗称から来ている。しかし、もともとは虫歯などの**口の中の病いっさいの平癒**祈願が、そこに寄せられていたのであって、それが本来の信仰の姿であったらしい。大正時代に撮影された古写真を見ると、根の割れ目のウロの中におびただしい数の房楊枝《ふさようじ》が奉納されている様子が記録されており、赤坂の榎の老樹の場合と同じである（**榎坂の榎**参照）。柳の木を細く削って作られた長い楊枝の一端を叩いてつぶし、房状に加工したものが房楊枝で、歯磨きに用いられていた。いわばそれは江戸時代の歯ブラシなのであったが、それを神にささげることによって、虫歯や口内炎などの口中の病の平癒を祈ったのである。飴を供えて口中の腫れ物治しの祈願をおこなう人々もいたという。榎の木の割れ目の中には後に稲荷祠が祀られ、「榎稲荷」と呼ばれるようになったものの、昭和二十年（一九四五）における米軍の空襲で、榎もろとも焼失してしまい、現在ではそこに二代目の榎の木が植えられている。老樹の枯死した跡に残された洞窟状の窟《いわや》の中には再び稲荷祠が祀られ、今に至っている。

［参考文献］渋谷区教育委員会（編）、一九九二『千駄ヶ谷昔話』、渋谷区教育委員会。長沢利明、一九九七「虫歯と榎—東京都港区赤坂榎坂—」『西郊民俗』一五八号、西郊民俗談話会。

口の中の病気平癒のご利益がある

おめだま薬《や》師《し》

杉並区上高井戸一ノ二七

御利益

・病気平癒（眼）

杉並区の医王寺に祀られている薬師如来は、**眼病平癒**に絶大なご利益があるといい、古くから熱心に信仰されてきた。俗に「おめだま薬師」と呼ばれ、江戸時代には毎月十二日がその縁日とされ、多くの参拝者がおとずれて、寺がにぎわったという。現在でも毎年十月十二日を「おめだまの日」と称して、法会をおこなっている。寺の旧境内地にあった「薬師の池」は今でも、寺から百メートルほど離れた場所に残されている。眼病治しを祈願する人々がこの池に魚を放つと、その魚は人々の身代わりになって、必ず片目になるといわれていた。医王寺はまた、江戸時代には本堂が西を向いて立っていたので、「西向き薬師」とか「西向き茅野薬師」とか呼ばれていた。西向きの寺堂や石仏には強い霊力が宿るということが、古来いわれてきたところである。

［参考文献］杉並区教育委員会（編）、一九七九『杉並の寺院』、杉並区教育委員会。杉並区教育委員会（編）、一九八六『すぎなみの散歩道』、杉並区教育委員会。

穏《おん》田《でん》神《じん》社《じゃ》の大《だい》六《ろく》天《てん》

渋谷区神宮前五ノ二六

御利益
- 病気平癒（熱病）
- 災難消除

渋谷区の穏田神社には、大六天という神が祀られており、**熱病除け**のご利益のあるありがたい神として、古くから信心されてきた。祭日は毎年九月九日である。祈願者は、神前にコンニャクや鮭の切り身を奉納するという奇習が伝えられている。千葉県香取市山倉にある山倉大神《やまくらだいじん》は、やはり大六天を祀る神社として知られているが、その旧別当寺である観福寺でも大六天を祀っており、明治時代の神仏分離を通じて神社と寺とで、それぞれ別個に祭祀がなされるようになった。それらを信仰する講中が、東京都・神奈川県内にたくさんあるが、毎年初卯の日（現在では十二月七日）になされる大六天の祭礼には、やはり鮭が神前に奉納され、その切り身を参拝者らに分け与えることがおこなわれている。房総半島の諸河川には、かつて鮭が多く遡上していたが、捕れた鮭は山倉大神に奉納してから食べないと、祟《たた》りがあるといわれていた。また、鮭の頭や骨に玄米を加え、蒸し焼きにして炭状にしたものを風邪薬・**災厄除け**の護符として、信徒らに配ってもいた。こうした山倉大神への信仰習俗に通じるものが、東京渋谷の穏田神社の大六天にも伝えられていたことは、大変興味深い。

［参考文献］渋谷区（編）、一九六六『新修渋谷区史』中巻、渋谷区。柴崎浩二、一九九三「大六天の信仰」『西郊民俗』一四四号、西郊民俗談話会。

開《かい》運《うん》出《しゅっ》世《せ》大《だい》黒《こく》天《てん》

練馬区石神井台一ノ一五

御利益
- 開運招福
- 立身出世

石神井の三宝寺《さんぽうじ》の境内には、立派な大黒堂が祀られている。堂内に安置されている大黒天像は、当寺第三十三世の融憲和尚が念持仏としていたものである。昭和四年（一九二九）に大黒堂が創建されてそこに祀られ、あわせて経堂内にあった子育千体地蔵尊も、そこに合祀されることとなった。それとともに、寺では東京周辺の信徒らに、大黒天を崇敬する甲子講《きのえねこうじゅう》中の結成をすすめたので、多くの信者がそれに加わり、大黒天は**開運・出世**の神として広く信心されるようになった。現在の大黒堂は、昭和五十九年（一九八四）の甲子大開帳を契機に新築されたもので、二階部分に大黒天を、一階部分に千体地蔵を安置している。多くの参拝者が連日、参詣におとずれている。

開運・出世を呼び込む打出の小槌

皆《かい》中《ちゅう》稲荷《いなり》

新宿区百人町一ノ一一

御利益

○受験合格
○賭事必勝

新宿区の百人町は、かつて江戸幕府鉄炮組百人隊が屋敷地を与えられていた地で、その鉄炮組が信心していたという皆中稲荷神社が、今もそこに祀られている。例大祭の日には、隔年開催ではあるが、「江戸幕府鉄炮組百人隊行列・出陣の儀」がおこなわれ、かつて鉄炮組が皆中稲荷に奉納していたと伝えられる出陣式が再現される。甲冑《かっちゅう》姿に身をかためた鉄炮組員らが隊列を組んで行進し、火縄銃をかまえて、町内数ヶ所で古式にのっとった鉄炮の試射を披露する。皆中稲荷は鉄炮組の守護神であったが、江戸時代の昔、ある隊士の見た霊夢の中にこの稲荷の神があらわれ、その夢告によって百発百中の鉄炮の腕前が上達したと伝えられている。「皆中」とは「皆当たる」という意味で、鉄炮の命中、一発必中の祈願がそこに込められているという。転じてそれが、**受験合格・ギャンブル必勝**のご利益にも拡大解釈されていくこととなり、あらゆる勝負事に勝ち抜くことができるようにとの祈願も生み出されていくことにもなった。神社では、的を射抜く矢を描いた小絵馬を授与しており、社前にはその祈願絵馬がつねにたくさん奉納されている。

［参考文献］東京都神社庁（編）、一九八六『東京都神社名鑑』上巻、東京都神社庁。

「皆当たる」一発必中の祈願絵馬

かえる石《いし》

新宿区歌舞伎町二ノ一七

御利益
祈願成就

新宿区の稲荷鬼王《きおう》神社の境内に祀られている開運恵比須《えびす》神社（三島神社）は、新宿山ノ手七福神のひとつにも数えられた福の神である。社前にある大きな自然石は、カエルの形をしており、「かえる石」と呼ばれていて、**あらゆる願いを叶えてくれる**霊石としてあがめられている。参拝者はまず恵比須神社に手を合わせた後、手水鉢《ちょうずばち》から柄杓《ひしゃく》で一杯、水を汲んでかえる石に注ぎ、石を手でさすりながら心の中で、次の呪文を三度唱える。すなわち、**交通安全・旅行安全**を祈る人は「無事かえる」、**開運**を願う人は「良き運にかえる」、**金運**に恵まれたい人は「金かえる」、**縁結び**を願う人は「想いの人の心が自分にふりかえる」、**健康**を祈る人は「若がえる」、**あらゆる願い**を叶えたいと思う人は「かなえる」というのが、その呪文である。これを唱え

「金かえる」「若がえる」などあらゆる願いを叶える

た後にもう一度、恵比須神社を拝むと、願いが叶えられるといわれている。

蛙《かえる》塚《づか》

八王子市散田町五ノ三六

御利益

○芸能上達（俳句）

八王子市の真覚寺《しんがくじ》には、松尾芭蕉ゆかりの「蛙塚」の碑がある。寺の境内には豊かな湧水が流れ込む心字池があるが、毎年春になると冬眠から目覚めたヒキガエルがたくさんそこに集まり、繁殖のために雄どうしが激しく争う姿が見られ、「蛙合戦」と呼ばれていた。珍しい自然現象なので、「カエルの生態および繁殖地」として昭和三十七年（一九六二）、八王子市の天然記念物に指定されている。「古池や蛙《かわず》飛び込む水の音」という芭蕉の俳句にちなんだ碑が、延享二年（一七四五）に池のほとりに建てられ、今も残っている。碑には「芭蕉翁蛙塚」と刻まれている。この碑のあることで池は芭蕉翁の聖地となり、俳人らがたずねてくるようにもなった。安政年間（一八五四～一八六〇）の『五街道細見』にも、「芭蕉の蛙塚があり、甲州街道の名所」と述べられている。俳句を詠む人々は、**俳句の上達**を祈って碑を拝んでいくともいう。

カエルの繁殖地が芭蕉の聖地に

神《か》楽《ぐら》坂《ざか》聖《しょう》天《てん》

新宿区神楽坂六ノ二

御利益

○祈願成就

新宿区の神楽坂商店街の一角にある安養寺の本尊は丈六の薬師如来で、厄除け・除病の霊仏とされている。あわせて祀られているのが大聖歓《だいしょうかん》喜《ぎ》天《てん》（聖天）で、俗に神楽坂聖天とも呼ばれている。この聖天は、**開運・心願成就・家内安全・商売繁盛・病気平癒・良縁成就・受験合格・交通安全**などなど、多くのご利益のもとに信心されている。境内にはそのほかにも、いろいろな民間信仰仏が祀られていて、そのひとつである石仏の宝生《ほうしょう》観世音は諸願成就の仏とされており、祈願をおこなう際には、観音の真言である「オンマカキャロニキャソワカ」と唱えることになっている。

［参考文献］宝聚会（編）、一九九五『歓喜の光』四、宝聚会。

神楽坂《かぐらざか》聖天《しょうてん》の子育《こそだ》て地蔵尊《じぞうそん》

新宿区神楽坂六ノ二

御利益
- ○子育成就
- ○除厄達成
- ○無病息災

新宿区の神楽坂聖天すなわち安養寺の境内に祀られている石地蔵に、子育て地蔵尊と呼ばれるものがある。その名の通り、**子育ての安全・成就**を祈り、子供のすこやかな成長を見守ってくれる、ありがたい地蔵尊とされている。また、**除厄・延命長寿・学業増進**にもご利益があるという。この地蔵に祈る時には、地蔵菩薩の真言である「オンカーカーカービサマエイソワカ」を唱えることになっている。

神楽坂《かぐらざか》聖天《しょうてん》の出世《しゅっせ》地蔵尊《じぞうそん》

新宿区神楽坂六ノ二

御利益
- ○立身出世
- ○開運招福

新宿区の神楽坂聖天すなわち安養寺の境内には、もう一体の石仏の地蔵尊が祀られており、出世地蔵尊と呼ばれている。平成二年（一九九〇）に地中から発見された、石仏の頭部をもとに全身像が復元されたという。この地蔵に祈れば、**立身出世・開運**のご利益があるという。

神楽坂《かぐらざか》聖天《しょうてん》の宝生《ほうしょう》弁財天《べんざいてん》

新宿区神楽坂六ノ二

御利益

- 金運招来
- 商売繁盛
- 芸能上達

新宿区の神楽坂聖天すなわち安養寺の境内に祀られている水の神が宝生弁財天である。そのかたわらに湧出する霊水は「洗心宝生水」と呼ばれている。水は生命の源であり、潤いの徳は人にほどこしの心を教えているという。この霊水を汲む時には、水天の真言である「オンバロダヤソワカ」を唱えることになっている。また、弁財天に祈る時には、弁天の真言である「オンソラソバテイエイソワカ」を唱える。弁財天に祈りながら、洗心宝生水を汲んで財布の中から取り出した紙幣に注ぎ、洗い清めるとそれが何倍にも増えるといわれており、**金銭倍増・金融円満・商売繁盛**のご利益があるともいう。いわゆる銭洗弁天《ぜにあらいべんてん》のひとつであって、神奈川県鎌倉市にある有名な銭洗弁天と同じである。弁財天はまた、技芸神でもあるため、ここに祈れば**芸能上達**のご利益があるといわれている。

金銭円満・芸能上達のご利益が

神楽坂《かぐらざか》の毘沙門天《びしゃもんてん》

新宿区神楽坂五ノ三六

御利益

- 商売繁盛
- 病気平癒

「神楽坂の毘沙門天」の通称で知られる善国寺は、神楽坂商店街の守護仏として深く信仰されてきた。本尊の毘沙門天は、**商売繁盛・諸病平癒**のご利益で知られている。毘沙門天の縁日は、一般に寅の日とされており、特に一月の初寅日には多くの参詣者がおとずれる。本堂前にも大きな一対の虎の石像が祀られているが、他寺院でいうところの狛犬《こまいぬ》であって、虎は毘沙門天のシンボルとされており、縁起物の「張子の虎」も寺から授与されている。また、毎月の五の日も縁日とされ、参拝者が多い。

［参考文献］斎藤月岑（朝倉治彦校注）、一九七〇『東都歳事記』二巻、平凡社。

籠《かご》祖《そ》神《じん》社《じゃ》

千代田区外神田二ノ一六

御利益

○産業発展（竹細工）

神田明神（神田神社）には、籠祖神社という境内社が祀られているが、**竹細工職人の守護神**とされていて、東京都内のみならず関東一円の同業者らが信仰しており、**業界の繁栄**をそこに祈願することになっている。祭神は塩土《しおつちの》老翁《おきな》で、『古事記』に登場する道教えの神である。山幸彦《やまさちひこ》が海幸彦《うみさちひこ》から借りた釣り針を海に落としてなくしてしまった時、それを探すために塩土老翁が籠舟を作って山幸彦を乗せ、海神宮へと渡してやったと神話には述べられている。その籠舟は「無目籠《まなしかたま》」と呼ばれ、竹を非常に細かく編み込んで、水も漏らさぬほど精巧な造りであったといい、その高度な竹細工の技術は、籠屋職人の鑑《かがみ》とすべきものであるので、塩土老翁は職人仲間の祖神として位置づけられたといわれている。この籠祖神社の例大祭は毎年十一月五日におこなわれ、関東一円の竹細工職人・籠屋・ザル屋・葛籠屋《つづらや》などが参拝におとずれる。特に東京の亀井町（現在の中央区小伝馬町付近）には多くの職人が住んでいて、籠屋の街といわれてきたが、籠祖神社の中心的信徒集団を形成していた。職人の信徒団体は「祖神講」と呼ばれているが、昭和二十七年（一九五二）時の講員名簿を見ると、約八十名の講員がおり、大半は東京都内に居住しているが、埼玉・千葉・神奈川・栃木の各県の職人らも、そこに名を連ねている。プラスチック製雑貨の普及によって、竹細工製品の需要はかなり落ち込んでしまい、廃業した職人家も多いが、籠祖神社への信仰は今もなお、維持されている。

［参考文献］長沢利明、一九八九『東京の民間信仰』、三弥井書店。

Goriyaku Column

01

丑刻参り

男に捨てられた女がその怨念をはらすため、藁《わら》人形に五寸釘を打ち込み、恨む相手をのろい殺そうとするすさまじい儀式が「丑刻参《うしのこくまい》り」というもので、正しくは「丑時参《うしのときまい》り」という。女は白い着物姿で髪をすべて解き、頭には五徳をさかさまにしてかぶり、五徳の脚の先端には三本のロウソクの火をともしつつ、真夜中に神社の境内をおとずれて、誰にも見られることなく、神木の幹に藁人形を釘で打ち付けるというのが、その正式なやり方で、一目でもそれを人に見られたならば、呪詛《じゅそ》はすべて失敗に終わるとされている。鬼の形相と化した女が、渾身《こんしん》の力を込めて金槌《かなづち》をふるい、藁人形に五寸釘を打ち込むカーン、カーンという音が、夜のしじまに響きわたるというそのシーンは、想像しただけでも身の毛がよだつ思いがする。どう見ても一般的な習俗とはいえないけれども、これはこれで民間信仰の一形態であるかも知れない。私の郷里である群馬県の片田舎では、一九六〇年代頃まで実際にそういうことをする人々がたまにおり、夜が明けてから鎮守の境内の杉の木に打ち込まれた藁人形が見つかって、大騒ぎになることがあった。この私もその一報を耳にし、兄とともに自転車を飛ばして、その現場を見に行った経験がある。藁人形はすぐに撤去されてしまうのがつねなので、実物を見ることはできなかったが、杉の木の幹には五寸釘を打った孔が残されていた。郷里ではこののろいのやり方を「祈り釘」といっていたが、「祈る」という言葉には「呪詛する」という意味も込められており、「祈られた」相手は身に覚えがあるので、「あの女、俺のことを祈りやがったな」とつぶやくことになる。神社の境内から伐り出された杉の木には、「祈り釘」の先端部が残っていて、それを加工する時に製材機の自動鋸《のこ》の刃が折れるので、材木屋はなかなかそれを引き取りたがらない、という話も聞いた。今の東京都内でもそうした呪詛のなされる神社があって、ごく稀《まれ》なこととはいうものの、どういうわけか、いつもその神社が呪詛の場に選ばれる。いわば丑刻参りの名所なのだが、その神社の名をここに出すことはとてもできないし、宮司さんも「大変迷惑しているのです」と言っておられた。藁人形は朝になって見つけしだい、すぐに片付けてしまうのだそうだが、恨む相手の実名を記した紙片や写真が添えられていることもあるという。これまた名を出せないけれども、京都のある神社などは全国一のその「名所」となっていて、一日に二〜三体の藁人形が見つかることすらあるといい、神職は毎朝の点検とその撤去が日課となっている。すさまじき現代社会の一断面を見る思いがする。

葛《か》西《さい》神《じん》社《じゃ》の鍾《しょう》馗《き》

葛飾区東金町六ノ一〇

御利益

○疫病退散
○除厄達成

葛飾区の葛西神社の境内には、石造の鍾馗像が祀られており、**疫病除け・悪魔除け**の神として信仰されている。像高一一一センチメートルの石像で、右手に剣を持ち、左手で小鬼をわしづかみにした姿が浮き彫りにされており、後背には「奉造立鍾馗為悪魔降伏、金町村施主敬白、念仏講結衆同行四十一人、元禄八乙亥七月十七日」との刻銘が見られる。元禄八年（一六九五）に地元の念仏講中が、悪魔降伏を祈願して建立したものであることがわかる。魔除けの鍾馗像は主として画像に描かれるものであるが、石像の形で祀られたものはきわめて珍しく、ほかにほとんど例がないので貴重である。

鍾馗様には疫病除け・魔除けの霊験

葛《か》西《さい》天《てん》神《じん》

葛飾区東金町六ノ一〇

御利益

○学業成就
○受験合格

葛飾区の葛西神社の境内には天神社も祀られており、「葛西天神」と呼ばれている。祭神は菅原道真公で、**学業成就**の神、**受験合格**の神として信仰されており、春先には多くの受験生らが、入試合格を祈願するために参詣する。参道脇には、太宰府天神ゆかりの「飛《とび》梅《うめ》」と呼ばれる梅の銘木があり、早春の頃に見事な花を咲かせている。

［参考文献］葛飾区（編）、一九八五『増補葛飾区史』下巻、葛飾区。東京都神社庁（編）、一九八六『東京都神社名鑑』上巻、東京都神社庁。

かさね塚《づか》

目黒区中目黒五ノ二四

御利益

○芸能上達（歌舞伎）

怨霊済度《さいど》の名僧として知られる祐天上人は、増上寺の第三十六世大僧正でもあり、徳川五代～八代将軍の帰依を受けていた高僧であったが、その祐天上人のゆかりの寺が中目黒の祐天寺である。上人が飯沼《いいぬま》の弘経寺《ぐぎょうじ》にいた頃、累《かさね》一族の怨霊を済度したという説話は大変有名であるが、その累一族の霊を祀ったのが、境内にある「かさね（累）塚」である。説話は寛文八年（一六六八）頃、鶴屋南北によって歌舞伎の演目に創作され、大ヒットとなったが、のちに歌舞伎役者らの手で、この塚が建立される。すなわち、六世尾上梅幸・十五世市村羽左衛門・五世清元延寿太夫らが施主となり、累一族の霊を弔って、この「かさね塚」が祀られたのは、大正十五年（一九二六）のことであった。歌舞伎・清元の上演者らは、舞台をつとめる前に、必ずこの塚に詣でて**興行の無事と上演の成功**とを祈願することになっている。

祐天寺の境内にある累一族の霊を祀った塚

〔参考文献〕北村　肇（編）、一九九九『東京文化財の旅（二）』、毎日新聞社。

瘡《かさ》守《もり》稲《いな》荷《り》

世田谷区瀬田四ノ三二

御利益

○病気平癒（性病）

性病平癒にご利益があるというカサモリ（笠森・瘡守・瘡護）稲荷は各地に祀られており、花柳界で働く女性らによってあつく信心されてきた。世田谷区の瘡守稲荷神社もそのひとつであるが、境内摂社などではなく単立の立派な社殿が、今でも住宅地の中に立っている。風俗業界の女性らが、梅毒・淋病などの性病の平癒を願うための祈願がそこに寄せられてきたことでも知られ、絶大なご利益があったという。多摩川べりの二子玉川地区は、戦前は著名な遊興の地であって、東京市中からおとずれる多くの遊覧客相手の料亭や待合などが、そこに立ち並んでいた。

花柳界の女性たちに信心された性病平癒の稲荷

そこで働く芸妓らが、性病によくかかり、その平癒を祈るため、この疱瘡《ほうそう》神社へさかんに参拝におとずれていたという。

瘡《かさ》守《もり》薬《やく》師《し》

豊島区南池袋四ノ二五

御利益

疫病退散
病気平癒(性病)

疱瘡《ほうそう》・疫病・性病・皮膚病除けの神として、カサモリ系の神があちこちに祀られており、その社号には笠森・瘡守・瘡護などの字が宛てられている(**瘡守稲荷・芝公園の瘡護稲荷・谷中功徳林寺の笠森稲荷**など参照)。豊島区の清立《せいりゅう》院《いん》の場合は、稲荷ではなく薬師如来にカサモリの呼び名がついており、「瘡守薬師(正式には瘡守薬王《かさもりやくおう》菩薩《ぼさつ》)」と呼ばれている。本堂裏手にそれを祀る小祠《しょうし》があって、古い木像がそこに安置されている。**疫病一般、特に疱瘡(天然痘)や皮膚病**の平癒にご利益があるといわれている。

[参考文献] やまひこ社(編)、一九八七『東京御利益案内』、リブロポート。

皮膚病から疫病まで広く病にご利益がある薬師如来

脚《かっ》気《け》地《じ》蔵《ぞう》

墨田区押上二ノ三九

御利益

○病気平癒（脚気）

押上の円通寺には、**脚気を治してくれる**というありがたい地蔵尊が祀られており、「脚気地蔵」と呼ばれている。

境内に二体の石地蔵が並んで立っており、それらが脚気地蔵であるが、特に右側のものを「北向き地蔵」、左側のものを「ほおずき地蔵」とも呼ぶ。右側の地蔵は明暦二年（一六五六）に建立された墨田区内最古の石仏で、「干《とき》時《に》明暦二年丙申奉造立地蔵大菩薩為寒念仏供養也、殊者《ことには》当村結縁衆為菩提也、二月吉日」との刻銘がある。左側の地蔵はそれより新しく、享保七年（一七二二）に建立されたもので、「三界万霊、享保七壬寅天十月日」との刻銘が残されている。右側の「北向き地蔵」は右手に持つ錫杖《しゃくじょう》が破損してしまっているため、近年新たな地蔵尊が別に造立されて、その脇に立っている。

右が北向き地蔵、左がほおずき地蔵

昔、脚気に苦しむ人がおり、霊夢によってこの地蔵を祈るようになったところ、病が全快したと伝えられている。

（参考文献）墨田区役所（編）、一九八一『墨田区史』下巻、墨田区役所。

カッパ寺《でら》

台東区松が谷三ノ七

御利益

○開運招福

かっぱ橋道具街通り裏にある曹源寺は、「カッパ寺」の通称で通っている。現在の道具街通りは江戸時代、水はけの悪い土地で、雨が降るたびに新堀川の水があふれて周辺が水浸しになった。ために住民は困窮をきわめていたという。見るに見かねて立ち上がったのが、当地で雨合羽商をいとなんでいた合羽川太郎（本名は合羽屋喜八）で、私財を投げ打って文化年間（一八〇四〜一八一八）に、新堀川の改修・治水事業をくわだてることとなった。その時、かつて川太郎に助けられた新堀川のカッパたちが協力してくれたので、工事はうまく進み、ついに完成をみたという。川太郎は文化十一年（一八一四）に没し、曹源寺へ葬られたが、その墓石には「てっへんへ手向けの水や川太郎」の句も刻まれている。地域復興の義人である川太郎とカッパは、福の神としてあがめられるようになり、新堀川に架かる橋は「合羽橋」と呼ばれるようになって、今日のかっぱ橋道具街通りの名もそこから生まれることとなったという。不思議なことに、新堀川のカッパを見た者は運が開けたといい、ますますそのご利益がもてはやされることとなった。曹源寺には「河童大明神」を祀る堂があるが、そのカッパの神の名は正式には「波乗福河童大明神」と称するのだという。堂内にはカッパを描いた掛軸絵が本尊として祀られており、カッパの好物であるキュウリがつねにそこに供えられている。参拝者はキュウリを奉納して**開運祈願**をおこなうのである。カッパの石像なども境内にはいくつか祀られていて、まさしく曹源寺は今も「カッパ寺」としてあり続けており、道具街のシンボルとなっている。なお、合羽橋の地名由来については、次のような別説も聞かれる。今の金竜小学校のあたりに、かつて伊予新谷《にいや》の城主、加藤家の下屋敷があり、そこに住んでいた貧乏侍や足軽たちが内職で作っていた雨合羽を、近くの橋の上で干して乾かしていたといい、ゆえにその橋が合羽橋と呼ばれるようになったのだという。

〔参考文献〕台東区役所（編）、一九六六『台東区史・社会文化編』、台東区役所。

かっぱ橋道具街通り裏にあるカッパ寺の奉納キュウリ

家《か》庭《てい》円《えん》満《まん》のコブシ

東村山市野口町四ノ一六

御利益

○家内安全

東村山市の大善院の境内にあるコブシの木は、「家庭円満のコブシ」と呼ばれ、これに祈れば**家族円満**のご利益を授かることができるという。寺では昭和時代の初め頃、直径五センチメートルほどの幹の太さのコブシを十本ほど、ここに植えておいたというが、年月が経つうちに木の幹がどんどん太くなっていき、ついには互いの根どうしがつながって、一本の木のようになったという。どんなに仲の悪い家族でも、長い間一緒に暮らしていれば、ひとつにまとまることができるという教訓が、そこに込められているといい、「家族の絆の木」として注目されるようになった。なおコブシの花言葉は、「友情・歓迎・信頼・自然の愛」であるとのことである。

絡み合った根が家庭円満を導く

金《かな》山《やま》神《じん》社《じゃ》

千代田区岩本町二ノ一

御利益

○産業発展（金属業界）
○金運招来
○災難消除

鍛冶屋の守り神として知られる金山神社は、東京都内各地に祀られているが、それらは今では鍛冶屋職人のみならず、鋳物業・金工業・鉱山業・刃物製造業・機械工業など、あらゆる**金属加工産業の業界の守護神**として、あつく信仰されている。岩本町に鎮座する金山神社もそのひとつで、岐阜県不破郡垂井町宮代にある南宮《なんぐう》大社から、鍛冶・冶金《やきん》の神である金山彦命《かなやまひこのみこと》の分霊を移し祀った神社である。**金属業界の繁栄と発展**をもたらし、**金運・防災**のご利益も絶大とされている。この神社を護持してきた神田の金物商たちは、昭和二〜三年（一九二七〜一九二八）頃、神田紺屋町金物同業組合を組織していたが、旧神田紺屋町とは現在の岩本町にほぼ相当する。当時は組合事務所内に金山大神の神棚が祀られており、毎年十一月八日の祭日には神田明神から神職を呼んで、業界全体の繁栄を祈願するための神事をおこなっていたという。十一月八日の祭りとは、要するに鞴《ふいご》祭りのことで、かつては鍛冶屋の祭りであったが、今日ではあらゆる金物業界・金属加工業界で広くおこなわれる業界の祭りとなっていて、金属にかかわる諸産業関係者は日本中どこでも、十一月八日に祭りをおこなっている。しかし昭和初期にはすでに、神田鍛冶町・鍋町の金物製造業界は斜陽期を迎えていたので、紺屋町の金物販売業者らを中心として、その祭りが維持されていくこととなった。そうして昭和二十九年（一九五四）、岩本町に金山神社が設立されることとなり、十一月八日の鞴祭りも盛大になされるようになった。昭和三十八年（一九六三）には金山神社奉賛会が組織されているが、都内の金物商卸組合・関連団体・一般小売業者らが広くそこに加盟して、神社が維持されていくようにもなった。例年の鞴祭りもますます盛況化しつつあり、社前での和鋏《わばさみ》の古式鍛錬式なども実演されており、多くの参詣者で例年、にぎわっている。

［参考文献］長沢利明、一九九九『江戸東京の年中行事』、三弥井書店。

歌《か》舞《ぶ》伎《き》稲《いな》荷《り》

中央区銀座四ノ一二

御利益
○芸能上達
○産業発展（芸能界）

銀座の歌舞伎座の入口には、「歌舞伎稲荷神社」と呼ばれる稲荷社が祀ら

歌舞伎役者が公演成功を祈願する

れている。歌舞伎と歌舞伎座の守り神として信仰されており、歌舞伎役者らも参拝して**公演の成功**を祈願する。歌舞伎ファンらも多く参詣におとずれる。

加《か》平《へい》のエボ地《じ》蔵《ぞう》

足立区加平一ノ二

御利益
○病気平癒（イボ）

足立区加平には「エボ地蔵」と呼ばれる石地蔵を祀った小堂がある。もとはここから四十メートルほど離れた旧嘉兵衛橋の東詰にあったが、昭和三十九年（一九六四）の区画整理にともなって現在地へ移された。地蔵は元禄八年（一六九五）における綾瀬川の拡幅工事の際に川底から発掘され、地蔵堂に安置されたと伝えられる。**イボの平癒**にご利益があるとされ、地蔵に塩を塗りつけてその祈願をおこなうというのが、かつてのならわしであった。塗りつけられている塩を少し持ち帰り、自分のイボに塗ると治るともいわれていた。完治した後は、倍量の塩を地蔵に奉納することにもなっていた。長年にわたって塩を塗りつけられた結果、地蔵の仏体は塩害ですっかり風化してしまい、もはや地蔵の像容《ぞうよう》をすっかり失って、自然石のかたまりのようになっているが、その崩れた仏体の姿を刷った地蔵札を、地元の念仏講中が手刷りで百枚ほど印刷し、毎年九月二十四日に町内の家々に配っている。

［参考文献］加藤紫識・長沢利明、二〇〇六「東京の塩地蔵」『民俗学論叢』二一号、相模民俗学会。

火《か》防《ぼう》地《じ》蔵《ぞう》

西多摩郡日の出町平井二五六六

御利益
○火災消除

日の出町内の平井川に架かる西平井橋の西詰に地蔵堂があり、堂内には像高一三二センチメートルほどの石地蔵が安置され、火防地蔵と呼ばれている。堂の前に立つ石標には「防地蔵」とあり、なぜか「火」の字が抜け落ちているのが不可解である。「狩宿地蔵堂」と呼ぶ人もいる。この地蔵尊は明治二十一年（一八八八）に造立されたもので、火の安全を守る地蔵尊とされている。地蔵の台座背面には「明治二十一子年十一月廿三日、玉ノ内石工小峯孫七」との銘文があり、左側面には「狩宿中」、右側面には「塩田中」とある。周辺地域は明治時代に大火に見舞われており、甚大な損害を出したので、二度とそのようなことがないようにと、この地蔵が祀られることとなった。大火は明治十五年（一八八二）三月十七日に発生し、幸神入天丸岩《さちがみいりてんまるいわ》より出火した火災は猛烈な勢いで村々へと延焼を続け、大久野村《おおぐのむら》で一四七軒、平井村で一二六軒の家々が全焼することとなった。未曽有の大火災が起きてから六年後、この火防地蔵が祀られることとなり、以来、この地域では大きな火事は起きていないという。地域住民は、地蔵への**火難除け**の祈願を今でも、日々続けている。

〔参考文献〕日の出町史編さん委員会（編）、一九八九『日の出町史・文化財編』、日の出町。

釜《かま》寺《でら》の身《み》代《が》わり地《じ》蔵《ぞう》

杉並区方南二ノ五

御利益
・災難消除

杉並区の東運寺は、「釜寺《かまでら》」の通称で知られているが、それはこの寺の本堂の屋根上に置かれた大きな鉄釜に由来する。この鉄釜は、山椒大夫《さんしょうだゆう》の物語の中で、釜ゆでの私刑を受けんとする厨子王丸《ずしおうまる》の危機を救った守り本尊の「身代わり地蔵」が、当寺に祀られてきたとの伝説にちなむもので、厨子王丸が放り込まれそうになったという鉄釜を本堂の屋根上にのせて、寺のシンボルにしたものなのだという。屋根の上の大釜は遠くからもよく見え、東運寺をめざす参拝者らにとっては格好の目印となり、それ以来、寺は「釜寺」の通称で呼ばれるようになった。厨子王丸の命を救ったという身代わり地蔵は、像高わずか一〇センチメートルほどの小さな木像で、年二回の大祭縁日（四月二十三日・十月二十三日）の時しか開帳されないが、これに祈れば地蔵が祈願者の身代わりになって、**あらゆる災難からのがれることができる**と信じられてきた。戦後、この身代わり地蔵の分身が作られ、それを笈《おい》に納めて背負い、信徒の家から家へとリレー式に移動させて祀り、近隣の家々がそれを拝礼するという独特の祈願習俗が生み出されることとなった。このような形で信仰される仏を、民俗学では「巡《じゅん》行仏《こうぶつ》」といい、その巡行仏を泊める信徒家のことを「宿《やど》」、一定地域を回り終えて再びそれが寺へ戻ってくることを「送り込み」と呼ぶ。東京都内には七～八ヶ所もの寺院で巡行仏の存在が確認されており、もっとも著名なのは狛江市の泉龍寺の「まわり地蔵」であったが、地蔵のみならず観音像や寺の開山像などを巡行させる例も見られる（**泉龍寺の回り地蔵・九品仏の珂碩様**参照）。

釜寺の地蔵の巡行は、戦後に始まった新しい事例であるとはいうものの、厨子王丸伝説にちなむ身代わり地蔵の代《だい》受苦《じゅく》信仰とともに、その霊験が語られてきたことがユニークであろう。地蔵の巡行範囲は、杉並区内南西部が中心であったが、中野区・渋谷区内の一部の家々にまで足を伸ばすこともあった。秋の大祭縁日で十夜法要がおこなわれる十月二十三日を過ぎた頃に、釜寺を出発した地蔵の巡行は、毎日「宿」を替えながら地域内をくまなくめぐり、翌年四月二十三日の大祭縁日（春十夜）の日に「送り込み」がなされて、再び寺へ戻ってくることになっていた。地蔵は夏の間は寺におり、晩秋から翌春にかけて信徒地域を巡回していた。昭和三十九年（一九六四）の東京オリンピックの開催にともなう首都の大改造を通じて、杉並区内の都市開発が一気に進み、地域社会もおおいに変貌するに至って、地蔵の巡行も廃止されるに至ったが、身代わり地蔵は今でも釜寺の本堂内に祀られている。

〔参考文献〕長沢利明、二〇一九『江戸東京の庶民信仰』、講談社。

身代わり地蔵は高さ 10㎝の木像

釜《かま》屋《や》堀《ぼり》子《こ》育《そだ》て地《じ》蔵《ぞう》

江東区猿江二ノ一六

御利益
○子育成就

江東区の横十間川に架かる大島橋のたもとには、コンクリート造りの堅牢な地蔵堂が祀られており、「釜屋堀子育て地蔵尊」と呼ばれている。堂内をのぞくと、三体の石地蔵が安置されているが、そのうちの一体には慶安四年（一六五一）の年紀が刻まれており、大変古い地蔵尊である。**子育て**にご利益があるといわれ、つねに香華がささげられていて、熱心な信者は赤いよだれかけを奉納して、地蔵に着せている。

［参考文献］やまひこ社（編）、一九八七『東京御利益案内』、リブロポート。

上《かみ》今《いま》井《い》の八《や》雲《くも》神《じん》社《じゃ》

江戸川区江戸川三ノ二四

御利益
○海上安全
○無病息災

江戸川区の旧上今井村にある八雲神社は、水路安全の守護神とされ、舟人たちが江戸川を航行中、この神社の前を通る際、帆を下げて**海上安全**を祈ることになっていた。神社の神紋は祇園《ぎおん》守紋《まもりもん》で、キュウリを輪切りにした断面のように見えることから、キュウリは八雲神社のシンボルとされるようになり、地元農家では初物のキュウリが取れると、まずこの神社に供えてから食べるというならわしを守っていた。「笹団子」行事のおこなわれる神社としても知られ、毎年七月の満月の夜、笹の枝に団子と神符とをつけた「笹団子」という縁起物を、参拝者らに配ることが今でもおこなわれている。この団子を食べると、**無病息災**で過ごせるといわれている。

上《かみ》田《た》端《ばた》八《はち》幡《まん》神《じん》社《じゃ》

北区田端四ノ一八

御利益
○産業発展
○芸能上達（文筆）

北区の田端には八幡神社が二社ある

が、そのうち田端四丁目にあるものが、上田端八幡神社である。祭神の品陀別《ほんだわけの》命《みこと》（応神天皇）が**殖産興業の神、文教の祖**とされており、当社もそうしたご利益・神徳にもとづいて信仰をされてきた。また、この田端という地には、かつて多くの文豪・評論家・芸術家たちが住んでいたことで知られ、「田端文士村」と呼ばれてきた。芥川龍之介・岡倉天心・川口松太郎・菊池寛・小林秀雄・佐多稲子・サトウハチロー・田河水泡・竹久夢二・土屋文明・直木三十五・中野重治・野口雨情・萩原朔太郎・浜田庄司・林芙美子・平塚らいてう・二葉亭四迷・堀辰雄・室生犀星などなどが、その文士村の住人たちであった。上田端八幡神社では、この田端文士村にちなんで、「筆才向上守《ひっさいこうじょうまも》り」というお守りを社務所から授与しており、人気を博している。小説家・文筆家をめざす若者たちがこれを受けていき、夢の叶えられることを祈願する。お守り袋には、文豪たちのシンボルとして、ペン先の図柄が織り込まれており、いかにも**筆才向上**祈願にふさわしい。文士村の住人たちの文才にあやかり、自らの筆の才能の向上を祈る気持ちが、そこに込められている。

［参考文献］東京都神社庁（編）、一九八六『東京都神社名鑑』上巻、東京都神社庁。

亀《かめ》石《いし》

港区三田四ノ八

御利益

○子孫繁栄

三田の寺町には、魚籃観音《ぎょらんかんのん》を祀る寺として有名な魚籃寺があるが、その境内に祀られている「亀石」は「子宝石」とも呼ばれている。大きな亀の形をした自然石で、子供のない女性がこの石に祈れば、**子宝を授かることができる**といわれている。

魚籃寺にある別名「子宝石」

亀《かめ》戸《いど》天《てん》神《じん》

江東区亀戸三ノ六

御利益

- 学業成就
- 受験合格
- 除厄達成

亀戸の亀戸天神社といえば、いわずと知れた江戸東京の代表的な天神社である。菅原道真公を祭神として祀っているので、学問の神として深く信仰され、**学業成就**を祈る参拝者が昔も今も多くおとずれる。戦後は**受験合格**のご利益ということが著しく強調され、受験シーズンともなれば、高校・大学入試をひかえた受験生らが殺到するようになって、彼らが奉納する合格祈願絵馬はおびただしい数にのぼり、境内に大量に掲げられている。正月の初詣でにも多くの受験生らがやってきて、拝殿前には長蛇の列ができるが、文京区の湯島天神、国立市の谷保《やぼ》天満宮などと変わらない。亀戸天神は九州の太宰府天満宮などと同じように、鷽替《うそか》え神事がおこなわれることでもよく知られ、野鳥のウソをかたどった「鷽鳥《うそどり》」の縁起物は飛ぶように売れる。鷽替えの神事のおこなわれるのは初天神日とその翌日、すなわち毎年一月二十四〜二十五日の両日で、江戸時代以来、変わっていない。「鷽鳥」は木製の縁起物で、神前から求めたそれを、境内で取り替えてもらうと**罪穢《けが》れをのがれる**ことができるとされ、これを「鷽替え」と称した。太宰府でおこなわれていた信仰習俗が、そのまま江戸へ持ち込まれたものであるが、その始まりは文政三年（一八二〇）のことであったといい、諸書にもそう記録されている。『武江《ぶこう》年表』の同年の記事にも、「正月廿四日・廿五日、亀戸天満宮鷽替の神事始まる。去年大坂天満の社にて、太宰府の例に習ふて此事を始む。当社にも今年より始る」とあり、太宰府天満宮の鷽替え神事は、文政二年（一八一九）にまず大坂天満宮に伝えられ、その翌年には江戸の亀戸天神にも取り入れられていったことがわかる。参詣者が求めた縁起物の鷽鳥は、まず神前にささげられ、すでにそこに奉納されている他人のそれと取り替えて持ち帰ることがなされるようになったらしいが、本家の太宰府の鷽替えのように、暗闇の中で参拝者どうしが交換しあうようなやり方ではなかった。鷽替えをおこなうと、年中の忌まわしきことを「嘘」にしてしまい、凶事を吉事に転ずることができると信じられていた。昭和十五年（一九四〇）には、「相《あい》五《ご》睦《むつみ》」と名乗る氏子仲間の手で、境内に「鷽の縁起碑」というものが建立されることとなったが、前の年に受けてきた鷽鳥をその碑前に納めつつ、新しいものをひとつ社務所から求めて帰るというのが一般的となり、それが現在の鷽替えのやり方となっている。

［参考文献］亀戸天神社（編）、一九七七『亀戸天満宮史料集』、亀戸天神社菅公御神忌一〇七五年大祭事務局。長沢利明、二〇一〇「亀戸天神の鷽替え―東京都江東区亀戸天神社―」『西郊民俗』二一〇号、西郊民俗談話会。

亀戸《かめいど》天《てん》神《じん》のお犬《いぬ》様《さま》

江東区亀戸三ノ六

御利益
○商売繁盛
○病気平癒（イボ）

亀戸の亀戸天神社の境内には、「お犬様」・「犬神様」などと呼ばれる小堂が祀られている。堂内には狛犬《こまいぬ》のような、あるいは仔犬のような姿の石像が安置されており、そこには大量の塩が奉納されていて、塩の山にうずもれるかのように、その犬の像は立っている。**商売繁盛**・**諸病平癒**を祈願する犬神とされているが、イボを治すご利益も絶大とされ、塩を供えてその祈願をおこなうならわしとなっている。昔、房総方面から江戸へやってくる塩売り商人たちが、ここに塩を献じて商売繁盛を祈ったともいわれているが、同様な伝承は同区内の宝塔寺の「塩なめ地蔵」にも伝えられている（**宝塔寺の塩なめ地蔵**参照）。

［参考文献］加藤紫識・長沢利明、二〇〇六「東京の塩地蔵」『民俗学論叢』二一号、相模民俗学会。

塩を備えて祈願をおこなう

亀戸《かめいど》天神《てんじん》の花園《はなぞの》社《しゃ》

江東区亀戸三ノ六

御利益
○安産達成
○子孫繁栄

江東区の亀戸天神社の境内には、菅《かん》公《こう》の北の方（奥方）や子弟らを祭神として祀る花園社という小社が鎮座している。広い境内の中の、藤棚の池のほとりにある社殿がそれである。北の方は菅原道真公の父君、是善《これよし》公の門人で、菅公幼少時の師であった儒者の島田忠《しまだのただ》臣《おみ》の娘である。北の方に育てられた十四人の子供らも、相殿に祀られている。寛文年間（一六六一～一六七三）における亀戸天神社の創建時に、筑紫国から祭神を勧請《かんじょう》して花園社が祀られたが、当初は花園神社・花園大明神などと呼ばれていた。**安産・子育て・子授け**の神として信仰されている。社務所からは、安産守護札・岩田帯・祈願絵馬なども授与されている。

亀戸《かめいど》天神《てんじん》の筆塚《ふでづか》

江東区亀戸三ノ六

御利益
○芸能上達（書道）

学問の神である天神社の境内には、よく筆塚が祀られているが（**谷保天満宮の筆塚**など参照）、江東区の亀戸天神社の境内にも、やはりそれがある。書家や書道に励む人々が、日頃の筆の恩に感謝しつつ、**書の上達**を祈願して、廃筆を筆塚に納めていく。亀戸天神社の記録には、「宮居《みやい》に遠き人之為《ひとのため》に、吉書初《きっしょはじ》めに可用筆《もちふべきふで》を文化四年より毎年十二月朔日から毎日迄出す」と述べられていて、新年の書き初め用の筆を当社から授与していたとあるが、現在でも「梅ヶ枝筆《うめがえふで》」と呼ばれるめでたい筆を、社務所から出している。また、菅《かん》公《こう》の命日である二月二十五日には、神苑の梅の木を用いて調製した特別な筆も授与している。毎年七月二十五日には、筆塚の前で筆塚祭もおこなわれ、「書道上達祈願祭」とも呼ばれているが、書道関係者らが集まって塚を拝礼し、廃筆をそこで焚《た》きあげている。

亀戸《かめいど》天神《てんじん》の御《み》嶽《たけ》神《じん》社《じゃ》

江東区亀戸三ノ六

御利益

○商売繁盛

江東区の亀戸天神社の境内に祀られている御嶽神社は、江戸時代には妙義社と呼ばれていた。群馬県の妙義山の神を勧請《かんじょう》した境内社と伝えられるが、亀戸天神の主祭神である菅原道真公の師であった、比叡山延暦寺の十三世天台座主《ざす》法正坊尊意僧正の霊も、あわせ祀られているという。僧正は、卯の日の卯の刻に逝去したので俗に「卯の神様」とも呼ばれ、卯の日に祭りがなされるようになったとされている。特に、正月の初卯日に参詣するとご利益絶大とされ、それを「初卯詣《はつうもう》で」といい、江戸時代末期から明治時代にかけて爆発的な流行を見せ、多くの参詣客が殺到して主祭神の天神への初詣でをしのぐほどの人出があった。明治～大正時代には、都心部から臨時列車が出たほどであったという。現在では一月の初卯日・二の卯日・三の卯日に初卯祭がおこなわれており、卯槌《うづち》・卯杖《うづえ》という縁起物や雷除けの串札が授与される。卯槌はヒノキの木を六角柱に削って松竹梅の絵柄を描き入れた短い杖で、**商売繁盛**の利益があるという。

［参考文献］亀戸天神社（編）、一九七七『亀戸天満宮史料集』、亀戸天神社菅公御神忌一〇七五年大祭事務局。

亀《かめ》ヶ《が》池《いけ》弁《べん》天《てん》

北区赤羽西一ノ二九

正月の初卯日に参詣するとご利益絶大とされていた

御利益

○商売繁盛
○交通安全
○家内安全

ＪＲ赤羽駅西口の市街地内に、崖下から湧出する湧水を溜めた小さな池があり、そこに弁天祠が祀られていて、亀ヶ池弁財天と呼ばれている。この弁天は、宗教法人静勝寺《じょうしょうじ》の境内鎮守として祀られていた弁財天をここに勧請《かんじょう》したもので、毎年四月初旬におこなわれる弁天例大祭には、静勝寺の住職がやってきて、ここで法会をつとめることになっている。元旦の初詣でや、二月の節分などにも法会が催され、参拝者たちでにぎわう。**商売繁盛・交通安全・家内安全**・縁結び・入試合格・安産息災などにご利益があるという。新卒者が希望する企業への就職を祈願するため、よく参拝におとずれてもいる。この弁天祠を維持・管理しているのは、地元商店街を母体とした「弁天講」という講中である。昭和五十八年（一九八三）には池の中に、「長寿の亀子宝安産弁天」が新たに祀られている。

〔参考文献〕北区役所（編）、一九七一『新修北区史』、北区役所。

烏《からす》山《やま》念《ねん》仏《ぶつ》堂《どう》

世田谷区南烏山二ノ二三

御利益

・病気平癒

世田谷区の烏山念仏堂は、烏山の近隣農民らの作る念仏講中の活動拠点となっていた寺堂で、今でも地元信者らの手で大切に守られている。堂内には薬師如来像・阿弥陀三尊像などが安置されているが、境内にもいくつかの古い石仏が祀られている。中でも貴重なのは、石造の釈迦涅槃像《しゃかねはんぞう》で、釈尊入滅時の姿を彫刻した、いわゆる「寝釈迦《ねじゃか》」像であるが、東京都内唯一の作例であるといわれている。この涅槃像は**諸病平癒**にもご利益があるといい、自分の持病のある身体部位と同じ所を撫《な》でまわすと、その持病が治るとされている。

〔参考文献〕世田谷区民俗調査団（編）、一九八一『烏山』、

諸病平癒のご利益があるといわれる釈迦涅槃像

世田谷区教育委員会。

願《がん》行《ぎょう》寺《じ》の縛《しば》られ地《じ》蔵《ぞう》

品川区南品川二ノ一

御利益
○病気平癒
○子育成就
○賭事必勝

品川区の願行寺の境内には、石地蔵に縄を縛りつけて願掛けをおこなうという、いわゆる「縛られ地蔵」が小堂内に祀られている。もとは「縛り地蔵」と呼んだようで、一説には承応元年（一六五二）にこの石地蔵が開眼されたともいう。『新編武蔵国風土記稿』に、「石地蔵、客殿の前にあり立像長五尺、承応元年建立す。里人しはり地蔵と云。病を祈るもの縄にて像をしばれば験あり。十夜に至て和尚其縄を解く。其後又しばり初むと云」と述べられている。宝暦～天保年間（一七五一～一八四四）の頃、松平土佐守の奥方が代々、帰依して堂宇を修建してきたとも伝えられる。地蔵の頭部は失われているが、堂内には替わりの仏頭がたくさん奉納されており、願掛けをする人はそれをひとつ借りてきて家内に祀って拝み、願いごとが成就すると、二個にしてそれを寺へ返す。主として**病気平癒・子育て**のご利益があるといわれているが、かつて品川宿の博徒らがさかんに**賭事必勝の願**を掛けに来ていたともいう。人知れず、そっと祈願をしていく人も多いといい、人に言えない悩みごとを持つ人々にも、あつく信心をされてきた。この願行寺の石地蔵は、縛られ地蔵と呼ばれているように、地蔵の胴体部分にはつねに数本の縄が巻かれているのであるが、東京都内にあるほかの二ヶ所の縛られ地蔵のように（**南蔵院の縛られ地蔵・林泉寺の縛られ地蔵**参照）、参拝者が縄で地蔵を縛ることは、今はもうなされていない。にもかかわらず、なぜつねに縄が巻かれているのかというと、それは地蔵が衆生に代わって苦難を受けているという、いわゆる「代受苦《だいじゅく》」の状態をあらわしているのだという。縄を巻くのは住職の仕事で、年に一回、この縄を縛り替えているとのことである。

〔参考文献〕長沢利明、一九九一「縛られ地蔵あれこれ」『峡南の風土』三一号、峡南郷土研究会。長沢利明、二〇一三「縄地蔵の民間信仰」『民俗学論叢』二八号、相模民俗学会。

衆生に代わり苦難を受ける

勘《かん》助《すけ》地《じ》蔵《ぞう》

港区愛宕二ノ四

御利益

○病気平癒（痔）

愛宕山下の青松寺《せいしょうじ》は、広大な境内地を持つ格式の高い寺であるが、その広い境内の一角に**痔病の平癒**にご利益があるという「勘助地蔵」が祀られている。本堂の背後の高台上に立つ大観音像の裏手に、ごく目立たぬ形で、その石像がひっそりとたたずんでいる。地蔵とはいうものの、まったく俗人の姿をした石像であって、勘助という名の下級武士の肖像であると伝えられる。勘助は江戸時代初期の人で、松平越後守に仕える足軽であったが、本名を蘆《あし》田《だ》義勝といったそうで、石像の左肩には「蘆田」の二字が彫られている。痔病に悩んだ人であったらしく、この勘助の石像に痔の平癒を祈願すると治るという信仰が生まれることとなった。痔の平癒の後にはその礼として、酒を入れた竹筒を石像に供えるのがならわしであったといい、今でもつねに酒が供えられていて、紙パックやカップ瓶の酒がそこに並んでいる。

〔参考文献〕やまひこ社（編）、一九八七『東京御利益案内』、リブロポート。

痔の平癒にご利益があるという

元《がん》祖《そ》山《やま》の手《て》七《しち》福《ふく》神《じん》

瀧泉寺（恵比須）目黒区下目黒三ノ二〇
大円寺（大黒天）目黒区下目黒一ノ八
覚林寺（毘沙門天）港区白金台一ノ一
蟠龍寺（弁財天）目黒区下目黒三ノ四
妙円寺（福禄寿）港区白金台三ノ一七
瑞聖寺（布袋尊）港区白金台三ノ二
妙円寺（寿老人）港区白金台三ノ一七

御利益

祈願成就

江戸東京の七福神めぐりの巡拝コースはたくさんあるが、もっとも古いものは谷中と隅田川および山の手の七福神であって（**隅田川七福神・谷中七福神**参照）、山の手のそれは今日の「元祖山の手七福神」にあたる。かつての「山の手七福神」は、江戸時代からある古い巡拝コースであったが、昭和九年（一九三四）に「新宿山手七福神」という新しいものができたので、それと区別するために「元祖山の手七福神」と名乗るようになった。現在のそれは、港区・目黒区内の寺院七ヶ所で構成されており、その内訳を見ると①瀧泉寺《りゅうせんじ》（恵比須）、②大円寺（大黒天）、③覚林寺（毘沙門天）、④蟠龍寺《ばんりゅうじ》（弁財天）、⑤妙円寺（福禄寿）、⑥瑞聖寺（布袋尊）、⑦妙円寺（寿老人）となっている。⑤と⑦は同じ寺に祀られているので、実際には六ヶ所となる。江戸時代にはすでにその原型的なものが見られ、安政六年（一八五九）に刊行された『武江《ぶこう》遊観志略』には、「山の手七福神参り。毘沙門（二本榎細川侯御やしき前）、布袋（白金瑞聖寺天王殿）、寿老人・福禄寿（白金妙円寺妙見堂の内）、弁天（目黒蟠龍寺窟）、愛比寿・大黒（目黒不動尊境内）」と述べられている。これを見ると、恵《え》比《び》須《す》・弁天・福禄寿・布袋尊《ほていそん》・寿老人を祀る寺は現在と同じであるが、当時の大黒天は目黒の瀧泉寺に、毘沙門天は二本榎の細川侯屋敷前に祀られていたことがわかる。約一五〇年の間、構成寺院の組み合わせにはさほど大きな変化がなく、谷中七福神のようなめまぐるしい変遷は見られなかった。開設当初から計画的に、七ヶ所の寺院が選択されていたものと思われる。元祖山の手七福神めぐりの巡拝コースは歴史も古く、山の手地域の代表的な寺院が多く含まれているので、史跡・名刹《めいさつ》めぐりの散策コースとしても人気が高く、毎年の正月中には今でも参拝者が多くおとずれている。

［参考文献］長沢利明、二〇〇七「七福神参りと信仰地域」『西郊民俗』一九八号、西郊民俗談話会。

神《かん》田《だ》明《みょう》神《じん》

千代田区外神田二ノ一六

御利益

○商売繁盛
○病気平癒
○勝負必勝

外神田の神田明神は、いわずと知れた江戸の町の惣鎮守で、下町の江戸っ子たちに熱烈に信心されてきた産土神《うぶすながみ》である。江戸っ子たちは、自らが神田明神の氏子であることを大変誇りに思い、この氏神様のことを親しみを込めて「明神様」と称してきたが、今日の正式な社号は神田神社となっている。その祭神は長らく平将門公《たいらのまさかどこう》とされてきたのであったが、今日では大己貴命《おおなむちのみこと》・少彦名命《すくなひこなのみこと》とされており、この両神は要するに大黒様と恵比須《えびす》様のことであるから、**福の神・商売繁盛**の神としての信仰がさかんであった。この両神はまた、薬祖神ともされてきたので、さらに大己貴命は大国主命《おおくにぬしのみこと》ともいい、出雲の神であることから、縁結びのご利益もあるという。とはいえ、下町の江戸っ子たちの中には、明神様の御祭神は誰が何といおうと将門様《しょうもんさま》（平将門公）であると、今なおかたく信じている人々も多く、将門人気は今も健在である。徳川家康公もまた、関ヶ原の戦いにのぞむ際に、神田明神に戦勝祈願をしたおかげで大勝利を得たともいわれており、それ以来、**勝負事**にいどむ人々が勝利祈願をおこなうようになった。神田神社では、勝負事の必勝にご利益絶大という「勝守《かちまも》り」というお札を出していて、スポーツ選手やその関係者、ギャンブラー・受験生らに大変人気がある。

スポーツ・ギャンブル・受験のみならず、商売や訴訟や事業など、あらゆる勝負事にご利益があるといわれている。特にプロ野球の世界には熱心な信者が多く、ある球団の監督がドラフト会議の前に神田神社に参拝したところ、見事に意中の指名選手を抽選で引き当てることができたというエピソードがあって、それ以来、各球団の監督やコーチ、球団関係者・選手・ファンらが参詣におとずれるようになったという。境内には江戸の岡っ引き、銭形平次の銅像もあるが、小説の中での平次は神田明神下に住んでいたことになっている。芸能界の関係者、映画・テレビ俳優、俳優志望の若者らが、平次像を参拝に来ることもあり、神田明神は芸能の神としても有名になりつつある。

［参考文献］千代田区（編）、一九九八『新編千代田区史・通史編』、千代田区。加藤紫識、二〇〇六「神田神社の神田

祭り」『東京都の祭り・行事―東京都祭り・行事調査報告書―』、東京都教育委員会。

観《かん》明《めい》寺《じ》の出《しゅっ》世《せ》不《ふ》動《どう》

板橋区板橋三ノ二五

御利益

○立身出世

旧板橋宿にある観明寺には、**立身出世**にご利益があるという不動尊が祀られている。寺の本尊は正観音であるが、脇本尊としてこの不動が祀られており、本堂につながる左手に不動堂があって、堂の前の大香炉にはつねに線香が焚《た》かれ、参拝者が多い。本尊をしのぐほどの人気があり、自身の出世栄達を願う人々が日々、祈りをささげている。毎月一日・十五日・二十八日が縁日で、特に参詣者が多い。

〔参考文献〕山田元礼、一九二四『板橋町誌』、板橋新聞社。

き

気《き》象《しょう》神《じん》社《じゃ》

杉並区高円寺南四ノ四四

御利益

○晴天成就
○受験合格

高円寺の氷川神社の境内には、気象神社という名の摂社が祀られている。そこに祀られているのは気象の神様で、全国でも唯一の存在であるという。もともとは、旧陸軍気象部の構内に昭和十九年（一九四四）に祀られていた神社で、旧軍気象部隊の守り神であり、気象観測・予報業務がまちがいなくなされることを祈って、兵営内で信心されていた。戦後は氷川神社の境内へと移され、旧気象部OBらのあつい信心に支えられ、彼らの親睦の場ともなってきたのであったが、現在では若い世代を中心に「お天気の神様」として、新たな信仰を集めている。たとえば結婚式や修学旅行など、自分にとって大切な日に雨が降らないようにと、**晴天祈願**をする神として人気があり、神前にテルテル坊主を奉納していく人々が多く見られる。社務所からは「下駄型絵馬」なども出されているが、下駄を放り投げての天気予報の占いにちなんだもので、ユニークな祈願グッズといえる。気象予報士たちは、予報の的中をここに祈るが、傘屋職人らは逆に降雨祈願をするのだそうで、興味深い。気象予報士になりたい人々は、**国家試験合格**をここに祈願するという。

[参考文献]長沢利明、一九九九「高円寺の気象神社」『杉並郷土史会会報』二二三号、杉並郷土史会。

全国唯一の気象の神様

北《きた》関《せき》野《の》の八《はち》幡《まん》神《じん》社《じゃ》

小金井市関野町一ノ五

御利益
- 子育成就
- 勝負必勝
- 学業成就

小金井市の北関野八幡神社は、応神天皇を祀る神社で、その本社は大分県宇佐市の宇佐神宮となっている。本社と同様、**子育ての神**として信仰されてきたのであるが、それは神功皇后が朝鮮征伐後に皇子を産み、長じて応神天皇となったという神話物語に由来するものである。また、神功皇后の戦勝にちなんで、「勝《かち》守《まも》りの神」ともされており、あらゆる**勝負事**、**受験競争**などに打ち勝つご利益を得ることができるともいわれている。

[参考文献]小金井市誌編さん委員会(編)、一九七〇『小金井市誌・歴史編』、小金井市役所。

北《きた》原《はら》のとんがらし地《じ》蔵《ぞう》

日野市日野本町四ノ一一

御利益
- 病気平癒(眼)

日野市内の旧北原村の中心地にあたる日野古道沿いの十字路に、石地蔵を安置する小堂が祀られているが、俗に「とんがらし地蔵」・「やんめ地蔵」などと呼ばれている。**眼病治し**の地蔵尊として古くから信仰され、やんめ（病眼）地蔵の通称もそこから来ている。眼病に悩む人々は、赤トウガラシを糸で縫ってつなぎ、花束のようにして地蔵に奉納し、祈願をすることになっている。堂内には、つねに多くの赤トウガラシがささげられている。また、かつては自然に穴のあいた河原石を奉納することがなされていて、堂内には今でも約百個もの穴あき石が縄でくくって吊されている。石地蔵の台座正面には「北原村施主道白」、右側面には「明和三年戌（一七六六）五月」、左側面には「無縁法界」という銘文が刻まれている。地元住民らによって今でもあつく信仰されており、毎年二月一日には堂の前で講中による「天道《てんどう》念仏」が、十月二十三日の縁日には「お籠《こも》り念仏」が唱和されることになっている。このとんがらし地蔵は近年、「日本の地蔵百選」にも選ばれており、知名度が高い。

［参考文献］日野市史編さん委員会（編）、一九八二『日野市史・民俗編』、日野市。

「日本の地蔵百選」にも選ばれている

喜多見《きたみ》の須賀神社《すがじんじゃ》

世田谷区喜多見四ノ三

御利益
○除厄達成
○無病息災

世田谷区の須賀神社は牛頭天王《ごずてんのう》を祀った神社で、俗に「喜多見の天王様」と呼ばれている。**厄除け**にご利益があるとされる神で、男性は二十五歳と四十二歳、女性は十九歳と三十三歳の厄年に参詣すれば、災厄をのがれることができるという。講中も組織されていて、地元の世田谷区内喜多見地区をはじめ、西隣の狛江市・調布市などにも多くの講員がおり、毎年八月一～三日の祭礼におとずれる。明治～大正時代に、ある事情によって祭礼を休止したところ、村中に疫病がはやり、大変な事態になったので、それ以来、毎年欠かさず祭りがなされるようになったと伝えられる。祭神の牛頭天王はキュウリが好物であるといわれてきたので、信徒の農家では毎年の祭礼の時に、収穫したばかりの初物のキュウリを必ず神前に供えることにもなっていた。

［参考文献］世田谷区民俗調査団（編）、一九八三『喜多見』、世田谷区教育委員会。

喜《き》多《た》見《み》不《ふ》動《どう》

世田谷区成城四ノ二

御利益

○病気平癒
○無病息災

世田谷区の喜多見不動尊は、**諸病平癒・無病息災**のご利益で知られる不動明王を祀った寺堂である。かつては修験者がそこに住み、信徒相手にさまざまな加持祈祷《きとう》などをおこなっていたというが、現在は堂守《どうもり》を置くのみで、区内の慶元寺《けいげんじ》の境外《けいがい》仏堂となっている。境内には湧水が流れ落ちる二筋の滝もあり、「不動の滝」と呼ばれているが、行者がその滝に打たれて修行をおこなうための滝行場となっている。明治時代初期に多摩川の大洪水があり、その時に上流から流れてきて漂着した不動明王像を厨子《ずし》に納め、村人七人がそれを担いで千葉県成田市の成田不動尊へと運んで入魂をしてもらい、当地に堂を建てて祀ったのが、不動堂の始まりであったという。戦前は、この不動を熱心に信仰する不動講中があって、一五〇人もの講員をかかえていたというが、冬の寒中になされる「寒参《かんまい》り」の修行を、昭和二十年（一九四五）頃まで毎年おこなっていた。寒参りは寒の入りの日から始まり、連夜にわたっておこなわれ、講員は白装束・鉢巻き・足袋姿に身をかためて、手には提灯を持ち、腰には鈴を下げて夜に不動堂に集合し、不動の滝に打たれて身を清める。次に不動堂の本尊、境内に祀られている岩屋不動・蚕影山《こかげさん》神社・玉姫稲荷などを拝み、村中を回って経文を唱えたという。冬至の日には堂内で星祭りの祈祷がおこなわれ、祈願者はカボチャの実に自分の名を書き入れて仏前に供える。護摩祈祷の後、そのカボチャを川に流すが、そうすることによって身に宿ったすべての穢《けが》れが流されて、無病息災が約束されるという。現在では、慶元寺の住職が不動堂へ出向き、星祭りの祈祷をおこなっている。

［参考文献］世田谷区民俗調査団（編）、一九八三『喜多見』、

世田谷区教育委員会。

行者が滝行をおこなう二筋の「不動の滝」

喜《き》多《た》向《むき》観《かん》音《のん》

葛飾区東立石四ノ四五

御利益
○祈願成就

葛飾区の京成立石駅の近くの街道端に小さな観音堂があり、「喜多向観音」と呼ばれている。八代将軍であった徳川吉宗が鷹狩りに出かける時、その御膳所寺をつとめていたのが当地の南蔵院で、そこに住んでいた妙本尼という尼僧は日頃、浅草観音をあつく信心していた。彼女は観音への千日詣での大願を起こすが、その満願の日の夜、夢枕に観音が立ち、「汝《なんじ》の願《ねがい》叶《かな》うべし。喜び多く向かわん」と告げて姿を消したという。そこで妙本は感謝・報恩のため、寛保元年（一七四一）にこの地に観音の石像を建立して祀ったといい、それが喜多向観音であったと伝えられる。観音は北向きに立っているが、「北向き」に「喜多向き」の字を当てたのは、世のため人のために喜び多くあれという願いを込めたためであったといわれている。どんな祈願をも引き受けてくれる観音様であるが、**そこに祈れば必ず一つは願いが叶えられる**ともされている。観音堂は地元の念仏講中の手で、今も維持・管理がなされている。

吉《きち》祥《じょう》院《いん》の馬《ば》頭《とう》観《かん》音《のん》

武蔵村山市本町四ノ三四

御利益
○病気平癒（足腰・眼）

武蔵村山市の吉祥院は、無住の寺院であるが、参道入口の石段脇に小堂が祀られていて、堂内には地蔵尊や馬頭観音の石像が安置されている。堂の前には、おびただしい数のワラジ・藁《わら》草履《ぞうり》・サンダルなどがつねにぶら下がっており、**足腰の病の平癒**を祈る人々が、それらの履物を奉納することになっている。**腰から下の痛みや病気**を治すのには、何によらずご利益があるといわれている。**眼病**に悩む人々も、ここに祈れば平癒するといわれている。

［参考文献］小野威人、一九九九「横田・中藤の信仰」『武蔵村山の民俗・その四』、武蔵村山市。

吉祥院の馬頭観音。足腰の病に

杵《き》築《づき》大《たい》社《しゃ》の富《ふ》士《じ》山《さん》

武蔵野市境南町二ノ一〇

御利益
- **富士登拝利益**
- **旅行安全**

模造富士山としての富士塚は、主として江戸〜明治時代に富士講中の手で築かれたもので、今でも東京都内に数多く残されているが、「江戸八百八講」といわれたほど多くの富士講中がかつてはあって、当時の富士信仰の隆盛を物語っている。多摩地域にもいくつかの富士塚が残されているが、その規模の大きさで筆頭的地位にあるものは清瀬市の中里富士（**中里富士山**参照）と、武蔵野市の杵築大社の境内にあるそれということになるであろう。杵築大社の富士塚は明治十四年（一八八一）に、境本村をはじめとする近隣二十二町村に講員を持つ富士講中、「丸嘉講《まるかこう》」の協力によって築造されたものである。丸嘉講は江戸時代に、赤坂伝馬町の近江屋嘉右衛門がおこした講中で、各地にその枝講が生み出されていったが、現在の武蔵野市内では旧西窪以西の村々から、二百人前後の講員が集まって、講中を維持していた。その中心は境本村にあり、講中のシンボルは「丸に嘉の字」の講紋であった。この杵築大社の富士塚に登れば、**本物の富士山を登拝したのと同等のご利益**を得られるとされていたのはもちろんであったが、講中の**旅の安全**も守られるとされており、講中が富士登山や七富士参り

（江戸市中や多摩地域にある七ヶ所の富士塚を巡拝する儀式）に出発する時にも、必ず富士塚への登拝祈願がなされることになっていた。この杵築大社の富士塚は、武蔵野市の有形民俗文化財にも指定されている。

〔参考文献〕東京都神社庁（編）、一九八六『東京都神社名鑑』下巻、東京都神社庁。

富士塚は武蔵野市の有形民俗文化財

木《き》下《ね》川《がわ》薬《やく》師《し》

葛飾区東四つ木一ノ五

御利益

○病気平癒

葛飾区の浄光寺は、伝教大師作と伝える薬師如来を祀った古刹《こさつ》で、江戸時代には七堂伽藍《がらん》の立ち並ぶ荘厳な寺院であった。薬師如来はもともと、**諸病平癒**のご利益仏として信仰されてきたが、当寺の薬師は特に霊験あらたかとされ、多くの参拝者がおとずれる。縁日には境内に植木市が立ち、大変にぎやかである。

〔参考文献〕葛飾区（編）、一九八五『増補葛飾区史』下巻、葛飾区。やまひこ社（編）、一九八七『東京御利益案内』、リブロポート。

経《きょう》王《おう》寺《じ》の火《ひ》伏《ぶ》せ大《だい》黒《こく》

新宿区原町一ノ一四

御利益

○火災消除

新宿区の経王寺に祀られている大黒天は、新宿山ノ手七福神のひとつに数えられているが、**火伏せ祈願**にもご利益があるとされ、「火伏せ大黒天」と呼ばれている。大黒天は像高十二センチメートルの木像で、日法《にっぽう》上人の作と伝えられ、慶長三年（一五九八）に甲斐国の身延山《みのぶさん》から当寺へ移されたという。室町時代に彫られた古い像なので、江戸時代の大黒天像のように微笑面ではなく、きびしい表情をしているのが特徴である。大黒頭巾をかぶり、小槌《こづち》と大袋を持って、米俵の台座に乗る姿は、通常の大黒天像と変わらない。経王寺はたび重なる火災に見舞われてきたが、この大黒天像のみはいつも焼け残ったので、いつしか火伏せのご利益が生まれることになり、これに祈れば火難をまぬがれるといわれてきた。

玉《ぎょく》泉《せん》寺《じ》の不《ふ》動《どう》

狛江市東和泉三ノ一〇

御利益

○除厄達成
○家内安全

狛江市の玉泉寺の本堂には、**厄除け・家内安全**のご利益で知られていた不動明王像が安置されている。古くから信徒らが熱心に信心をし、護摩祈祷《きとう》なども頻繁になされてきた。明治時代には「護摩講」と呼ばれた講中もあったという。この不動の分身の小像（像高十二センチメートル）を、厨子《ずし》に納めたまま信徒の家々を一軒ずつ回して拝むことが、江戸時代末期までなされており、巡行仏として信仰されてきた。巡行不動は、やがて玉泉寺の社母《しゃも》子尊《じそん》の像とともに、家々を回るようになり、狛江市内の泉龍寺の回り地蔵と同じようなことがなされていた（**泉龍寺の回り地蔵**参照）。寺に残る『不動社母子尊巡行御宿記』という記録を見ると、明治二十二～二十七年（一八八九～一八九四）の五年間に、不動と社母子尊像は、狛江村（和泉・小足立・覚東・岩戸）、砧村《きぬたむら》（大蔵・宇奈根）、神代村（佐須・又住・深大寺）、三鷹村（上連雀・下連雀・野崎）、武蔵野村（吉祥寺・西久保・関前・境・井ノ口）、稲田村（登戸・宿河原）などの、大変に広い地域範囲内を巡行していたことがわかる。巡行にあたっては、不動・社母子尊の両像を箪笥《たんす》のような厨子に納め、棒で吊して二人で担ぎ、宿から宿へと運ばれていたという。江戸時代にはもっぱら不動のみが、明治十年代からは社母子尊も一緒に回るようになっていったらしいとも伝えられている。

［参考文献］中島恵子、一九八七『狛江市の巡行仏―狛江市

の民俗（三）―』、狛江市教育委員会。長沢利明、二〇二〇「民間信仰」『和泉の民俗』、狛江市。

清《きよ》瀬《せ》の水《すい》天《てん》宮《ぐう》

清瀬市中清戸二ノ六一六

御利益

○安産達成
○子育成就

清瀬市の水天宮は**安産祈願**の神社として、ことに有名である。日枝神社と水天宮とがあわせ祀られている神社でもあり、両社の立派な社殿が並んで立っている。日枝神社は戦国時代に、水天宮は明治時代に創建されたと伝えられる。水天宮の方はもちろん、福岡県久留米市の水天宮から分霊を移し祀ったもので、中央区日本橋の水天宮と同じである（**水天宮**参照）。水天宮の安産祈祷《きとう》は毎日おこなわれているが、特に戌の日に参拝するとご利益絶大とされ、その日には多くの参詣者があって、境内は大変にぎわう。なぜ戌の日が縁起がよいかというと、犬は難産をせず子育ても上手なので、それにあやかるためといわれ、妊婦が初めて腹帯を巻くのも、戌の日がよいとされる。安産祈願だけでなく、初宮参りや七五三祝いなど、子供関係の祈願には何によらずご利益があるといい、家族での参拝者がつねに多い。なお、世の中には不幸にして水天宮のご利益を授かれず、この世に生を受けることのかなわなかった子供たちもおり、そうした不幸な子供らの魂を祀るための神社も、清瀬の水天宮の境内に祀られている。拝殿前左手にある御霊社《ごりょうしゃ》がそれである。

〔参考文献〕東京都神社庁（編）、一九八六『東京都神社名鑑』下巻、東京都神社庁。清瀬市史編纂委員会（編）、一九八三『清瀬市史』、清瀬市。

清《きよ》水《みず》観《かん》音《のん》堂《どう》

台東区上野公園一ノ二九

御利益

○安産達成
○子孫繁栄
○子育成就

上野公園内にある清水観音堂は、千手観音を本尊として祀る寺堂であるが、堂内には子育て観音も祀られていて、子授け・子育てにご利益があるといわれ、連日多くの参拝者でにぎわっている。子宝に恵まれぬ人々が信心すると必ず願いが叶うといい、子が授かったならばその子が丈夫に育つようにと、小さな身代わり人形を授与してもらい、それを家内に祀ることになっている。子供に降りかかるあらゆる災厄を、この人形が身代わりになって引き受けてくれるという。何年間も家内に祀っているうちに、人形は汚れていったり、子供がおもちゃ代わりに遊んで壊れたりするが、それを清水観音堂に納めて供養してもらう。そのための行事が人形供養祭で、毎年秋彼岸中にその法会がいとなまれる。納められた身代わり人形は、まとめて読経供養がなされた後、お焚きあげにされることになっている。人形たちの立派な供養碑も、境内に建てられている。

〔参考文献〕有坂與次郎、一九三五『郷土玩具大成』、建設社。台東区役所（編）、一九六六『台東区史・社会文化編』、台東区役所。

魚《ぎょ》籃《らん》寺《じ》

港区三田四ノ八

子供を守る身代わり人形を慰霊する供養碑

御利益

大漁達成
海上安全

三田の寺町にある魚籃寺は、魚籃観音を祀る寺である。魚籃観音とは、魚の入った籠を手に持つ姿をした観音菩薩で、それを本尊として祀る寺は大変珍しい。観音菩薩が貧しい魚売りの娘に身を変えて、法華経の功徳を広めたという中国の説話にもとづき、魚籃観音が広く信仰されるようになったといわれている。魚籠《びく》を手に持つという姿から、東京湾岸の漁民の信心を集め、**海上安全と大漁**をもたらす霊仏として、あがめられるようになった。

〔参考文献〕長沢利明、二〇一三「民俗学の散歩道（二十三）—東京の魚籃観音—」『西郊民俗談話会ホームページ』二〇一三年八月号、西郊民俗談話会。

魚《ぎょ》籃《らん》寺《じ》の塩《しお》地《じ》蔵《ぞう》

港区三田四ノ八

御利益

○病気平癒
○災難消除
○無病息災

三田の魚籃寺の境内に祀られている「塩地蔵尊」は、塩を供えて願掛けをおこなう地蔵で、いわゆる「塩仏」・「塩地蔵」の一例である（**心法寺の塩地蔵・太宗寺の塩かけ地蔵・西新井大師の塩地蔵**など参照）。「身代わり地蔵」とも呼ばれており、祈願者の身代わりになって災厄を引き受けてくれるといい、**災難除け・病気除け**のご利益のもとに信心されている。高輪《たかなわ》沖の海から引き揚げられた海中出現仏ともいわれ、海からやってきた地蔵なので、塩を供えるのだという。かつては地蔵の身体に直接塩を塗って祈願がなされており、ために塩害によって仏体がぼろぼろに風化してしまったため、それを地中に埋めて二代目の地蔵が、戦後に建立された。現在では塩害を避けるため、塩を袋に入れたまま仏前に奉納して、祈願をおこなうことになっている。

海からやってきた地蔵なので、塩を供えて祈願する

〔参考文献〕加藤紫識・長沢利明、二〇〇六「東京の塩地蔵」『民俗学論叢』二一号、相模民俗学会。

銀《ぎん》座《ざ》出《しゅっ》世《せ》地《じ》蔵《ぞう》

中央区銀座四ノ六

御利益

○立身出世
○商売繁盛
○開運招福

銀座の三越銀座デパートの屋上には、「銀座出世地蔵尊」と呼ばれる石地蔵を祀る小堂があって、三越の守護仏となっている。百貨店などの屋上に、自社の守護神仏を祀る例はほかにもよく見られる（**龍光不動尊**参照）。明治九年

（一八七六）七月二十二日付の『郵便報知』には、「銀座三丁目の横町に此程流行する地蔵尊ハ、去る文久元酉年七月十八日、三十間堀壱丁目六番地先き古土蔵取繕の節、同所鳶頭田中善太郎が地中より掘出」した地蔵であると報じられている。文久元年（一八六一）に鳶頭《とびがしら》田中善太郎によって土中から掘り出されたこの地蔵は、付近の空地内に祀られたが、多くの参拝者がおとずれて**開運・出世・延命・商売繁盛**の祈願を寄せるようになり、つねにたくさんの供物などがささげられていたという。毎月七日・十八日・二十九日が縁日で、多くの露店が出てにぎわい、銀座を代表する盛大な祭りに発展していったという。しかし、関東大震災や戦災で銀座の街が焼け野原となり、地蔵の祭りもすっかり衰退してしまうことになった。その後、この地蔵尊は銀座三越の屋上に新たに小堂を設けて祀り直されることとなり、特に**出世栄達**のご利益のある地蔵尊として、その信仰が復活されることとなった。地蔵堂の窓から中をのぞくと、ごく小さな石地蔵がそこに安置されているのを見ることができる。地蔵堂の隣には、三越（三井家）の守護神である三囲《みめぐり》神社の分社も、あわせ祀られている。

三越銀座デパートの屋上に鎮座する

く

櫛《くし》塚《づか》

目黒区下目黒三ノ一

御利益
○病気平癒（眼）
○病気平癒（糖尿病）

下目黒の目黒大鳥神社の境内には、「櫛塚」というものが祀られている。櫛に宿る神を祀ったもので、特に**眼病・成人病・糖尿病の平癒**にご利益があるとされている。古来、櫛は幸運のシンボルとされ、『古事記』にも黄泉《よみ》の国をおとずれた伊邪那岐命《いざなぎのみこと》が、その妻である伊邪那美命《いざなみのみこと》の変わり果てた姿に驚いて逃げ帰る時、竹の櫛を髪から抜いて火をつけ、それを松明《たいまつ》がわりにして道を照らし、無事に生還したという話が載せられている。さらに、日本武尊《やまとたけるのみこと》が東国へ渡る時、浦賀水道で嵐に遭い、妻の弟橘姫《おとたちばなのひめ》が海神の怒りをしずめるために海へ身を投げて、髪につけていた櫛が浜辺に流れ着いたとの話も、よく知られている。櫛は人生の歩むべき道を照らし、身代わりの力を発揮するものだとの考え方が、そこにはつらぬかれているという。こうした神話伝説にちなみ、美容週間実行委員会の手でこの櫛塚が、目黒大鳥神社の境内に祀られることとなった。

櫛は古来霊力があるといわれている

九《く》頭《ず》龍《りゅう》神《じん》社《じゃ》

西多摩郡檜原村数馬七〇七六

御利益
- 商売繁盛
- 良縁成就
- 祈願成就

檜原村《ひのはらむら》内を流れる南秋川の最上流のどんづまりの地に、数馬《かずま》集落とその鎮守である九頭龍神社がある。龍神を祀る神社で、**仕事の成功や縁結び**などにご利益があるといい、村外からも多くの参詣者がおとずれる。**心願成就**の「叶守《かのうまも》り」を授与することでも知られているが、毎月一日・十五日の月例祭の日、あるいは正月中の一月一〜五日に参拝すれば、それを受けることができる。神社の鎮座地に近い南秋川沿いにある「九頭龍の滝」も近年、パワースポットとして注目されており、スポーツ選手や芸能人も多くおとずれるようになった。

［参考文献］檜原村史編さん委員会（編）、一九八一『檜原村史』、檜原村。東京都神社庁（編）、一九八六『東京都神社名鑑』下巻、東京都神社庁。

轡《くつわ》神《じん》社《じゃ》

板橋区仲町四六

御利益
○病気平癒（百日咳）

板橋宿の旧鎌倉街道に面して、「轡神社」と呼ばれる神社が鎮座している。かつては「轡権現社《くつわごんげんしゃ》」と称していた。昔、この地をおとずれた徳川家康の乗っていた馬の轡を、あるいはその馬蹄《ばてい》を祀ったのが、神社の始まりであると伝えている。**百日咳の平癒**にご利益があるとされ、広く信仰されてきたが、かなり遠方からも参詣者がたずねてきて、多くの信者らでつねににぎわっていたという。信者は祈願の際、社前に奉納されているたくさんの馬のワラジの中から、ひとつを選び、その片方と麻縄とをいただいて持ち帰り、家内に祀っておく。百日咳が全快したならば、新しいワラジと麻縄とを奉納して、礼参りをすることになっていた。

〔参考文献〕山田元礼、一九二四『板橋町誌』、板橋新聞社。東京都神社庁（編）、一九八六『東京都神社名鑑』上巻、東京都神社庁。

馬のワラジが百日咳に霊験あらたか

首《くび》塚《づか》地《じ》蔵《ぞう》

墨田区墨田二ノ六

御利益
○病気平癒（首上）

墨田区の正福寺《しょうふくじ》には「首塚地蔵尊」を祀る地蔵堂があり、堂は門前の道路に面しているので、そこを通る通行人たちが気軽に参拝をしていく。天保四年（一八三三）、隅田川の浚渫《しゅんせつ》工事中に、多数の人間の頭蓋骨が出土したので、それを正福寺の住職が寺内に葬って供養をし、地蔵尊が祀られたという。「首塚地蔵」の名はそこから来ている。人の首がたくさん祀られているので、**首から上の病気**を何でも治してくれる地蔵尊として、信仰されるようになった。毎月四日が縁日となっている。

〔参考文献〕平野信次郎（編）、一九三三『隅田町誌』、隅田町役場。墨田区役所（編）、一九八一『墨田区史』下巻、墨田区役所。

首から上の病気にご利益がある

九《く》品《ぼん》仏《ぶつ》

世田谷区奥沢七ノ四一

御利益

○安産達成
○開運招福
○除厄達成

世田谷区の九品仏とは、正式には九品山唯在念仏院浄真寺という寺院のことで、その通称である。境内に上品《じょうぼん》堂《どう》・中品堂《ちゅうぼんどう》・下品堂《げぼんどう》の三堂が整然と並び、そのそれぞれに三体ずつ計九体の阿弥陀如来像を安置しているために、九品仏と呼ばれている。浄真寺では江戸時代、毎年七月十六～十八日に千部《せんぶ》会《え》の法会がおこなわれ、多くの参詣者らでにぎわった。文政十年（一八二七）、この千部会の時に、二十五人の信徒らがそれぞれ観音や勢至《せいし》などの菩薩の面をかぶって仏に扮し、九品仏堂から本堂まで練り歩く「二十五菩薩来迎会《らいごうえ》」が初めておこなわれた。以来、三年に一度それが挙行されるようになり、さらに多くの参詣者らが集まるようになった。二十五菩薩来迎会は、奈良の当《たい》麻寺《までら》で古くからおこなわれているもので、それにならったものと思われるが、浄真寺のそれは俗に「お面かぶり」と呼ばれている。この時、九品堂の阿弥陀如来の手に「善の綱」と呼ばれる綱を縛り、それを境内に立てられた大塔婆まで伸ばしてからませるが、人々を善の道へ導く聖なる綱であるという。法要の後にこの綱を切り分け、参拝者らへ授与されているが、これをお守りとして身につけていれば、**安産・開運・厄除け**になるという。特に妊婦はそれを腹帯の中に巻き、出産守りとするとよいという。

〔参考文献〕池上博之、一九七六「庶民信仰」『せたがやの歴史』、世田谷区。世田谷区立郷土資料館（編）、一九八六『浄真寺文化財綜合調査報告』、世田谷区教育委員会。

九《く》品《ぼん》仏《ぶつ》の閻《えん》魔《ま》

世田谷区奥沢七ノ四一

御利益

極楽往生

世田谷区の九品仏、すなわち浄真寺の境内入口にある閻魔堂の中には大きな閻魔像が祀られており、賽銭箱《さいせんばこ》に賽銭を投げ入れると自動的に音声が流れて、閻魔大王のお告げを聞くことができる。閻魔堂の前には「三途の川」をあらわした小川があり、堂のはす向かいには「賽の河原」も設けられていて、そこに六地蔵も祀られている。つまり、堂の周辺には地獄の世界が再現されているわけで、ここで祈れば、地獄の盟主である閻魔大王と、そこでの救世主である地蔵尊の力で、誰でもその死後は迷わず**極楽に成仏**することができるとされている。

音声が流れてお告げが聞ける

九《く》品《ぼん》仏《ぶつ》のおびんずる様《さま》

世田谷区奥沢七ノ四一

御利益

病気平癒

世田谷区の九品仏、すなわち浄真寺の本堂（龍護殿）入口に、賓頭盧尊者《びんずるそんじゃ》の木像が祀られているが、俗に「おびんずる様」と呼ばれ、**病気治し**のご利益で知られている。参拝者は、自分の持病のある身体部位と同じ像の部位を撫《な》でさすり、**病の平癒**を祈願する。像は全身が朱漆で塗られ、赤く輝いているが、参拝者たちに長年にわたってさすり続けられてきたため、全体が磨かれたような状態になっている。

病気平癒にご利益がある賓頭盧尊者

九《く》品《ぼん》仏《ぶつ》の珂《か》碩《せき》様《さま》

世田谷区奥沢七ノ四一

御利益

○家内安全
○病気平癒
○安産達成

世田谷区の九品仏、すなわち浄真寺の開山堂には、当寺を開山した珂碩上人の坐像が安置されている。上人は延宝六年（一六七八）に六十一歳でこの寺に入り、伽藍《がらん》の整備につとめて元禄七年（一六九四）に七十七歳で示寂《じじゃく》したという。上人については、怨霊・悪霊に祟《たた》られて苦しむ人々を法力で救ったとか、難産で死んで血の池地獄に落ちた婦人を祈祷《きとう》によって助け出したとか、さまざまな霊験談が語られてきた。多くの信徒らの尊敬を集め、「珂碩様」と呼ばれてしたわれてきたが、四十二歳の厄年の時、厄除けのために自身の坐像を刻み、信徒らがそこに厄除け祈願を寄せるようになったともいう。浄真寺には、珂碩上人の小さな坐像や立像がほかにも何体か安置されているが、文化～文政の頃（一八〇四～一八三〇）から、それらが信徒家を巡回して、いわゆる「巡行仏《じゅんこうぶつ》」の信仰がなされるようになり、昭和の終戦時頃まで続けられていたという。巡行範囲は、旧東京市内や西郊地域、北多摩・南多摩地域、埼玉・神奈川県内などにまで広がり、各地に多くの講中も組織されていた。珂碩様を家に泊め、熱心に祈ると**家内安全・病気平癒**などにご利益があったという。**安産達成**にも絶大なご利益があって、珂碩様に供えたロウソクの燃え残りをいただき、出産の時にそれをともすと、それが燃え切るまでに無事に子供が生まれるとも伝えられていた。

［参考文献］最上孝敬、一九七一「武相の巡行仏について」『西郊民俗』五七号、西郊民俗談話会。中島恵子、一九八七『狛江市の巡行仏―狛江市の民俗三―』、狛江市教育委員会。

九《く》品《ぼん》仏《ぶつ》の龍《りゅう》護《ご》殿《でん》

世田谷区奥沢七ノ四一

御利益

○火災消除

世田谷区の九品仏、すなわち浄真寺の本堂を龍護殿という。火伏《ひぶ》せの祈祷《きとう》がおこなわれることでよく知られ、毎年正月の初辰日に**火防祈願**の法会がそこでいとなまれる。当寺を開山した珂《か》碩上人《せきしょうにん》が、王誉妙龍《おうよみょうりゅう》・龍誉高天《りゅうよこうてん》・玉誉泉龍・深誉清龍の四匹の竜を調伏《ちょうぶく》したとの縁起説話にもとづき、これら四匹の竜の祀り込まれている本堂内陣の四本柱の前で、僧侶が法会をおこなう。その柱の下には、珂碩上人の墓の前にある星の井から汲んできた霊水が供えられ、この水を家々に持ち帰ると火事にあわないとされた。信徒らに配られる火防札には、「ほのぼのと足のも戸まで燃え来ても、あかしといわばここにひとまる」の歌が刷られており、「人丸」を「火止る」に掛けている。法会では四匹の竜の頓生菩提《とんしょうぼだい》と災難よけの祈願がなされ、無量寿経の中の普済偈《ふさいげ》が読誦《どくじゅ》される。神奈川県三浦半島には、浄真寺を深く信仰する講中がかつてあり、この法会にもやってきて霊水を受けていったものだという。

［参考文献］世田谷区立郷土資料館（編）、一九八六『浄真寺文化財綜合調査報告』、世田谷区教育委員会。

熊《くま》川《がわ》神《じん》社《じゃ》の琴《こと》平《ひら》社《しゃ》

福生市熊川六六〇

御利益

○豊蚕満足

福生《ふっさ》市の熊川神社の境内社のひとつに琴平神社がある。琴平とは、金刀比《ことひ》羅《ら》・金比羅《こんぴら》と同じで、要するに四国の「こんぴら様」のことである。この小社も、明治十三年（一八八〇）に当時の熊川神社の神職、野口重納氏が讃岐の金比羅宮から分霊を勧請《かんじょう》して祀ったものである。戦前は**養蚕守護**の神としてもてはやされ、各地に講中までできていたほど深く信仰されており、毎年一月十日の祭礼には縁起物の繭玉《まゆだま》がそこで売られていたという。また、その当時は毎月十日になされていた縁日もまことに盛況で、熊川にあった製糸工場で働く女工たちの慰安の場にもなっていたという。

［参考文献］東京都神社庁（編）、一九八六『東京都神社名鑑』下巻、東京都神社庁。

久《く》米《めの》平《へい》内《ない》

台東区浅草二ノ三

御利益

- **祈願成就**
- **病気平癒**
- **恋愛成就**

浅草の浅草寺の宝蔵門右手には、「久米平内」と呼ばれる風変わりな神《しん》祠《し》が祀られている。祠《ほこら》の中に安置されているのは、久米平内兵衛《ひょうえ》という武士の石造坐像で、**諸願成就**にご利益があるという。『江戸神仏願懸重宝記』にはこれについて、「粂《くめ》の平内石は病気のねがひばかりにあらず、諸願ことごとく成就なすとあって、しかじかのよしをよく願書にしたため、（中略）年号をしるし、祠の内へ打こみ、願成就のときにいたり、大望には鳥居を上《あげ》、小きねがひには絵馬をおさむること、これもって諸人のしるところあれど、ここにしるす」と述べられている。ここにもあるように、主として病気平癒がそこに祈願されていたのであるが、その祈願方法には独特なものがあり、願いの筋を願書にしたため、祠内に釘で打ち付けるというものであった。要するに平内に対して、願いごとを記した手紙を書いて届けたわけで、浅草寺の門前にはその手紙を代書する「文茶《ふみぢゃ》屋《や》」まであった。平内への手紙はやがて、恋文のラブレターという性格を帯びるようにもなっていき、**縁結び・恋愛成就**の祈願へとそれが発展していくことにもなった。現在でも平内の祠前には、浅草寺の手で設置された金属製の手紙受けが用意されており、若い女性たちが思う相手と結ばれることを祈って、さかんに手紙をそこに投函していく姿が見られる。一説によると、平内は大力・豪腕の武芸者で、千人斬りの辻斬りをはたらいた大悪人であったといい、その罪業を悔いて、死後は自らの姿を刻んだ石像を浅草寺の参道に埋め、人々に踏みつけてもらい、罪滅ぼしとすることを言い残したと伝えられる。その「踏み付け」が「文付《ふみつ》け」への連想をもたらし、願文を納める祈願方法が始まったともいわれている。

〔参考文献〕長沢利明、二〇〇八「浅草の久米の平内」『西郊民俗』二〇三号、西郊民俗談話会。

黒《くろ》本《ほん》尊《ぞん》

港区芝公園四ノ七

御利益

○家内安全
○交通安全
○開運招福

芝の増上寺の境内に祀られている安国殿の本尊は阿弥陀如来であるが、俗にこれを黒本尊と呼ぶ。徳川家康の念持仏であったといわれ、**家内安全・交通安全・開運厄除け・諸病平癒**を、そこに祈る人々が多い。また、家康の天下取りにあやかって、**勝負事に勝ち抜ける**ことを祈る人も多く、とても勝運の強い本尊であるともいわれている。

〔参考文献〕北村　肇（編）、一九九九『東京文化財の旅（二）』、毎日新聞社。

け

慶《けい》岸《がん》寺《じ》の塩《しお》地《じ》蔵《ぞう》

狛江市岩戸北四ノ一五

御利益

○病気平癒（頭痛・歯痛）
○病気平癒（イボ）

狛江市の慶岸寺の境内にある地蔵堂の中には、「塩地蔵」と呼ばれる石地蔵が何体か安置されている。もともと世田谷通りの二の橋の近くの路傍に祀られていたもので、塩を供えて**頭痛・歯痛・イボなどの平癒**を祈願することがおこなわれていた。石地蔵は、長年にわたる塩害を受けて、ぼろぼろに風化をして、ほとんど原形をとどめておらず、石の塊のようになっている。現在では塩の奉納はなされていない。

〔参考文献〕長沢利明、二〇一七「民間信仰」『岩戸の民俗』、狛江市。

頭痛・歯痛などの平癒祈願がなされる

螢《けい》雪《せつ》天《てん》神《じん》

新宿区赤城元町一ノ一〇

御利益

- **学業成就**
- **受験合格**

牛込の赤城神社の境内摂社のひとつとして天神社が祀られており、それが螢雪天神で、正式には「螢雪天神本宮」と称する。祭神として菅原道真公を祀る。菅公《かんこう》はいうまでもなく学問の神であるから、転じて受験の神ともなり、春の受験シーズンともなれば、高校・大学入試をひかえた多くの受験生たちが、この螢雪天神の神前に詣でて、**合格祈願**のための参拝をおこなう。この天神社は、もともとは横寺町に鎮座しており、江戸時代には朝日天満宮と呼ばれていて、江戸二十五天神社のひとつにも数えられていた。明治維新後には氏子を失ったため、明治九年（一八七六）に赤城神社へと引き取られることになった。第二次大戦下での空襲によって、その社殿は焼失してしまっていたが、平成十七年（二〇〇五）に旧鎮座地であった横寺町に社屋を置く旺文社の寄進によって、社殿が再建されることとなった。その際に、螢雪天神本宮という新たな社号が与えられることとなったが、いうまでもなく旺文社は、『螢雪時代』や『螢雪コース』などの受験専門誌を刊行する、受験業界屈指の出版社なのであるから、「螢雪」という言葉を社号に冠することになったのであろう。螢雪天神社の大きな舞台状の社殿は、赤城神社の拝殿左手に建っているが、その社号額には旺文社元社長である赤尾文夫氏の奉納銘が記されている。なお、「螢雪」という言葉は中国の古典に出てくるもので、若者が苦労・努力をして勉学に励むことをいう。「蛍の光、窓の雪」という歌の歌詞も、もちろんそこから来ているわけで、螢雪とはまさに受験生たちの生き方そのものを象徴した言葉である。旺文社は、全国のすべての受験生たちの味方であり、社をあげて彼らを応援していることの証として、螢雪天神の再興のための尽力を惜しまなかったといえる。

［参考文献］東京都神社庁（編）、一九八六『東京都神社名鑑』上巻、東京都神社庁。

芸《げい》能《のう》浅《せん》間《げん》社《しゃ》

新宿区新宿五ノ一七

御利益

芸能上達

新宿の花園神社の境内には、**芸能界の守り神**である芸能浅間神社が祀られており、小さな石祠《せきし》であるとはいえ、芸能人・タレントらに深く信仰されていて、芸能界での自らの成功と大ヒットとを、そこに祈願している。祠《ほこら》の玉垣には、この神社を信心する芸能人たちの芸名がずらりと記されているが、秋本奈緒美・雷門助六・唐十郎・中川翔子・なべおさみ・ビートたけし・ビリーバンバン・八代亜紀らの、そうそうたる顔ぶれとなっている。芸能人になりたいと思う若者らも、自らの夢を叶えるべく、真剣な祈りをそこにささげていく。

新宿花園神社にある芸能界の守り神

化《け》粧《しょう》地《じ》蔵《ぞう》

港区三田四ノ一一

御利益
○美容達成
○病気平癒

美人になりたいと願う女性の想いは、いつの時代にあっても変わらない。そうした願いを込めて、地蔵尊の顔に白粉《おしろい》や口紅を塗り、美顔達成を祈る民俗事例が、いくつか見られる（**白粉地蔵・欣浄寺の白粉地蔵**参照）。中でも有名なのは、三田の玉鳳寺《ぎょくほうじ》に祀られている地蔵で、「化粧地蔵」と呼ばれている。幽霊坂に面した門前入口に地蔵堂があって、大きな石地蔵が安置されているが、参拝者が塗りつけた白粉やベビーパウダーによって、全身が真っ白になっている。美顔成就ということだけではなく、ニキビや肌荒れを治したいという女性も多く参拝におとずれ、地蔵の全身にパフを用いてパタパタと白粉を塗っていく。もともとは**病気治し**の祈願仏で、足腰の痛みや胃腸病などを治すために白粉を塗って祈る地蔵尊なのであったが、しだいに現代的なニーズが優先して、美人になりたいと願う人々の祈願の方が主流になっていき、今ではすっかりそうしたご利益ばかりがもてはやされるようになってきている。

白粉で真っ白になっている美顔成就を叶える地蔵

〔参考文献〕長沢利明、二〇一九『江戸東京の庶民信仰』、講談社。

源《げん》覚《かく》寺《じ》の塩《しお》地《じ》蔵《ぞう》

文京区小石川二ノ二三

御利益
○病気平癒

小石川の源覚寺に祀られている石地蔵は、祈願者が塩を供えて**病気平癒**などを祈るならわしで知られ、「塩地蔵」と呼ばれている。いわゆる「塩《しお》仏《ぼとけ》」のひとつで、東京都内にはこの種のものが数多く祀られているが、参拝者が石仏の頭上に塩を振りかけていくので、いつしかその石仏は大量の塩の山の中に埋もれてしまい、ほとんど尊顔も見えなくなっている例も多い。源覚寺のものもまさにそうで、全身が塩で真っ白になっている。古来、塩は清めのために用いられてきたものであるから、地蔵の身体に塩を塗りつけることを通じ、参拝者の心身を清めて身体健全を祈ろうとしたのが、この習俗の始まりであったのではないかと、寺では説明している。源覚寺は寛永元年（一六二四）に開創されているが、塩地蔵はそれ以前からこの地にあって、信心されてきたという。

大量の塩に埋もれ、ほとんど尊顔も見えない

〔参考文献〕加藤紫識・長沢利明、二〇〇六「東京の塩地蔵」『民俗学論叢』二一号、相模民俗学会。

けんころ地《じ》蔵《ぞう》

日野市日野本町七ノ五

御利益
- 病気平癒
- 無病息災
- 健康長寿

日野宿の普門寺の門前には、「けんころ地蔵」という名の地蔵尊が祀られている。正式には「健康長寿地蔵尊」といい、地域住民の間であつく信仰されており、毎月第三日曜日には縁日もおこなわれている。高齢化社会と核家族化の急速な進展によって、一人暮らしの老人世帯や老夫婦のみの孤立世帯が増えつつあるという今日の深刻な事態を前にして、老人たちが**健康で元気に長生き**をし、長わずらいや寝たきり生活にならず、ころりと大往生を遂げることができるように願いつつ、この地蔵が祀られることとなった。「健康でころりと大往生」というその願いから、「けんころ地蔵」の呼び名が生まれたという。この地蔵を祀ったのは、日野宿健康長寿地蔵尊建立実行委員会の人々で、地域住民から多くの寄進を集めて石地蔵が建立され、平成二十三年（二〇一一）十二月十一日に盛大な開眼供養式典が挙行された。地蔵のある場所は、甲州街道の日野宿の中心にあたり、日野宿本陣跡にも近い。周辺にはほかにも、ＪＲ中央線日野駅脇の坂下地蔵（西の地蔵）、福地蔵（東の地蔵）、北原のとんがらし地蔵（**北原のとんがらし地蔵**参照）なども祀られており、延命・子安・水子供養などの祈願が寄せられてきたことでも知られている。

「健康でころりと往生」で「けんころ」

元禄地蔵《げんろくじぞう》

品川区東五反田三ノ六

御利益

○病気平癒（熱病）

品川区の本立寺《ほんりゅうじ》の境内入口にある地蔵堂内には、**熱病平癒**にご利益があるという「元禄地蔵」が祀られている。昔、寺の門前の花屋で働く宮内長二郎という者がおり、大正二年（一九一三）の夏、高熱病に苦しんで、医者の治療を受けたものの、その効《かい》がなかったという。本立寺第十八世日樹上人と縁のあった広瀬妙誠という熱心な女性信者がいて、長二郎の枕元で懸命に法華経を読誦《どくじゅ》し、彼の**病気平癒**を祈ることとなった。その日の夜、妙誠の夢枕に地蔵尊が立ち、「本立寺の墓地内の辰巳《たつみ》の方角に藪《やぶ》がある。そこに三体の地蔵が埋もれているから、掘り出してきちんと祀るがよい。さすれば彼の熱病は快癒するであろう」と告げたという。翌日、さっそくそこを掘り起こしてみると、確かに三体の石地蔵が出土し、堂に祀ったところ、長二郎の熱病は嘘のように快癒した。この話の噂が広まり、いつしか地蔵はその紀年銘から「元禄地蔵」と呼ばれるようになって、大正時代から昭和時代にかけ、多くの参詣者がこの地蔵を拝むようになった。しかし、残念ながら昭和時代の空襲被害で、地蔵は破壊されてしまった。妙誠の弟子であった渡辺せいという女性がおり、地蔵堂の跡地への熱心な信仰を続けていたので昭和三十一年（一九五六）、地蔵が再び造立されることとなった。地蔵の土中出現から百年目にあたる平成二十五年（二〇一三）には、現在の地蔵堂が新築され、元禄地蔵の信仰は、今に引き継がれている。

熱病平癒にご利益がある地蔵尊

こ

小《こ》足《あ》立《だち》の浜《はま》川《かわ》社《しゃ》

狛江市東野川二ノ二〇

御利益

○病気平癒
○祈願成就

狛江市の小足立にはかつて、品川大井の厄神《やくじん》大権現（現在の浜川神社）の分霊が祀られており（**浜川神社**参照）、俗に「浜川社」・「浜川様」などと呼ばれていたが、正式には「神道本局直轄狛江教会」と名乗っていた。もともとは当地の栗山家が寛政十年（一七九八）に、現在の埼玉県さいたま市の大宮氷川神社の分霊を勧請《かんじょう》した神祠《しんし》であったが、明治維新後、社殿などが立派に整備され、明治四十四年（一九一一）には品川の浜川神社の分霊が合祀され、さかんに信心されるようになり、各地に講中も組織されていった。**疫病治しや諸願成就**の加持祈祷《きとう》が、さかんにそこでなされていたが、昭和十年代には廃絶され、神祠は現存しない。しかし、当時の神職の顕彰碑が現在、下小足立の共同墓地内に残されており、それを参拝におとずれる信徒が、今もいるという。

［参考文献］長沢利明、二〇一八「民間信仰」『小足立の民俗』、狛江市。

小《こ》網《あみ》神《じん》社《じゃ》

中央区日本橋小網町一六

御利益

○除厄達成
○良縁成就
○恋愛成就

小網町の小網神社は、**厄除け・縁結**

びにご利益のある神社とされ、小社ながら近年、若い人々に絶大な人気があって、正月の初詣での時などには、参詣の順番待ちの行列ができるほどにぎわっている。室町時代の中期に、当地に稲荷社が勧請《かんじょう》されて祀られたのが鎮座の始まりといわれているが、明治初期の神仏分離で小網神社と名乗るようになった。その鎮座地は、かつての東堀留川の河岸地の一角で、小網町と人形町の一部地域の鎮守社となった。社殿と神楽殿は、昭和四年（一九二九）に建設されたもので、戦災被害もまぬがれており、この地域では数少ない戦前の木造建築として貴重である。

［参考文献］東京都神社庁（編）、一九八六『東京都神社名鑑』上巻、東京都神社庁。

恋《こい》ヶ《が》窪《くぼ》の子《ね》ノ《の》権《ごん》現《げん》

国分寺市西恋ヶ窪一ノ三九

御利益
・病気平癒（足腰）

国分寺市の東福寺に祀られている子ノ権現は、**足腰の病の平癒**にご利益があるという神で、古くから地域の住民らにあつく信仰されてきた。かつては独立した子ノ権現堂があって、天保八年（一八三七）に造立されたという子ノ権現の尊像が安置されていた。また、毎年秋の縁日祭が盛大になされていて、鉦《かね》はり念仏などがおこなわれていたほか、足腰の病気に効く民間薬なども出されていたという。今ではその堂もなく、子ノ権現の尊像は東福寺本堂内に移し祀られている。

［参考文献］国分寺市教育委員会（編）、一九九五『国分寺市の民俗（五）』、国分寺市教育委員会。

小《こ》岩《いわ》不《ふ》動《どう》の撫《な》で仏《ぼとけ》

江戸川区東小岩二ノ二四

御利益
・病気平癒

江戸川区の善養寺は、「小岩不動尊」の通称で通っているが、本堂入口右手に像高八十センチメートルほどの賓頭《びんず》盧尊者像《るそんじゃぞう》が祀られている。**病気治し**にご利益があるという仏であって、自分の病気のある部位と同じ所を撫でると平癒するという。俗に「撫で仏」と呼ばれている。

［参考文献］北村　肇（編）、一九九九『東京文化財の旅（一）』、毎日新聞社。

麹町《こうじまち》の太田《おおた》姫《ひめ》稲荷《いなり》

千代田区麹町一ノ五

御利益

○商売繁盛
○芸能上達
○開運招福

駿河台に鎮座する太田姫稲荷神社は、江戸東京屈指の稲荷の古社で、疫神を祀ることで知られてきたが（**太田姫稲荷**参照）、その分社と思われる同名の小社が、麹町にも祀られている。地下鉄半蔵門線半蔵門駅前の路傍にそれは鎮座しているが、昭和四十七年（一九七二）に発足した「麹町一丁目太田姫稲荷神社保存会」の手で現在、この小社が維持・管理されており、周辺地域の住民や商店主らの手で、あつく信心されている。**商売繁盛**の神ともいわれているが、**スポーツ・芸道上達・開運出世**のご利益が絶大ともいわれており、有名人の信者も多い。たとえば、相撲界では横綱の双葉山、文学界では菊池寛、芸能界では歌舞伎役者の六代目菊五郎、俳優の水谷八重子らが寄進をおこなってきた。これらの有名人にあやかり、自身の出世栄達をそこに祈願する人々もまた多い。

［参考文献］長沢利明、一九九三「いもあらいの神――東京都千代田区太田姫稲荷神社――」『西郊民俗』一四五号、西郊民俗談話会。

商売繁盛・開運出世・芸道上達の神

興昭院《こうしょういん》のこんにゃく閻魔《えんま》

港区虎ノ門三ノ一〇

御利益

○病気平癒（眼）

コンニャクを供えて**眼病平癒**を祈る閻魔堂が、東京都内にはかつて四ヶ所ほど見られ、もっとも有名だったのは小石川の源覚寺のそれであったが（**こんにゃく閻魔**参照）、港区の興昭院の閻魔もやはりそう呼ばれ、同様な祈願がおこなわれていた。当院の閻魔は源覚寺のそれとともに、『東都歳事記』の「閻魔参」の項にも取り上げられており、江戸の代表的な閻魔であった。眼病に悩む人々は、願掛けをする時と礼参りの時に、閻魔堂にコンニャクを供えることになっていた。戦後になってこうした祈願も廃れてしまい、今ではおこなわれていない。

［参考文献］木村和子、一九九四「東京の閻魔信仰」『西郊民俗』一四七号、西郊民俗談話会。

庚《こう》申《しん》塚《づか》

豊島区巣鴨四ノ三五ノ一

御利益

○除厄達成
○病気平癒
○旅行安全

巣鴨のとげぬき地蔵尊（高岩寺）の門前にある巣鴨地蔵通り商店街のはずれに、猿田彦大神を祀る庚申堂があり、その境内一帯を「庚申塚」と称している。近くを通る都電荒川線の駅名も「庚申塚」という。ここにはかつて、文亀二年（一五〇二）に造立されたという庚申の古碑があったというが、火災で焼けてしまい、砕け散ってしまったため、塚の地中に埋められたと伝えられている。現存していれば、東京都内最古級の庚申塔であったといえよう。その後の明暦三年（一六五七）に新たな庚申碑が建てられ、それが今の庚申堂内に安置されている。この「巣鴨の庚申様」といえば、中山道板橋宿の手前にあった名勝地として知られ、旅人たちの休憩場所としてにぎわっていた。江戸時代には藤棚もあって、初夏には見事な花が咲いた。茶店も何軒かあって、人足や馬の手配もここでなされており、中山道を往来する旅人たちはここで一服し、茶店で団子などを食べていったという。歌川広重の浮世絵や、『江戸名所図会』の挿絵にも、茶店で休む旅人たちの様子が、克明に描かれている。庚申塚に祀られていた庚申の神、すなわち猿田彦大神は、旅行安全の神として深く信心されてきたのであったが、現在では厄除け・諸病平癒の神ともされており、今でもあつく信心されている。六十日に一度の庚申《かのえさる》の日が縁日で、その日に参詣すれば特にご利益絶大とされる。毎年最初の庚申の日は「初庚申《はつこうしん》」として非常ににぎわい、せまい境内には身動きもできないほど多くの参詣者がおとずれて、大変にぎわっている。

〔参考文献〕豊島区史編纂委員会（編）、一九八一『豊島区・通史編（二）』、豊島区。

猿田彦を祀る「巣鴨の庚申様」

口《こう》中《ちゅう》お珊《さん》の方《かた》

港区芝公園四ノ八

御利益
○病気平癒（歯）

歯科医のいなかった時代、虫歯の痛みの苦しみからのがれるための手段は、神頼みのほかにはなかった。東京都内には、**虫歯平癒**の祈願の寄せられる信仰対象が数多く見られたが、それらへの祈願方法としてもっとも一般的であったのは、白山社あるいは榎《えのき》の神木の根元に房楊枝《ふさようじ》を奉納して、虫歯の治癒を祈るというやり方であった（**榎坂の榎・お万榎**など参照）。ここでの「お珊の方」の信仰もまったく同様なもので、それは飯倉の善長寺に、かつて祀られていた。お珊とは、備後国の福山城主であった水野日向守勝成の奥方であった高貴な女性の名である。彼女は虫歯で大変苦しんだ人で、自らの死後は口中いっさいの病を癒やす守護神になると宣言し、寛永十一年（一六三四）に没したといわれ、その供養碑が善長寺に祀られることとなった。残念ながら第二次大戦中の空襲被害により、その供養碑は粉々に破壊されてしまって現存しない。しかし、戦前はその碑前に房楊枝を供えての虫歯治しの祈願が、さかんになされていたのであって、それは江戸時代にあっても同様であった。『江戸神仏願懸重宝記』にも、これについて次のような記述が見られる。「口中おさんのかた。西の久保かハらけ町善長寺といふ寺に口中おさんのかたとてあり。諸人むしばのなやミすべていのるにたちまち平癒するなり。願がけのとき本堂にいたり楊枝をかりうけ、是を朝夕口中の痛むところへあて撫ながら、おさんのかたとしんじんするに、いかなるいたミにてもすミやかに平癒せずといふことなし。平癒してのちふたたび楊枝をもとのおさんのかたへ奉るなり。良樹院珊誉大禅定尼、御縁日八月八日。くハしくハ其寺にいたりて縁起をたつねべし」。お珊の供養碑のかたわらにはその後、「お珊地蔵」という地蔵尊も祀られ、堂宇まで設けられていたのであったが、それらはすべて戦災によって失われてしまい、何ひとつ今に残されていないのは残念なことであった。

［参考文献］長沢利明、二〇一一「お珊の方の信仰——東京都港区芝公園善長寺——」『西郊民俗』二一七号、西郊民俗談話会。

豪《ごう》徳《とく》寺《じ》の招《まね》き猫《ねこ》

世田谷区豪徳寺二ノ二四

御利益
開運招福

世田谷区の豪徳寺は、招き猫ゆかりの寺として著名であるが、いまや〝Cat Temple〟として国際的にもその名が知れわたり、外国人参拝者も多く参詣におとずれる。伝説によれば、豪徳寺はかつて弘徳院《こうとくいん》という名の寺で、世田谷城主吉良《きら》氏の菩提寺であったが、戦国時代に吉良氏が没落してからは寺運がかたむき、貧乏寺となっていた。寺の和尚は一匹の猫を飼っており、「タマ」と名づけて可愛がっていた。江戸時代のある時、彦根藩の二代藩主井伊直孝が馬に乗って世田谷へ遠乗りに出かけたが、夕立ちに遭ったのでこの寺の門前にある大木の下で雨宿りをしていたところ、山門から出てきた猫のタマが、しきりに手招きをする。直孝らがそれにこたえて寺内に入った途端、大木に雷が落ちて直孝らは落雷をまぬがれた。直孝はおおいに感謝をし、以来この寺を井伊家の菩提寺と定め、寺号も豪徳寺とあらためた。寺運は興隆し、寺を救った一匹の猫は観音の化身としてたたえられることになったという。この伝説にもとづき、寺からは白猫の招き猫が授与されるようになって、多くの参詣者らがその招き猫を観音堂の裏手に納め、**開運招福**を祈るようになった。猫を飼う人々は飼い猫の健康安全を祈って、招き猫を納めていく。観音堂裏にあるその納め場には、何千体もの招き猫がずらりと並んでいて、一見の価値がある。

［参考文献］長沢利明、二〇一九『江戸東京の庶民信仰』、講談社。

招き猫のお寺として国際的に有名

光《こう》明《みょう》院《いん》の腹《はら》帯《おび》地《じ》蔵《ぞう》

大田区鵜の木一ノ二三

御利益
- 安産達成
- 子育成就

大田区の光明院は、広い境内を持つ立派な寺院であるが、その客殿内には「腹帯地蔵」と呼ばれる地蔵尊が祀られていて、その呼び名の通り、**安産・子育て**の仏として信仰されている。弘法大師が昔、この地を通りかかった際に、難産で苦しむ農家の婦人を救ってやり、杵《きね》を削って地蔵尊を彫刻し、生まれた子供の守り本尊としてやったという。今の腹帯地蔵がそれであると伝えられる。また、境内にある御影堂の本尊、十一面観音は、落雷除けのご利益があるといわれ、「雷留観音」と呼ばれている。

［参考文献］大田区史編さん委員会（編）、一九八三『大田区史・資料編（民俗）』、大田区。やまひこ社（編）、一九八七『東京御利益案内』、リブロポート。

小《こ》金《がね》井《い》神《じん》社《じゃ》

小金井市中町四ノ七

御利益
- 学業成就
- 受験合格

小金井市の小金井神社はもともと天神社であって、元久二年（一二〇五）に菅原道真公を祭神として祀ったといい、当初は天満宮と称していた。明治維新直後に「天満天神」とあらためられ、明治三年（一八七〇）には小金井の里の総鎮守となって、小金井神社と改称し、現在に至っている。菅公《かんこう》を祀っているので**学問の神**とされ、**受験合格**の神としてもあがめられている。

［参考文献］小金井市誌編さん委員会（編）、一九七〇『小金井市誌（二）・歴史編』、小金井市役所。小金井市誌編さん委員会（編）、一九七八『小金井市誌（四）・今昔ばなし編』、小金井市役所。

小《こ》金《がね》井《い》神《じん》社《じゃ》の大《おお》鷲《とり》社《しゃ》

小金井市中町四ノ七

御利益

- 商売繁盛
- 出世開運

小金井の総鎮守、小金井神社の境内社のひとつに大鷲神社が祀られている。昭和十九年（一九四四）に勧請《かんじょう》されたもので、地元では俗に「お酉様《とりさま》」と呼ばれている。**商売繁盛・出世開運**の神とされ、毎年十一月の酉の日には「お酉様祭り」がおこなわれている。

［参考文献］小金井市誌編さん委員会（編）、一九七〇『小金井市誌（二）・歴史編』、小金井市役所。小金井市誌編さん委員会（編）、一九七八『小金井市誌（四）・今昔ばなし編』、小金井市役所。

極《ごく》楽《らく》寺《じ》の塩《しお》地《じ》蔵《ぞう》

葛飾区堀切二ノ二五

御利益

- 病気平癒（イボ）

葛飾区の極楽寺の境内には、「塩地蔵」・「イボ取り長助」・「長助塩地蔵」などと呼ばれる三体の石地蔵が祀られている。昔、イボに悩む長助という人がおり、当寺に祈願してそれを治すことができたという。その報恩のために、これらの地蔵尊を寺に奉納したと伝えられる。今でも**イボ取り**にご利益のある地蔵尊として信心されており、祈願の際には仏前に塩をささげることになっている。すでに奉納されている塩の一部を持ち帰り、自分のイボに塗ると、きれいにイボが取れるという。

［参考文献］加藤紫識・長沢利明、二〇〇六「東京の塩地蔵」『民俗学論叢』二一号、相模民俗学会。

子《こ》授《さず》け地《じ》蔵《ぞう》

杉並区永福一ノ二五

御利益

- 子育成就
- 安産達成

杉並区の永福寺には、「子授け地蔵」と呼ばれる地蔵尊が祀られている。地蔵は墓地内の一角にあり、これに祈ると**子供を授かる**ことができるといわれている。

永福寺にある「子授け地蔵」

［参考文献］杉並区教育委員会（編）、一九七九『杉並の寺院』、杉並区教育委員会。杉並区教育委員会（編）、一九八六『すぎなみの散歩道』、杉並区教育委員会。

五《ご》條《じょう》天《てん》神《じん》社《しゃ》

台東区上野公園四ノ一七

御利益

- 病気平癒
- 除厄達成
- 学業成就

上野公園内の不忍池《しのばずのいけ》のほとりにある五條天神社は、**医薬業界の守護神**とされ、医師・薬剤師・製薬業関係者らが業界の繁栄と発展とを祈って信心を寄せている。一般には**病気治し・厄除け**の神として信仰されているが、天神を祀っているので**学業成就・受験合格**のご利益もあるという。縁起物の宝船絵を二種類、授与しており、霊山筆の前衛的でシンプルな画と、香雪筆の宝貨型宝船の画とが刷られている。神社ではこれを「宝舟《ほうしゅう》」と呼んでいる。年末にこれを受けてきて絵の余白に、「ながきよの、とおのねふりのみなめざめ、なみのりふねのおとのよきかな」の回文を書き入れ、あるいは口で唱えつつ、一月二日の夜にそれを枕の下に敷いて寝ると、良い初夢を見ることができるという。また、この絵を玄関の内側壁に貼っておくと凶を払い、魔除けになるともいわれている。

［参考文献］台東区役所（編）、一九六六『台東区史・社会文化編』、台東区役所。長沢利明、一九八九『東京の民間信

仰』、三弥井書店。

子育《こそだ》てイチョウ

荒川区南千住六ノ六〇

御利益

○子育成就
○安産達成

南千住の素盞雄《すさのお》神社の境内には、かつてうっそうとした杜《もり》があり、そこに祀られていた飛鳥大神にちなんで「飛鳥の杜」と呼ばれていた。その森の中に一本、ひときわ目立つ大きなイチョウの老木があって、「天王社の大イチョウ」・「子育てのイチョウ」などと呼ばれており、**子育てと母親の乳の出をよくする**ご利益があるとされてきた。樹高約三十メートル・幹周三・三メートルの大イチョウで、この木の樹皮を削り、煎じて飲むと母乳がよく出るといわれていた。多くの母親たちが今でも、この木に絵馬を掛けて祈願をおこなっており、幹の周囲にずらりと並んでぶら下がっているおびただしい数の絵馬を見ることができる。絵馬には、シメ縄の巻かれたイチョウの木の根元に、ひざまずいて拝む母子の姿が描かれており、いわゆる「母子拝み」型の絵馬となっている。

イチョウの老木に絵馬を掛けて祈願

子育《こそだ》て熊《くま》野《の》様《さま》

大田区大森東三ノ九

御利益

○子育成就
○安産達成

大森の貴船《きふね》神社の境内社のひとつに、**安産・子育て**のご利益があるとされる熊野神社があり、「子育て熊野様」と呼ばれて、今でもあつく信仰されている。祭神は国土生成の神である伊邪那岐命《いざなぎのみこと》で、文永年間（一二六四～一二七五）に鎮座したと伝えられる古社である。社殿の周辺に置かれている小石をひとつ拾って持ち帰り、袋に入れて妊婦の腰に下げ、出産時には布団の下にそれを入れておけば、安産疑いなしといわれている。

［参考文献］やまひこ社（編）、一九八七『東京御利益案内』、リブロポート。

小平《こだいら》神《しん》明《めい》宮《ぐう》の八《や》雲《くも》様《さま》

小平市小川町一ノ二五七三

御利益

○病気平癒
○疫病退散
○除厄達成

小平市の小平神明宮には多くの境内摂社が祀られているが、東側の「東殿三社」に鎮座しているのが春日神社・八雲神社・八幡神社、西側の「西殿三社」に鎮座するのが天満宮・山王宮・軻遇《かぐ》土神《つちのかみ》（愛宕神社）である。これらのうち、東殿三社の中央に祀られている八雲神社は、俗に八雲様と呼ばれて親しまれてきた。**疫病平癒**のご利益絶大な神であるといい、近年の新型コロナウイルス感染症の大流行を契機に、再び注目されるようになって、**疫病除け**の神札を受けていく人々が増えている。八雲神社の祭神である健早須佐雄神《たけはやすさのおのかみ》は、さまざまな災厄に悩む多くの人々を救ってくれる神で、**除災招福**・**人命救助**・**疾病災難除け**の神とされている。特に**悪疫退散**・**人身救済**の神徳は絶大で、昔この地方に疫病が流行した時、八雲の神の力にすがって悪疫を鎮圧しようとし、村人たちがこの神を祀ったのが、当地の八雲神社の始まりであったという。この八雲神社の祭礼は小平市内最大の祭りとなっており、毎年四月第四土〜日曜日に、盛大な神輿《みこし》の渡御《とぎょ》もおこなわれている。神社では現在、コロナ退散のための八雲様の祈祷札《きとうふだ》を出しており、「霊幸健早須佐雄命奉斎神符」と呼ばれている。

［参考文献］東京都神社庁（編）、一九八六『東京都神社名鑑』下巻、東京都神社庁。小平市史編さん委員会（編）、二〇一三『小平市史（地理・考古・民俗編）』、小平市。

児《こ》玉《だま》稲《い》荷《なり》

青梅市塩船一九四

御利益

○子育成就
○商売繁盛
○無病息災

青梅市の塩船《しおふね》観音（塩船観音寺）の境内に祀られている児玉稲荷神社は近年、**子授け**祈願の神として広く知られるようになった。特に男女の産み分け祈願がさかんになされており、男児をのぞむ人には男児が、女児が欲しいという人には女児が授かるという。子授けのほかにも、**商売繁盛・事業繁栄・安産出生・子育て開運・身体健全**などのご利益もあるという。

小《こ》塚《づか》原《はら》回《え》向《こう》院《いん》

荒川区南千住五ノ三三

御利益

○勝負必勝
○祈願成就
○賭事必勝

小塚原の刑場跡にある回向院は、本所の回向院とよく混同されるが、別々の寺である。寛文七年（一六六七）に本所回向院の弟《てい》誉《よ》義観《ぎかん》が、小塚原の行路病死者や刑死者を供養するため、この地に開創したのが小塚原の回向院であった。当初は常行堂と称していたという。境内にはこの地に葬られた橋本左内・吉田松陰・頼三樹三郎などの幕末の志士たちの墓があり、歴史ファンらがよくおとずれる。**初志を貫徹して何事かを成し遂げようと思う**人々、勝負事にいどむ人々などが、その成功を祈って参拝におとずれることもある。蘭学者の杉田玄白らが初めてここで人体解剖をおこない、『解体新書』刊行への基礎を築いたことでも、よく知られている。本所の方の回向院と同じく、こちらにも盗賊の鼠小僧の墓があって、**ギャンブル必勝**の祈願が寄せられている。墓石を削り取って**勝負守り**とする人々がやはり見られるが、本所の方ほどさかんに削られてはいない。この鼠小僧の墓石には、「源達信士、俗名鼠小僧、天保三年八月十九日」と刻まれており、彼の法名と没年とがわかる。鼠小僧は、天保三年（一八三二）に没したということになる。

〔参考文献〕荒川区役所（編）、一九三六『荒川区史』、荒川区役所。

鼠小僧の墓。本所の回向院にもある

小《こ》林《ばやし》天《てん》淵《えん》筆《ふで》塚《づか》

青梅市住江町一二

御利益

○芸能上達（書道）

青梅市の総鎮守社である住吉神社の境内には、当地出身の書家・画家として名高い小林天淵ゆかりの、巨大な筆塚が祀られている。筆塚とは、使い古した筆を供養して祀った塚で、寺子屋の師弟などの手で天神社の境内などによく祀られ、書道上達の祈願がそこでなされてきた。住吉神社の筆塚はおそらく、東京都内最大級の規模を誇るものであろう。江戸時代の末期、七十歳になった小林天淵は、その祖父でやはり青梅出身の書家、小峰峯真《ほうしん》以来の廃筆を集め、この地に埋めて供養をしつつ、門人一同らとともにこの筆塚を建てた。塚上の巨石の篆額《てんがく》を戸川播磨守安清、銘を『江戸繁昌記』などの作者として名高い寺内静軒、書を川上由が担当している。巨石の裏面には天淵自身の筆になる老梅図と、江戸の著名な文学者である菊池五山による讃とが刻まれている。**書道の上達**を願う人々は、この住吉神社の筆塚を参拝することになっている。

駒《こま》込《ごめ》富《ふ》士《じ》

文京区本駒込五ノ七

御利益

○除厄達成
○疫病退散
○開運招福

江戸市中に五十五ヶ所もあったといわれる小富士・富士塚は、富士登山の代替施設としての人造富士・模造富士であったが、駒込にあったそれは俗に

「駒込富士」とか「駒込のお富士さん」とか呼ばれ、富士塚上には富士神社が鎮座している。この駒込富士の場合は江戸時代に人工的に築かれた塚ではなく、自然の丘もしくは古墳の墳丘跡といわれており、あまり富士山型をしていない。富士山の開山日・閉山日には、そこで盛大な山開きと山終《じま》いの祭礼がなされているが、現在の山開きは六月三十日〜七月二日の三日間おこなわれ、俗に「お山開き」と呼ばれている。駒込富士の開山祭は、元禄年間（一六八八〜一七〇四）の『江戸惣鹿子《そうかのこ》』や『国花万葉記《こっかまんようき》』や、『続江戸砂子《すなご》』などにすでに記載されていて、その歴史は古い。祭りの期間中、富士塚の周辺にはたくさんの露店が立ち並び、大変盛況であるが、この山開きの時にだけ売られていた縁起物が「麦藁蛇《むぎわらへび》」である。現在では富士神社の社務所でそれが売られており、「厄除け神龍《じんりゅう》」と呼ばれているが、これを家々に祀っておくと**厄除け・虫除け・疫病除け・開運**のご利益があるといい、特に夏の疫病の流行を防ぐ効力があったという。水道のなかった不衛生な時代には、これからおとずれる真夏の季節に水が腐りやすく、疫病が発生することがよくあったので、あらかじめ麦藁蛇を水場や台所に吊しておいて、疫病除けのまじないとしていた。現在でも、駒込周辺の旧家などでは、台所の水道の蛇口などにそれを吊している家をよく見かけ、古い習慣が残っている。『江戸塵拾《えどちりひろい》』という随筆集を見ると、「宝永のころ此わたりの百姓喜八といへる者、ふと是を作りて祭礼の日、市にうりける。諸人珍らしく思ひて求め帰しが、其の年七月、江府に疫病はやる時に、この蛇を置たる家はうつらずして此憂ひなし。是よりして富士詣の土産には、かならずこれを求むのことになれり」と記されている。駒込の喜八という農民が宝永年間（一七〇四〜一七一〇）の頃、麦藁蛇を作って売り出したのがその始まりであったという。

〔参考文献〕長沢利明、一九九九『江戸東京の年中行事』、三弥井書店。長沢利明、二〇〇六「駒込富士の山開き」『東京の祭り・行事―東京都祭り・行事調査報告書―』、東京都教育委員会。

子《こ》生《やす》神《じん》社《じゃ》

あきる野市小中野一八七

御利益

○安産達成
○子育成就
○学業成就

あきる野市の子生神社は、小中野《こなかの》の鎮守神であるとともに、**安産成就**のご利益で広く知られた神社である。安産祈願専門の神社を鎮守としてあおぐ例は他所《よそ》には見られず、大変珍しい。昭和初期には四月十五日の大祭日に、結婚したばかりの若嫁が底抜け柄杓《ひしゃく》を奉納して安産を祈願することがさかんにおこなわれており、この地に嫁いできた婦人であれば誰でも、そうした経験を持っている。社殿の正面には今でも、柄の長さが二メートルもある巨大な底抜け柄杓が飾られている。安産祈願の底抜け柄杓の奉納習俗は、他所の神社でもよく見られる（**宮之咩神社・子安神社**など参照）。底抜け柄杓とは底を抜いた竹の柄杓で、難なく水が通り抜けるように、出産が軽く済んで欲しいとの願いが込められている。大昔に朱学院という修験者がおり、数十年にわたって諸国を巡歴しつつ修行を続けていたが、猿田彦・木花開耶姫《このはなさくやひめ》の立像を厨子《ずし》の中に納めて、つねに背負っていたという。彼は永正元年（一五〇四）、ついにこの地を定めて社殿を建立し、両神像をそこに安置して祀ったといい、それが子生神社の始まりであったといわれている。朱学院はそのままそこにとどまり、さかんに安産祈祷《きとう》をおこなったので、多くの崇敬者らが遠近より集まったが、小中野の住民らは永正三年（一五〇六）、当社を産土神《うぶすながみ》として奉安することとなり、社殿も改修されたと伝えられる。底抜け柄杓の授与は今もおこなわれており、社前には氏子の奉納したたくさんのそれが、つねに積み上げられている。祈願者は柄杓の柄に姓名と願いの筋を書き入れて社前に納めるが、小絵馬をそこに結びつけて奉納する人も多い。神社から授与されるその絵馬は安産祈願のみならず、**受験・就職・入学・運転免許取得**などの祈願にも用いられ、難関を円滑に通り抜けることには何でもご利益があるという。神社からはほかに、安産腹帯も授与されているが、妊娠五ヶ月目の戌の日に妊婦がそれを腹に巻くと安産が保証されるという。

［参考文献］五日市町史編さん委員会（編）、一九七六『五日市町史』、五日市町。東京都神社庁（編）、一九八六『東京都神社名鑑』下巻、東京都神社庁。

子安神社《こやすじんじゃ》

八王子市明神町四ノ一〇

御利益
○安産達成
○子育成就
○良縁成就

八王子市の子安神社は、**子授け・安産・子育て・縁結び**のご利益でよく知られた大社である。子授けを祈願する人々は縁起物の竹筒を、安産を祈願する人々は竹の底抜け柄杓《ひしゃく》を、神前に納めて祈ることになっている。神社の拝殿前にはつねに、奉納された竹筒・底抜け柄杓がうずたかく積み上げられており、多くの祈願者のいることがよくわかる。底抜け柄杓を奉納して安産を祈願する習俗は、他所《よそ》にもよく見られる（**子生神社・宮之咩神社**など参照）。子安神社の境内にはまた、葦船神社《あしぶねじんじゃ》という小社も祀られているが、その祭神は伊邪那岐命《いざなぎのみこと》・伊邪那美命《いざなみのみこと》の御子である日留子命《ひるこのみこと》で、のぞまれぬ姿で産まれたため、葦船に乗せて幽世《かくりよ》へ流し送られたと記紀神話に語られているヒルコのことである。流産・早産などによって、不幸にもこの世に生を受けることがかなわなかった胎児の魂が、そこに祀られている。社前には水子たちにささげられたたくさんの玩具や菓子などが、つねにたくさん積み上げられており、水子霊をあわれむ親たちの想いがそこに込められている。

［参考文献］東京都神社庁（編）、『東京都神社名鑑』下巻、東京都神社庁。八王子市史編集委員会（編）、二〇一七『新八王子市史・民俗編』、八王子市。

安産の縁起物の底抜け柄杓

子易神社《こやすじんじゃ》

板橋区板橋二ノ一九

御利益
○安産達成
○子育成就

板橋区の子易神社はその社号の示す

通り、安産・子育てのご利益で知られており、江戸時代には「子安神社」と称していた。神社は古くから安産の守札を授与しており、出産をひかえた女性たちがこの札を受けるため、さかんに参詣におとずれていた。境内には「子安観音」と呼ばれる、これまた安産守護にご利益のあるという観音を祀った堂宇もあり、堂内に安置されているその観音像は明和二年（一七六五）作の坐像で、もとは別当寺院である福正寺の持仏であった。福正寺はその後、廃寺となったため、子易神社へと移されている。蓮華座の上に結跏趺坐《けっかふざ》する観音の、その膝の上には朱塗りの赤子像が抱かれていて、いかにも安産・子育ての仏にふさわしい姿である。神仏習合の形で安産のご利益を授けている、珍しい神社といえる。

〔参考文献〕山田元礼、一九二四『板橋町誌』、板橋新聞社。東京都神社庁（編）、一九八六『東京都神社名鑑』上巻、東京都神社庁。

子《こ》安《やす》不《ふ》動《どう》

西多摩郡日の出町平井二二九四

御利益
○安産達成
○子育成就

日の出町内の中野集落の西部山裾には、**安産・子育て**に絶大なご利益があるという不動明王を祀った寺堂があり、子安不動尊と呼ばれている。『新編武蔵風土記稿』にはこれについて、「本堂は子安白不動と号す。知證大師の作にて白木の立身なり。長九寸。棟札に永徳元年平山朝臣守吉祈願所として造立し、文安二年平山左衛門尉綱景、鳥居を建立せんことなどしるしたれば、昔は堂舎も荘厳なりしならん」と述べている。白木造りの不動なので、「子安白不動」と呼ばれることもあったらしい。堂の壁には今でも数多くの小絵馬が掛けられており、安産・子育て祈願におとずれる人々が多い。

〔参考文献〕日の出町史編さん委員会（編）、一九八九『日の出町史・文化財編』、日の出町。

権《ごん》現《げん》谷《だに》の地《じ》蔵《ぞう》

町田市相原町五〇五〇

御利益
○病気平癒（足腰）

町田市の権現谷の路傍に祀られている地蔵尊は、**足の病気を治してくれる**ありがたい地蔵として知られている。地蔵尊であるが、「権現様」と呼ぶ人も多い。神奈川県内からわざわざ参詣に来る人々もおり、熱心に信心されている。元文二年（一七三七）に建立された古い地蔵尊の坐像である。この地蔵に祈って、足の病が治った人は、長さ一尺あまりもの大きなワラジを作って奉納し、礼参りをすることになっている。毎月一日・二十八日には、地元の婦人たちが集まって参詣するならわしがある。

［参考文献］町田市史編纂委員会（編）、一九七六『町田市史』下巻、町田市。

欣浄寺《ごんじょうじ》の白粉《おしろい》地蔵《じぞう》

大田区西蒲田四ノ二九

御利益
○美容達成

地蔵尊に白粉を塗って**美顔成就**を祈願する地蔵尊が、都内にはいくつか祀られている（**化粧地蔵・白粉地蔵**参照）。蒲田の欣浄寺に祀られている石地蔵もそのひとつで、「白粉地蔵」と呼ばれている。境内の一角に、ユーモラスな表情をした石地蔵が立っているが、それが白粉地蔵で、当寺が浅草にあった時代に境内に祀られていた白粉地蔵を、昭和五十年（一九七五）頃に再建し、復活させたものである。その後、この地蔵に白粉を塗る人はあまり見かけなくなったが、テレビ番組などで紹介された結果、参拝におとずれる女性が近年、少なくないという。

［参考文献］長沢利明、二〇一九『江戸東京の庶民信仰』、講談社。

優しくユーモラスなお顔立ち

金蔵寺《こんぞうじ》の閻魔《えんま》

足立区千住二ノ六三

御利益

○病気平癒（風邪）

旧千住宿の金蔵寺は、閻魔大王を本尊として祀る珍しい寺院である。この閻魔は**風邪治し**に霊験あらたかといい、風邪をひいた人々が参拝におとずれると、すぐに平癒するといわれている。

［参考文献］やまひこ社（編）、一九八七『東京御利益案内』、リブロポート。

こんにゃく閻魔《えんま》

文京区小石川二ノ二三

御利益

○病気平癒（眼）

小石川の源覚寺に祀られている閻魔大王は俗に「こんにゃく閻魔」と呼ばれ、コンニャクを断って、あるいはそこに供えて**眼病平癒**を祈るということが、古くからおこなわれてきた。明治時代に編さんされた『新撰東京名所図会』にも、「蒟蒻閻魔は著名なり。一月と六月の賽日には小石川・本郷辺より詣客群をなして、境内甚だ賑へり。之を祈るに必ず蒟蒻を手向く。又寺と謂ふ可し」と述べられている。江戸時代に眼病で目の見えない老婆がおり、この閻魔に願掛けをしてその平癒を祈ったところ、三七・二十一日目の満願の日の夜、夢の中に閻魔大王があらわれたという。閻魔は老婆の見えない目に替えて、自分の目玉をひとつ授けてくれ、おかげで眼病が全快したと伝えられる。老婆は自分の好物であったコンニャクを断って願掛けを続けていたので、そのコンニャクを閻魔に供えるために礼参りにおとずれると、閻魔の片目がつぶれていたという。それ以来、眼病に悩む多くの人々が、源覚寺の閻魔に祈願をおこなうようになり、さかんにコンニャクが献じられるようになって、「こんにゃく閻魔」の通称が生まれたという。今でも源覚寺の閻魔堂の前には、つねにたくさんのコンニャクが奉納されていて、そうした信仰習俗が廃れていないことを示している。

〔参考文献〕文京区役所（編）、一九六八『文京区史』二巻、文京区役所。松崎憲三、一九八六「閻魔信仰の予備的考察—小石川源覚寺のこんにゃく閻魔を中心に—」『西郊民俗』一一七号、西郊民俗談話会。

金《こん》王《のう》八《はち》幡《まん》

渋谷区渋谷三ノ五

御利益

勝負必勝

渋谷の金王八幡宮は、源義朝の家臣として活躍した渋谷金王丸にゆかりのある八幡社で、渋谷氏の氏神として名高い古社である。武人であった金王丸にあやかり、この神社に祈れば、あらゆる**勝負に勝ち抜く**ことができるとされている。**スポーツ勝利**にもご利益絶大ともされ、スポーツ選手や受験生らにも深く信仰されている。

〔参考文献〕東京都神社庁（編）、一九八六『東京都神社名鑑』上巻、東京都神社庁。有田　肇、一九一四『渋谷町誌』、渋谷町誌発行所。

金《こん》王《のう》八《はち》幡《まん》の御《み》嶽《たけ》社《しゃ》

渋谷区渋谷三ノ五

御利益

開運招福

商売繁盛

渋谷の金王八幡宮の境内には、青梅市の武蔵御嶽神社から分霊を移した御嶽神社が鎮座している。**開運・商売繁盛**に霊験あらたかとされているが、特に**客商売の繁栄・繁盛**にご利益があるといわれ、その業界の人々があつくこれを信心している。主祭神である日本武尊《やまとたけるのみこと》は軍神としても知られており、武道の誉れ高き渋谷氏の居城のあった金王八幡の境内地に、この御嶽社が勧《かん》請《じょう》されたのであろうともいわれている。

開運・商売繁盛にご利益があるといわれている

さ

西《さい》光《こう》寺《じ》の代《しろ》掻《か》き地《じ》蔵《ぞう》

板橋区大谷口二ノ八

御利益

○五穀豊穣

いわゆる田植え地蔵・鼻取り地蔵の類の地蔵尊は、東京都内にもいくつか祀られているが（**田植え地蔵・西蔵院の鼻取り地蔵・保元寺の田植え地蔵**など参照）、板橋区の西光寺の境内にある「代掻き地蔵」もそのひとつである。像高五十センチメートルほどの石地蔵であるが、農家の守り神であって、これに祈れば**五穀豊穣**のご利益が得られるとされている。その昔、大谷口《おおやぐち》に信仰心のあつい一人の農民がいたが、田の代掻き仕事に手間取り、作業が終わらないうちに夜になってしまった。それを哀れんだ地蔵がその夜、農民に代わってひそかに代掻きはおろか田植えまで済ませてくれたといい、それ以来、村人たちはこの地蔵を「代掻き地蔵」・「苗代地蔵」などと呼んで、信心するようになったという。

〔参考文献〕長沢利明、二〇一一「東京の田植地蔵・鼻取地蔵」『西郊民俗』二一四号、西郊民俗談話会。

西《さい》蔵《ぞう》院《いん》の鼻《はな》取《ど》り地《じ》蔵《ぞう》

府中市是政三ノ三五

御利益

○五穀豊穣
○病気平癒（腰下）

東京都内には、いわゆる田植え地蔵・鼻取り地蔵の類の地蔵尊がいくつか祀られているが（**田植え地蔵・西光寺の代掻き地蔵・保元寺の田植え地蔵**など参照）、府中市の西蔵院にもそれがある。西蔵院の境内には安永八年（一七七九）に地蔵堂が建立され、平成時代に再建・新築されているが、堂内に安置されている像高一一三センチメートルの木造の地蔵尊像が、「鼻取り地蔵」と呼ばれている。墓地の土中から掘り出された地蔵とされ、近在の農民らに深く信心されてきた。念仏講中が今もあって、毎月二十四日の縁日には、堂内に講員らが集まって念仏を唱和する。五月と九月の縁日は、ことに盛況である。昔、ある百姓が馬を曳《ひ》いて田の代掻《しろか》きをしていたが、どうしても馬が言うことを聞かない。そこへ小坊主がやってきて、馬の鼻取りをしてやったところ、代掻きがうまくいった。小坊主は、そのまままどこかへ消え去ってしまった。その後、その百姓が西蔵院の地蔵尊に参詣したところ、地蔵の衣の裾が泥で汚れており、子供の泥足の跡も残されていたので、小坊主は地蔵の化身であったことがわかった、というストーリーの伝説が伝えられている。西蔵院の鼻取り地蔵は農家の守り神、**五穀豊穣**をもたらす霊仏として信心されてきたが、**農耕馬の守護神**ともされ、馬を飼う農家はこの地蔵に馬の健康・安全を祈ったという。近年では、この鼻取り地蔵に祈れば**腰から下の病**が治るといわれるようになり、高齢者がさかんに参拝するようになってきているという。

［参考文献］長沢利明、二〇一一「東京の田植地蔵・鼻取地蔵」『西郊民俗』二一四号、西郊民俗談話会。

西方寺《さいほうじ》の高尾墓《たかおばか》

豊島区西巣鴨四ノ八

御利益

○立身出世

江戸吉原の著名な遊女、高尾太夫の墓とされるものはあちこちにあるが（**春慶院の高尾墓**など参照）、西巣鴨の西方寺にあるものも、そのひとつである。同寺の高尾の墓には、地蔵の立像の彫られた墓塔が立っており、覆屋《おおいや》と玉垣に囲まれて、大切に守られている。墓石の銘文には、「転誉妙身信女、万治三年十二月二十五日」とあって、それが彼女の法名と没年であるが、「寒風にもろくもくつる紅葉哉《もみじかな》」という高尾の辞世の句も刻まれている。今でも多くの参拝者がここをおとずれ、墓前にはつねに香華が手向けられている。参拝者らはそこで、**立身出世**の祈願をするのであって、野州の貧しい農家の娘から新吉原随一の太夫にまでなり、仙台侯に見そめられるまでになった、高尾の破格の出世にあやかろうとするのが、参拝のねらいであった。願いが叶えられ、礼参りにやってくる人々の姿もよく見かけるとのことで、墓前にはつねに香華が手向けられている。西方寺では、毎年七月二十九日におこなわれる施餓鬼《せがき》法要の際に、高尾墓の墓前での読経供養もなされている。

〔参考文献〕長沢利明、一九九七「高尾稲荷と高尾の旧跡（二）」『西郊民俗』一六〇号、西郊民俗談話会。

榊《さかき》神《じん》社《じゃ》

台東区蔵前一ノ四

御利益
○健康長寿
○商売繁盛

蔵前の榊神社は第六天《だいろくてん》という神を祀った神社で、正式には「第六天榊《だいろくてんさかき》神社」という。第六天は「大六天」・「第六天魔王」などとも呼ばれ、一般的には非常に祟《たた》りやすい神、おそろしい魔神といったイメージでとらえられている。東京都内にはこれを祀る神社が、境内摂社などをも含めて一〇〇社以上もある。『江戸名所記』などには、榊神社のことを「森田町大六天」と記載している。**健康長寿・諸業繁栄**にご利益があるといわれ、多くの参拝者がある。参拝者は、榊の玉串の描かれた小絵馬を神前に奉納して、祈願をおこなう。毎年六月第一土・日曜日には、大祭もおこなわれている。

〔参考文献〕東京都神社庁（編）、一九八六『東京都神社名鑑』上巻、東京都神社庁。柴崎浩二、一九九三「大六天の信仰」『西郊民俗』一四四号、西郊民俗談話会。

榊の玉串が描かれた絵馬を神前に奉納する

坂《さか》下《した》地《じ》蔵《ぞう》

昭島市拝島町一ノ五

御利益
○火災消除
○旅行安全

昭島市の拝島不動尊の近くに、地蔵尊を祀る小堂があって、坂下地蔵尊と呼ばれている。江戸時代初期の慶安年間（一六四八〜一六五二）、八王子の千人同心が日光廟勤番におもむくため、日光往還道が整備されて、その時に拝島宿が成立したといわれているが、宿場町が整備されてまもなくの天和二年（一六八二）頃、この地蔵尊が建立されたと伝えられる。地蔵は西向きに立っており、特に霊験あらたかという、いわゆる「西向き地蔵」の一例となっているが、これに対して上宿の大曲りに祀られている地蔵尊は東向きで、二体の地蔵が一対になり、拝島宿の東西を両側から守っているとされている。明治十七年（一八八四）の坂下大火、大正六年（一九一七）の下宿大火の時には、坂下地蔵が空を飛び、町や住民を守るため火消しにあたったともいわれている。その伝承から**火伏せ**《ひぶ》の地蔵、そして**旅人の道中安全**を守る地蔵ともされている。昭和三十年代の道路整備によって、地蔵堂は現在地へ移されたが、もとは路傍に祀られていた。

1682 年頃、建立されたという

佐《さ》須《ず》薬《やく》師《し》

調布市佐須町二ノ一八

御利益

- 病気平癒（眼）
- 除厄達成
- 良縁成就

調布市の祇園寺の境内にある薬師堂には、**眼病平癒**に霊験あらたかな薬師如来が祀られており、「佐須薬師」と呼ばれて信心されてきた。この薬師如来は秘仏で行基作の仏であるといい、その御前立《おまえだち》像は恵心《えしん》僧都《そうず》源信《げんしん》の作と伝えられる。諸病平癒の仏として古くからあつく信仰されてきたが、特に眼病治しのご利益が絶大とされ、時には**厄除け・縁結び**の仏としても受け入れられてきた。江戸時代には毎年九月十二日に薬師大祭がいとなまれ、境内にはショウガ市も立った。寺社の秋祭りにショウガ市が立つ例は、他所《よそ》でもよく見られたことである（**芝大神宮・永福稲荷**など参照）。大祭では薬師如来へ団子がささげられるのが古くからのならわしで、「目玉団子」ともいい、ショウガ市でもそれが売られていたというが、市の廃れた今日でも、祇園寺では大祭日にその目玉団子を薬師の仏前に供える古例を守っている。

［参考文献］調布市史編集委員会（編）、一九九〇『調布市史』上巻、調布市。

鮫《さめ》ヶ《が》橋《はし》の咳《せき》止《ど》め神《がみ》

新宿区南元町九

御利益

○病気平癒（咳）

新宿区南元町《みなみもとまち》のあたりには、かつて鮫ヶ橋（鮫河橋とも）と呼ばれる石橋があり、そのかたわらの水門の欄干に紙片や水引を結びつけて、**咳止め**の祈願をおこなうことが、さかんになされていた。明治時代の『新撰東京名所図会』にはこれについて、「今、鮫ヶ橋は道路の西、杉の森の中に其遺趾を存す。（中略）何者の所為にや、白紙を結付、之を封ずるに紅白の水引を用ゐたり。曰く防咳《せき》の呪符《おまじない》なりと」と述べられている。周辺の杉の木の枝に、半紙を水引でくくりつけ、子供の咳止め祈願がなされることもよくあった。水門が水をせきとめることが「咳止め」に通じ、その語呂合わせからそうした信仰が生まれたのであろうといわれている。周辺地域の開発が進み、今では水路も橋もなくなってしまったが、いつしかそこに小祠《しょうし》や「せきとめ神」の碑などが設置されるようになり、今もそれらがそこに残されている。

［参考文献］大島建彦、一九九四「鮫ヶ橋せきとめ神」『西郊民俗』一四九号、西郊民俗談話会。

水の堰き止めが「咳止め」に通じる

狭《さ》山《やま》神《じん》社《じゃ》の機《はた》神《がみ》社《しゃ》

西多摩郡瑞穂町箱根ヶ崎一

御利益
○豊蚕満足
○産業発展（織物業）

瑞穂町の狭山神社には、いくつかの境内摂社も祀られているが、それらのうちのひとつに機神社がある。**養蚕と機織り**の守護神で、かつて養蚕業や織物業がさかんであった時代の生き証人となっている。機織り仕事の上達、織物業界の発展、養蚕業の繁盛などを、おもに地域の女性たちがここに祈願をしたという。

［参考文献］東京都神社庁（編）、『東京都神社名鑑』下巻、東京都神社庁。瑞穂町史編さん委員会（編）、一九七四『瑞穂町史』、瑞穂町役場。

猿《さる》仏《ぼとけ》塚《づか》

足立区栗原一ノ四

御利益
○病気平癒
○除厄達成

足立区栗原の路傍にある小堂内には三体の庚申《こうしん》塔が祀られているが、俗にこれを猿仏塚と呼んでいる。かつてはそこに笹で覆われた小高い塚があり、榎《えのき》の古木が一本立っていたというが、今では塚も崩されてしまい、平地となっている。**子供の厄除け・諸病平癒**を祈り、親たちがそこに祈願をおこなっていたが、独特な願掛け作法が見られた。まず、祈願をおこなう時に黒い土団子をささげ、後に願いがかなって礼参りをする時には白い米の団子を供えるというのが、そこでのやり方であった。今でも時折、そこに泥団子が供えられているのを見ることがあり、古い習慣が残っている。この塚を猿仏塚と呼ぶ理由は、次のような伝説が伝えられているからである。今から三百数十年前、このあたりの農家に一匹の賢い猿が飼われていた。ある日、その猿が家の留守番をしていると、赤ん坊が泣いてむずがるので、猿は湯を沸かして赤ん坊に行水をさせたが、湯が熱過ぎて赤ん坊が死んでしまった。猿はおのれの失敗を悔やみ、食事も取らずに、その赤ん坊の墓を守り続け、とうとう衰弱して自らも死んでしまった。村人らはこの猿を哀れみ、仏になって子供らを守ってくれと願い、手厚く葬ってやった。猿の墓はのちに子供の厄除け塚となり、子供が病気になると泥団子をそこに供え、治ると米の団子をささげるというならわしが生まれたという。

〔参考文献〕足立区役所（編）、一九六七『新修足立区史』上巻、足立区役所。長沢利明、一九九八「カサモリ稲荷の土団子」『西郊民俗』一六二号、西郊民俗談話会。

山《さん》王《のう》稲《いな》穂《ほ》神《じん》社《じゃ》

小金井市本町五ノ四一

御利益

○産業発展（土木建設業）
○鬼門除け・方除け

下小金井の総鎮守である山王稲穂神社は、比叡山に鎮座する山王日枝の神の分霊を勧請《かんじょう》して祀られたもので、祭神は大山咋神《おおやまくいのかみ》となっている。俗に「山王様」と呼ばれてきたが、明治維新後に山王稲穂神社という正式な社号が定められ、今日に至っている。一国の城主が城を築く時、城内の守護神として山王日枝の神を祀ることがかつてはおこなわれ、そのことから小金井の山王稲穂神社も、土木建築の守護神としてあがめられるようになったという。**土木建築業の安全守護神、建設業界の守り神**として、ご利益のあつい神であるという。また、**鬼門除け・方《ほう》除《よ》け**にもご利益があるといわれている。

〔参考文献〕東京都神社庁（編）、一九八六『東京都神社名鑑』下巻、東京都神社庁。小金井市誌編さん委員会（編）、一九七〇『小金井市誌・歴史編』、小金井市役所。

山《さん》王《のう》稲《いな》荷《り》

千代田区永田町二ノ一〇

御利益

○火災消除

永田町の山王日枝神社の境内に祀られている摂社の稲荷社が、「山王稲荷神社」である。もとは永田馬場星ヶ岡町の地主神として、福知山藩主松平主《と》殿頭《ものかみ》忠房の屋敷内に鎮座していた稲荷で、**火伏せ**のご利益があるといわれ、あつく信仰されてきた。万治二年（一六五九）、山王日枝権現（現在の山王日枝神社）が麹町から永田町へ移転してきた時、その境内社となった。昭和二十年（一九四五）の空襲で、山王日枝神社の社殿がほとんど焼失した時、この稲荷社のみは唯一焼け残って、その火伏せのご利益がますます注目を集めることとなった。例祭日は毎年四月下午の日となっている。

空襲で焼け残り、火伏せのご利益

山《さん》王《のう》清《せい》兵《べ》衛《え》

荒川区南千住七ノ二三

御利益
○病気平癒（歯）

南千住の隅田川べりに鎮座する日枝神社は、かつての千住宿中村町の鎮守社であった。神社にほど近い旧砂尾土手北端に、「山王清兵衛」と呼ばれる小祠《しょうし》があって、**虫歯・歯痛の平癒**にご利益があるとされ、俗に「千住の歯神様」とも呼ばれてきた。そこに祀られている清兵衛という人物は某藩の藩士で、虫歯の痛みに大変苦しんだ人であったといい、あまりの痛みに耐えかねて、この地で切腹をして果てたと伝えられる。その遺言により、その霊がここに祀られることとなり、清兵衛は歯の神になったという。虫歯に苦しむ人々はここに参拝し、その平癒を祈るが、祈願の効あって治癒をしたならば、錨《いかり》をくわえた女性の姿を描いた絵馬をそこに奉納し、礼参りをすることになっている。

〔参考文献〕本所区（編）、一九三一『本所区史』、本所区。
やまひこ社（編）、一九八七『東京御利益案内』、リブロポート。

山《さん》王《のう》日《ひ》枝《え》神《じん》社《じゃ》

千代田区永田町二ノ一〇

御利益
○病気平癒
○商売繁盛
○開運招福

江戸市中最大の神社で、徳川将軍家の産土神《うぶすながみ》でもあった永田町の山王日枝神社は、都城鎮護の神すなわち**江戸の**

町の守り神として、あつく信心されてきた大社であり、かつては「日吉山王《ひえさんのう》権現《ごんげん》」と称し、俗に「山王様《さんのうさん》」とも呼ばれつつ、江戸っ子たちに親しまれてきた。年に一度、挙行されたその一大祭礼は神田祭と同様、将軍の上覧を許された江戸最大の祭礼でもあった。三代将軍徳川家光が幼少の時、疱瘡《ほうそう》をわずらったが、春日局《かすがのつぼね》は自らがその病を身代わりになって引き受けるので、家光を助けてくれるよう山王の神に祈願したと伝えられる。そのことにあやかって**疱瘡除け**、**疫病除け**、**諸病平癒**の祈願がさかんに寄せられるようになったという。今日ではそれのみならず、**商売繁盛・開運招福**、さらには**交通安全・学業成就**を祈って参詣する人々が多い。また、社務所から授与される縁起物の「白羽《しらは》の丹塗矢《にぬりや》」は、魔除け・厄除けの破魔矢《はまや》として人気があり、縁結びや子授けにもご利益があるという。

〔参考文献〕千代田区役所（編）、一九六〇『千代田区史』上巻、千代田区役所。千代田区（編）、一九九八『新編千代田区史・通史編』、千代田区。

三《さん》面《めん》大《だい》黒《こく》天《てん》

台東区下谷二ノ五

御利益

- **立身出世**
- **開運招福**
- **商売繁盛**

下谷の英信寺に祀られている大黒天は、下谷七福神のひとつにも数えられており、参拝者が多い。弘法大師作という三面六臂《ろっぴ》の大きな木像が祀られており、俗に「三面大黒天」と呼ばれているが、正式には「開運出世三面大黒福尊天」と称する。三面とは、大黒天・弁財天・毘沙門天の三つの顔をあらわしたものだという。**出世・開運・商売繁盛**の神で、参拝する時には大黒天の真言「オンマカキャラヤーソワカ」を唱えることになっている。

〔参考文献〕やまひこ社（編）、一九八七『東京御利益案内』、リブロポート。

し

塩《しお》船《ふね》観《かん》音《のん》の大《おお》杉《すぎ》

青梅市塩船一九四

御利益

疫病退散

青梅市の塩船観音（塩船観音寺）の広大な境内地の中にある、観音堂へと登る参道石段の両側に杉の巨木が並び立っており、「夫婦杉《めおとすぎ》」と呼ばれている。特に左側の杉を「大杉」といい、幹まわりが約五・七メートル、樹高が約四〇メートルもあって、高尾山の飯盛《めしもり》杉《すぎ》や奥多摩の氷川三本杉と並ぶ都内有数の杉の巨木となっており、これらはいずれも東京都の天然記念物に指定されている。杉の木はまっすぐに伸びて成長し、高くそびえ立つので、神を祀る神聖な樹木とされてきた。**疫病**が流行した時、「過ぎてよし」の語呂合わせから、この大杉の木の小枝とヨシとを縛って束ね、戸口に吊しておけば病魔が通り過ぎていくとされた。

［参考文献］青梅市史編さん委員会（編）、一九九五『青梅市史』下巻、青梅市。

「夫婦杉」の左側の「大杉」

慈眼寺《じげんじ》の比翼塚《ひよくづか》

豊島区巣鴨五ノ三五

御利益

恋愛成就

夫婦円満

仲むつまじく深い愛情で結ばれた男女、あるいは悲恋の運命のもとに果てた男女の墓を「比翼塚」と称し、**夫婦和合**や**恋愛成就**の神として信心する習俗は、江戸時代の昔からさかんで、各地にそうしたものが残されている（**易行院の比翼塚・目黒の比翼塚**など参照）。豊島区の慈眼寺の場合は、新内の「明烏夢泡雪《あけがらすゆめのあわゆき》」に歌われた時次郎（札差伊勢屋の倅、伊之助）と浦里（吉原の遊女、三吉野）の二人の合葬墓が境内にあり、比翼塚と呼ばれている。悲恋の死を遂げた両人の菩提を弔って、時次郎の父親がこの墓を建ててやったといい、二体の角塔婆がぴったりと密着して立ち並ぶさまは、まさしく比翼塚と呼ばれるにふさわしい。夫婦和合のご利益があるといって、その墓前に詣でる人々が今でもたくさんいる。

〔参考文献〕やまひこ社（編）、一九八七『東京御利益案内』、リブロポート。北村 肇（編）、一九九九『東京文化財の旅（二）』、毎日新聞社。

悲恋の死を遂げた時次郎と浦里の塚

下町《したまち》の子育《こそだ》て地蔵堂《じぞうどう》

あきる野市五日市六四

御利益

子育成就
安産達成

あきる野市の五日市地区は、かつての五日市の炭市とともに発展した町場であるが、各町内に地蔵堂が祀られていて、近隣住民の心のよりどころとなっている。それぞれの地蔵尊の通称は上町の場合、「延命地蔵」で縁日は八月二十四日となっている。下町のそれは「延命地蔵」もしくは「子育て地蔵」で縁日は四月二十四日、栄町のそれは「抜苦《ばっく》地蔵」で縁日は七月二十四日となっている。特に下町のものは市の立つ中心地に祀られた地蔵尊で、像高八十六センチメートルほどの石地蔵が下町地蔵堂の中に安置されている。台座の銘文を見ると、元禄十二年（一六九九）に下町の女人二十七名がこれを建立した旨の記事が刻まれており、安産・子育てといった婦人たちの信仰祈願がそこに寄せられていたことがわかる。現在でも、近隣の婦人たちが熱心に信心を続けており、**安産・子育て**に霊験あらたかな地蔵様として受け止められている。地蔵堂の現在の管理者は、下町子育て地蔵奉賛会で、地蔵堂内には武蔵五日市七福神のひとつである恵比須《えびす》もあわせ祀られている。

〔参考文献〕五日市町史編さん委員会（編）、一九七六『五日市町史』、五日市町。

下《した》谷《や》富《ふ》士《じ》

台東区下谷二ノ一三

御利益
○除厄達成

下谷の小野照崎《おのてるさき》神社の境内には、人造富士・小富士として有名な富士塚があり、下谷富士と呼ばれている。国の有形民俗文化財に指定されている都内三ヶ所の富士塚のうちのひとつである。当地にあった下谷東講《あずまこう》という富士講中が築造したもので、『武江《ぶこう》年表』の文政十一年（一八二八）の項に、「下谷小野照崎の社地へ石を畳みて富士山を築く」と記されており、築かれた年もわかっている。築造時の姿をよく残した貴重な信仰遺跡といえる。東講はすでに消滅してしまったが、地元町会の手で毎年六月三十日～七月一日に開山祭がおこなわれており、俗に「お山開き」と称している。小野照崎神社の夏越祓《なごしばらい》と茅《ち》の輪《わ》くぐりの神事もあわせてなされているので、神社ではこの日、ミニチュアの茅の輪の縁起物を授与しているが、家々ではそれを受けて玄関先などに飾っておく。**魔除け・厄除け**のご利益があるという。

［参考文献］長沢利明、一九九九『江戸東京の年中行事』、三弥井書店。

七《しち》兵《べ》衛《え》地《じ》蔵《ぞう》

青梅市仲町

御利益
○マラソン必勝

青梅マラソンの開催地として知られる青梅市には、**マラソン競技の守護神**が祀られており、マラソンランナーや陸上競技選手らの人気を集めている。それは「七兵衛地蔵」と呼ばれる地蔵尊で、市立中央図書館の裏手にある立派な地蔵堂内に祀られている。七兵衛とは俗に「裏宿《うらやど》七兵衛」と呼ばれた実在の人物で、大盗賊であったとか、実は義賊であったかといわれている。中里介山の『大菩薩峠』にも登場する有名人で、青梅市内にはこの人の名を取った「七兵衛通り」や「七兵衛公園」などがある。地元の伝承によれば、七兵衛は青梅村裏宿に住んでいた農民で、昼は田畑で真面目に農作業にいそしみつつ、夜は甲州や上州で盗みを働いては、地元の貧しい人々に金銭や食べ物を分け与えていたという。やがて七兵衛は役人に捕らえられ、首をはねられたが、彼の旧宅に移り住んだ人々に病気や変死などが絶えず、不吉なことが相次いだため、地元の有志らがこの地蔵尊を祀って七兵衛の供養をおこなうようになり、それが今ある七兵衛地蔵なのであるという。彼の墓のある宗建寺に残された過去帳には、「五月三日年号不知、裏宿人也。法山祖幢信士、俗名七兵衛、由来不可尋、永々回向可致者也」とあり、この人物についてくわしいことをたずねてはならぬと記されている。なお七兵衛は健脚で、きわめて走るのが速い人であったともいい、胸にあてた菅笠を落とすことなく、あるいは口にくわえた一反のサラシ布を地面につけることなく走ることができたという。それにちなみ、七兵衛地蔵は「健脚地蔵」と呼ばれるようにもなり、青梅マラソンに出場する選手らが、完走を祈願するようになった。地蔵堂から受けた守り札を身につけて走れば、上位入賞が叶うともいわれ、多くの陸上ファンに愛されている。

〔参考文献〕山田　実（編）、一九六六『伝説と奇談』第一集、山田書院。青梅市史編さん委員会（編）、一九九五『青梅市史』上巻、青梅市。

マラソンや陸上競技の守り神

自《じ》動《どう》車《しゃ》神《じん》社《じゃ》

世田谷区宮坂一ノ二六

御利益

交通安全

世田谷八幡宮には、自動車神社という珍しい神社もあわせ祀られており、**交通安全・自動車運転安全**のお守りが授与されている。世田谷区桜丘にある東京農業大学の敷地内に、戦前は陸軍自動車学校が置かれていたが、校内外でいろいろ不吉なことが続いた。この地にはもともと稲荷社が祀られていたにもかかわらず、きちんと祭祀がなされていなかったので、それが原因だということになり、校内に神社を建てて自動車神社と名づけ、五月一日を祭日と定めて盛大な祭りをおこなうようになった。自動車の安全守りも作って、校内の全車両にそれを祀るようにもなったという。自動車学校はその後、陸軍機甲整備学校となったが終戦後に廃校となり、自動車神社の御神体は世田谷八幡宮へと移されることになった。現在の世田谷八幡宮では、自動車神社の社殿を特に境内に祀っているわけではないが、自動車の車内に祀る交通安全守りと、ドライバーが身につける肌守りとを社務所から出しており、希望者に授与している。

品川《しながわ》神社《じんじゃ》の阿那稲荷《あないなり》

品川区北品川三ノ七

御利益

- 商売繁盛
- 開運招福
- 千客万来

品川区の品川神社の境内に稲荷社が祀られているが、阿那稲荷と呼ばれていることからもわかるように、稲荷神の眷属《けんぞく》である狐の巣穴とされる小洞窟の聖地がそこにあり、いわゆる「穴稲荷」の類の神祠《しんし》といえる。社殿は「上稲荷」と「下稲荷」とに分かれていて、上稲荷は天の恵みの宝を、下稲荷は地の恵みの宝と霊水とをつかさどっているという。下の稲荷のかたわらには霊水が湧き出ており、「一粒万倍《いちりゅうまんばい》の泉」と呼ばれていて、この水を柄杓《ひしゃく》で汲んで印鑑・金銭に注ぎかけながら**家業繁栄**を祈ると吉運を授かるという。鎌倉の銭洗弁天と同じ作法である。また、霊水で清めた金銭の一部を、品川神社の門前の商店街で使うと幸運を得ることができるともいわれている。さらに、この霊水を汲んで持ち帰り、自分の経営する商店の四隅に注いで、清く明るい心を持って商売に励むならば、**千客万来・商売繁盛**が得られるとされる。天地万物の恵みを受け、一粒の種より万倍の稲穂が実るという心が、そこに込められているという。暦本をめくると「一粒万倍日」という日が指定されているが、毎月のその日、さらには毎年の初午日には、稲荷の社前で神事がいとなまれている。

［参考文献］品川区（編）、一九七三『品川区史・通史編』上巻、品川区。東京都神社庁（編）、一九八六『東京都神社名鑑』上巻、東京都神社庁。

そばに「一粒万倍の泉」がある

品《しな》川《がわ》神《じん》社《じゃ》の七《なな》鳥《とり》居《い》

品川区北品川三ノ七

御利益

病気平癒（中風）

品川宿の「北の天王様」として知られる品川神社は鳥居の多い神社で、境内には計八基の鳥居が立っている。これらのうちの七基を続けてくぐり抜けると**病気をしない、特に中風**にならないといわれており、いわゆる「七鳥居くぐり」の祈願がなされている。八基の鳥居の内訳は、①境内入口の一の鳥居、②社殿前の二の鳥居、③同じく三の鳥居、④富士塚登り口の鳥居、⑤摂社富士浅間神社の鳥居、⑥摂社御嶽《みたけ》神社の鳥居、⑦摂社阿那《あな》稲荷神社の鳥居、⑧境内入口右手の鳥居となっており、①～⑦は石鳥居、⑧はコンクリート造りの鳥居である。七鳥居くぐりがなされるのは春秋の彼岸の中日で、高齢者の老夫婦などがぞろぞろと並んでそれをおこなう姿が見られる。神社ではそれぞれの鳥居の脇に折敷《おしき》を置き、賽銭《さいせん》受けとしている。すべての鳥居をくぐり終えた参拝者らは、社務所で中風除けの祈祷札《きとうふだ》などを受け取ることになっている。

［参考文献］長沢利明、一九九八「品川神社の七鳥居くぐり」『民俗』一六五号、相模民俗学会。

神社の鳥居を七基通り抜けると無病息災のご利益

品《しな》川《がわ》富《ふ》士《じ》

品川区北品川三ノ七

御利益
○富士登拝利益

品川区の品川神社の境内には、大きな富士塚がある。俗に「品川富士」と呼ばれていて、高さ十五メートルの頂上に登ると大変眺望がよく、品川宿の町並みや京浜急行線の線路などを一望することができる。この富士塚は明治二年（一八六九）に、地元の富士講中である「丸嘉講《まるかこう》」の手で築造されたもので、当時の丸嘉講は約三百人もの講員をかかえる大きな講中であった。明治時代初期の神仏分離によって、一時破壊されもしたが、すぐに再築造されている。毎年七月一日には富士塚の山開きがおこなわれ、白装束の富士講員らが「拝み」と称する儀式をおこなっている。

［参考文献］東京都神社庁（編）、一九八六『東京都神社名鑑』上巻、東京都神社庁。

痔《じ》の神《かみ》

台東区清川一ノ一

御利益
○病気平癒（痔）

世の中に痔ほど苦しい病はないといわれ、それに悩み続けてきたのは江戸時代の人々も同じであった。そうしてついに、**痔病治し**の神というものが生み出されていくこととなった。山谷の寺町にある本性寺《ほんしょうじ》に祀られたその神は、俗に「痔の神」・「痔仏《じぼとけ》」・「山谷の痔の神」・「痔運霊神《じうんれいじん》」などと呼ばれてきたが、実はそれは秋山自雲坊という人の墓なのであって、墓そのものを拝んで痔病平癒の祈願がなされるようになった。痔病に悩む人々がぞくぞくと参詣におとずれるようになると、墓のかたわらに霊堂も設けられるようになっていった。その評判は『江戸神仏願懸重宝記』にも取り上げられ、「痔の神。山谷寺町《さんやてらまち》の入口《いりくち》に痔運霊神《じうんれいじん》あり。此ところに来《きた》りて痔疾《ぢしつ》のいたみをねがふに其《その》しるしたちまちなり。俗《ぞく》にこれをさんやの痔《ぢ》の神《かみ》といふ。浅草山谷《あさくささんや》にいたりて是《これ》をたづぬればあまねく痔《ぢ》の神《かみ》とて諸人《しょにん》のしる所なり」と述べられている。江戸時代には多くの参拝者がおり、「秋山自雲霊神」と記された幟旗《のぼりばた》がたくさんそこに奉納されていたという。

この秋山自雲坊という人物は、摂津国川辺郡小浜《こはま》の人で、多田満仲の家臣藤原仲光の末裔《まつえい》であった狭間氏の出身という。東都へ下って江戸新川の岡田孫右衛門方に奉公していたが、正直者で働き者であったため、主人家を継いで岡田孫左衛門を名乗ることを許された。熱心な法華信者でもあり、つねに題目を唱えていたという。三十八歳の時に痔をわずらい、医師の治療も効なく四年間苦しんだ。そこで、「われ死なば痔の守り神となって苦しむ人々を救わん」と誓いを立て、延享元年（一七四四）九月二十一日に没して、本性寺へと葬られた。法名を「秋山自雲」といったが、痔の神となってからは「秋山自雲坊功雄霊神」と呼ばれるようにもなった。

今でも、痔に悩む多くの人々が参拝におとずれ、霊堂内に置かれたノートに住所・氏名などを記帳していく。それを見ると、都内一円はおろか関東地方各地や東北・関西地方などからも参拝者らがやってきていることがわかる。

［参考文献］萬寿亭正二、一九八七『江戸神仏願懸重宝記』、国書刊行会。

痔疾に悩む人が多くおとずれる

不忍弁天《しのばずべんてん》

台東区上野公園二ノ一

御利益

○金運招来
○芸能上達

上野の不忍池の中島には、立派な弁天堂が祀られており、「不忍弁財天《しのばずべんざいてん》堂《どう》」と呼ばれている。上野公園や上野動物園に隣接していることから、毎日多くの参拝者がおとずれる。毎年九月の二度目の巳の日には大祭がおこなわれ、縁起物の小判や福財布が授与されるが、それらを身につけていると**金運・財運**に恵まれるという。弁天はもともと、技芸神でもあったため、**芸能上達**

のご利益もあるといい、芸能人やタレントになりたいと願う人々らも、さかんに信仰を寄せるようになった。

芝公園《しばこうえん》の瘡護稲荷《かさもりいなり》

港区芝公園三ノ五

御利益
- 病気平癒（皮膚病）
- 病気平癒（性病）

港区の芝公園内にある幸《さいわい》稲荷神社の境内には、瘡護稲荷が祀られている。いわゆる笠森・笠守・瘡守系の稲荷で、**皮膚病・性病治し**の神であるが、当社では「瘡護」の字をあてて「かさもり」と読ませているものの、「瘡守」・「加佐森」と書くこともあった。当社には幸稲荷と瘡護稲荷の二社が合社されていて、拝殿の社号額も二枚が掲げられている。瘡護稲荷の方はかつて、芝増上寺の山内に祀られており、明治維新後の神仏分離によって明治二年（一八六九）、他の多くの小祠《しょうし》とともに増上寺山内から幸稲荷神社の境内へと移された。合祀後の瘡護稲荷は、子供・大人を問わず、**諸病平癒**の神として信仰されてきたが、特に土団子を供えての皮膚病治しの祈願がさかんになされ、社前にはその土団子を売る人までいたという。願掛けをする時にはまず土団子を、平癒のあかつきには米の団子を供えるというやり方は、他所《よそ》の笠森系の稲荷とまったく同じであった。出来物・腫れ物・皮膚病・性病など、さらには小児の熱病・夜泣きなどの子供の病一般の平癒に、効験があったという。土団子の奉納習俗は、昭和時代までおこなわれていたというが、それを知る古老らの話によると、土団子は粘土をこねてピンポン玉大に丸めたもので、二〜三個を奉納し、礼参りの米の団子も同じように作られていたという。ところが、それらの団子を奉納する場所は、なぜか稲荷の神前ではなく、社殿の脇にある御祠石《みふくらいし》という霊石の前であったといい、『三縁山志《さんえんざんし》』にも「此ノ石ニ水ヲ注ギ祈願スレバ熱病ハ立所ニ癒エ亦小児ノ夜泣キハ忽チ泣キ止ムト云伝フ」と記されている。戦前は新橋の三業関係者らが熱心に信仰をし、花街の女性たちが性病平癒を祈って、さかんに参拝におとずれて、祈《き》祷札《とうふだ》を受けていったともいう。明治時代に編さんされた『新撰東京名所図会』

にも、この瘡護稲荷を描いた挿絵が載せられているが、社前の鳥居の脇に立て並べられた多数の奉納のぼりがそこに見られ、この稲荷がきわめてさかんに信仰されていた様子を知ることができる。

［参考文献］長沢利明、一九九八「カサモリ稲荷の土団子」『西郊民俗』一六二号、西郊民俗談話会。

芝《しば》大《だい》神《じん》宮《ぐう》

港区芝大門一ノ一二

御利益

- 衣類満足
- 病気平癒（眼）
- 金運招来

港区の芝大神宮は、俗に「芝神明」・「飯倉明神」などと呼ばれて親しまれてきた。その例大祭は毎年九月十一～二十一日の十日間にわたっておこなわれ、日本一長い祭りといわれている。あまりに祭りの期間が長く、だらだらと続くために「だらだら祭り」の通称が生まれた。祭りの期間中、社務所からは縁起物の「千木箱《ちぎばこ》」が授与されるが、藤の花の描かれた小さな曲物桶《おけ》を三段に重ねたもので、これを箪笥《たんす》の中に入れておくと**一生着る物に困らない**といわれ、女性に大変人気がある。千木箱の「千木」が「千着（千着もの着物）」に通ずるので、そのようなご利益が生まれたといわれている。歌舞伎役者らは必ず毎年参詣して千木箱を受けていくもので、誰でもそれを持っているという。文化二年（一八〇五）に芝神明の境内で起きた鳶《とび》職と相撲取りとの衝突事件は、歌舞伎の「め組の喧嘩」にも描かれているが、それが上演される時には主役・脇役をはじめ、歌舞伎役者とその関係者らは必ず芝大神宮へ詣でて、上演成功を祈願し、千木箱を求めていくのが慣例となっている。だらだら祭りの期間中にはまた、境内にショウガ市が立ち、初物の葉ショウガが売られることにもなっていた。現在では、社務所からショウガが授与されているが、これを求めてきて食べると、**眼病や諸病の平癒**に効験があるという。また、近年では**宝くじの当せん**に絶大なご利益がある神社としても注目を集めており、芝大神宮が江戸時代の宝くじである富くじの発祥の地であったことにちなんで、そうした祈願が寄せられるようになったといわれている。日本一の宝くじ高額当せん売場のスタッフ一同が、揃って当せん祈願におとずれるという。

〔参考文献〕港区区役所（編）、一九七九『新修港区史』、港区役所。長沢利明、二〇〇六「芝大神宮のだらだら祭り」『東京都の祭り・行事―東京都祭り・行事調査報告書―』、東京都教育委員会。

柴《しば》又《また》帝《たい》釈《しゃく》天《てん》

葛飾区柴又七ノ一〇

御利益

○開運招福
○病気平癒

映画『男はつらいよ』シリーズの「フーテンの寅」ゆかりの名刹《めいさつ》、柴又帝釈天は正式には題経寺という。著名な寺院なので参拝者が多く、門前の商店街はつねににぎわっている。本尊の帝釈天は、**開運・病気平癒**のご利益で知られているが、ここに参詣すると小遣銭に不自由しない、などといわれてきたことも興味深い。境内に湧出する御神水の井戸水を飲むと、あらゆる病難からのがれることができるといい、寺から出されている「一粒符《いちりゅうふ》」という護符をこの御神水で飲めば、さらにご利益絶大ともされている。柴又帝釈天の縁日は庚申《かのえさる》の日で、六十日に一度のその日には、多くの参拝者らがやってくる。庚申の「申《さる》（猿）」にちなんだ郷土玩具の「はじき猿」、木彫りの「三猿」、土製の「御幣猿《ごへいざる》」などの縁起物も、門前で売られているが、特に「はじき猿」は悪運を「はじき去る」といって、開運にご利益があるという。

〔参考文献〕葛飾区（編）、一九八五『増補葛飾区史』下巻、葛飾区。やまひこ社（編）、一九八七『東京御利益案内』、リブロポート。

柴《しば》又《また》帝《たい》釈《しゃく》天《てん》の草《そう》木《もく》塔《とう》

葛飾区柴又七ノ一〇

開運・病気平癒・小遣銭に不自由しないというご利益

御利益
○産業発展（造園業）

葛飾区の柴又帝釈天（題経寺）の境内にある「草木供養之碑《そうもくくようのひ》」は、人間のために役に立った草花や樹木の魂を供養して祀られたもので、**造園業者・園芸家・庭師らの守り神**そして**造園・園芸業界の繁栄の守護神**ともなっている。いわゆる「草木塔」と呼ばれるもののひとつで、東京都内にもいくつかこれが祀られている（**泉龍寺の草木塔・無量寺の草木塔・等々力不動の草木塔**など参照）。題経寺のものは高さ一七三センチメートルほどの碑で、東京造園業組合の手で平成十六年（二〇〇四）に建立されたものである。

［参考文献］やまがた草木塔ネットワーク事務局（編）、二〇〇七『写真集草木塔』、山形大学出版部。

島《しま》根《ね》鷲《わし》神《じん》社《じゃ》

足立区島根四ノ二五

御利益
○商売繁盛

十一月に酉《とり》の市がおこなわれる神社が東京都内にはたくさんあるが、足立区の島根鷲神社もそのひとつで、酉の市の発祥地である花畑の大鷲《おおとり》神社にも近い。俗に「島根のお酉様」とも呼ばれている。十一月の酉の日に境内に立つ熊手市が酉の市であるが、ここで求めてきた縁起物の熊手を神棚や店先などに飾っておくと、**商売繁盛**のご利益があるという。

［参考文献］足立区役所（編）、一九六七『新修足立区史』上巻、足立区役所。

下《しも》恩《おん》方《がた》の御《み》嶽《たけ》神《じん》社《じゃ》

八王子市下恩方町一二六八

御利益
○病気平癒
○家内安全
○交通安全

八王子市下恩方の御嶽神社は、下恩方上宿《うえじゅく》の鎮守社である。神社の例大祭は毎年四月八日に、その前夜祭は四月七日におこなわれてきたが、現在では四月八日にもっとも近い土・日曜日が祭日にあてられている。祭りの最大の呼び物は、前夜祭におこなわれる「百八灯《ひゃくはっとう》」の行事で、氏子らが願いを込めたたくさんのロウソクを竹棒の先に挿し、神社の境内南側斜面に立て並べて火をともす。百八灯とはいうものの、実際には約三千本ものロウソクがともされている。日が沈み、あたりが暗くなった頃、いよいよ百八灯の行事が始まると、闇夜にともされたおびただしい数のロウソクの灯が揺れ、まるで満天の星のようであり、境内は幻想的な雰囲気に包まれる。戦時中は兵隊に取られた村の若者らが、出征前に武運長久を祈りながら、またその親たちは息子らの無事帰還を祈りつつ、百八灯のロウソクを献じたという。**難病平癒**を祈ってロウソクをともす祈願者も多かったという。現在では、**家内安全・交通安全**などの願いを込めて、ロウソクをあげる人々が多い。

［参考文献］長沢利明、二〇〇六「下恩方の百八灯」『東京都の祭り・行事——東京都祭り・行事調査報告書——』、東京都教育委員会。

下《しも》北《きた》沢《ざわ》の道《どう》了《りょう》尊《そん》

世田谷区北沢二ノ三六

御利益

○除厄達成
○災難消除
○開運招福

若者の街として知られる下北沢の繁華街には、かつて真龍寺という寺があり、そこに祀られていた道了尊は、「道了様」・「下北の天狗様」などと呼ばれて親しまれ、**地元商店街の守り神**として熱烈な信仰を集めていた。諸般の事情によって寺は近年、他所《よそ》へ移転してしまい、今はそこにないものの、道了尊の祭りである「下北天狗まつり」は今も続けられ、下北沢の一大イベント行事となっている。道了尊とは、神奈川県南足柄市大雄町《だいゆうちょう》にある曹洞宗の名《めい》刹《さつ》、大雄山最乗寺に祀られていた道了権現のことで、各地にその分霊が勧請《かんじょう》されているが、東京の下北沢のそれもそのひとつであった。この道了権現は、一般的には天狗の姿でとらえられており、その強い神通力で魔を祓《はら》い、人々に幸福をもたらすと信じられてきた。真龍寺がまだ下北沢にあった頃、その本堂の手前には高さ三メートルもある巨大な天狗面が飾られており、それが寺の守護神で、強い威徳と霊力とを持ち、**災厄を除いてくれる**とされていた。この真龍寺の道了尊を熱心に信心してきたのが、地元の下北沢一番街商店街振興組合で、昭和時代初期から商店街をあげて道了尊の祭りを運営してきた。その祭りは「下北天狗まつり」と呼ばれるようになり、一番街のメイン・ストリートは「下北天狗まつり通り」と改称されることとなった。天狗まつりは真龍寺の節分祭から発展したものであるから、毎年二月の節分日を中心に三日間、挙行される。節分の当日には、もちろん豆まきもなされるが、その時に「鬼は外」とは言わず、「福は内」のみを三回唱えるのがならわしとなっている。道了様の力によって悪鬼はつねに追い払われているので、あえて「鬼は外」とは言わないのだという。祭りの一日目には「烏天狗《からすてんぐ》道中前夜露払いの儀」がおこなわれ、烏天狗・山伏に扮した世話人たちが、一番街商店街の飲食店内に神出鬼没でいきなり登場し、人々を驚かせる。二日目におこなわれる「天下一天狗道中」では、総勢八十名もの大天狗・烏天狗・山伏・福男・福女らが商店街を練り歩き、福豆をまいていく。三日目には、商店街内でのスタンプ・ラリーがおこなわれ、参加者全員に福豆・福銭がプレゼントされる。道了尊はこのように、きわめて現代的な形で地元商店街に受け入れられ、その祭りは盛大なイベント行事として発展しており、地域の**除厄・除災**を祈る行事となっている。

［参考文献］世田谷区民俗調査団（編）、一九八八『下北沢』、世田谷区教育委員会。

下《しも》保《ほう》谷《や》の庚《こう》申《しん》様《さま》

西東京市下保谷三ノ一一

御利益

○病気平癒（耳）

下保谷の福泉寺にある石造の庚申塔は、かつて下保谷新田の路傍の四つ辻にあった小堂内に祀られており、福泉寺に移されたものである。**耳の病気治し**に霊験あらたかな庚申様といわれ、底抜け柄杓《ひしゃく》を奉納してその平癒を祈る祈願が、さかんになされてきた。伝説によると昔、耳の聞こえない老婆がおり、この庚申様を熱心に信仰していた。桶《おけ》に水を汲み、柄杓ですくって庚申様の頭上にその水を注ぎかけながら、いつも祈っていたが、ある時、柄杓の底が抜けてしまった。その柄杓をそのまま、堂内に立てかけておいたところ、耳が聞こえるようになったという。噂を聞いた人々が大勢参詣に来るようになり、老婆にならって底抜け柄杓をそこにささげながら、耳の病の平癒を祈るようになったという。堂の前にはつねに、たくさんの底抜け柄杓が奉納されていたというが、今ではそれも見られない。

［参考文献］西東京市中央図書館（編）、二〇〇三『西東京市のむかしばなし』、西東京市中央図書館。

杓《しゃく》子《し》稲《い》荷《なり》

世田谷区梅丘一ノ六〇

御利益

○病気平癒
○除厄達成
○開運招福

世田谷区の梅丘には、杓子稲荷神社という風変わりな名の小さな神社が鎮座している。社前に奉納されているおびただしい数の飯杓子には、それぞれ祈願者の姓名と願いごとが記されており、そうすることによって**すべての病難・災難をはらい、福徳円満・開運長寿・万福招来**のご利益にあずかることができるという。「杓子稲荷」という社号はそこから来ていることがわかるが、飯杓子を神前にささげて諸願成就を祈る信仰習俗は他所《よそ》でも見られる（**正受院の脱衣婆・釈護子稲荷・社母子尊**など参照）。とはいえ当社のように、今なおさかんにそれがなされているのは、貴重な存在といえよう。杓子は食物を「すくう」ための道具であり、それは人を「救う」にも通じるので、病難・災難をはらう意味があるともいう。室町時代、この地の領主であった吉良治家が世田谷城を築いた時、その鬼門除けのために、京都の伏見稲荷から分霊を勧請《かんじょう》して、この稲荷が祀られたともいわれている。

［参考文献］東京都神社庁（編）、一九八六『東京都神社名鑑』上巻、東京都神社庁。

釈《しゃ》護《ご》子《じ》稲《い》荷《なり》

大田区西糀谷四ノ七

御利益

病気平癒（風邪・咳）

大田区の糀谷《こうじや》にある糀谷天祖神社の境内には、「釈護子稲荷神社」という小社が祀られており、俗に「おしゃもじ様」と呼ばれている。いわゆるシャグジ・シャモジ系の神祠《しんし》であって、シャグジに「釈護子」の字を宛てたものであったろう。この小社はかつて、大六天祠とともに郊外の田園地帯の中に鎮座していたのであったが、後に糀谷天祖神社の境内に移されることとなった。『新編武蔵風土記稿』には、「釈護子社、村の中央耕地の畔《あぜ》にあり」と記されている。**風邪や咳を治す**ご利益のもとに信心されてきたのであるが、祠《ほこら》内に奉納されている麻糸を借りてきて、**病気治し**のまじないに用いるという習俗が伝えられ、平癒の後にはシャモジを奉納することにもなっていたという。

［参考文献］川添裕稀、二〇〇七「東京都大田区の椿神社とシャグジ」『西郊民俗』二〇〇・二〇一号、西郊民俗談話会。

社吹堂《しゃぶきどう》

東村山市恩多町三ノ三三

御利益

病気平癒（風邪・咳）

東村山市の大岱《おんた》稲荷神社の境内には、社吹堂と呼ばれる小祠《しょうし》があるが、**咳をしずめる**ご利益のある神が祀られているという。地元では俗にシャブキ様とも呼ばれているが、シャブキとは「しわぶき（咳）」のことで、それに漢字を宛てて社吹堂としたものであろう。他地方にもシャブキ婆さんなどと呼ばれる神がよく祀られているが、いずれも咳止めの神であって、多くの場合、その御神体は自然石となっている。当地の社吹堂も、御神体は二体の自然石であった。**風邪や百日咳**にかかった人々がここに祈れば、たちどころに咳が止むという。祠《ほこら》は長年風雨にさらされて腐朽していたが、平成時代初期に大岱稲荷神社総代会の手で立派に再建されている。

社母子尊《しゃもじそん》

狛江市東和泉三ノ一〇

御利益

- 安産達成
- 子育成就
- 病気平癒（咳）

狛江市の玉泉寺の境内には、「社母子尊」を祀る小堂がある。俗に「おしゃもじさま」・「石神《しゃくじ》」・「遮軍神宮《しゃぐじぐう》」などと呼ばれることもあった。『新編武蔵国風土記稿』には、「石神祠、寺の入口南方にあり、九尺四方、豊磐間戸・櫛磐間戸の両神を祭る。神体木の坐像三寸余、境内鎮守なり」と述べられている。「豊磐間戸《とよいわまど》・櫛磐間戸《くしいわまど》の両神」とは、建物の入口を守る門番のような神であるから、もともとは境内入口の守護神であったのかも知れない。しかし社母子尊は、**安産子育てと百日咳の平癒**に霊験あらたかな神として、古くから熱心に信仰されてきており、特に子供の咳や風邪、喉の痛みなどを治すのにご利益があったという。子供が百日咳にかかると、親たちはその平癒を祈ってここに参詣し、堂内に奉納されているたくさんのシャモジの中から一枚だけ借り受けて帰り、子供の枕元に置いて祀った。また、そのシャモジで飯を盛り、子供に食べさせると病気が治るともいわれた。祈りが通じて病気が治ったならば、シャモジを二枚に増やして奉納し、礼参りをするならわしが守られてきた。堂内には今でも、おびただしい数のシャモジが積み上げられており、多くの祈願者のいたことがわかる。この社母子宮の本尊の神像は現在、寺の本堂内に移されており、それを見ると赤子を抱いた姿の、まるで鬼子母神のような神の木像（像高十七センチメートル、台座を含めて二十四センチメートル）が、高さ三十八センチメートルほどの厨子《ずし》の中に立っており、厨子の扉には「社母子宮、子育」と墨書されている。一方、玉泉寺の本堂内に祀られている不動明王像も、厄除け・家内安全の仏として、古くから深く信心されてきたが、この不動の分身の小像は巡行仏《じゅんこうぶつ》としても知られ、厨子に納められたまま信徒の家々を次々に回って、拝むことが江戸時代末期までなされていた。巡行不動は、やがて社母子尊の像とともに、家々を回るようにもなった。不動と社母子尊の両像は、明治時代には現在の狛江市・世田谷区・調布市・三鷹市・武蔵野市方面をはじめ、多摩川を越えて神奈川県川崎市方面などの広い地域範囲内を巡行していた。巡行にあたっては、不動・社母子の両像を箪笥《たんす》のような厨子に納め、棒で吊して二人で担ぎ、宿から宿へと運んでいったという。江戸時代にはもっぱら不動のみが、明治十年代からは社母子尊も一緒に回るようになっていったらしいとも伝えられている。

〔参考文献〕中島恵子、一九八七『狛江市の巡行仏―狛江市の民俗（三）―』、狛江市教育委員会。長沢利明、二〇二〇「民間信仰」『和泉の民俗』、狛江市。

出《しゅっ》世《せ》稲《い》荷《なり》

練馬区旭町三ノ一七

御利益

○立身出世

練馬区の出世稲荷神社は、**立身出世**にご利益絶大とされる稲荷社である。この地には川越街道が通っており、江戸時代の昔、川越城主が江戸と川越の間を往還する際、ここに立ち寄って出世祈願をしていたという。松平信綱・柳沢吉保らもここに祈願をして、老中・大老の要職につくことができたと伝えられ、そうした出世話が評判となって、多くの人々がそれにあやかろうとし、参詣におとずれるようになったという。

〔参考文献〕練馬区史編さん協議会（編）、一九八二『練馬区史・歴史編』、練馬区。東京都神社庁（編）、一九八六『東京都神社名鑑』上巻、東京都神社庁。

出《しゅっ》世《せ》の石《いし》段《だん》

港区愛宕一ノ五

御利益

○立身出世

愛宕山の頂に祀られた愛宕神社の、正面参道（男坂）にある長くて高い石段は、「出世の石段」として有名である。この石段を馬に乗って駆け上がったという間垣平九郎の物語は、誰でもよく知っており、講談の『寛永三馬術』にもそれが語られている。寛永十一年（一六三四）、三代将軍家光が芝増上寺への参詣の帰り道、愛宕山下に立ち寄った際、「この石段を馬に乗って駆け登り、山の上の愛宕神社の境内に咲き誇るという源平の梅の花の枝を、誰か折り取って参れ」と臣下に命じたという。とはいえ、あまりに急坂のこの石段を馬で駆け登るなど、とてもとても無理と思われたので、誰一人名乗り出る者がいない。その時、一人の武士が馬の手綱を取り、果敢にも石段を登り始めた。山の上まで登り切った彼は、愛宕神社の神前に国家安泰・武運長久を祈り、梅を一枝折って戻り、それを家光にささげた。その勇者の名を家光が尋ねたところ、「四国丸亀藩の家臣、間垣平九郎にございます」と彼は答えた。家光は感激し、「この太平の世に馬術の稽古おこたりなきこと、まことにあっぱれ。日本一の馬術の名人なり」と述べて彼をほめたたえた。平九郎の名は一夜にして天下にとどろき、**出世栄達**を果たしたという。この故事にあやかって、愛宕神社の長い石段を登れば誰でも出世が叶うといわれ、多くの若者たちが、あえてこの男坂の石段を登り、自らの栄達を祈願するようになったといわれている。

愛宕神社の正面参道が「出世の石段」

春《しゅん》慶《けい》院《いん》の高《たか》尾《お》墓《ばか》

台東区東浅草二ノ一四

御利益

○芸能上達

江戸新吉原の美貌の遊女として、もっともよくその名の知られた高尾太夫の墓とされるものは、あちこちに残されているが（**西方寺の高尾墓**など参照）、そのひとつが東浅草の春慶院にある。同寺の墓地入口に立つその実に立派な墓碑には、高尾太夫の法名と没年とが刻まれ、「為転誉妙身信女、万治二己亥年十二月五日」とある。ここでは高尾の没年を万治二年（一六五九）としており、西巣鴨の西方寺の高尾墓に刻まれた没年より一年早い。戦前は芸能関係者、特に日本舞踊の舞手らが、さかんに春慶院の高尾墓に参詣をしていたといい、**芸事上達**の祈願がそこになされていた。高尾物の芝居が上演されることになると、興行成功を祈って役者らがよく参拝に来たともいう。春慶院はまた、藤間流家元の菩提寺でもあり、その累代墓が墓地内にある関係で、舞台の振付師もよく高尾墓を拝みにきていた。藤間流初代家元である藤間勘兵衛は、「高尾懺悔《たかおざんげ》」を得意にしていたことでも知られている。

［参考文献］台東区役所（編）、一九六六『台東区史・社会文化編』、台東区役所。長沢利明、一九九七「高尾稲荷と高尾の旧跡（二）」『西郊民俗』一六〇号、西郊民俗談話会。

松《しょう》陰《いん》神《じん》社《じゃ》

世田谷区若林四ノ三五

御利益
- 立身出世
- 学業成就
- 受験合格

幕末の志士、吉田松陰を祭神として祀る神社が、世田谷区の松陰神社である。境内には松陰の墓もあり、歴史ファンらがさかんに参拝におとずれる。どんな逆境にも、弾圧にもめげることなく、おのれの信念をつらぬいて同志らを励まし、ついには刑死によって果てたという松陰の生きざまに心酔しつつ、あとに続こうと思う人々の思慕と信仰とがそこに起こるのは当然のことで、明治時代以来、そうした人々の熱い思いのよりどころとなってきたのが、松陰神社であった。戦前は出征者の武運長久祈願がさかんになされていたが、戦後は**立身出世**祈願がそこに寄せられるようになった。松陰はまた人一倍、勉学と教育とに打ち込んだ人でもあり、松下村塾を開いて門人らを育て、明治政府を支える多くの人材をそこから輩出したことでも知られている。そのことから、松陰は今では**受験必勝の神**ともなっていて、多くの受験生らが高校・大学入試の**合格祈願**におとずれるようにもなった。祈願者はただ神前に参拝するのみでなく、境内に復元されている松下村塾の建物を見学し、松陰の墓にも必ず拝礼をしていくことにもなっている。

［参考文献］世田谷区（編）、一九六二『新修世田谷区史』上巻、世田谷区。東京都神社庁（編）、一九八六『東京都神社名鑑』上巻、東京都神社庁。

常《じょう》圓《えん》寺《じ》の草《そう》木《もく》塔《とう》

目黒区八雲一ノ二

御利益
○産業発展（造園業）

目黒区の常圓寺の境内にある「草木《そうもく》国土悉皆成仏《こくどしっかいじょうぶつ》」の碑は、人間のために役に立った草花や樹木の魂を供養して祀られたもので、**造園業者・園芸家・庭師らの守り神**そして**造園・園芸業界の繁栄の守護神**ともなっている。いわゆる「草木塔」と呼ばれるもののひとつで、東京都内にもいくつかこれが祀られている（**泉龍寺の草木塔・無量寺の草木塔・等々力不動の草木塔**など参照）。常圓寺のものは高さ一五〇センチメートルほどの碑で、碑文谷《ひもんや》造園組合の手で組合創立五十周年を記念し、平成十年（一九九八）に建立されたものである。

［参考文献］やまがた草木塔ネットワーク事務局（編）、二〇〇七『写真集草木塔』、山形大学出版部。

正覚寺《しょうかくじ》の瘡守稲荷《かさもりいなり》

目黒区中目黒三ノ一

御利益
○病気平癒（皮膚病）
○疫病退散

中目黒の正覚寺の境内に祀られている瘡守稲荷は、各地のカサモリ（笠森・瘡守・瘡護）系の神仏と同様、**皮膚病や伝染病除け**の神として信仰されてきた。令和時代の新型コロナウイルス感染症の大流行にともない、この神のご利益が見直されており、参拝者が多い。毎月十八日が縁日で、堂が開帳される。

新型コロナの時期、注目されている

正覚寺《しょうかくじ》の鬼子母神《きしもじん》

目黒区中目黒三ノ一

御利益
○子育成就
○安産達成

中目黒の正覚寺の境内には立派な鬼子母神堂（開運殿）があるが、そこに祀られている鬼子母神像は伝教大師作と伝えられている。十三代将軍徳川家定がこれを崇敬していたといい、**子授け・子育て**のご利益のある鬼子母神として、一般庶民からも深く信仰されてきた。伊達騒動を描いた『伽羅《めいぼく》先代《せんだい》萩《はぎ》』に登場する政岡という女性は、わが子を犠牲にして伊達家を守ったとされているが、その政岡のモデルとなった三沢初子の墓と銅像も寺の境内にあり、政岡と初子の生涯とを重ね合わせつつ、正覚寺の鬼子母神は子育て・子授けの神として、受け入れられてきたという。

鬼子母神像は伝教大師作と伝えられている

〔参考文献〕北村　肇（編）、一九九九『東京文化財の旅（一）』、毎日新聞社。

乗《じょう》願《がん》寺《じ》の日《ひ》限《ぎり》地《じ》蔵《ぞう》

青梅市勝沼三ノ一一四

御利益
・病気平癒

一定の日数を限って精進と願掛けとがおこなわれる地蔵尊を日限地蔵といい、時宗寺院によくそれが祀られている（**阿弥陀寺の日限地蔵・松秀寺の日限地蔵・日輪寺の日限地蔵**など参照）。青梅市の乗願寺にもそれがあり、**諸病平癒**の祈願などにご利益があるといって、さかんに信仰されている。

〔参考文献〕長沢利明、一九九九「日限地蔵の信仰――東京都港区白金松秀寺――」『西郊民俗』一六六号、西郊民俗談話会。

将《しょう》棋《ぎ》堂《どう》

渋谷区千駄ヶ谷一ノ一

御利益
・将棋上達
・勝負必勝

千駄ヶ谷の鳩森《はとのもり》八幡神社の境内近くに、**将棋界の守護神**である将棋堂が祀られている。昭和六十一年（一九八六）に、日本将棋連盟（当時の会長は大山康晴第十五世名人）が鳩森八幡神社と共同で建立したもので、堂内には山形県の駒師が奉納した高さ一・二メートルものケヤキ材の王将の大駒が安置されている。大駒は御影石製の台座上に立ち、その奥には八幡神が祀られている。堂は六角堂で天地四方をあらわしている。屋根上の飾り金物は将棋盤の脚の形（クチナシの実の形）をしており、これは将棋勝負のうえでの「口無し（助言無用）」のいましめをあらわしたものである。将棋堂は、将棋の技術向上をめざす人々の守り神として信仰されており、毎年の年頭にはここで祈願祭もおこなわれる。**将棋上達と棋力向上、勝運**にめぐまれることを祈る人々は、堂に小絵馬をささげて祈願をおこなう。

1.2mの王将の大駒が安置されている

常《じょう》在《ざい》寺《じ》のいぼとり地《じ》蔵《ぞう》

世田谷区弦巻一ノ三四

御利益
・病気平癒（イボ）

世田谷区の常在寺の墓地内には、「いぼとり地蔵」が祀られており、**イボの平癒**にご利益があるので、そう呼ばれるようになったという。地蔵尊の台座正面には「奉造立地蔵菩薩」、右側面には「寛延四辛未年正月廿四日」、左側面には「武州荏原郡世田谷領弦巻村」との銘文が見られる。寛延四年（一七五一）に弦巻《つるまき》村の女性たち二十一名が浄財を出し合って、この地蔵尊を建てたと伝えられる。この地蔵に祈れば、**イボ・腫瘍・皮膚がんなどが治る**といわれ、古くから地域の人々に親しまれてきた。イボができた時には、地蔵の台座前にころがっている小石を一個、借りてきて、その石でイボを撫《な》でると不思議なくらいイボがよく取れるという。全快したならば、石を二個に増やして返すことになっている。近年では、なかなか小石が見つからないので、寺が用意をしており、読経供養済みの丸い小石が山のように積まれている。

Goriyaku Column

02

虫歯と楊枝

歯医者のいなかった時代、虫歯の苦しみほどつらいものはなかったろう。その苦痛からのがれるための手段は神頼みしかなかったのだから、虫歯治しの神々があちこちに生み出されたのは当然だ。それは主として白山祠で、「白山」と「歯臭《はくさ》」との語呂合わせから来ているとか、歯がきれいで白くありたいという願いが「白山」への連想を誘ったとかいわれている。口の中に入れる物は何でも、口中の病の平癒に関係するので、箸とか楊枝とかが、そのまじないに用いられていくこととなる。杉並区の白山神社の社殿を昭和時代に改築した際、奉納された荻の箸が大量に発見されたことがあったが、虫歯治しの祈願がさかんに寄せられていたことの証だ。箸のほかに口の中に入れるものといえば、房楊枝《ふさようじ》もそうだ。柳の木を削った細い串の一端を叩いてつぶし、繊維を房状にしたもので、その房で歯の表面や隙間をこすり、歯垢を落とした。いわばそれは、江戸時代の歯ブラシだ。浅草の観音堂裏にはかつて、房楊枝を売る出店が立ち並んでいたという。この房楊枝を供えて虫歯や口内病の平癒を祈る例はたくさんあり、『江戸神仏願懸重宝記』に載せられた「口中おさんの方」・「三途川《さんずがわ》の老《う》婆《ば》」・「榎坂《えのきざか》の榎」などがそれだった。台東区根岸にあった二股榎の場合は、榎の古木の根元が二股に割れて洞《うろ》になっており、そこに房楊枝を納めて虫歯治しを祈ったが、かたわらにある祠はやはり白山祠だった。榎の木は幹が朽ちやすく、割れ目や洞がよくできたので、そこに神が宿ると考えられたようで、虫歯治しの榎の老木は各地にある。足立区保木間《ほきま》にあった大榎もそうで、口中病に悩む人々が房楊枝や小絵馬をそこにささげ、「白山権現の大榎」などと呼ばれていたが、これは現存しない。そもそも榎という木は先述したように、朽ちやすく枯れやすいし、樹齢千年の榎の老木などというものは見たこともない。渋谷区千駄ヶ谷の「お万榎」もまた、戦災焼失してしまって今はないが、根元の洞に房楊枝をささげての虫歯治しの祈願がなされていたと、記録にはある。その洞の跡に今では稲荷祠が祀られているが、房楊枝というものが消え失《う》せた今となっては、それを奉納する人ももういない。ところが一九八〇年代に私がそこをおとずれた際、祠前に長い楊枝のようなものがたくさん供えられているのを見て驚いたことがある。よく見ると、それは何と焼鳥の串だった。遠い昔を知る古老がいて、何とか房楊枝に似たものをそこにささげ、代用したのだろう。民間信仰の伝統というものは、簡単には消え去らない。

正《しょう》受《じゅ》院《いん》の脱《だつ》衣《え》婆《ば》

新宿区新宿二ノ一五

御利益

○病気平癒（咳）

新宿の正受院の山門脇には、大きな脱衣婆像を祀る小堂がある。本尊の阿弥陀如来よりも有名な仏であって、これに祈れば**百日咳・喘息《ぜんそく》などの病が治る**といい、古くからあつく信心されてきた。脱衣婆像は像高七十五センチメートルほどの木造漆塗坐像で、小野篁《おおのたかむら》の作といい、田安徳川家の屋敷内から掘り出された土中出現仏とされている。この脱衣婆の縁日は毎月六の日（六日・十六日・二十六日）で、江戸時代には大変な人出でにぎわい、幕府から禁令が出されたほどであったという。正受院の脱衣婆は、咳病および疳《かん》の虫など子供の病一般の平癒に効験のあるご利益仏として信仰されてきたのであるが、特に咳封じの祈願は、いわゆる「咳（関）の姥神《うばがみ》」信仰に通じるもので、この種のものは他寺院でも時折は目にする（**蓮華寺の石の姥神**参照）。祈願者は飯杓《めしじゃく》子《し》に自らの姓名と生年月日および「咳御免」と記して、脱衣婆堂内に奉納することになっているが、その際に杓子の把手《とって》部分に「口」の字を書き入れ、そこに釘を打って堂内の壁に貼り付けるというのがかつてのやり方であった。願の成就後になされる礼参りには、ぶ厚い綿を奉納し、脱衣婆像にそれをかぶせて着せてやることにもなっていた。

半裸姿の脱衣婆像があまりに寒そうなので、綿を着せてやるという意味があったらしいが、今でも正受院の脱衣婆像にはつねに何枚もの綿がかぶせられており、ために「綿のお婆さん」などと呼ばれて親しまれている。**子供の疳の虫、口内の病**を治す祈願も、多く寄せられてきたところである。寺では脱衣婆像を刷った護符を出しており、かつてはそれを小さくちぎって子供に飲ませ、小児病を治すという民間療法もなされていた。正受院はその後、戦災焼失によって荒廃したものの、脱衣婆像は奇跡的に焼け残り、今に至っている。戦後は地元の子育講を中心に、新宿在住の信徒らの手で守られ、堂のかたわらに針塚碑が建立されたのを機会に、針供養祭が大々的になされるようになった。淡島信仰とは関係なく、脱衣婆信仰から発達した珍しい針供養祭が生み出されることとなった。

〔参考文献〕長沢利明、二〇一九『江戸東京の庶民信仰』、講談社。

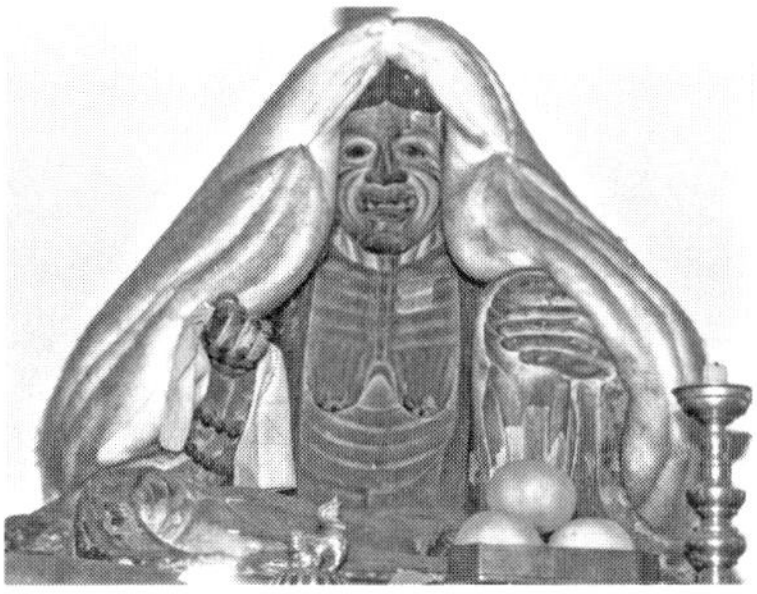

子供の病一般の平癒に効験があるといわれている

正受院《しょうじゅいん》の針塚《はりづか》

新宿区新宿二ノ一五

御利益

○慰霊供養（針）
○芸能上達
○産業発展（和装業）

新宿の正受院の境内には、和裁職人らの祀る針塚碑があり、隣接する脱衣《だつえ》婆《ば》堂への信仰とも結びつけられて毎年二月八日、盛大な針供養祭がおこなわれている。東京三大針供養祭のひとつといってもよい。**古針の供養**のために建てられた針塚碑は、台東区の浅草寺淡島堂や世田谷区の森巌寺《しんがんじ》にも祀られているが（**浅草寺淡島堂の針供養塔・森巌寺の針塚**参照）、正受院のそれは東京和服裁縫組合が中心となり、昭和三十二年（一九五七）に建立されている。東京都内の和裁業者らが作っていた同業者組合が、全国組織である社団法人日本和裁技術士会へと発展・改組されたのを機会に、この針塚碑が建てられたのであるが、その時に寄進をした関係団体を見ると、針問屋・へら屋・寝具商組合・刺しゅう協同組合なども名を連ねている。針供養祭は針塚碑の建てられた昭和三十二年から毎年開催されており、多くの女性たちが参詣におとずれて古針・折針をそこに納めていくほか、碑前に置かれた大豆腐に古針を刺していく人々も多い。さらに、小さな脱衣婆像を納めた輿《こし》を若い女性らが担ぎながら、新宿二丁目周辺をパレードして回るという、大変にぎやかなイベント行事もおこなわれるようになった。針塚碑を拝む人々はそのように、和裁職人や和裁学校の生徒たちで、**裁縫技術の向上**と**和裁業界の繁栄**のご利益が、そこに期待されている。

〔参考文献〕長沢利明、二〇一九『江戸東京の庶民信仰』、講談社。

裁縫技術向上のご利益が期待される

松秀寺《しょうしゅうじ》の日限地蔵《ひぎりじぞう》

港区白金二ノ三

御利益

○疫病退散
○火災消除
○商売繁盛

一定の日数を定めて神仏に願を掛け、その満願日までの間に物断ちなどの精進を続けるのが、日限《ひぎり》祈願というものである。そうしたやり方で信仰されてきた地蔵尊が、東京都内の各地に存在するが、もっとも著名なものが白金の松秀寺の日限地蔵である。当寺の日限地蔵のことは、『江戸神仏願懸重宝記』にも、もちろん取り上げられている。「日限地蔵。白金三鈷坂下《さんこさかした》遊行《ゆぎょう》寺《じ》に安置する所の地蔵菩薩を日限地蔵といふ。諸人何ことによらず願がけするに、すみやかに其日数をなして、いつ何日までとかたく願こめするに仏力《ぶつりき》応護《おうご》うたかひなし。世に日限地蔵といふ」というのがそれであった。ここにいう「遊行寺」とは、相州《そうしゅう》藤沢の遊行寺を本山とする時宗の寺院という意味である。松秀寺をはじめとする時宗の寺には、よく日限地蔵が祀られている。松秀寺では現在、この日限地蔵を本堂内に安置しているが、三体の地蔵尊が並び立ち、その手前に二体の童子像が置かれるという、独特の形式が守られている。日限地蔵は江戸時代には**諸病平癒**、特に**流行病・疫病平癒**のご利益のもとに信仰されていたが、**火伏《ひぶ》せ**の霊仏とされることもあって、寛政五年（一七九三）の麻布大火の折、地蔵の霊力によって松秀寺の門前でその火が止まったと伝えられている。昭和時代戦前期には、**商売繁盛**を熱心に祈願する商人もおり、参拝の帰り道によい条件の空家を見つけ、そこに店を出したところ大繁盛を達成した人もいたという。そこでの祈願のやり方は、三日・五日・七日という具合に日数を限って寺に日参し、参詣を続けて、その間に何らかの物断ちをおこなうという形が一般的であった。

［参考文献］長沢利明、一九九九「日限地蔵の信仰――東京都港区白金松秀寺――」『西郊民俗』一六六号、西郊民俗談話会。

日限祈願の地蔵の中でも特に有名

松秀寺《しょうしゅうじ》の虫歯《むしば》地蔵《じぞう》

港区白金二ノ三

御利益

○病気平癒（歯）

白金の松秀寺は地蔵信仰の寺として知られ、当寺の日限地蔵のことはことに有名であるが（**松秀寺の日限地蔵**参照）、そのほかにも「虫歯地蔵」と呼ばれる石地蔵が境内に祀られていて、その名の通り、**虫歯平癒**の霊仏として深く信心されてきた。日限地蔵と同じように、日数を定めての願掛けがなされており、虫歯の治ったあかつきには、そこに房《ふさ》楊枝《ようじ》を供えて礼参りがなされることになっていた。房楊枝、すなわち長い楊枝の一端を叩いてつぶし、歯ブラシ状に加工された楊枝をささげて、虫歯平癒を祈願する習俗は、他所《よそ》でもよく見られたことである（**榎坂の榎・お万榎・口中お珊の方**など参照）。なお虫歯を治してくれるありがたい石地蔵は、他寺院にもよく祀られており、「こんにゃく閻魔《えんま》」で有名な文京区小石川の源覚寺や、板橋区の松月院にも「歯痛《はいた》地蔵」と呼ばれる地蔵が祀られている。さらに、品川区西五反田の徳蔵寺の「三輪地蔵」も虫歯平癒の地蔵として知られており、三輪という老女が虫歯に苦しみ、おのれの死後は歯の守護神となると言い残したので、この地蔵が祀られたと伝えられている。

［参考文献］三吉朋十、一九七二『武蔵野の地蔵尊』、有峰書店。長沢利明、二〇一一「お珊の方の信仰――東京都港区芝公園善長寺――」『西郊民俗』二一七号、西郊民俗談話会。

勝専寺《しょうせんじ》のそば閻魔《えんま》

足立区千住二ノ一一

御利益

祈願成就

千住の勝専寺に祀られている閻魔大王は、俗に「そば閻魔」と呼ばれ、ソバを供えて**諸願成就**を祈る。当寺の閻魔の祭礼は、毎年一月と七月の十五～十六日におこなわれており、多くの参詣者が集まる。この閻魔参りは大正時代に非常にさかんになったといい、今に至っている。祭礼日には境内に露店が立ち並んで、大変ににぎやかである。

なお、「そば閻魔」と呼ばれる閻魔は、やはり千住の金蔵寺《こんぞうじ》にも祀られており（**そば閻魔**参照）、やはりソバを供えての祈願がおこなわれていた。

［参考文献］足立区役所（編）、一九六七『新修足立区史』上巻、足立区役所。木村和子、一九九四「東京の閻魔信仰」『西郊民俗』一四七号、西郊民俗談話会。

装束稲荷《しょうぞくいなり》

北区王子二ノ三〇

御利益

衣類満足

北区の王子稲荷神社の近くには、狐の伝説で有名な稲荷社があり、装束稲荷と呼ばれている。小さな稲荷社であるが、かつてはここに装束榎《しょうぞくえのき》と呼ばれる榎の巨木があった。榎の木は明治時代に枯死してしまったが、今ではそこに装束稲荷社が祀られている。江戸時代には、大晦日の夜に、稲荷の眷属《けんぞく》である狐たちが関八州一円から勢揃いして、ここで衣冠装束を整えてから王子稲荷へ集まり、そこでおこなわれる冠位定めの儀式にのぞんだといわれている。そこで、この榎のことを装束榎と呼ぶようになったという。大晦日の夜に、遠くから榎の木を眺めると、たくさんの狐火がそこに群れ飛ぶのが見えたので、人々はその狐火の様子から新年の豊凶を占ったといい、狐火見物の名所であったという。『東都歳事記』・『新編武蔵風土記稿』・『江戸名所図会』などに、そのことが記されているほか、歌川広重は装束榎の根元に狐たちが集まるさまを『名所江戸百景』のひとつに描いていて、著名な浮世絵作品となっている。王子に住む人々は、狐たちにならって大晦日の夜に、装束稲荷へ参詣するのがならわしで、ここに参詣すれば一生の間、**衣裳に不自由しない**ともいわれている。

〔参考文献〕川崎房五郎、一九七六『江戸風物詩①・江戸の四季』、桃源社。北区役所（編）、一九七一『新修北区史』、北区役所。

正《しょう》福《ふく》寺《じ》の千《せん》体《たい》延《えん》命《めい》地《じ》蔵《ぞう》堂《どう》

東村山市野口町四ノ六

御利益

- **疫病退散**
- **安産達成**
- **除厄達成**

東京都内には国宝に指定されている建造物が二件あるが、ひとつは港区の迎賓館赤坂離宮、もうひとつは東村山市の正福寺地蔵堂である。その後者は、鎌倉の円覚寺舎利殿と並ぶ中世の典型的な禅宗様式を伝えた建築物であり、正式には「千体延命地蔵堂」と呼ばれている。堂内には本尊の地蔵菩薩立像が安置されているが、そのほかにも信徒の奉納した計九百体余の小さな木像地蔵群が、そこに並び納められている。寺伝によれば、鎌倉幕府の八代執権であった北条時宗がこの地で鷹狩りをおこなっていた際、疫病にかかったが、夢枕に地蔵菩薩があらわれて薬を授けたといい、おかげで病が全快したという。以来、**疫病平癒・疫病退散**の地蔵として、堂内の地蔵菩薩があつく信心されるようになったという。とはいえ、昭和八～九年（一九三三～一九三四）における地蔵堂の解体修理調査の結果、地蔵堂の建立は応永十四年（一四〇七）頃のことで、鎌倉時代の昔にまではさかのぼらないことが明らかにされている。堂内の本尊とともに安置されている九百体余の小地蔵群は、江戸時代以来、多くの信徒らによって奉納されてきたもので、疫病退散・**安産子育て**などがそこに祈願されてきたという。その一体を借り受けてきて家内に祀り、祈りを続けて願が成就すれば、それを二体に増やして奉納することにもなっていた。現在では、八月八日の地蔵会、九月二十四日の「地蔵彼岸」、十一月三日の「地蔵祭り」の日に堂内が一般公開されており、その時に小地蔵像が信徒らに授与されていて、その開眼法要・入魂式もなされている。主として

厄除けを祈願して、多くの信徒らが地像の授与を受けることになっている。

［参考文献］服部建人、二〇二〇「金剛山正福寺・地蔵堂」『杉並郷土史会会報』二八二号、杉並郷土史会。

正《しょう》法《ほう》院《いん》の火《ひ》伏《ぶ》せ観《かん》音《のん》

豊島区西巣鴨四ノ八

御利益

○火災消除

火伏せにご利益があるという観音菩薩が、豊島区の正法院に祀られている。この寺の本尊である聖《しょう》観世音菩薩がそれである。江戸時代、下谷にあった正法院は寛文八年（一六六八）の江戸大火の際にも焼け落ちることなく、観音の霊験によって火難をまぬがれたという。それ以来、本尊の観音菩薩は「火伏せ観音」と呼ばれ、火難除けのご利益仏として知られるようになったという。

［参考文献］やまひこ社（編）、一九八七『東京御利益案内』、リブロポート。

浄《じょう》牧《ぼく》院《いん》の水《みず》子《こ》地《じ》蔵《ぞう》

東久留米市大門町一ノ三

御利益

○水子供養

東久留米市の浄牧院の境内には水子地蔵を祀る堂があり、信仰を集めている。流産や死産により、この世に生を受けることのできなかった**子供の霊を供養**するための地蔵で、親たちが焼香におとずれる。寺によれば、水子とい う言い方は本来なく、水子《すいじ》・孩子《がいじ》という言い方が正しいといい、出産後一年以内に亡くなった嬰児《えいじ》や死産した胎児のことをそう呼ぶとのことである。

［参考文献］東久留米市史編さん委員会（編）、一九七九『東久留米市史』、東久留米市。

東久留米市の浄牧院の境内にある

称《しょう》名《みょう》寺《じ》の日《ひ》限《ぎり》地《じ》蔵《ぞう》堂《どう》

府中市宮西町一ノ九

御利益

○病気平癒
○子育成就

一定の日数を限って精進と願掛けとをおこなう地蔵尊が日限地蔵で、時宗寺院によく祀られている（**阿弥陀寺の日限地蔵・松秀寺の日限地蔵・日輪寺の日限地蔵**など参照）。府中市の称名寺もまた同宗寺院で、境内には日限地蔵堂がある。時宗本山である相州《そうしゅう》藤沢の遊行寺《ゆぎょうじ》の第四十八世万的上人が、当寺に隠居をして第五十一世となり、持仏の地蔵尊を地蔵堂に祀ったという。**諸病平癒**にご利益があって、二十一日間あるいは三十五日間とかの日数を区切り、祈願を続けると願いが叶うといわれている。**子育て**地蔵として信心する人々も多く、今でも多くの小絵馬や千羽鶴が、つねに堂の扉に奉納されている。堂内に安置されている石地蔵の台座にも「日限地蔵」と刻まれている。

〔参考文献〕長沢利明、一九九九「日限地蔵の信仰——東京都港区白金松秀寺——」『西郊民俗』一六六号、西郊民俗談話会。

城《じょう》立《りゅう》寺《じ》の鬼《き》子《し》母《ぼ》神《じん》

江戸川区春江町二ノ三九

御利益

○安産達成
○子育成就

江戸川区の城立寺には、伝教大師作と伝えられる鬼子母神像を安置する鬼子母神堂が、本堂右手に祀られている。この鬼子母神像は、一本の木から三体の像を彫刻したもののうちの一体で、「一木三体」の像と伝えられる。残りの二体は、京都の妙覚寺と富山県の真乗寺に祀られているという。当寺の鬼子母神は、**安産の守護神**として広く信仰され、多くの女性たちが参拝におとずれた。

〔参考文献〕江戸川区（編）、一九七六『江戸川区史』三巻、江戸川区。

勝《しょう》利《り》八《はち》幡《まん》

世田谷区桜上水三ノ二二

世田谷区の勝利八幡神社はその社号の通り、あらゆる勝負事に勝利を呼び込む開運の神とされ、**受験・スポーツ・事業・ギャンブルなどの必勝祈願**におとずれる参拝者が多い。戦前は出征兵士らが武運長久を祈って、さかんに参拝におとずれた。現在では、スポーツ選手らが試合前に**勝利を祈願**していくという。

［参考文献］やまひこ社（編）、一九八七『東京御利益案内』、リブロポート。

聖《しょう》輪《りん》寺《じ》の観《かん》音《のん》

渋谷区千駄ヶ谷一ノ一三

千駄ヶ谷の聖輪寺に祀られている観音は、像高三尺五寸の如意輪観音である。行基が北越遊行の旅の途次、当地に立ち寄って休んでいたところ、観音が出現して、我を祀れと告げた後、古木の根元に消えたという。行基はさっそくその古木を切って観音像を彫り、当寺に祀ったと伝えられる。天正年間（一五七三〜一五九二）の頃、里の子供らがよくこの観音像を寺から引っ張り出して川の中に投げ入れ、ともに水浴びをしていたとも伝えられるが、観音は怒りもせず、ある里人の夢枕に立って、「善哉《よきかな》、善哉《よきかな》。童達《わらべら》毎日、我を浴びせし縁により、一切の病難から救うであろう。汝《なんじ》ら疑うことなかれ」と告げたという。その後、国中に疱瘡《ほうそう》が流行した時、この里にはまったく感染者が出ず、無事であったといい、**疫病除け**の仏としてあつく信心されることとなった。また、その時以来、観音は秘仏とされ、今に至っているという。

［参考文献］渋谷区（編）、一九六六『新修渋谷区史』中巻、渋谷区。

白瀧不動《しらたきふどう》

青梅市滝ノ上町一三一六

御利益

○商売繁盛
○千客万来
○産業発展（水商売）

青梅市の常保寺《じょうほじ》の境内に祀られている白瀧不動尊は、古くから水商売関係者らの信仰を集め、**千客万来のご利益**があるといわれてきた。境内にある築山の頂に小さな岩屋が祀られ、その中に倶利伽羅龍王《くりからりゅうおう》の石像が安置されている。倶利伽羅龍王は不動明王の化身とされ、黒竜が剣にからみつき、剣を飲み込もうとする姿が石に彫刻されている。第六十一代朱雀天皇の御代に、京都仁和寺の寛朝《かんちょう》僧正が当地へ行脚し、青梅天ヶ瀬町の金剛寺を参詣した折、霊夢に感じてこの白瀧不動尊の岩屋を創建したと伝えられる。岩屋は当初、多摩川べりにあったため、洪水で流失してしまったが、その後に再建され、門前に茶店が立ち並ぶほどにぎわっていたものの、再びの洪水でまた流失してしまったという。明治時代になって、不動の岩屋は常保寺の境内に再建されることとなり、今に至っている。倶利伽羅龍王は、滝口や清水の湧水地などによく祀られており、水にまつわる産業の従事者らが信仰をしてきたという。それが**水商売**にも通じ、青梅の芸者衆が熱心な信心を寄せるようになった。戦後における青梅の織物産業の全盛期には、「ガチャマン景気」といって、織機がガチャンと一回動くだけで万札が飛び交うほどの利益が生み出されたという。青梅宿の料亭街は機屋衆の散財でおおいにうるおい、多くの芸者衆が集まるようになった。その芸者衆や料亭関係者らが熱心に信仰を寄せてきたのが、常保寺の白瀧不動尊であったという。

森巌寺《しんがんじ》の淡島堂《あわしまどう》

世田谷区代沢三ノ二七

御利益

○芸能上達（裁縫）
○産業発展（和装業）

世田谷区の森巌寺の境内には淡島堂

が祀られており、台東区の浅草寺淡島堂と並んで、東京都内における淡島信仰の重要な信仰施設となっている。江戸時代には、淡島明神と呼ばれていた。毎年二月八日には、そこで**針供養**祭がおこなわれ、浅草寺淡島堂・新宿正受《しょうじゅ》院《いん》のそれとともに、「東京三大針供養祭」といってもよいであろう（**浅草寺淡島堂・正受院の針塚**参照）。森巌寺の淡島堂における針供養法会では、和裁職人・和裁業界関係者らがそこに集まり、堂内に置かれた大豆腐に、持ち寄った古針・折針を刺して供養をおこない、**裁縫技術の上達と和裁業界繁栄**とを祈願する。**女芸一般の向上、婦人病平癒**などにもご利益があるという。森巌寺の住職もそこで読経法要をおこなうことになっている。江戸時代には、この淡島堂での灸点《きゅうてん》治療もさかんになされており、**諸病平癒**に大変効験のある「粟（淡）島の灸」として広く知られていた。伝承によれば、当寺の開山住職は持病の腰痛に悩まされていたというが、ある時その夢枕に淡島明神が立って、灸点治療のやり方を授けたという。すっかり腰痛の治った住職は、境内に淡島堂を建て、広く一般大衆に灸点による療治をほどこすようになって、治療希望者らが殺到するようになった。この淡島の灸は、足腰などの関節痛・リューマチなどの治癒に絶大な効験があり、四百年の歴史を誇るともいわれ、今日もそれが続けられている。安政三年（一八五六）の『狂歌江戸名所図会』には、その灸点と針供養のことを詠んだ狂歌が収められている。「まかり（曲り）たる針も納る淡しまハ人をつりこむ御夢想の灸」とあるのは、そこでなされていた針供養のことをいっているが、「淡しまに灸をすうる女等の針さす癪もをさまりにけり」とあるのは、針供養と灸点治療のことを詠んでいる。森巌寺の針供養祭は、世田谷区の無形民俗文化財にも指定されている。

〔参考文献〕世田谷区（編）、一九七六『せたがやの歴史』、世田谷区。やまひこ社（編）、一九八七『東京御利益案内』、リブロポート。

森《しん》巌《がん》寺《じ》の針《はり》塚《づか》

世田谷区代沢三ノ二七

御利益

○芸能上達（裁縫）

針供養の寺として名高い世田谷区の

森巌寺の境内には、針塚碑も祀られている。碑は東京和服裁縫教師会の手で建立されたもので、台東区の浅草寺淡島堂や新宿区の正受院《しょうじゅいん》などにある針塚・針供養塔と並ぶ、重要な信仰施設である（**浅草寺淡島堂の針供養塔・正受院の針塚**参照）。毎年二月八日には、森巌寺の淡島堂内で針供養法会がおこなわれ、住職による読経法要がなされるが、堂内に置かれた大豆腐に参拝者らが持ち寄った古針・折針を刺して、その労をねぎらい、感謝がなされる。法要が終わると、住職や参拝者らはそのまま堂の外に出て、針塚碑の前に整列し、そこでも拝礼がおこなわれる。針塚碑の左脇には、石造りの大きな箱形の石造物が設置されているが、それが古針を納めるための「石棺」である。淡島堂内で大豆腐に刺して供養された古針は、すべて抜き取ってこの石棺の中に納められることになっている。

［参考文献］世田谷区民俗調査団（編）、一九八八『下北沢』、世田谷区教育委員会。

古針・折針の労をねぎらう

新《しん》宿《じゅく》鬼《き》子《し》母《ぼ》神《じん》

新宿区西新宿七ノ一二

御利益

○除厄達成
○災難消除

JR新宿駅西口の副都心脇にある常泉院には、安産・子育て・子授けにご利益があるという鬼子母神が祀られており、「新宿鬼子母神」と呼ばれている。**魔除け・災難除け**にもご利益があるという。鬼子母神堂は本堂左手にあり、堂内には足利時代の作と伝えられる古い鬼子母神像が安置されている。江戸時代の鬼子母神像は怖い表情の鬼面像が一般的であるが、当寺のそれはおだやかなやさしい顔立ちで、赤ん坊を抱いた母親の慈愛に満ちた表情をしているのが特色である。江戸時代には、出開帳もなされていたという。新宿駅に近いということもあり、多くの参拝者がおとずれる。

［参考文献］やまひこ社（編）、一九八七『東京御利益案内』、リブロポート。

深《じん》大《だい》寺《じ》

調布市深大寺元町五ノ一五

御利益
○恋愛成就
○良縁成就

調布市内の古刹《こさつ》、深大寺の開創については、享保七年（一七二二）に編さんされた『深大寺仮名縁起絵巻』にくわしく語られている。それによると昔、この地の郷長右近と妻の虎女との間に、一人の美しい娘が生まれた。娘が年頃になった時、福満という若者があらわれ、娘と相思相愛の仲となった。しかし両親は、素性の知れぬ男と娘を一緒にすることはできないということで、娘を池の中の小島に閉じ込めてしまう。福満は水神である深沙大王《じんじゃだいおう》に祈ったところ、池から大きな霊亀があらわれ、福満を背に乗せて小島へ渡らせてくれた。この奇跡を目にした両親は、二人の結婚を許す。やがて二人の間には玉のような男児が生まれ、満功《まんくう》と名づけられた。満功は長じて仏教に深く帰依し、唐に渡って修行を続けて、帰国後はこの地に戻り、深大寺を創建することとなったという。この縁起物語にちなんで近年、深大寺は**恋愛成就・縁結び**の寺として注目され、若い女性らにさかんに信仰されるようになった。境内に祀られている深沙大王堂には、福満と娘との仲を取り持った深沙大王が祀られており、水の恵みをもたらす神としても信心されている。

［参考文献］調布市史編集委員会（編）、一九八八『調布市史・民俗編』、調布市。調布市史編集委員会（編）、一九九〇『調布市史』上巻、調布市。

深《じん》大《だい》寺《じ》の元《がん》三《ざん》大《だい》師《し》堂《どう》

調布市深大寺元町五ノ一五

御利益
○除厄達成
○災難消除

調布市の深大寺の境内には、元三大師良源《りょうげん》を祀る元三大師堂がある。元三大師は康保三年（九六六）に第十八代天台座主《ざす》となり、比叡山中興の祖とあがめられた高僧で、永観三年（九八五）正月三日に没したので「元三大師」という通称で呼ばれるようになったが、正式には慈恵《じえ》大師という。深大寺の元三大師は、「厄除け元三大師」ともいい、**厄除け祈願**にご利益があるといわれ、連日多くの参拝者がおとずれて護摩祈《き》祷《とう》を受けていく。「角大師《つのだいし》」・「降魔像《ごうまぞう》」などと呼ばれる、鬼のような姿の大師の御影を刷った祈祷札を出すことでも知られ、この札を玄関口などに貼っておくと、魔除けになるという。毎年三月三〜四日には、元三大師堂の前でダルマ市が立つことでも知られている。

［参考文献］調布市史編集委員会（編）、一九八八『調布市史・民俗編』、調布市。調布市史編集委員会（編）、一九九〇『調布市史』上巻、調布市。

深《じん》大《だい》寺《じ》の草《そう》木《もく》塔《とう》

調布市深大寺元町五ノ一五

御利益

産業発展（造園業）

調布市の深大寺の境内には、人間のために役に立った草花や樹木の魂を供養して祀られた石碑があり、造園業者・園芸家・庭師らの守り神、そして造園・園芸業界の繁栄の守護神ともなっている。いわゆる「草木塔」と呼ばれるもののひとつで、東京都内にもいくつかこれが祀られている（**無量寺の草木塔・柴又帝釈天の草木塔・等々力不動の草木塔**など参照）。深大寺のものは、調布植木組合の手で昭和五十八年（一九八三）、深大寺の開創一二五〇周年を記念して建立されたもので、正面には「潤於人華各得成実、浮岳山主玄昭」との銘文が刻まれている。

石碑は造園・園芸業界の繁栄の守護神

深《じん》大《だい》寺《じ》の白《はく》山《さん》社《しゃ》

調布市深大寺元町五ノ一五

御利益

○恋愛成就
○良縁成就

調布市内の名刹《めいさつ》、深大寺の境内には、**縁結び**の神である白山社が祀られている。白山神・稲荷・山王の三神を合祀した境内社が、明治十八年（一八八五）に建てられているが、その中の中央に鎮座しているのが白山社である。白山の神である白山権現は、正式には菊理《くくり》媛大神《ひめのおおかみ》と呼ばれる女神であるが、その神名の「くくり」が物事を「括る」に通じ、それは人と人との仲を取り結ぶことを意味するとされ、縁結びの神として信仰されることとなった。

甚《じん》内《ない》神《じん》社《じゃ》

台東区浅草橋三ノ一一

御利益

○病気平癒（熱病）
○商売繁盛
○賭事必勝

浅草橋の市街地内にある甚内神社という小さな神社には、江戸時代の大盗賊、無頼の徒として知られる高坂《こうさか》（幸崎とも）甚内が祭神として祀られている。**瘧《おこり》（マラリアなどの熱病）を治す**神として深く信仰され、『江戸神仏願懸重宝記』にもそれが収録されている。甚内は瘧病をわずらって苦しみつつ捕らえられ、この地で処刑されたといい、その時に「自分は死後、瘧に悩む人々の守り神となる」と宣言して果てたので、その霊を祀ってこの神社が建てられたという。瘧の平癒の祈願をなす者は、自分の歳を紙に書いて鳥越橋の上から川に流し、平癒のあかつきには茶を供えよと、その願掛け方法まで自ら指定して甚内は死んでいったといわれている。鳥越橋はその後、甚内橋と呼ばれるようにもなり、その橋のたもとに神社は鎮座することとなった。それが現在の甚内神社である。その後、多くの信者が信心を寄せるようになり、江戸時代末期には見違えるように立派な神社となって、本殿と拝殿、随身像や手水鉢《ちょうずばち》まで整えられるまでになったと、『十方庵遊歴雑記』などに記されている。その当時の願掛け方法は、鳥越橋上から願文をしたためた紙片を流し、願の成就後には魚の干物と酒を川に流すというものであったという。明治時代には「甚内霊神」・「甚内様」などと呼ばれ、現在地へ移されて小社となったが、今でも地元の向柳原町《むこうやなぎはらまち》の守護神となって、神社が守られている。現在では広く**病気平癒・商売繁盛**の神として信心されているが、**ギャンブル必勝**のご利益を求めて参拝する人々も多いといい、鼠小僧次郎吉や国定忠治の墓と同じように、侠客《きょうかく》や盗賊が賭博の守り神として信心される例はよく見られた（**鼠小僧の墓**など参照）。競馬で大穴を当てたギャンブラーが、気前よく賽銭箱《さいせんばこ》に一万円札をねじ込んでいくこともあったという。

〔参考文献〕台東区役所（編）、一九六六『台東区史・社会文化編』、台東区役所。長沢利明、一九九三「病神と遺言——東京都台東区浅草橋甚内神社——」『西郊民俗』一四二号、西郊民俗談話会。

熱病にご利益がある盗賊の神社

真福寺《しんぷくじ》の百観音《ひゃっかんのん》

武蔵村山市中藤一ノ三七

御利益

・飼馬安全

武蔵村山市の真福寺の境内に祀られている観音堂には、板東・西国・秩父の計百ヶ所の霊場仏があわせ祀られており、俗に「百観音」と呼ばれている。『新編武蔵風土記稿』には、「観音堂、南の方にあり。三間四方。本尊弥陀立像にて二尺二寸許。左右に堂の百観音を安ず。中興ヨリ十二代隆翁法印建立」と述べられている。馬の守り本尊として信仰されてきた霊堂であって、周辺地域の農耕馬・駄馬を飼う農家や馬喰《ばくろう》たちが、**飼い馬の健康安全**をそこに祈願し続けてきたという歴史がある。いわゆる「馬の神様」であって、多摩地域にはそうした馬の守護仏を祀る寺堂が各地に見られ、農家のあつい信仰に支えられてきた（**如意輪寺**など参照）。戦前は毎年一月十七日（現在では一月十五日）にこの観音堂の縁日祭がおこなわれ、その祭りそのものも俗に「百観音」と呼ばれていたが、境内には露店が立ち並び、見世物小屋まで出て、大変なにぎわいを見せたという。西多摩地域・立川市・東大和市あたりの馬を飼う農家や馬力屋・馬喰らは、飼い馬を連れて参詣におとずれ、観音堂のまわりをぐるぐると二〜三周、馬を曳《ひ》きながら回り、馬体安全・飼い馬安全を祈願した。最盛期には約六十頭もの馬が集まったといわれるが、農耕馬よりは駄馬が多かったという。この祭りの日、馬の飼い主らは馬に鞍《くら》や鐙《あぶみ》をつけ、背には赤い布飾りを着せ、手綱にも赤い布を巻いて曳いてくるのがならわしで、多くの飾り馬が青梅街道を並び歩いて真福寺をめざす姿は、まことに壮観なものであったという。

〔参考文献〕長沢利明、一九九九「年中行事」『武蔵村山市の民俗・その四』、武蔵村山市。

心《しん》法《ぼう》寺《じ》の塩《しお》地《じ》蔵《ぞう》

千代田区麹町六ノ四

御利益

病気平癒

麹町の心法寺は、今も千代田区内に残る唯一の仏教寺院である。門前に立つ二体の石地蔵は「塩地蔵尊」と呼ばれ、頭や肩の上につねに塩が盛られているが、それは参拝者らが塩をささげて**病気平癒**を祈願していくためである。自分の持病のある身体部位と同じ所に塩を塗りつけると、それが治るといわれている。地蔵の仏体は、長年にわたる塩の奉納によって、塩害でぼろぼろに風化しており、それほど多くの祈願者のいることがよくわかる。特に右側の地蔵の損傷は激しく、尊顔の表情をほとんどとどめていないが、そのために左側の地蔵を昭和五十四年（一九七九）に新たに建てたにもかかわらず、たった三十年でかなりの風化を見せており、塩の風化作用というものはそれほど大きい。東京都内には、こうした塩地蔵が二十七例ほど確認されている（**太宗寺の塩かけ地蔵・源覚寺の塩**

病気の身体部位と同じ所に塩を塗る

地蔵・宝塔寺の塩なめ地蔵など参照）。

〔参考文献〕加藤紫識・長沢利明、二〇〇六「東京の塩地蔵」『民俗学論叢』二一号、相模民俗学会。

神《じん》保《ぼ》大《だい》黒《こく》天《てん》

世田谷区北烏山四ノ一七

御利益

○開運招福
○家内安全

北烏山の寺町にある永隆寺には、神保大黒天と呼ばれる石像の大黒天が祀られている。徳川家康の側室で熱心な法華経信者であった養珠院殿お万の方が、日頃信仰していた大黒天で、当寺住職の利玄院日《にち》我《が》上人へ譲られたものだという。永隆寺は近代期に都心部から北烏山の寺町へと移った移転寺院であるが、江戸時代にも移転を経験しており、元禄四年（一六九一）頃には本所太平町にあった。その当時は毎月三の日が大黒天の縁日とされ、門前で盛大な植木市などがおこなわれていた。しかし、三回に一回は雨にたたられて市が立たず、植木市で一儲けしようと思っていた商人らのもくろみがはずれたので、「貧乏大黒天」などと呼ばれることもあったという。この神保大黒天の尊像は、本門八品《ほんもんはっぽん》の題目を体現した姿をしており、貧苦の者には**福徳**を、智恵なき者には**智恵**を、病に悩む者には**良薬**を授けてくれると信じられていた。手にした小槌《こづち》で、人の心の煩悩を打ち砕き、心の平安を授けるともいわれている。平成二十九年（二〇一七）一月八日には、百年ぶりに縁日が復活し、以後は毎年一月の第二日曜日に法要がなされるようになって、「大黒祈願会」と呼ばれている。

神《しん》農《のう》

文京区湯島一ノ四

御利益

○産業発展（医業・薬業）

神農は古代中国の神話上の皇帝の一人で、日本や中国では医祖神・薬祖神として信仰されている。山野に分け入り、自ら草木をかじってなめながら、病気を治すさまざまな薬草を見つけ出し、人々を救ったのが神農であると伝えられる。江戸時代の日本では医業に従事する家々、製薬業にたずさわる人々や薬種問屋・売薬業者らの間で、斯業《しぎょう》の祖神として深く信心され、その神像や画像軸が礼拝されてきた。現在の東京都内でもっともあつく信仰されている神農は、湯島聖堂の構内に祀られた神農廟《びょう》のそれで、等身大の大きな神農像がそこに安置されている。年に一度、十一月二十三日に挙行される神農祭の時にのみ、廟は開扉されるので、誰でも拝観することができる。この神農祭には、日本漢方協会・日本東洋医学会・文京区薬剤師会など、**医学・薬学関係**十二団体で構成する神農奉賛会の関係者らが廟前に参列し、**業界の発展と繁栄**とを祈願する。

〔参考文献〕長沢利明、二〇一七「神農像とその信仰」『くにたち郷土文化館研究紀要』八号、くにたち郷土文化館。

す

随《ずい》応《おう》寺《じ》の腹《はら》帯《おび》地《じ》蔵《ぞう》

港区三田四ノ六

御利益
- 安産達成
- 子育成就

三田の寺町の中にある随応寺は、「腹帯地蔵尊」を祀る寺として有名である。この地蔵尊は秘仏であるが、腹帯を着けた妊婦が参拝すれば、**安産**まちがいなしとされてきた。妊婦の産前・産後の滋養に薬効のある「実母散《じつぼさん》」という薬も寺から出されていたが、戦前はその薬を寺で自前で製造しており、薬草を煎じる匂いがつねに周辺に漂っていて、遠方から参詣におとずれる人々は、その匂いを頼りに歩いてくれば、迷わず随応寺までやってくることができたという。

〔参考文献〕やまひこ社（編）、一九八七『東京御利益案内』、リブロポート。

水《すい》天《てん》宮《ぐう》

中央区日本橋蛎殻町二ノ四

御利益
- 安産達成
- 水難消除
- 商売繁盛

日本橋の水天宮といえば、**安産・子**

育てのご利益で非常によく知られており、これから出産を迎える女性たちが毎日たくさん、わが子の無事な出産を祈願するため、参詣におとずれる。毎月五日の縁日には多くの参詣客があり、特に一月五日のそれを「初水天宮《はつすいてんぐう》」といって、せまい境内には参詣者らがあふれかえる。大正時代〜昭和時代初期には大群衆が神社周辺に押し寄せて、市電が通行できないこともあったといい、東京最大の縁日ともいわれた。「そうで有馬の水天宮」・「情け有馬の水天宮」などと洒落言葉でいわれたように、もともとは久留米藩主有馬家の藩邸内に祀られていた守護神であったが、毎月五日の縁日に特別に藩邸を開門して、庶民の参拝を許していた。以来、今に至るまで毎月五日の縁日には多くの参詣客でにぎわって、門前には数多くの露天商が立ち並んだ。初水天宮のことは安政六年（一八五九）の『武江《ぶこう》遊観志略』に、「赤羽根有馬家鎮守水天宮参詣」と出ているが、当時の有馬邸は三田赤羽橋にあり、現在地へ移転したのは明治五年（一八七二）のことであった。参詣におとずれる妊婦らは、安産守りや腹帯などを神社から受けていくが、拝殿正面に下がっている「鈴の緒」を小さく切ったものも必ず受けていく。それを腹帯の間にはさんでおくと、安産疑いなしとされた。「五《い》つ文《も》字《じ》」と呼ばれる護符も安産にご利益があるとされ、それを小さく切って出産前に飲み込むと、これまた安産が約束されるといわれていた。戌の日に参詣する人々が多いのは、犬は多産のうえに産が軽く、仔犬の面倒見もよいということで、犬にあやかろうとしたのだという。さらに、水天宮はもともと**水難除け**の神であったため、漁師や船舶関係者らが水難・海難除けの祈願を寄せ、縁起物の河童面などを受けていく。この面を家内の鬼門除けに飾っておけば**魔除け**・**商売繁盛**、台所に祀っておけば水難・**火難除け**になるともいう。東京湾の漁業関係者らが、航海安全を祈って奉納した大きな船の錨《いかり》が、境内にも飾られている。

〔参考文献〕浜野卓也、一九八五、『東京水天宮ものがたり』、講談社。やまひこ社（編）、一九八七『東京御利益案内』、リブロポート。

素《す》盞《さの》雄《お》神《じん》社《じゃ》

荒川区南千住六ノ六〇

御利益
○病気平癒
○疫病退散

南千住の素盞雄神社は、素盞雄命《すさおのみこと》の親子神を祀る神社であり、**疫病平癒**に多大な効験があるとされている。神話時代の昔、素盞雄命がはるか遠く南海の地へ妻問いに出向いた時、日が暮れて疲れ果て、蘇民将来《そみんしょうらい》・巨旦将来《こたんしょうらい》の兄弟の家に一夜の宿を乞うたという。弟の巨旦は裕福で大きな家に住んでいたにもかかわらず、それを拒んだが、兄の蘇民は貧しくて小さな家に住んでいたものの、温かく素盞雄命を迎え入れて歓待し、粟飯《あわめし》を振る舞ってもてなした。歳月がたち、再び素盞雄命がその地にやってきて、かつて世話になった蘇民に礼を述べ、「もしも疫病がはやったならば、蘇民の家族は茅《かや》で作った小さな輪を身につけよ。きっと疫病をまぬがれる」と告げた。その後、本当に疫病が流行したが、蘇民一族は茅《ち》の輪のおかげで助かり、巨旦一族は感染して子孫が途絶えてしまったという。

それ以来、疫病がはやると村人たちはその故事にならい、「蘇民将来子孫《そみんしょうらいしそん》なり」と唱えて茅の輪を身につけ、疫病除けのご利益を享受し続けたといわれている。素盞雄神社で毎年六月におこなわれている大祓式《おおばらいしき》の神事では、この伝説にちなんで、社殿前に大きな茅の輪を作って設け、参拝者はその輪をくぐって**疫病除け**の祈願をするようになったといい、今でも毎年それがおこなわれている。

〔参考文献〕荒川区役所（編）、一九三六『荒川区史』、荒川区役所。東京都神社庁（編）、一九八六『東京都神社名鑑』上巻、東京都神社庁。

隅《すみ》田《だ》川《がわ》七《しち》福《ふく》神《じん》

三囲神社（恵比須）墨田区向島二ノ五
三囲神社（大黒天）墨田区向島二ノ五
多聞寺（毘沙門天）墨田区墨田五ノ三一
長命寺（弁財天）墨田区向島五ノ四
向島百花園（福禄寿）墨田区東向島三
弘福寺（布袋尊）墨田区向島五ノ三
白鬚神社（寿老人）墨田区東向島三ノ五

御利益
○祈願成就

東京都内には多くの七福神めぐりの巡拝コースが開設されているが、もっとも古いものは谷中と隅田川および山の手の七福神であって（**元祖山の手七福神・谷中七福神**参照）、これらのうち隅田川七福神は、現在の墨田区内の七ヶ所の寺社を参詣するものであった。七ヶ所の内訳を見ると、①三囲《みめぐり》神社（恵比須）、②三囲神社（大黒天）、③多聞寺（毘沙門天）、④長命寺（弁財天）、⑤向島百花園（福禄寿）、⑥弘福寺（布袋尊）、⑦白鬚《しらひげ》神社（寿老人）となっている。①と②は同じ神社に祀られているので、実際には六ヶ所となっている。骨董商で財をなした佐原鞠塢《さはらきくう》という人が、文化元年（一八〇四）に向島百花園をこの地に開き、その園内に福禄寿を祀ったことから、七福神めぐりの巡拝コースが開設されることとなった。明治維新後、七福神の巡拝はしばらく廃れていたが、明治四十一年（一九〇八）に「隅田川七福神会」が設立され、巡拝も復活することとなった。現在では毎年の正月中に多くの参拝者らがおとずれ、七福神詣でがさかんになされているが、特に人気があるのは向島百花園から頒布されている宝船絵で、それを受けていく人々が多い。宝船絵には、隅田川に浮かぶ七福神を乗せた宝船が描かれており、古版を復活させたものである。一月二日の夜、これを枕の下に敷いて眠ると、めでたい初夢を見ることができるといわれている。

向島百花園の七福神宝船

〔参考文献〕東陽堂（編）、一九〇一「民間行事新年の祝」『風俗画報』二二四号、東陽堂。長沢利明、二〇〇七「七福神参りと信仰地域」『西郊民俗』一九八号、西郊民俗談話会。

諏訪《すわ》神社《じんじゃ》の目《め》の神《かみ》

立川市柴崎町一ノ五

御利益

- **病気平癒（眼）**
- **疫病退散**

立川市の諏訪神社の境内には、「目の神」と呼ばれる小祠《しょうし》が祀られている。**眼病平癒**にご利益のある神であって、ものもらい・トラコーマ・結膜炎・目やに・疲れ目など、あらゆる目の病を治すのに霊験あらたかであるという。境内の南東隅に立派な石祠が祀られていて、つねに赤い幟《のぼり》が何本もそこに奉納されており、多くの祈願者が日々参拝におとずれている。

［参考文献］東京都神社庁（編）、一九八六『東京都神社名鑑』下巻、東京都神社庁。

多くの祈願者が日々参拝におとずれる

せ

清《せい》岸《がん》寺《じ》の瘡《かさ》守《もり》稲荷《いなり》

渋谷区幡ヶ谷二ノ三六

御利益

○病気平癒（皮膚病）

渋谷区幡ヶ谷の清岸寺に祀られている瘡守稲荷は、出来物・腫れ物などのいっさいの**皮膚病の治癒**にご利益があるといい、参拝者が多い。この稲荷は「一老稲荷大明神」と呼ばれたこともあり、土の団子を神前に供えて腫れ物などの治癒を祈願することが、古くからおこなわれてきたが、その土団子をこねる土は、必ず清岸寺の境内の土を用いなければならないとされていた。願いが成就すれば、今度は米の団子を供えて礼参りをしたといい、他所《よそ》の笠森系の稲荷の祈願方法と同じであった。明治時代までは寺の境内には団子屋もあって、祈願のための団子を参拝者に売っていたという。稲荷の社殿は昭和二十年（一九四五）の空襲で焼失してしまったが、同四十一年（一九六六）に再建されている。社殿内に納められている御神体は、「瘡守稲荷大明神」と記された木札であるという。毎年二月の初午日には稲荷の祈願祭がおこなわれ、寺の住職が社前で読経をおこなうことになっている。

［参考文献］渋谷区役所（編）、一九五二『渋谷区史』、渋谷区役所。長沢利明、一九九八「カサモリ稲荷の土団子」『西

郊民俗』一六二号、西郊民俗談話会。

いっさいの皮膚病の治癒にご利益があるという

清《せい》岸《がん》寺《じ》の魚《ぎょ》籃《らん》観《かん》音《のん》

渋谷区幡ヶ谷二ノ三六

御利益

○除厄達成
○災難消除

渋谷区幡ヶ谷の清岸寺に祀られている石造の観音像は、魚籃観音と呼ばれる珍しい観音である。魚を入れた竹籠を手に持った姿の観音様で、三十三観音のひとつに数えられている。この観音に祈れば、**悪鬼・毒竜などの魔物から危害を受けることなく、身を守ることができる**といわれている。

〔参考文献〕長沢利明、二〇一五「民俗学の散歩道（二十二）―東京の魚籃観音―」『西郊民俗談話会ホームページ』二〇一五年八月号、西郊民俗談話会。

清《せい》岸《がん》寺《じ》の酒《さけ》呑《のみ》地《じ》蔵《ぞう》

渋谷区幡ヶ谷二ノ三六

御利益

○祈願成就（酒断ち）
○安産達成
○子育成就

渋谷区幡ヶ谷の清岸寺に祀られている石地蔵は、酒呑《さけのみ》地蔵と呼ばれており、これに祈れば**禁酒**を達成できるとか、酒に関するいっさいの悩みごとを解決できるとかいわれている。また、子育て地蔵と呼ばれることもあって、**安産・子育て**にもご利益があるという。この地蔵は宝永五年（一七〇八）に建立されたもので、次のような伝説をともなっている。昔、四谷伝馬町に中村瀬平という若者がいた。ゆえあって家を出て、幡ヶ谷村の農家に雇われるようになり、当地に住みついて農作業や子守りなどをよく手伝い、一生懸命に働いた。その勤勉さに感心した村人たちは、ある年の正月に彼を招いて日頃の労をねぎらい、ご馳走してやることとなった。瀬平が三十一歳の時のことであったという。彼は、普段はまったく酒を呑まなかったが、この時は村人たちにすすめられ、酒を呑んだ。ところが、すっかり酔っ払ってしまい、帰り道に川に落ちて水死してしまったという。その後、村人たちの夢の中に瀬平があらわれて、「この村の酒に苦しむ人々を助けたいので、地蔵を建てて欲しい」と告げた。村人たちはさっそく石地蔵を建てて、村内の地蔵橋のたもとに祀った。それがこの酒呑地蔵であるという。地蔵は長い間、地蔵橋の脇に立っていたが、平成二十三年（二〇一一）に清岸寺の境内へと移されることとなった。

酒に関するいっさいの悩みごとに対するご利益

清《せい》正《しょ》公《こう》

港区白金台一ノ一

御利益
- 勝負必勝
- 武運長久

港区白金の覚林寺は、加藤清正公を祀る寺として有名であり、地元では親しみを込めて「清正公《せいしょこう》」・「清正公様《せいしょこさん》」・「白金《しろかね》の清正公《せいしょこう》」などと呼ばれている。熊本県などには加藤清正公を祀る寺院が数多く見られるものの、東京都内では珍しく、覚林寺はそのもっとも著名な寺院といえる。当寺の場合、清正公は寺の本尊としてあがめられており、正式には「清正公大神祇《せいしょうこうだいじんぎ》」と尊称される。偉大な戦国武将を祀っているので、それにあやかりつつ武運長久・戦争必勝のご利益が生まれ、受験生やスポーツ選手・ギャンブラーなども深い信心を寄せるようになった。スポーツや賭け事はまさに勝負そのものを競うが、その意味では受験もまた**勝負事**といえるわけで、何によらず勝ち負けをともなうことには、清正公の強い加護の力が求められた。寺では「勝守り《かちまも》（菖蒲守り）」という勝負必勝のお守りを授与しているが、そこには祈祷《きとう》済みの菖蒲《しょうぶ》の葉が一枚、はさみ込まれていて、「勝負」・「尚武」・「菖蒲」の語呂合わせがなされている。その日の勝守りの一番札を寺から受けると大変縁起がよいといわれ、早朝から参拝者らが寺へ押しかけてきたことすらあったという。今ではおもに、受験生がそれを受けていく。戦時中は出征兵士がさかんに参詣をし、勝守りを受けてから戦地へおもむいたそうであるが、それは武運長久のご利益が期待されただけではなく、「弾丸《たま》除《よ》け」の祈願も込められていた。加藤清正公の家紋は蛇の目紋であるが、円形の輪の図案の真ん中が白く抜けているので、敵の弾丸がそこを通り抜けていくことを意味し、このお守りを身につけていれば、わが身に弾丸が当たらないと解釈された。明治時代の『新撰東京名所図会』にも、「毎年五月四、五、六の三日に限り、勝守（しゃうぶ守とも云）を出す。衆庶群集し、先を争ふて之を受けく」とあり、日清・日露戦争や第一次世界大戦など、戦争のあるたびに参詣者が殺到したといわれている。

引用文中にもあるように、覚林寺の清正公の大祭は五月に挙行され、現在では五月四～五日にそれがおこなわれている。ちょうど五月節供の日と重なっているため、祭りの日の境内には、鯉のぼりや菖蒲湯に入れる菖蒲の葉を売る露天商が立ち並んだ時代もある。祭りの当日には、小児生育成就祈祷もおこなわれるので、子供のすこやかな成長を祈願するため、母親に連れられた幼児らが大勢参列する。

〔参考文献〕長沢利明、一九九九「端午の節供と清正公」『江戸東京の年中行事』、三弥井書店。

咳《せき》地《じ》蔵《ぞう》

八王子市千人町二ノ一四

御利益

病気平癒（咳）

八王子市の宗格院《そうかくいん》の境内には、**咳止め**祈願にご利益があるという「咳地蔵尊」が祀られている。風邪をひいたりして咳の止まらない人は、この地蔵尊に参拝して、「願いのお札」を寺から受けていく。「願いのお札」には地蔵尊の姿が刷られており、「千人町宗格院せき地蔵尊」と書き添えられている。札は赤い紙と白い紙とで二枚一組になっており、赤い紙の方は参拝時に地蔵堂の壁に用意されている掲示板に貼っておく。白い紙の方は、つねに身につけておく。そうすると、風邪も百日咳も喘息《ぜんそく》も、ことごとく平癒するといわれている。

関《せき》神《じん》社《じゃ》

北区王子本町一ノ一

御利益

- **毛髪安全**
- **産業発展（毛髪関係）**

北区王子の王子神社の境内に祀られている関神社は、「髪の祖神」とされており、**髪の毛全般に関する守護神**として信仰されている。かつら・かもじの製造・販売業者、大相撲の床山、時代劇映画の関係者や俳優などなど、人毛とかつらに縁のあるあらゆる人々が深くこれを信心し、**業界の繁栄と発展**の祈願がそこでなされている。また一般人でも髪の薄い人、癖毛に悩む人などがここに祈れば、その悩みが解決するともいわれ、参詣する人々が見られる。境内の玉垣を見ると、東京都内や関西のかつら商、床山組合、理容店などの名がずらりと刻まれており、寄進したことを知ることができる。髪の毛に関する業界の信仰を集める、この種の神社は大変珍しい。この関神社に祀られている祭神は、蝉丸公《せみまるこう》神霊・逆髪《さかがみ》姫《ひめ》神霊・古屋美女《ふるやのびじょ》神霊の三神で、これらが髪の祖神とされている。中でも蝉丸は延喜帝の第四皇子で、琵琶の名手として知られ、音曲諸芸能の神とされてきたほか、すぐれた歌人としても有名で、「これやこの行くも帰るも別れては知るも知らぬも逢坂の関」の和歌は『小倉百人一首』にも収録されている。蝉丸は、自らが逆髪《さかがみ》であることに嘆き悲しむ姉君のために、侍女の古屋美女に命じてかつら・かもじを考案させ、髪を整える工夫をしたことから、髪の祖神としても崇敬されることとなった。そのゆかりの地である滋賀県大津市の逢坂山に、関蝉丸神社として祀られることとなったが、蝉丸を信心するかもじ業者らが中心となって、江戸時代には王子権現（王子神社）の境内にも、関神社が祀られることとなった。しかし、昭和二十年（一九四五）の戦災でその社殿は焼失してしまい、それを嘆いた人毛業界が広く呼びかけて、全国各地のかもじ・かつら商、床山組合、舞踊・演劇・芸能関係者、理容店や美容師らから浄財をつのり、昭和三十四年（一九六九）に関神社が再建されることとなった。同四十五年（一九七〇）に建てられた神社再建記念碑には、東京人毛協会・東京かつら協会・東京床山協会・関西かつら協会・東映撮影所・大映撮影所などの業界団体のほか、多数のかつら店・美容院経営者らの名も刻まれている。

［参考文献］やまひこ社（編）、一九八七『東京御利益案内』、リブロポート。

北区の王子神社にある関神社は髪の毛の守護神

関《せき》神《じん》社《じゃ》の毛《け》塚《づか》

北区王子本町一ノ一

御利益

毛髪安全

北区王子の王子神社の境内に祀られている関神社は、「**髪の祖神**」として知られているが、その関神社の境内には「毛塚」も祀られている。仏典によると、釈尊が多くの弟子たちを引き連れて祇園精舎に入った時、一人の貧しい女性が自らの髪の毛を切り、それを油に換えて献じた灯明が突風にも消えることなく、煌々《こうこう》と輝いて、世に貧女の真心の一灯として、髪の毛の尊さを訴えたという。それを毛髪最古の歴史的説話としてたたえながら、毛髪を取り扱うすべての業者の**毛髪報恩**の気持ちと**供養**の意味とを込めて、この毛塚が建立されることとなった。それは昭和三十六年（一九六一）のことであったが、その毛塚の塔には、関神社奉賛会・東京人毛商工組合・東京床山協会・東京かつら協会・関西かつら協会などの名が刻まれている。関神社と同様、毛髪業界の繁栄と発展とを祈念し、人毛供養のための祈願がそこに込められている。

［参考文献］やまひこ社（編）、一九八七『東京御利益案内』、リブロポート。

関《せき》戸《ど》熊《くま》野《の》神《じん》社《じゃ》

多摩市関戸五ノ三五

御利益

○除厄達成
○災難消除
○病気平癒

多摩市の関戸熊野神社は、地元では「関戸のおくまん様」と呼ばれ、親しまれてきた。熊野三山の神を勧請《かんじょう》した神社で、祀られている祭神は①速玉男《はやたまおの》命《みこと》、②泉事解男命《いずみことわけのおのみこと》、③意富加牟豆美命《おほかむづみのみこと》の三柱であるが、これらのうちの③は「桃の神」であるとされ、これを祀る神社は東京都内では、当社一社のみであるという。記紀神話には、火の神を産んで命を落とした伊弉美命《いざなみのみこと》をたずねて黄泉《よみ》の国をおとずれた夫の伊弉諾命《いざなぎのみこと》が、化け物と化して襲いかかる妻からのがれるため、桃の木に実っていた三個の桃の実を彼女に投げつけてその場を脱し、何とか地上へ戻ることができたと語られている。伊弉諾命は桃の実に感謝をして、「意富加牟豆美命」という神名を与えたといい、以来、桃は悪魔をしりぞける神聖な果実とされるようになったという。その桃の実を神として祀っていることによって、関戸熊野神社は、**災難除け・厄払い・病気平癒**のご利益があるとされるようになったという。

〔参考文献〕東京都神社庁（編）、一九八六『東京都神社名鑑』下巻、東京都神社庁。多摩市史編集委員会（編）、一九九七『多摩市史・民俗編』、多摩市。

関《せき》のカンカン地《じ》蔵《ぞう》

練馬区関町南一ノ九

御利益

○子育成就
○病気平癒

練馬区関町の青梅街道沿いに大きな石地蔵が祀られており、「カンカン地蔵」と呼ばれている。子供の守り本尊とされており、**子育てや小児の病気平癒**にご利益があるという。江戸時代の『新編武蔵風土記稿』にもこの地蔵のことが触れられており、「石地蔵像、坐像長六尺、青梅道ノ北側ニ立リ、関ノ地蔵ト云。祈願ヲナスモノ石ニテ打ハ、カネノ音アルヲモテ、カンカン地蔵トモ云」と述べられている。この地蔵尊がなぜカンカン地蔵と呼ばれてきたかについては、そこにも記されていたように、この地蔵を拝む際、地蔵の身体を小石で叩くことになっていたからであり、カンカンと金属的な音がするので、そう呼ばれるようになった。浅草のカンカン地蔵などとまったく同じである（**浅草寺のカンカン地蔵**参照）。地蔵を叩くための小石が二〜三個、つねに仏前に置かれていて、参拝者はそれを用いてカンカンと地蔵を叩いていく。長年にわたって叩き続けられた結果、石地蔵の下半身がどんどん削られて細くなってしまったため、近年それが修復されて、元通りの姿がよみがえっている。熱心な信者が少なからずおり、多額の寄付を寄せていくのであるが、その領収証が地蔵堂内に何枚も貼られているのもおもしろい。

［参考文献］練馬区教育委員会（編）、一九八二『練馬を歩く』、練馬区教育委員会。長沢利明、二〇一九『江戸東京の庶民信仰』、講談社。

拝む際、叩くとカンカンと音がした

咳《せき》の爺《じじ》婆《ばば》

墨田区向島五ノ三

御利益

○病気平癒（咳）

向島の弘福寺の境内には、「咳の爺婆」と呼ばれる二体の石造物を祀る小堂があり、**風邪や咳を治す**神として信仰されている。近年では「コロナ封じ」

風邪や咳を治す神。コロナ封じのご利益も

のご利益もいわれていて、参拝者も多い。二体の石造物は、老翁と老婆の姿をかたどった不思議な表情の石像で、ずんぐりと丸まった身体がユーモラスである。正式には「翁媼尊」と称する。

世田谷《せたがや》八幡《はちまん》の厳島神社《いつくしまじんじゃ》

世田谷区宮坂一ノ二六

御利益

○芸道上達

世田谷八幡宮の境内にある弁天池の中には、厳島神社が祀られており、その祭神である市杵島比売命《いちきしまひめのみこと》は七福神の弁財天と同じ神とされている。地元の氏子らも、この神社のことを俗に弁天様と呼んでいる。**芸道上達**のご利益があるという。

泉岳寺《せんがくじ》

港区高輪二ノ一一

御利益

○祈願成就（勝負事）

赤穂浪士の忠臣蔵の義挙は、誰もが知っている江戸時代最大の仇討ち物語である。そのゆかりの寺が港区の泉岳寺で、赤穂四十七士とその主君である浅野内匠頭長矩《あさのたくみのかみながのり》の墓は、この寺にある。

大石内蔵助のひきいる赤穂浪士たちが、本所の吉良上野介義央邸に討入って、主君の仇である上野介を見事に討ち果たし、その首をあげて積年の思いを遂げたのは元禄十五年（一七〇二）十二月十四日のことで、浪士らは主君の菩提寺である高輪《たかなわ》の泉岳寺へと凱旋《がいせん》する。仇の首級《しるし》を内匠頭の墓前にささげた一行は、諸家の屋敷に分散してお預けの身となり、全員が切腹して果てた。彼らの亡骸《なきがら》は泉岳寺へと運ばれ、主君の墓のかたわらに葬られた。それが泉岳寺の義士墓で、赤穂浪士ファンの聖地として有名であり、今でも多くの人々が参拝におとずれる。戦前は出征兵士らが武運長久・戦争必勝をそこに祈り、戦後は**勝負事**に何でもご利益があるといって、受験生やギャンブラーがよく参拝に来るようにもなった。赤穂浪士にあやかろうとして、いろいろなご利益がそこに生み出されてもいった。討ち入りの日である毎年の十二月十四日には、慰霊祭もおこなわれ、泉岳寺の僧侶らによる義士墓での読経供養がなされる。赤穂浪士を慕う多くの一般参詣者らもおとずれるが、焼香の順番待ちの行列ができるほどである。義士墓内に手向けられた大量の線香の煙は、目を開いていられないほどのけむたさであり、たくさんの義士ファンが今もいることがよくわかる。

忠臣蔵の赤穂四十七士と浅野内匠頭の墓で有名

［参考文献］北村　肇、一九九九『東京文化財の旅（二）』、毎日新聞社。長沢利明、二〇〇一『江戸東京歳時記』、吉川弘文館。

疝《せん》気《き》稲荷《いなり》

江東区南砂三ノ四

御利益
○病気平癒（腹痛）

「疝気」とは下腹部に激痛が走る病気のことで、江戸時代にはこの病気に苦しむ人々が多く見られた。**疝気の病の平癒**に霊験あらたかとされてきたのが、砂村の疝気稲荷神社で、多くの人々に信仰されていた。文化～文政年間（一八〇四～一八三〇）の頃が、その信仰の最盛期であったといい、参拝者が殺到したと伝えられる。事情により、神社は昭和四十二年（一九六七）に千葉県習志野市へ移転することとなったが、その跡地に稲荷を祀る小祠《しょうし》が残され、今でも疝気稲荷と呼ばれている。

［参考文献］東京都神社庁（編）、一九八六『東京都神社名鑑』上巻、東京都神社庁。

疝気とは下腹部に激痛が走る病気

禅《ぜん》定《じょう》院《いん》のイボ神《がみ》地《じ》蔵《ぞう》

練馬区石神井町五ノ一九

御利益

○病気平癒（イボ）

石神井池《しゃくじいいけ》の近くにある禅定院の境内には、小さな石地蔵が祀られているが、地蔵ではなく阿弥陀如来ではないかともいわれている。「イボ神地蔵」・「イボ地蔵」などと呼ばれていて、その名の通り、**イボの平癒**にご利益があるとされている。地蔵の頭の頂にあるツムジのようなものがイボの取れた痕のように見えるので、イボ取りの仏として信心されるようになったともいわれている。この地蔵へイボ取りの祈願をおこなう際には、土をこねて丸めた黒い団子を供えることになっており、平癒の後には米粉で作った白い団子を奉納するという決まりもあったという。

［参考文献］やまひこ社（編）、一九八七『東京御利益案内』、リブロポート。加藤紫識・長沢利明、二〇〇七「東京のイボ地蔵」『民俗学論叢』二二号、相模民俗学会。

イボの平癒に霊験あらたかといわれている

浅《せん》草《そう》寺《じ》

台東区浅草二ノ三

御利益

○開運招福
○商売繁盛
○無病息災

浅草寺は、いわずと知れた江戸東京を代表するもっとも著名な大寺院であって、庶民信仰の最大の聖地である。約四万七千坪にも及ぶ広大なその境内には、本堂（観音堂）・五重塔院・伝法《でんぼう》院《いん》（本坊）・風雷神門・二天門・影向堂《ようごうどう》などの諸堂宇が立ち並び、民間信仰関係の多数の諸仏・諸神も集中的に祀られている。本尊の聖観世音菩薩は秘仏であるが、推古天皇三十六年（六二八）に檜前浜成《ひのくまのはまなり》・竹成《たけなり》の兄弟が江戸浦での漁撈《ぎょろう》中に、網にかかって引き揚げられた霊仏とされ、土師中知《はじのなかとも》が自邸内にそれを祀ったのが、浅草寺の始まりであったと伝えられている。この縁起説話にもとづき、江戸の漁民たちが豊漁と海上安全とを祈り、一般庶民たちも**日々の安穏と諸業繁栄**、**二世安楽**の祈願をそこに寄せるようになり、**ありとあらゆるご利益**を授けて下さるまことに尊い仏として、浅草観音が広く信仰されるようになっていった。とはいえ、今でも浅草寺から授与されている祈祷《きとう》札《ふだ》・護符などを見てみると、**雷除け・盗難除け**守りや**安産**守り・**火防**守りなどの独特な形式のものが多くあり、古い時代の現世利益祈願の姿を、そこからうかがい知ることもできる。浅草寺と浅草の街は、いまや国際的な観光地でもあり、世界中から観光客がおとずれるが、近年では特に中国・韓国・東南アジア方面から多くの参拝者らがやってくるようにもなった。参道の仲見世通りなどを歩いていると、今では日本人よりもアジア人の方が多いということもよくあり、それほど浅草寺はアジアの人々に人気がある。なぜならばアジア各国の仏教は、国ごとにその姿をかなり異にしているとはいうものの、その中心に位置づけられてきたのはつねに観音信仰なのであり、彼らの浅草観音に寄せる親近感は日本人とまったく変わらない。浅草寺はそのようにして、いまやアジアの観音信仰の一大拠点となっているのであり、国境を越えてその信仰が広まりつつある。浅草寺ではまた、年間を通してさまざまな祭りや行事が開催されており、二月の節分会、三月・十月の金龍の舞、七月の四万六千日およびホオズキ市、十一月の白鷺《しらさぎ》の舞、十二月の羽子板市など、きわめて多彩であり、境内は参詣客らの大群衆でつねににぎわっている。

［参考文献］台東区役所（編）、一九六六『台東区史・社会文化編』、台東区役所。金龍山浅草寺、一九九六『図説浅草寺・今むかし』、金龍山浅草寺。

浅《せん》草《そう》寺《じ》淡《あわ》島《しま》堂《どう》

台東区浅草二ノ三

御利益

○芸能上達（和洋裁）

浅草の浅草寺の境内には庶民信仰の

対象としてのさまざまな神仏が祀られているが、それらの中でも特に、女性たちに深く信心されてきたのが淡島堂の神である。堂内に祀られているのは、元禄年間（一六八八〜一七〇四）に紀州加太《かだ》（和歌山県和歌山市）から勧請《かんじょう》されたという淡島明神の分霊である。紀州加太の淡嶋神社に祀られている淡島神は、住吉神の妃神でありながら離縁され、海に流されたと伝えられる女神で、浅草寺の淡島堂にも女神姿の神像が安置されていた。しかし、浅草寺では古来、淡島堂の祭神になぜか少彦名命《すくなひこなのみこと》をあててきたのであって、その本地仏としての虚空蔵菩薩《こくうぞうぼさつ》が公式な本尊とされてきた。そのようなわけで、堂内には虚空蔵菩薩の男性像と淡島明神の女性像とが、ともに安置されており、一見矛盾しているけれども、淡島明神を仏教式に取り込もうとしたことの結果であろう。信徒の間では、この女神のことを「婆利才女様《はりさいじょさま》」と呼びならわしてきたが、それは縫い針を用いての裁縫仕事の守護神への信心から来ている。淡島堂の本尊にはそうして、**和裁・洋裁など女芸一般の上達祈願**が寄せられるようになっていった。明治〜大正時代には、若い娘らを集めて堂内で裁縫を教えていたこともあり、それを指導していたのは浅草寺山内の住職夫人たちであったという。そして年に一度、裁縫を習う娘らが折れた古針を持ち寄って供養しつつ、針の技の上達を祈願するための行事として、**針供養祭**がなされるようになっていった。一般に針供養というと、和裁学校の生徒などが毎年二月八日（関西では十二月八日）に、大豆腐やコンニャクに古針・折針を刺して供養することになっているが、寺院で挙行される針供養の祭りというと、新宿区の正受院《しょうじゅいん》と世田谷区の森巌《しんがん》寺《じ》のそれが有名で（**正受院の針塚・森巌寺の淡島堂**を参照）、浅草寺淡島堂のそれを加えたこれら三ヶ所が、いわば「東京三大針供養祭」ということになろう。浅草寺淡島堂の針供養祭は昭和時代初期から始められたもので、例年二月八日に堂の前に大豆腐を用意し、参拝者らが古針・折針を持参して、その大豆腐の上に刺していく。和裁・洋裁職人およびその関係者、鍼灸《しんきゅう》師や入れ墨職人、畳屋やレコード産業関係者など、針を用いる仕事にたずさわる人々はみなやってくる。縫針のみならず畳針・レコード針などが大豆腐の上に刺して納められ、「豆腐は剣山のようになる。一時は病院の医師らが看護師とともにおとずれて、使い古した注射針を納めていたこともあった。毎年の針供養祭は今も盛況になされており、浅草寺の重要な年間行事のひとつに数えられている。

〔参考文献〕台東区役所（編）、一九六六『台東区史・社会文化編』、台東区役所。長沢利明、一九九九『江戸東京の年中行事』、三弥井書店。

針供養祭は重要な年間行事のひとつ

浅《せん》草《そう》寺《じ》淡《あわ》島《しま》堂《どう》の石《いし》灯《どう》籠《ろう》

台東区浅草二ノ三

御利益

- 病気平癒（疱瘡）
- 安産達成

台東区の浅草寺淡島堂は、裁縫上達の信仰と針供養祭とで有名であるが、堂の前の左手に大きくて古風な造りの石灯籠が一基、立っており、「胎内くぐりの石灯籠」と呼ばれていて、浅草寺の古い境内絵図などにもそれが描かれている。石灯籠の脚の部分がせまいトンネル状になっていて、そこを這《は》ってくぐり抜けるとご利益にあずかることができると信じられ、そうした祈願行為が古くからなされていた。子供がそこをくぐれば**虫封じ**や**疱瘡除け**《ほうそうよ》になり、妊婦がくぐれば**安産**が約束されるとされていた。臨月を迎えた妊婦が大きな腹をかかえつつ、苦労してそこをくぐっている姿が、近年でも時折は見られたものだという。この石灯籠のことは『浅草寺志』にも記されており、「石灯籠一基、社の東四間余にあり。高五尺五寸。火袋《ひぶくろ》の周り六尺三寸。笠石二尺六寸四方。台二尺九寸四方。台の下くりたる所有。是をくぐれば婦人は産を易くし、小児は疱瘡をかろくすると云俗説有。此石灯籠は石橋の出来たる時のもの也と云」と解説されている。ここにいう「石橋」とは、浅草寺境内の放生池《ほうじょういけ》に架かる石橋のことで、元和二年（一六一六）に紀州和歌山城主浅野但馬守長晟《ながあきら》が寄進した都内最古の石橋であるから、石灯籠も相当古い時代のものであったらしい。さらに、この石灯籠の火袋の中に婦人らが古針を納めていく風習が、明治・大正時代頃まで見られ、それがかつての針供養のやり方であって、今見るような淡島堂の針供養祭がおこなわれるようになる以前の時代の針納めは、そのような形でなされていた。もちろんそこには、古針の供養のみならず、女芸上達への祈願も込められていた。

〔参考文献〕長沢利明、一九九九『江戸東京の年中行事』、三弥井書店。渋沢青花、一九六六『浅草っ子』、毎日新聞社。

浅《せん》草《そう》寺《じ》淡《あわ》島《しま》堂《どう》の針《はり》供《く》養《よう》塔《とう》

台東区浅草二ノ三

御利益

○産業発展（和裁業）

浅草寺の境内にある淡島堂は、二月八日の**針供養**祭がおこなわれることで有名であるが、そこでの淡島明神への信仰はやがて、縫い針によって生計を立てる和裁職人らの信心をも集めるようになり、ついには和裁業者団体の信仰する業界の守り神にまで発展していくこととなった。そうして昭和五十七年（一九八二）、大東京和服裁縫教師会が創立五十周年を記念しつつ、全国和裁団体連合会の協賛を受けて、淡島堂の境内に「針供養之塔」を建立することとなったが、俗にそれは「針供養塔」とも呼ばれている。塔の銘文には、「全国の友好団体大衆の皆様方の折れ針の寄贈のもとに（中略）針を塔の中に入れ、針を神柱《しんはしら》とし針を神とし真心をこめ」て、この塔を建てたとあり、さらに「針を使う人々の生命財産を守り（中略）、その功績と感謝をたたへ」るものであるとも記されている。塔の建立にあたり、寄進をした大東京和服裁縫教師会の都内各支部名と全国各地の関連団体、在京の友好団体の名も、そこには刻まれている。東京三大針供養祭のおこなわれる新宿区の正受院《しょうじゅいん》や世田谷区の森巌寺《しんがんじ》にも、針塚碑が建てられているが（**正受院の針塚・森巌寺の針塚**を参照）、それらは主として和裁職人らの業界団体が寄進母体となっているのに対し、浅草寺淡島堂の針供養塔の場合は、和裁学校や私塾などの和裁教師・師匠らが中心となって建碑がなされているのが特徴といえる。毎年二月八日におこなわれる淡島堂の針供養祭には、この塔を建てた大東京和服裁縫教師会をはじめとする都内の和裁業界関係者らがそこに集まり、塔に香華をささげて拝礼をおこない、**和裁業界の繁栄と発展**とを祈願することになっている。

〔参考文献〕長沢利明、一九九九『江戸東京の年中行事』、三弥井書店。

浅《せん》草《そう》寺《じ》の恵《え》日《び》須《す》大《だい》黒《こく》

台東区浅草二ノ三

御利益

○商売繁盛
○祈願成就

浅草の浅草寺の境内には、福の神であるエビス・大黒を祀った小祠《しょうし》がある。祠《ほこら》の中には、エビス・大黒天の二神の石像が安置されている。ここに祈れば、**商売繁盛・諸願成就**が約束されるという。『江戸惣鹿子《そうかのこ》名所大全』に、「石の恵比須大黒、弘法大師の作と云」とあり、弘法大師が自ら二神の石像を刻んだと伝えられる。『江戸名所図会』にも、「傍の小祠なる石の蛭子《えびす》大黒の両像はともに弘法大師の作なりといへり」と述べられている。

浅《せん》草《そう》寺《じ》のカンカン地《じ》蔵《ぞう》

台東区浅草二ノ三

御利益

○金運招来
○病気平癒（腫物）

浅草の浅草寺の境内の片隅、銭塚地蔵堂の脇に、「カンカン地蔵」と呼ばれる風変わりな石地蔵が祀られている。地蔵尊であるとはいえ、まったく仏体の形をなしておらず、大きな石の塊といった方が正しい。なぜそのような形になったのかというと、参拝者らが長年をかけて、石像を削り取っていったからであり、いつの間にかほとんど原形をとどめぬまでに仏体がすり減ってしまい、このような形になった。地蔵の身体を小石で叩いて削り取る時、カンカンという音がするので「カンカン地蔵」と呼ばれるようになったという。都内には、同じ理由でそう呼ばれる地蔵尊がほかにもある（**関のカンカン地蔵**参照）。打ち欠いた石のかけらを財布の中に納めておくと**金運**がつく、削り取った石の粉を**腫れ物**に塗っておくと治る、などともいわれていた。

〔参考文献〕台東区役所（編）、一九六六『台東区史・社会文化編』、台東区役所。長沢利明、二〇一九『江戸東京の庶民信仰』、講談社。

浅《せん》草《そう》寺《じ》の銭《ぜに》塚《づか》地《じ》蔵《ぞう》

台東区浅草二ノ三

御利益
○金運招来
○商売繁盛

浅草寺の境内には、「銭塚地蔵尊」と呼ばれる石地蔵を祀った堂宇がある。六地蔵を彫刻した角柱石がそこに祀られてきたが、近年立派な六体の黄金仏が安置されるようになり、堂もまた立派に整備されて、装いを一新した。昔、ある信者が銭を壺に入れて土に埋め、大金持ちになったという伝説にちなむ地蔵尊で、「銭塚地蔵」と呼ばれていることからも知れるように、**金運**と**商売繁盛**にご利益のある仏として信仰されている。祈願者は素焼きの小皿にのせた小さな盛塩を、仏前に供えることになっている。

〔参考文献〕台東区役所（編）、一九六六『台東区史・社会文化編』、台東区役所。やまひこ社（編）、一九八七『東京御利益案内』、リブロポート。

金運と商売繁盛のご利益仏

浅《せん》草《そう》寺《じ》の銭《ぜに》塚《づか》弁《べん》天《てん》

台東区浅草二ノ三

御利益

金運招来
商売繁盛
芸能上達

浅草寺の境内に祀られた弁財天で、俗に銭塚弁天と呼ばれている。浅草寺の境内にある放生池《ほうじょういけ》（御手洗池）の中島に、かつて弁天堂が祀られており、それが今の銭塚弁天堂の前身であったらしい。徳川家康の没後の元和四年（一六一八）、そこに東照宮が建立されることとなって、弁天堂が隅の方へと移されることとなり、今に至っているとされている。銭塚弁天の通称から知れるように、**金銀富貴・商売繁盛**の神として信心されてきたが、**技芸上達**のご利益もあるという。この弁天がなぜ銭塚弁天と呼ばれるようになったのかについては、『江戸名所図会』に次のように解説されている。「大永二年九月のはじめ、北条氏綱よりの使ひとして富永三郎左衛門、古河の御所へ参りける帰り、観音へ参詣せしに、折ふし十八日なれば、常よりもことに参詣の人群集す。このとき弁天堂の辺より銭涌き出づることありて、参詣の人この銭をとる。寺僧制しけれどもきかず。富永奇異の思ひをなし、帰りてこのことを氏綱へ申しけるよしを記せり」と、そこにはあって、大永二年（一五二二）に堂の周辺の地中から銭が湧き出たとの奇跡を述べている。それ以来、金銀富貴をもたらす弁天として、信仰されるようになったということらしい。

〔参考文献〕長沢利明、一九九九『江戸東京の年中行事』、三弥井書店。川副秀樹、二〇一六『浅草と高尾山の不思議』、言視舎。

浅草寺《せんそうじ》の鎮護大使者《ちんごだいししゃ》

台東区浅草二ノ三

御利益

開運招福
商売繁盛
芸能上達

狸を神使として祀る寺社はあちこちに見られるが（**柳森稲荷・多聞寺の狸塚・夢見狸**など参照）、浅草の浅草寺の境内にある鎮護堂もそのひとつである。ここにいう「鎮護大使者」とは、浅草寺の境内を鎮護する神の使者という意味で、要するに狸神のことを言っており、一般には「お狸様」で通っている。浅草寺の観音堂の西裏、いわゆる奥山のあたりはかつて一面の雑木林で、そこには八十三匹の狸が棲んでいたというが、明治四年（一八七一）にそこが切り開かれると、棲家《すみか》を失った狸どもが人間に反抗して、さまざまな悪さをするようになった。そこで浅草寺では、伝法院《でんぼういん》の境内に狸を祀る堂宇を建て、彼らに「鎮護大使者」の称号を与えて、以後は浅草寺の守り神とされるようになったという。一般には**福徳円満・火防盗難除け・商売繁盛**の神とされており、ソバ・天ぷら・魚の干物など、狸の好物を供えて祈願をおこなうことになっていた。戦前は芸能関係者らの信仰がさかんで、九世市川団十郎・初代左団次らの奉納した手水鉢《ちょうずばち》などが、今でも境内に残されている。吉原の幇《ほう》間《かん》連中も熱心に信仰しており、昭和三十八年（一九六三）には幇間塚も建てられている。水商売関係者らの信仰もあつく、近年ではアニメ映画『平成狸合戦ぽんぽこ』の上映成功を祈って、スタジオジブリの関係者らが祈願におとずれており、その時に奉納された大絵馬が、今でも掲げられている。

〔参考文献〕長沢利明、二〇一九『江戸東京の庶民信仰』、講談社。

狸は浅草寺を鎮護する守り神

浅《せん》草《そう》寺《じ》の日《ひ》限《ぎり》地《じ》蔵《ぞう》

台東区浅草二ノ三

御利益

○祈願成就

浅草の浅草寺の境内に祀られている地蔵尊で、放生池《ほうじょういけ》のかたわらにある日限地蔵堂の中に、石地蔵が安置されている。この地蔵堂は六角堂とも呼ばれ、六角形の風変わりな建物であるが、浅草寺山内に残る最古の建造物で、室町時代に建てられた堂宇であるといい、東京都の有形文化財にも指定されている。第二次大戦下での空襲被害も受けずに焼け残った、貴重な建物である。『江戸名所図会』に、「六角堂に地蔵尊を安ず。これも御宮（東照宮）ありし頃の御供水にして則堂の下は井戸なり」とあるように、堂内には井戸があって、かつて浅草寺の境内に祀られていた東照宮へとささげる御供水《ごくうすい》を汲むための、それは神聖な井戸であった。堂内に祀られた地蔵は俗に「日限地蔵」と呼ばれていたが、「日限《ひぎり》」とは参拝日数をあらかじめ何日間という具合に定めておくことをいう。その日数分だけ毎日参拝を続けて願掛けをすれば、**あらゆる願いが叶えられる**と信じられていた。

〔参考文献〕長沢利明、一九九九『江戸東京の年中行事』、三弥井書店。

洗足池《せんぞくいけ》の馬頭観音《ばとうかんのん》

大田区南千足二ノ二

御利益

・飼馬安全

大田区の洗足池のほとりに祀られている馬頭観音の石像は、馬込村千束の馬医師や馬を飼う農家らの手で、天保十一年（一八四〇）に建立されたもので、**飼い馬の健康と死馬の冥福**とを祈ったものだという。石像は道標をも兼ねていて、その台座には「北堀之内・碑文谷、東江戸・中延、南池上・大師、西丸子・稲毛」と刻まれている。もとは中原街道と碑文谷〜池上を結ぶ道の交差点にあったもので、平成十三年（二〇〇一）に現在地へ移されている。

元は中原街道の交差点にあったもの

洗足池弁天《せんぞくいけべんてん》

大田区南千足二ノ一三

御利益

- 開運招福
- 商売繁盛
- 芸能上達

大田区の洗足池に浮ぶ小島には、市《いち》杵島姫命《きしまひめのみこと》を祭神とする厳島《いつくしま》神社が祀られており、俗に「洗足池弁財天」と呼ばれている。**福徳・財宝**を授け、**芸能上達・海上安全・商売繁盛**（特に水商売繁盛）にご利益があるという。もとは洗足池の守り神で、池の北端にあった小島に祀られていたが、長い年月を経るうちに小島が消滅してしまったという。昭和時代初期、多くの信者たちの夢枕に弁財天があらわれたので、昭和九年（一九三四）、洗足池風致協会の手で新たに築島がなされ、そこに弁財天社を遷宮して、今見るような姿になったという。

千《せん》躰《たい》荒《こう》神《じん》

品川区南品川三ノ五

福徳・財宝の取得、芸能上達・商売繁盛のご利益神

御利益

- 火災消除

荒神とは火の神で三宝荒神《さんぼうこうじん》ともいい、家々の台所に祀られて、**火の安全**を守る神とされる。品川区の海雲寺は、この荒神を祀る寺として大変有名で、この寺の荒神堂内に祀られた荒神を、「千躰荒神」あるいは「千躰荒神王」といい、その神像は島原の乱の折に、九州天草から当寺に招来されたと伝えられている。霊験あらたかな火防《ひぶ》せの神で、東京都内一円から広く信心されている。海雲寺の千躰荒神王の分身である荒神の小像は、希望すれば誰でも寺から授与してもらうことができるが、それを家々の台所に安置しておけば、火難除けになるといい、都内のおもな旧

家の台所には、すすけて真っ黒になった古いその小像がたいてい祀られている。この荒神像は、ただ台所に置いておくだけでは駄目で、年に二度、三月二十七～二十八日と十一月二十七～二十八日におこなわれる海雲寺での千躰荒神の大祭に寺へ持参し、里帰りをさせて護摩火にかざし、修祓《しゅうふつ》をしなければならない。大祭の日にはかつて、東京中の信徒らが自宅の荒神像を厨子《ずし》ごと風呂敷に包み、首に縛って担いで、海雲寺まで運ぶ姿がさかんに見られた。寺からの帰り道には、決して途中でどこかへ寄ってはならず、一休みする時にもその風呂敷包みを、絶対に地面に置いてはならないとされていた。春秋の大祭日には、海雲寺の荒神堂内で、終日の火防安全祈祷《きとう》がなされ、禅宗寺院であるにもかかわらず、護摩が焚《た》かれることになっており、信徒の運んできた荒神像をその護摩火にかざして、いわば霊力の補充をおこなうのである。大祭日の寺の門前には、多くの露店が立ち並び、大変にぎやかであるが、そこでの門前市の売物の名物は「釜おこし」で、羽釜の形をしたおこしが売られている。釜おこしは「竈《かまど》を起こす」に通じ、大変縁起がよい。釜や竈はもちろん、台所の火の神である荒神とも関係が深く、それにちなむ縁起物の菓子が釜おこしであった。十一月の大祭の時には「荒神松《こうじんまつ》」を売る露店も出るが、荒神松とは台所の荒神棚に供えるための若松の枝のことをいう。荒神の神棚には花などを供えるものではなく、必ず若松の枝をささげることになっており、それが江戸の伝統でもあった。さらに、ヤートコセと呼ばれる住吉踊りの人形玩具なども、戦前はよく売られており、千躰荒神の名物となっていた。海雲寺の千躰荒神を熱心に信仰する大きな講中も、都内にはいくつか組織されており、祭りの時には境内に接待所を設けて、講員らの世話をする仕組みも見られ、これまた千躰荒神祭の大きな特色となっていた。

〔参考文献〕長沢利明、一九九八「品川の千躰荒神祭」『西郊民俗』一六三・一六四号、西郊民俗談話会。長沢利明、二〇〇六「海雲寺の千躰荒神祭」『東京の祭り・行事――東京都祭り・行事調査報告書――』、東京都教育委員会。

千《せん》駄《だ》ヶ《が》谷《や》富《ふ》士《じ》

渋谷区千駄ヶ谷一ノ一

御利益
○富士登拝利益

千駄ヶ谷の鳩森《はとのもり》八幡神社の境内には大きな富士塚があり、「千駄ヶ谷富士」と呼ばれている。寛政元年（一七八九）に築造されたものといわれ、現存する富士塚としては東京都内最古のものである。山頂部分には富士山の黒ボク石（溶岩）を積み上げ、山腹には要所要所に丸石を配し、土の露出する部分にはクマザサが植栽されている。塚上にはさらに、本物の富士山を模して、七合目の身禄入定《みろくにゅうじょう》窟と食行身禄《じきぎょうみろく》像、五合目の小御嶽《こみたけ》社碑、山頂付近の金明水・銀明水・釈迦《しゃか》の割石・亀石などが設けられている。大正十二年（一九二三）の関東大震災で一部が破損したものの、修復がなされ、築造当時の旧態をよくとどめた貴重な信仰遺跡となっている。毎年六月三日には山開き大祭がなされているが、その時にこの富士塚に登れば、**本物の富士登拝を達成したのと同等のご利益**が得られるという。

［参考文献］渋谷区（編）、一九六六『新修渋谷区史』中巻、渋谷区。岩科小一郎、一九八二『富士講の歴史』、名著出版。東京都神社庁（編）、一九八六『東京都神社名鑑』上巻、東京都神社庁。

現存する富士塚としては東京都内最古のもの

禅《ぜん》東《とう》院《いん》のとうがらし地《じ》蔵《ぞう》

八王子市本町一七ノ一九

御利益
○病気平癒（小児病）

赤いトウガラシを糸でつなぎ、首飾りのようにして供え、祈願のおこなわれる地蔵尊が、東京都内にも何ヶ所か見られるが（**北原のとんがらし地蔵・唐辛子地蔵**など参照）、八王子市の禅東院にもそれが祀られている。**子供の守り神**として深く信心されており、病気をした子供などがいると、その親たちは熱心にこの地蔵を拝んで平癒を祈願する。この地蔵尊は八日宿の人々の手で寛文十一年（一六七一）に造立されたもので、地蔵の石像を納めた堂はかつては路傍に立っていたというが、現在では禅東院の境内に移されている。八王子市の本町一帯の畑ではかつて、トウガラシの栽培がさかんになされており、農家ではトウガラシの作柄がよいようにと、この地蔵尊に願を掛けることもあったという。当地で収穫されたトウガラシは、内藤新宿の「八房《やつぶさ》」という専門のトウガラシ問屋へ納められていたという。戦前は毎年八月二十四日の地蔵盆の日に、このとうがらし地蔵の縁日祭がなされており、昭和十六年（一九四一）まではまことに盛況な祭りであって、地蔵堂の隣に仮設の舞台を設け、漫才・落語・茶番劇などが余興として上演されていたという。祭りは前日の宵宮の日から始まり、地蔵堂の周辺にはトウガラシを売る露店が立ち並んだ。寛文十一年に祀られた初代の地蔵は明治三十年（一八九七）の火災で焼失してしまい、すぐに二代目が造立されたものの、これも八王子空襲で一度火をかぶっている。今ある地蔵はこの二代目である。現在の禅東院の地蔵堂内には、このとうがらし地蔵を中心に六地蔵もあわせ祀られているが、参詣者は計七体の地蔵尊のすべてに、赤いトウガラシの首飾りを掛けていく。近年では戦前にさかんであった縁日祭が復活し、かつてのにぎわいがよみがえりつつある。

トウガラシの産地の子供の守り神

〔参考文献〕八王子市史編集委員会（編）、二〇一七『新八王子市史・民俗編』、八王子市。

泉《せん》龍《りゅう》寺《じ》の草《そう》木《もく》塔《とう》

狛江市元和泉一ノ六

御利益

○産業発展（造園業）

狛江市の泉龍寺の境内にある「草木《そうもく》供養塔《くようとう》」は、人間のために役に立った草花や樹木の魂を供養して祀られたもので、**造園業者・園芸家・庭師らの守り神そして造園・園芸業界の繁栄の守**

護神ともなっている。いわゆる「草木塔」と呼ばれるもののひとつで、東京都内にもいくつかこれが祀られている（**無量寺の草木塔・柴又帝釈天の草木塔・等々力不動の草木塔**など参照）。泉龍寺のものは高さ一七六センチメートルほどの碑で、狛江造園組合の手で昭和六十一年（一九八六）に建立されたものである。

［参考文献］やまがた草木塔ネットワーク事務局（編）、二〇〇七『写真集草木塔』、山形大学出版部。

泉《せん》龍《りゅう》寺《じ》の回《まわ》り地《じ》蔵《ぞう》

狛江市元和泉一ノ六

御利益
- 安産達成
- 子育成就

狛江市の泉龍寺に祀られている延命《えんめい》子《こ》安《やす》地《じ》蔵《ぞう》尊《そん》は、きわめて著名な民間信仰仏で、江戸時代には江戸市中一円やその郊外を含む、広い地域範囲の人々から熱心に信仰されつつ、**安産・子育て・子授け**に霊験あらたかな仏として信心されていた。しかもそれは、「巡《じゅん》行仏《こうぶつ》」として信仰されており、地蔵の尊像は厨子《ずし》に納められたまま、各地の講中の宿へと運ばれていき、そこに信徒らが集まって拝むという祈願習俗が、昭和時代まで続けられていたものの、戦後はなされなくなった。地蔵は一ヶ所の宿に二晩以上とどめ置かれることはなく、宿から宿へと毎日移動をしたので、俗に「回り地蔵」・「宿送りの地蔵」・「一夜地蔵」・「一晩地蔵」・「和泉の地蔵」・「世田谷の地蔵」などとも呼ばれていた。毎月二十三日までには、地蔵は泉龍寺へと戻され、これを「送り込み」と称していた。泉龍寺では帰ってきた地蔵を迎えて盛大な祭りをおこない、毎月二十三〜二十四日には門前に縁日市が立って、おおいににぎわっていた。泉龍寺に残る文政七年（一八二四）に奉納された献額には、江戸市中の青山・本所・神田・日本橋などに住む七人の武家と商家らが世話人となり、計八十七人の信徒らが大水引幕を寄進した旨の記録が見られる。地蔵の巡行は明治〜大正時代にかけても、さかんになされており、本所・日本橋・神田・麹町・四谷・青山・駒込・池袋・巣鴨・板橋・赤羽・十条などの東京都心部および都内北部地域などに、その講中が組織されていた。郊外地域では、北多摩の祖師ヶ谷・国領・上布田・立川・砂川・小川など、埼玉県下の宮寺・山口、神奈川県下の中野島などにも講中があって、これらを含む広域的な地域範囲を、地蔵は巡行していた。昭和十年代におこなわれていた地蔵の巡行の様子は、次のようなものであった。まず巡行の出発は、毎月二十五日の朝のことで、地蔵を納めた厨子を大八車に載せ、泉龍寺を出発する。大八車の前後には、「延命子安地蔵尊」と大書きされた二流ののぼり旗を立てた。地域によっては大八車を用いず、厨子を背中に背負って運ぶこともあり、ために「背負い地蔵」と呼ばれることもあった。地蔵が寺を留守にしている間、泉龍寺にはその分身の地蔵が祀られていたが、これを俗に「御留守居番」とも称していた。地蔵がその日の宿に着くと、その家の座敷内に祭壇を設けて幕を張り、地蔵の厨子をそこに安置する。夜になると、講中の家々が続々と参拝におとずれるが、三角形や紡錘形をした綿入れの布袋の飾りを自ら縫って、いくつもそれを連ねて垂らした縁起物を奉納する信徒も多く、厨子の脇に吊して飾られた。三角形のものは魔除けの火打ち袋をかたどったものらしく、紡錘形のものは俗に「柿」と呼ばれ、渋柿の形を模したものとされている。これらの縁起物を、一つか二つ借りてきて自宅に祀り、安産・子育ての祈願をして、願いが叶えば倍にして返すことなどもなされていた。地蔵は毎月二十三日までには泉龍寺へ帰ってこなければならず、その時に盛大な「送り込み」がなされた。地蔵が泉龍寺にとどまっている毎月二十三～二十四日には、門前市が立って多くの露店が境内や参道に立ち並んだ。回り地蔵の年間最大の祭りは十一月の縁日であって、この月の縁日は特に盛況であり、寺の境内に仮設の舞台が建てられ、余興演芸が上演されていたほどにぎわった。十一月二十三日の送り込みをおこなう講中は、そのまま泉龍寺へ御籠《おこも》りをしていったもので、例年十～十五人ほどが一晩、本堂に泊まり込んだ。巡行のおこなわれなくなった現在、地蔵尊は泉龍寺の本堂内左手に安置されているが、それは像高十八センチメートル（台座を含めて四十センチメートル余り）ほどの小さな木造坐像で、左手に赤子を抱き右手に錫杖《しゃくじょう》を持った姿で、厨子の中に納められている。

［参考文献］中島恵子、一九八七『狛江市の巡行仏―狛江市の民俗三』、狛江市教育委員会。長沢利明、二〇二〇「民間信仰」『和泉の民俗』、狛江市。

宗《そう》円《えん》寺《じ》の地《じ》蔵《ぞう》尊《そん》

新宿区市谷柳町五〇

御利益
○安産達成
○子育成就
○病気平癒

新宿区の宗円寺には、三体の石地蔵が祀られており、「どぶ地蔵」・「子育て地蔵」・「着せ替え地蔵」などと呼ばれてきた。三体のうち、立像の地蔵が江戸時代に「どぶ地蔵」と呼ばれたものであったようで、寺の前の溝の中から出現したといい、ためにそう呼ばれるようになったという。残りの二体は坐像で、こちらを「子育て地蔵」・「着せ替え地蔵」などと呼んでいたようであるが、信者が何枚もの着物を着せたので、「着せ替え地蔵」の俗称が生まれたのだという。二体の坐像は奥州勿来《なこそ》の海中から出現したといい、**子授け・子育て・病気平癒**などのご利益があるといい、戦前はいわゆる「巡行仏《じゅんこうぶつ》」として、講中や信徒の家々を巡回しながら信心されてきたことで知られている。もともとは一体であったが、信者が増えたので二体に増やされたといい、旧東京市中の各地にあった講中の家々をつねに移動しながら、祀られてきたのであるが、毎月二十四日の縁日には寺へ戻ってくることになっていた。縁日が済むと、地蔵は桐箱に納められ、大八車に載せられて、また巡行を始めたという。興味深いのは、巡行先の宿で「お伺《うかが》い」という卜占《ぼくせん》をおこなう人がおり、たいていは老婆であったというが、その人が両手で地蔵を持ち上げ、その軽重によって信者の願いごとが叶うか否か、などを占った。病人を入院させた方がよいか、やめた方がよいか、などといったことなども地蔵にたずね、「お伺い」を立てることもあったという。

［参考文献］世田谷区民俗調査団（編）、一九八六『馬引沢』、世田谷区教育委員会。大島建彦、一九九二『道祖神と地蔵』、三弥井書店。

宗《そう》円《えん》寺《じ》のしょうずかの婆《ばば》

世田谷区上馬三ノ六

御利益

○病気平癒（咳・風邪）

世田谷区の宗円寺の境内には、「しょうずかの婆」を祀る小堂がある。「しょうずか」とは「三途河《さんずのかわ》」の転訛《てんか》で、地獄の三途の川のほとりで死者の衣を剥ぐという脱衣婆《だつえば》のことを、俗に「しょうずかの婆」と呼ぶ。小堂内に安置されているのは、おそろしい表情の老婆神の木像であるが、もともとは当寺の本堂内に祀られている閻魔《えんま》大王・十王・倶生神《くしょうじん》などの諸像と、一体のものであったと思われる。檀家の有力者の夢枕に婆があらわれて、自分は本堂の外に出たいと告げたので、境内に堂を建てて婆だけがそこへ移されたとも伝えられている。この「しょうずかの婆」は、**風邪や咳を治す**神として広く近在に知られ、深く信心されてきた。老婆の像は、つねにぶ厚い真綿や木綿綿に包まれてうずもれており、新宿区の正《しょう》受院《じゅいん》の姥神《うばがみ》などと同じであるが（**正受院の脱衣婆**など参照）、その綿の一部を持ち帰り、風邪や咳に悩む人の喉にそれを巻き付けて祈願すると、病が治ったという。礼参りには、新しい綿を堂内に奉納することになっていた。かつてはこの姥神を信心する講中もあり、講員の一人であった地元の布団屋が毎年四月八日の縁日に、布団や綿を堂に奉納していた時代もあったという。地元の信者らも、この縁日の日に綿や茶を堂に供えることになっていた。宗円寺では茶を沸かした鉄瓶を用意し、堂の前に置いておくが、参詣者らはその茶を分けてもらい、家に持ち帰って飲んだという。縁日はまことに盛況で、境内には露店が立ち並び、舞台を設けて演芸やのど自慢大会がおこなわれたこともあった。さらに、この「しょうずかの婆」の木像を厨子《ずし》に納め、家から家へと申し送って拝んでいたこともあり、いわゆる巡行仏《じゅんこうぶつ》の信仰形態がかつて見られたのも、興味深いことであった。

［参考文献］世田谷区（編）、一九六二『新修世田谷区史』上巻、世田谷区。大島建彦、二〇〇六「宗円寺のショウズカのばば―東京都世田谷区上馬―」『西郊民俗』一九六号、西郊民俗談話会。

雑司《ぞうし》が谷《や》鬼子母神《きしもじん》

豊島区雑司が谷三ノ一五

御利益

○安産達成
○子育成就

入谷の真源寺《しんげんじ》（**入谷鬼子母神**を参照）とともに、東京を代表する鬼子母神を祀る寺として著名なのが豊島区の法明《ほうみょう》寺《じ》であるが、法明寺から二百メートルほど離れた所にその鬼子母神が祀られており、「雑司が谷の鬼子母神堂」と呼ばれている。**安産・子育て**を中心とした女性たちの深い信仰を集めており、多くの参詣者たちが日々そこをおとずれて手を合わせている。堂は寛文六年（一六六六）に建てられたと伝えられる古い建物で、都の有形文化財に指定されている。加賀藩主前田利常の娘が寄進をし、これを建てたともいわれている。本尊の鬼子母神像は永禄四年（一五六一）に、清土という所の土中から発掘された仏像であるといい、赤子を抱いた美しい天女の姿をしている。天正六年（一五七八）に里人が堂を建て、この像をここに安置したと伝えられる。堂の正面には、おびただしい数のザクロの実を描いた小絵馬が飾られているが、いうまでもなくザクロは鬼子母神のシンボルで、それを奉納しつつ、祈願・願掛けをおこなうことになっている。三代将軍徳川家光の娘であった千代姫もここに参詣したので、江戸城大奥の女中たちも多く詣でるようになり、祈願所とされたともいう。雑司が谷の周辺に暮らす婦人たちはみな、この鬼子母神を熱心に拝み、子を授かって安産が叶い、生まれた子供たちは立派に育ってきたという。子供の出産が済むと、子供のヘソの緒を鬼子母神に納めるという習慣が古くからあり、それを収納するための「納《のう》臍殿《さいでん》」も堂内に設けられている。毎年十月十八日には日蓮聖人の命日忌である御会式《おえしき》がおこなわれ、練供養《ねりくよう》をおこなう信徒の一団が鬼子母神堂にもやってくる。境内にある駄菓子屋で売られていたススキミミズクは、ススキの穂で作られたミミズクの人形で、東京の代表的な郷土玩具・縁起物として知

ザクロは安産・子育ての神、鬼子母神のシンボル

られている。

［参考文献］中尾 尭、一九八七『日蓮の寺』、東京書籍株式会社。やまひこ社（編）、一九八七『東京御利益案内』、リブロポート。豊島区史編纂委員会（編）、一九八三『豊島区・通史編（二）』、豊島区。

雑司《ぞうし》が谷《や》鬼子母神《きしもじん》の子育《こそだ》てイチョウ

豊島区雑司が谷三ノ一五

御利益
- ○安産達成
- ○子育成就
- ○母乳満足

雑司が谷の鬼子母神堂の境内にある樹齢六百年の大イチョウは、樹高三〇メートル・幹周八メートルもある巨木で、東京都の天然記念物にも指定されている。「子授けイチョウ」・「子育てイチョウ」などと呼ばれ、**子育て・子授け**のご利益で知られている。このイチョウの樹皮を削って持ち帰り、煎じて飲めば乳の出がよくなる、子が授かるともいわれている。

［参考文献］やまひこ社（編）、一九八七『東京御利益案内』、リブロポート。豊島区史編纂委員会（編）、一九八一『豊島区・通史編（一）』、豊島区。

イチョウは子育てのシンボルの木

雑司《ぞうし》が谷《や》の大鳥神社《おおとりじんじゃ》

豊島区雑司が谷三ノ二〇

御利益
- ○商売繁盛
- ○疫病退散

雑司が谷鬼子母神堂の近くにある大鳥神社は、毎年十一月に酉《とり》の市が立つ神社として知られており、**商売繁盛**の神とされている。また、古くから**疱瘡《ほうそう》（天然痘）除《よ》け**の神としても信仰されており、境内の小石を持ち帰って懐中守りとすることがおこなわれてきたという。現在でも、神職が境内の小石を拾ってきれいに洗い、祓《はら》い清めて小袋に入れ、疫病除けのお守りとして希望者に配っている。神社に参拝し、神札やお守りを受けた人々が、自由にそれをもらっていってよいことになっており、新型コロナウイルス感染症の大流行の渦中にあって、そのご利益がおおいに期待されている。

［参考文献］東京都神社庁（編）、一九八六『東京都神社名鑑』上巻、東京都神社庁。

雑《ぞう》司《し》が谷《や》鬼《き》子《し》母《も》神《じん》の妙《みょう》見《けん》堂《どう》

豊島区雑司が谷三ノ一五

御利益

- 病気平癒（眼）
- 開運招福
- 災難消除

雑司が谷の鬼子母神堂の境内には、妙見を祀る小堂があり、**眼病平癒・除災・招福**の神とされている。目の病に悩む人々がよく参拝におとずれている。

［参考文献］やまひこ社（編）、一九八七『東京御利益案内』、リブロポート。

増《ぞう》上《じょう》寺《じ》

港区芝公園四ノ七

御利益

- 家内安全
- 開運招福
- 病気平癒

浄土宗の総本山である芝の増上寺は、上野の寛永寺とともに徳川将軍家の菩提寺であったことで知られている。二十数万坪もの広い境内には諸堂が立ち並び、連日多くの参詣者らでにぎわっている。ありとあらゆるご利益がそこに寄せられているが、**家内安全・交通安全・開運厄除け・諸病平癒**を祈って参拝する人々が多い。浄土宗開祖の法然上人（円光大師）の命日忌法要を御忌会《ぎょきえ》・法然忌《ほうねんき》と呼ぶが、増上寺でも毎年四月にそれが挙行され、特に多くの参詣者がおとずれる。江戸時代には、将軍・御三家・諸大名のほか、数多くの一般庶民も増上寺詣でをおこなった。

〔参考文献〕若月紫蘭、一九六八『東京年中行事』一巻、平凡社。

賊《ぞく》除《よ》け地《じ》蔵《ぞう》

北区田端一ノ二五

御利益

○災難消除（盗難除け）

北区田端にある与楽寺《よらくじ》に祀られている本尊の地蔵菩薩は、弘法大師作の霊仏とされ、秘仏なので拝観することはできないが、俗に「賊除け地蔵」と呼ばれ、**盗賊除け**のご利益があるといわれてきた。江戸時代から当寺に伝えられてきたその伝説によると、大昔のある夜、盗賊が与楽寺へ押し入ろうとした。すると、どこからともなく大勢の僧侶たちがそこにあらわれ、盗賊の侵入を防ぎ、ついには追い払ったという。翌朝、本尊の地蔵菩薩を見てみると、その足に泥がついており、この地蔵が泥足になって盗賊を追い出してくれたことがわかったという。以来、この地蔵は賊除け地蔵と呼ばれるようになったと伝えられている。

〔参考文献〕北区役所（編）、一九七一『新修北区史』、北区役所。やまひこ社（編）、一九八七『東京御利益案内』、リブロポート。

祖《そ》師《しが》谷《や》観《かん》音《のん》

世田谷区成城九ノ一

御利益

○子育成就

世田谷区の成城地区の北方に祖師谷観音堂と呼ばれる寺堂があって、その境内には観世音堂と薬師堂とが並び立っている。観世音堂の方は承応三年（一六五四）に、祖師谷村の信徒ら一同の手で建立されたと伝えられ、本尊は像高一尺八寸の十一面観音像であるという。この観音は、**子供の成長と無事**とを加護する霊仏とされ、「子育て観音」とも呼ばれており、今でもあつく信仰されている。

Goriyaku Column

03

新型コロナと新たな信仰

二〇二〇年は、とにかく大変な年だった。新型コロナウイルス感染症は日本国内のみならず世界中に流行が拡大し、人類は未曽有の世界的危機へと立ち向かうことになった。産業経済は極端に低迷し、すべての学校は一時休校となって、あらゆるイベント行事は中止へと追い込まれ、街角には人影が消えた。こんなことは今までなかったことだ。浅草の三社祭は例年の盛大な神輿《みこし》渡《と》御《ぎょ》ができなくなり、神輿はトラックの荷台に乗せられ、二時間をかけて地元の氏子四十四町会をめぐるという形が取られた。神社の例大祭のみならず、正月のどんど焼きや節分の豆まきなども、中止か規模縮小に追いやられることとなったのは、まことに残念なことだった。そんな中でも、多くの都内の神社で割と中止されずに挙行されたのは六月晦日の水《み》無月《なづき》祓《ばら》い、いわゆる「茅の輪《わ》くぐり」の行事だ。さほどに人が密集せず、参拝者個々人がそれぞれめいめいにおこなう祈願行為なので、許されたのかも知れない。けれどもこの私などは、この未曽有の社会的危機に対して精一杯立ち向かおうとする神社側の心意気をそこに感じ、神職のみが果たせる社会的貢献として、あえてこの儀式が中止されなかったことを賞賛したい。そもそも茅の輪くぐりは、疫病退散祈願の行事なのでもあったのだから、この非常時にこそそれをやらなくてどうする、とさえ私は思う。コロナ除けの祈願祭を特別におこなう神社なども出てきて、そのための祝詞を新たに作った所もある。そこでの「新型コロナウイルス早期終息祈願祭祝詞」には、「此《こ》の悪《あし》き流行《はやり》の疫病《えやみ》の禍事《まがごと》を一日《ひとひ》も速《すみや》けく除《のぞ》き払《はら》ひ却《や》り給《たま》ひ、清《きよ》く平穏《おだい》に成《な》さしめ給《たま》へと、恐《かしこ》み恐《かしこ》みも白《まう》す」といった一文も詠み込まれており、まことに興味深い。国内における新型コロナウイルスの感染者がぼちぼち出始めた二〇二〇年の春には、あちこちの神社の境内の狛犬《こまいぬ》にマスクをつけさせるようになり、寺院の六地蔵などもどんどんマスク姿になっていった。最初はなかなかおもしろいことをするな、などと私は感心していたが、今ではもうどこでもやっていることで、何ら珍しいことではなくなった。この問題に対する寺社の対応にはスピード感があって、評価されてよいと私は思う。コロナ除けの新しいご利益神仏もぞくぞくと登場しているが、そのきわめつけは新宿区の赤城神社に祀られた「大ムカデ」だろう。くわしくはぜひ、その項目の解説を読んでいただきたい。

祖師谷《そしがや》観音《かんのん》の薬師堂《やくしどう》

世田谷区成城九ノ一

御利益
病気平癒（眼）

世田谷区の祖師谷観音の境内には、観世音堂の隣に薬師堂が並び立っている。この薬師堂は享保十一年（一七二六）に、下祖師谷の信徒らがその村内に建立したもので、明治時代に祖師谷観世音堂境内の現在地に移し祀られたという。堂内には薬師如来と十二神将の像が安置されているが、この薬師は**眼病平癒**の仏として古来、あつく信心されてきたものであって、目の病に悩む人々の信仰を、今でも集めている。

そば閻魔《えんま》

足立区千住二ノ六三

御利益
病気平癒（風邪）

千住の金蔵寺《こんぞうじ》に祀られている閻魔大王は、俗に「そば閻魔」と呼ばれ、ソバを供えて**風邪**を治してくれるように祈る習慣が古くから見られた。ここに祀られている閻魔はソバが大好きで、夜な夜な美女に化けてはソバを食べ歩いたと伝えられ、ソバさえ供えれば何でも願いを叶えてくれるといわれていた。寺の言い伝えによれば、風邪を治してくれる仏は本当は、一緒に祀られている脱衣婆《だつえば》であり、いつしかそうした祈願が閻魔の方にも向けられるようになったとのことである。ソバの奉納は昭和十五年（一九四〇）頃までなされていたものの、今ではもうおこなわれていない。

［参考文献］木村和子、一九九四「東京の閻魔信仰」『西郊民俗』一四七号、西郊民俗談話会。

そば喰《く》い地蔵《じぞう》

練馬区練馬四ノ二五

御利益

○商売繁盛（そば屋）

ソバを奉納して諸願を祈る神仏はあちこちに見られるが（**そば閻魔・そば地蔵・そば守観音**など参照）、練馬区の九品《くほん》院《いん》に祀られている地蔵尊もそのひとつで、「そば喰い地蔵」と呼ばれている。

九品院は、浅草からこの地に移転してきた「浄土宗十一ヶ寺」のうちの一寺であるが、そば喰い地蔵はかつて西慶院という別の寺院にあったもので、明治時代に西慶院が九品院に合併されたため、今は九品院の境内にそれがある。

伝説によると昔、西慶院が浅草にあった頃、尾張屋というソバ屋に毎晩、一人の僧侶がやってきてソバを食べていく。どこの寺の坊さんなのかと、店主がいくらたずねても答えない。ある夜、いつも通りにソバを食べにきた僧侶のあとを、こっそりとつけていくと、僧侶は西慶院の地蔵堂の中へ入っていって姿を消した。僧侶は店主の夢枕にも立って、「我は西慶院の地蔵なり」と告げた。店主は尾行などをしたことを恥じ、その地蔵に毎日ソバを供え続けて、深く信心するようになったという。

地蔵のご利益で、尾張屋は大繁盛したとも伝えられる。今は九品院の境内にある地蔵尊は、こうして「そば喰い地蔵」と呼ばれるようになり、今でも寺では毎日、ソバを地蔵に供え続けていて、そこに参拝すれば、地蔵の仏前に打ち立てのソバを盛った蒸籠《せいろ》と箸、ソバ湯を入れた湯桶《ゆおけ》などが、膳の上にきれいに並べて供えられているさまを、いつでも見ることができる。都内のソバ屋の店主らもこの地蔵尊をあつく崇敬しており、**店の繁盛**を願ってさかんに参詣におとずれている。

［参考文献］練馬区史編さん協議会（編）、一九八二『練馬区史・歴史編』、練馬区。

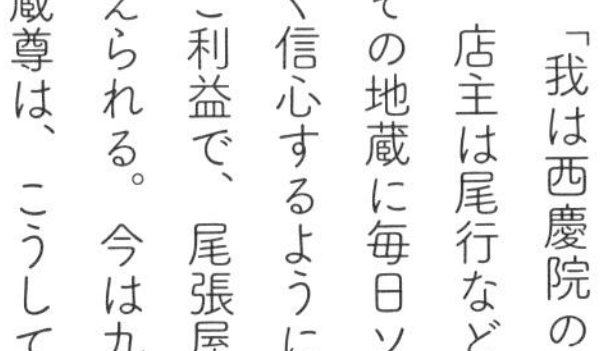

多くのソバ屋さんがあつく崇敬

そば地蔵《じぞう》

葛飾区柴又五ノ一三

御利益

○商売繁盛（そば屋）

葛飾区の医王寺の境内には、**そば屋の繁盛**にご利益があるという「そば地蔵」が祀られている。昭和十三年（一九三八）に東京蕎麦商組合連合会が建立・寄進したもので、都内一円からそば屋の店主らが参拝におとずれ、地蔵の足元に小さなミニ地蔵を奉納していく。おびただしい数のミニ地蔵がそこに納められており、あつい信心の寄せられているさまを見ることができる。地蔵の仏前には、五段重ねのそば蒸籠《せいろ》と、その上に盛られた石造りのそばの麺が彫刻されており、いかにもそば屋の守り本尊にふさわしい。

［参考文献］やまひこ社（編）、一九八七『東京御利益案内』、リブロポート。

そば屋業界の繁盛を祈念する守り神

そば守《もり》観《かん》音《のん》

調布市深大寺元町五ノ一五

御利益

○商売繁盛（そば屋）

調布市の深大寺の境内近くに、「そば守《もり》観世音」が祀られている。いうまでもなく、深大寺の門前は「深大寺そば」の本家・本場であって、多くのそば屋がそこに立ち並び、連日にぎわっている。深大寺への参詣客らは帰り道に、門前のそば屋に立ち寄って、名物のそばを食べていくのを楽しみにもしている。この門前のそば屋の店主らが発願し、深大寺そばの守り本尊として祀ったのが、そば守観音である。深大寺の境内からはやや離れた位置にある路傍に、その観音像は建立されたが、毎年秋の新そばの取れる季節に、その仏前で「そば守観音供養祭」もおこなわれており、深大寺そば組合の主催で、例年十一月下旬にそのイベントが挙行されるようになって、そば通やマニアらも参列するようになった。イベントでは、まず深大寺の本堂前でそば打ちの実演がなされ、門前そば屋の若手そば打ち職人らが、参列者らの目の前でそば打ちの名人技を披露し、そこで打ったそばの生麺をそば守観音の仏前に供える「そば献供式」がおこなわれる。そば守観音は深大寺そばの守り本尊であり、門前の**そば屋の繁盛**を祈願するありがたい仏となっている。

た

太子堂《たいしどう》

世田谷区太子堂三ノ三〇

御利益

産業発展（建設業）

世田谷区の円泉寺は、聖徳太子を祀る寺としてよく知られている。境内には太子堂があり、町名の太子堂はそこから生まれた。太子堂は、今では境内右手にある建物の屋上に移されており、堂内には聖徳太子像が安置されている。堂の外には、少年時代の太子の銅像も立っている。今から四百年前、円泉寺の賢恵僧都《けんけいそうず》の夢枕に立ったのが聖徳太子で、そのお告げにより、この地に寺の本堂と太子堂を建てたのが、円泉寺とそこでの太子信仰の始まりであるという。なお聖徳太子は、大工・屋根職などの**建築業界の職神・祖神**とされており、職人たちが年に一度集まって太子を祀り、業界仲間の親睦をおこなうことを太子講という。たいていは正月中におこなわれ、棟梁《とうりょう》・親方の家などを宿として、職人仲間・徒弟・下職などが集まり、祭壇を設けて聖徳太子の画像軸を祀って供物をし、一同拝礼した後に新年会の祝宴となる。その時に、当年の手間賃相場などを話し合って決めることも多く、業界仲間の足並みが乱れないよう配慮された。太子信仰にゆかりの深い寺院が、職人仲間に太子像の画像軸を授与する例もあって、大阪府の四天王寺や叡福寺《えいふくじ》、京都府の広隆寺などから出された掛軸が太子講の祭壇によく飾られている。世田谷区の円泉寺の場合、太子堂は東京都内の大工職人たちにあつく信仰されており、堂の正面には「工匠祖神」と大書された献額が掲げられている。これは、中野区内の大工職人仲間である中野太子講が奉納したものである。

太《たい》子《し》堂《どう》の子《こ》育《そだ》て地《じ》蔵《ぞう》

世田谷区太子堂三ノ三〇

御利益
○安産達成
○子育成就

聖徳太子を祀る寺として知られる世田谷区の円泉寺には、子育て地蔵尊も祀られている。この地蔵はもちろん、**安産・子育て**のご利益のもとにあつく信仰されており、参詣者も多い。本堂手前左手に小堂があって、その中に石地蔵が立っているが、それが子育て地蔵である。赤布の帽子やよだれかけをそこに奉納し、地蔵に着せてやる信徒が多く見られる。小さな赤ん坊のような可愛らしい石地蔵をそこに納め、やはり赤布の帽子などをかぶせてやっているところに、子を思う母親の愛情がよくあらわれている。

太子堂にある安産・子育ての地蔵尊

大《だい》泉《せん》寺《じ》の風《か》邪《ぜ》の神《かみ》

町田市下小山町三三二

御利益
○病気平癒（風邪）

町田市の大泉寺の参道沿い右手に観音堂が祀られているが、堂の前の石段下に三基の石仏・石碑が並んで立っている。その真ん中の一基の碑が「風邪の神」で、風邪をひいた人がそこに茶をあげて祈ると、すぐに治るといわれてきた。町田市内には、このような**風邪治し**の神が各所に祀られていて、必ず茶を供えて祈願をおこなうことになっているが、「こうせん婆さん」とか

「梵天《ぼんてん》様」とか呼ばれており、この地域の民間信仰の特色といえよう（**お茶坊様**参照）。たとえば、図師町にある「小野路の城山」という丘の頂に生えている椎《しい》の巨木の根元に石祠《せきし》があって、「こうせん婆さん」と呼ばれているが、風邪や咳を治してくれる神とされている。湯呑み茶碗や竹筒に茶を入れてそこに供えるのが決まりで、祠《ほこら》の周辺には今でも、古い茶碗のかけらがたくさんころがっている。昔、香煎《こうせん》（麦こがし）にむせて死んだ老婆がおり、それを供養して祀ったと伝えられる。下小山町の大久保台にある供養塚の隣にある祠に祀られている菩薩の石像も、「香仙《こうせん》大菩薩《だいぼさつ》」と呼ばれているが、コガシ（香煎）にむせて死んだ老婆をやはり祀ったものであるといい、風邪をひいた人々がそこに茶をあげて、平癒を祈ることになっている。さらに、矢部町の八木家の墓地に隣接して立つ小祠の中に祀られている一基の石碑は、「梵天様」と呼ばれており、やはり茶を供えて風邪治しを祈る神とされている。古い湯呑み茶碗の破片が周囲に散らばっているのは、そうした祈願が長年続けられてきたことの証である。

［参考文献］町田市史編纂委員会（編）、一九七六『町田市史』下巻、町田市。大島建彦、一九九六「町田市のコウセンバアサン」『西郊民俗』一五四号、西郊民俗談話会。

太《たい》宗《そう》寺《じ》の閻《えん》魔《ま》

新宿区新宿二ノ九

御利益

子育成就

新宿区の太宗寺の境内には、かつて「内藤新宿のお閻魔様」と呼ばれた有名な閻魔大王を祀る閻魔堂があり、今もあつく信仰されている。**子供のしつけ**にご利益絶大とされている。堂内の閻魔像は、像高五五〇センチメートルもある巨像で、するどい目つきでにらみつけ、大きく口を開いた怖い形相をしているが、それは子供を正しく導くための姿なのだといわれている。わが子がきちんと育って立派な人間になれるようにと、母親が子供を連れて参拝におとずれる。この閻魔像が太宗寺に祀られたのは、文化十一年（一八一四）のことであったというが、その後に数度の火災に遭って像が破損し、そのつど修復がなされてきたが、当初のものは頭部の部分のみであるという。江戸時代から明治時代にかけては、毎年一月十六日と七月十六日の藪入《やぶい》りの日に閻魔の縁日市が立ち、大変にぎわったが、商家の奉公人たちが休暇をもらって生家に帰る時に、みなこの縁日市に立ち寄っていったという。現在では盆の七月十五〜十六日に、閻魔の開帳がなされている。

〔参考文献〕新宿区教育委員会（編）、一九八三『ガイドブック新宿区の文化財（八）』、新宿区教育委員会。

太宗寺《たいそうじ》の塩《しお》かけ地蔵《じぞう》

新宿区新宿二ノ九

御利益
病気平癒（出来物）

新宿区の太宗寺の境内には、「塩かけ地蔵尊」と呼ばれる石地蔵を祀った地蔵堂があるが、その地蔵尊は参拝者が奉納した大量の塩の山にうずもれ、ほとんど仏体が見えないほどになっている。この地蔵に塩を献じれば**出来物が治る**とされているが、出来物ができた所と同じ部位にある塩を少量受けてきて、自分の患部に塗ると出来物が治るという。治癒の後には、倍量の塩をまた奉納することにもなっている。

〔参考文献〕加藤紫識・長沢利明、二〇〇六「東京の塩地蔵」『民俗学論叢』二一号、相模民俗学会。

多量の塩が献じられてうずもれる仏

大楽寺《だいらくじ》のイボ地蔵《じぞう》

大田区新蒲田三ノ四

御利益

病気平癒（イボ）

蒲田の大楽寺は、霊験あらたかな不動明王を祀る寺で、俗に「蒲田不動尊」と呼ばれている。境内の墓地入口には、何体かの石地蔵が並んで立っているが、一番左側にある地蔵尊が「イボ地蔵尊」と呼ばれている。**イボ取り**にご利益があるといわれており、今でも参拝者が

イボ取りにご利益がある石地蔵

多い。地蔵の足元には二〜三個の小石が置かれているが、それを手に取って自分のイボを撫《な》でると、イボがきれいに取れるという。

田《た》植《う》え地《じ》蔵《ぞう》

新宿区高田馬場一ノ一二

御利益

五穀豊穣

田植え地蔵・鼻取り地蔵などと呼ばれる地蔵尊が、全国各地に祀られている。田の代掻《しろか》きや田植え仕事を手伝ってくれる者がおり、農民に感謝をされるが姿をくらます。地蔵堂内の石地蔵の足が泥で汚れていて、その地蔵が田仕事を手伝ってくれたことがわかる、といったストーリーの伝説がたいていそこに伝えられてきた。この種の地蔵が東京都内にも何ヶ所かに祀られており（**西光寺の代掻き地蔵・保元寺の田植え地蔵・西蔵院の鼻取り地蔵**など参照）、そのひとつが高田馬場の玄國寺の檀家墓地内にある地蔵堂に安置されていて、「田植え地蔵」と呼ばれている。この地蔵は戸塚二丁目にあった旗本屋敷の井戸の中から掘り出され、天明二年（一七八二）に今の場所に移されたと伝えられる。地蔵堂の周辺は江戸時代、一面の水田地帯であったが、どこからともなく旅の僧がやってきて、農民の田植え仕事を手伝ってくれたという。僧はたずねられても名を名乗らず、あとをつけていくと地蔵堂の中に消え

たが、堂内の地蔵は膝から下が泥まみれになっていたという。それ以来、地蔵は**五穀豊穣**をもたらす農民の守り神として信心されるようになったという。

〔参考文献〕長沢利明、二〇一一「東京の田植地蔵・鼻取地蔵」『西郊民俗』二一四号、西郊民俗談話会。

高尾稲荷《たかおいなり》

中央区日本橋箱崎町一〇ノ七

御利益

○病気平癒（首上）

江戸新吉原の遊女、高尾太夫のことは歌舞伎や落語などにもさかんに描かれ、語られてきたので、広く巷間《こうかん》に知れわたっていた。仙台藩主伊達綱宗にみそめられた彼女は、おのが身の目方分の黄金二十貫と引き換えに落籍されたものの、二世を誓った愛人、島田重三郎への操を立ててついになびかず、隅田川の三俣《みつまた》に浮かぶ屋形船の上で綱宗によって吊し斬りにされたと伝えられている。それは万治二年（一六五九）のことであったとされるが、同三年説もある。高尾太夫の亡骸《なきがら》は隅田川下流の永代橋のたもとに流れ着き、その霊を弔って祀られたとされるのが、高尾稲荷社である。この社は、江戸時代には永代橋際にあったものの、今はそこからやや離れた場所に移されている。

この高尾稲荷は古くから**頭痛治し、首から上のあらゆる病の平癒**のご利益で知られてきたのであって、それは高尾太夫の首級《しるし》が当地に流れ着いたことから、首から上の病気治しのための祈願が寄せられるようになったのだという。頭髪の薄い人がそこに祈れば、髪の毛が黒々と生えてくるともされていた。

そのことは『江戸神仏願懸重宝記』にも、「高尾の稲荷の社」として、その筆頭に記されている。「永代橋西詰に高尾稲荷のやしろあり。此祠《このほこら》に詣て頭痛平癒の願かけをするに平癒することすみやかなり。願かけをなすときに小《ちいさ》き櫛《くし》を一まい祠のうちより借うけ、朝夕高尾大明神と祈り、髪を撫《な》で付るなり。病気平癒ののち外《ほか》に新《あらた》に櫛を一まいそえ、社に奉納するなり。頭痛にかぎらず、すべて髪の毛うすき人、頭痛のたぐひ、あたまの煩《わづらい》ある人、願がけして其験《しる》しうたがひなし」とあるのがそれであった。ここにあるように、高尾稲荷への奉納物は櫛で、願掛けをする人は社前に奉納されているそれを一枚借りてきて、「高尾大明神」と唱えながら、朝夕それで髪を撫《な》でつけると頭痛や薄毛が治ると信じられていた。礼参りには櫛を二枚に増やして納めることになっていた。

〔参考文献〕長沢利明、一九九七「高尾稲荷と高尾の旧跡（一・二）」『西郊民俗』一五九〜一六〇号、西郊民俗談話会。

歌舞伎などで有名な高尾大夫を祀る

高尾山《たかおさん》

八王子市高尾町二一七七

御利益

- 開運招福
- 除厄達成
- 商売繁盛

八王子市の高尾山（標高五九九メートル）は東京を代表する霊山で、東京都民にもっともよく親しまれてきた山である。都内に生まれ育った子供たちであれば、誰でも一度は必ず、遠足におとずれたことのある山である。春の桜、初夏の新緑、秋の紅葉の美しさはいうにおよばず、名瀑《めいばく》や渓谷美、昼なお暗き森林の静寂に包まれた霊気満山の幽境がそこにあり、低山ながらも深山の趣に満ちあふれている。高尾山はいまや国際的な観光地そして野外レクリエーションの場でもあって、都心からのアプローチの便もよいため、多くの外国人ハイカーもおとずれる山となった。とはいえ、高尾山は本来、山岳信仰の山なのであり、山頂にある薬王山有喜《ゆうき》寺《じ》は、奈良時代に開創されたと伝えられる古刹《こさつ》で、修験道場の中心地に位置づけられてきた。山伏姿の大天狗・小天狗の像は山中のあちこちに祀られており、高尾山のシンボルとなっている。有喜寺は**開運・厄除け・商売繁盛・交通安全**の神として深く信心され、連日多くの信徒らが山を登って参詣におとずれる。

〔参考文献〕アサヒタウンズ（編）、一九八七『東京の山・高尾山——身近な自然を考える——』、朝日ソノラマ。八王子

市史編集委員会（編）、二〇一七『新八王子市・通史編四・近世（下）』、八王子市。八王子市史編集委員会（編）、二〇一七『新八王子市史・民俗編』、八王子市。

高尾山《たかおさん》の愛染堂《あいぜんどう》

八王子市高尾町二一七七

御利益
- 良縁祈願
- 夫婦円満
- 恋愛成就

八王子市の高尾山薬王山有喜寺《ゆうきじ》の境内には、愛染明王を祀る愛染堂がある。**恋愛成就・縁結び・夫婦円満**のご利益があり、多くの人々が参詣におとずれる。愛染明王は「煩悩即菩提《ぼんのうそくぼだい》」の姿をしており、人の愛欲やむさぼりなどが、そのまま悟りへの道へつながることをあらわしているという。祈願をする際には、「オン・マカラギャ・バゾロウシュニシャ・バサラサトバ、ジャクウンバンコク」の真言を唱えることになっている。

高尾山《たかおさん》の自動車祈祷殿《じどうしゃきとうでん》

八王子市高尾町二二三九〇

御利益
- 交通安全

八王子市の高尾山の山麓にある自動車祈祷殿は、薬王院有喜寺《ゆうきじ》の運営する自動車の**交通安全**祈祷をおこなうための専用の信仰施設である。殿内には巨大な黄金の天狗像が安置されており、いかにも山岳信仰の聖地としての高尾山にふさわしい。多くのドライバーが連日、マイカーの安全祈祷を受けるため、ここに集まる。殿内にはつねに有喜寺の僧侶が詰めており、午前九時から午後四時までの間、四十五分おきに祈祷がなされている。祈祷を受けたドライバーには、交通安全守護札（車内掛け用）・紅葉札（フロントグラス用ステッカー）が授与される。なお、祈祷殿に隣接する広場では毎年三月第二日曜日に、「火渡り祭り」がおこなわれ、高尾山中で修行する山伏たちが火渡りの荒行を披露する。

［参考文献］アサヒタウンズ（編）、一九八七『東京の山・高尾山―身近な自然を考える―』、朝日ソノラマ。

高尾山《たかおさん》の修行大師堂《しゅぎょうだいしどう》

八王子市高尾町二一七七

\ 御利益 /

○学業成就
○無病息災
○受験合格

八王子市の高尾山頂にある薬王院有《ゆう》喜《き》寺《じ》の境内には、修行大師堂が祀られている。**身体健全・学業成就・受験合格**のご利益があるといわれている。堂内には修行中の姿をあらわした弘法大師の立像が安置されているが、きびしい修行に耐え抜いて悟りの境地に達した大師の生涯にあやかりつつ、特に受験生の守護神として位置づけられるようになった。多くの若い人々が学業成就をそこに祈る姿が見られるが、受験シーズンともなれば、高校・大学入試の合格を祈願する受験生たちが、多く参詣におとずれる。祈願をおこなうには、堂内に用意されている「ご祈願木」に自分の氏名を書き入れて仏前に納める。このご祈願木は後日、春の火渡祭りや秋の柴燈《さいとう》護摩供《ごまく》の際に焚《た》きあげられることになっている。さらに堂の正面には、受験合格祈願のための「置くとパス(オクトパス)」という木彫りのタコがつねに用意されていて、受験生がそれを手に取って持ち上げ、「南無大師遍照金剛」と唱えてからもとに戻すと、願いが叶えられるといわれている。

修行中の姿をあらわした弘法大師像

高尾山《たかおさん》の神変堂《じんぺんどう》

八王子市高尾町二一七七

\ 御利益 /

○病気平癒(足腰)

八王子市の高尾山の山頂にある薬王院有《ゆう》喜《き》寺《じ》の境内入口には、神変大菩薩《じんぺんだいぼさつ》すなわち役行者《えんのぎょうじゃ》(役小角《えんのおづぬ》ともいう)を祀る堂がある。役行者は修験道の開祖とされ、高尾山で修行を続ける山伏たちの守護神として信仰されてきた。役行者はけわしい山の中を駆けめぐり、きびしい修行に耐えた人であったので、強靱《きょうじん》な足腰を持っていた。それにあやかろうとして、**足腰**の弱い人々がこの神変堂に祈願を寄せるようになった。**腰痛**に悩む人がその平癒を祈ったり、健脚であることを祈願したりする人々が、今でも多く見られる。

足腰の病気や腰痛にご利益がある

高《たか》尾《お》山《さん》の蛸《たこ》杉《すぎ》

八王子市高尾町二一七七

御利益

○開運招福

八王子市の高尾山の山頂にある薬王院有喜寺《ゆうきじ》の参道沿いには、樹齢四五〇年を数えるという杉の巨木がある。曲りくねって互いにからみ合うように生えているその根が、あたかもタコの足のように見えるため、俗に「蛸杉」と呼ばれている。その昔、高尾山に棲む天狗たちが薬王院へと続く参道を切り拓く際、一本の杉の巨木がそこにあって参道の邪魔になっていた。そこで天狗たちは、この杉を切り倒そうということを決めたのであったが、杉の木は一夜にして根をぐにゃりと曲げ、タコの足のように姿を変えて道を開けたという。薬王院の信徒たちは天狗の神通力に感謝をし、寺のために杉の木が道を開けたということにちなんで、「道を開ける」、すなわち**開運**の杉として、この木を大切に守ってきたという。近年、この蛸杉の根元に「ひっぱり蛸」と称するタコの石像が祀られるようになったが、このタコの頭を撫《な》でると運を引き寄せることができるといわれている。「開運ひっぱり蛸」とも呼ばれ、高尾山を登る登山者や参詣者らが、みなこのタコの頭を撫でていくようになった。

〔参考文献〕アサヒタウンズ（編）、一九八七『東京の山・高尾山――身近な自然を考える――』、朝日ソノラマ。

根がタコの足に見える開運の御神木

高《たか》尾《お》山《さん》の願《ねがい》叶《かなう》輪《わ》潜《くぐり》

八王子市高尾町二一七七

御利益

○除厄達成
○開運招福

八王子市の高尾山頂にある薬王院有《ゆう》喜《き》寺《じ》の境内には近年、「願叶輪潜」と称する信仰施設が設置され、心を浄化して智恵を授かることができ、**厄除け・開運**にもご利益があるとされて、人気を集めている。それは、石で造られたトンネル状の輪で、薬王院の本尊の智恵の輪をあらわしているとされる。もろもろの願いが叶えられることを強く祈って念じながらこの石の輪をくぐり抜け、その先にある大錫杖《しゃくじょう》を打ち鳴らせば、願望が達成されるという。その時に、自分の姓名と住所とをきちんと唱えながら、強く錫杖を叩けば、その想いが薬王院の本尊にまで届くともいわれている。何らかの神聖な輪をくぐり抜ければ、ご利益が得られるという考え方は、いわゆる水無月祓《みなづきばら》いの茅《ち》の輪くぐりや、胎内くぐりなどに通じる民間信仰の一形態といえるが、この高尾山の願叶輪潜の場合、石の輪をくぐり抜けることによって、祈願者の煩悩を除き、智恵を授かることができるとされていることが特色である。

高《たか》尾《お》山《さん》の八《はち》大《だい》龍《りゅう》王《おう》堂《どう》

八王子市高尾町二一七七

御利益

○金運招来

八王子市の高尾山頂にある薬王院有《ゆう》喜《き》寺《じ》の境内には、八大龍王堂が祀られている。ここに祈れば金運・生気を得ることができるといい、山内の重要なパワースポットになっていて、参拝者が多い。八大龍王とは仏教擁護の守護神で、もともとは生命の根源である雨や水の恵みをつかさどる龍神とされてきた。浦島太郎の昔話に出てくる竜宮城も、本来は龍王の住む宮殿のことであったともいう。高尾山の八大龍王堂に安置されているのは、娑伽羅龍王《しゃがらりゅうおう》の黄金の像で、その足元には清らかな清水が湧き出しており、そこに置かれた小さな竹籠に紙幣や硬貨を入れてその水で洗い清めると、**金運**に恵まれるという。つまり、聖なる龍王の泉で洗い清めた金銭を持ち帰って使用すると、それが資本金となって大きな利益が生み出されるとされている。鎌倉の銭洗い弁天などと同じである。薬王院の札売場では、ここで洗い清めた紙幣や硬貨を納めるための守り袋も売られている。

高木《たかぎ》神社《じんじゃ》の塩釜《しおがま》様《さま》

東大和市高木二ノ一〇四

御利益
安産達成

東大和市の高木神社の境内には、境内社のひとつとして**安産**の神である塩釜神社が祀られている。出産をひかえた若嫁らが参詣すると、安産疑いなしとされてきた。この塩釜神社を信心する講中が今もあり、近隣地域からも多くの講員が加わっていて、毎年四月十五日の大祭には各地から代参（代理参拝者）が集まり、神札を受けていく。講中の代参は多くの場合、午前中に塩釜神社までやってきて参拝を済ませ、その後に高木神社の社務所で接待を受けていくことになっている。

〔参考文献〕東大和市史編さん室（編）、二〇〇〇『東大和市史』、東大和市。

高田富士《たかだふじ》

新宿区西早稲田三ノ五

御利益
富士登拝利益

富士講中の手で江戸時代に築かれた模造富士・人造富士としての富士塚は、そこに登れば本物の富士山を登拝したのと同じご利益があるとされていた。新宿区の高田富士は、西早稲田の水稲荷《みずいなり》神社の境内にある。この富士塚は富士講中興の祖である食行身禄《じきぎょうみろく》の弟子、高田藤四郎が寛政八年（一七九六）に築いたもので、東京都内最古の富士塚であったが、早稲田大学の構内拡張のため、残念ながら破壊されてしまい、今あるものは昭和三十九年（一九六四）に再建・復元されたものである。山開きの祭りは、江戸時代には例年六月十五〜十八日に挙行されていたと、『江戸名所図会』などに記されている。『十方庵遊歴雑記』には、「例年六月十四日より十八日まで山びらきと称し、白き行衣《げうえ》を着せし者打まじり、懸《かけ》念仏申て山を上下して群集す。此山びらき五日の間、麦藁《むぎわら》にて作る蛇形《じゃげう》を細工してひさぐ事、浅草六郷家《ろくがうけ》の富士及び駒込《こまごみ》の富士詣《まうで》の如し」と述べられている。富士塚の山開きに付きものの、麦藁蛇の縁起物がここでも売られていて、浅草富士や駒込富士と同じであったことがわかる（**浅草富士・駒込富士**参照）。山開きの祭りは明治時代以降、七月二十四日になされるようになったが、その当時には麦藁蛇を売る露店が十五〜十六軒も出ていて、すべて売り切っていたという。現在では七月二十三〜二十五日の三日間、祭りがおこなわれていて、周辺には多くの露店が出てにぎわうものの、麦藁蛇はすでに売られていない。参拝者らはめいめいに富士塚を登り、頂上にある二つの釣鐘を「カーン、カーン、カンカラカンのカン」と鳴らしてから降りてくるのがならわしで、そうすると本物の富士山を登拝したのと同じご利益が得られるという。

〔参考文献〕長沢利明、一九九九『江戸東京の年中行事』、三弥井書店。

高輪《たかなわ》の大木戸《おおきど》

品川区高輪二ノ一九

御利益

○病気平癒（脚気）

東海道の品川宿に近い高輪には、江戸時代の大木戸跡の石垣が今も残っている。それは江戸への入口にあたる街道沿いに設けられた高札場《こうさつば》の跡で、宝永七年（一七一〇）に築かれた横四間・長さ五間・高さ一丈の石垣が、街道をはさんだ両側に向かいあってそびえていた。陸側のものは後に撤去されてしまったものの、海側のものは今もそこに残されていて、三百年前の石垣をそこに見ることができる。この石垣に対して、**脚気《かっけ》治し**の願掛けをおこなうという、不思議な習俗が江戸時代には見られ、『江戸神仏願懸重宝記』にも「大木戸の鉄」と題して、次のように記されている。「脚気にてわづらふもの芝牛町の大木戸にいたり、願ごめなす。則此道々古き雪踏《せった》のかねをいくつにても心に数をさだめ、拾ひとりてこれをはさみ、願がけをなしてかへるに、すみやかにその苦痛平癒なす事、神のごとし。せったのかねふるきは大道にあまた落たるあるものなり」というのがそれであった。雪駄や下駄の裏には、鼻緒の結び目が地面にこすられてすり減るのを防ぐため、小さな金具をそこに貼り付けて、結び目を保護しているが、長らくそれを履いていると、その金具がはずれてしまう。道端にころがっているその金具を何枚か拾い集めてきて、大木戸の石垣の隙間に差し込み、脚気の治癒を祈るというのが、そこでの願掛けのやり方なのであった。「大木戸の鉄」とは、その金具のことである。現代人の目から見れば、一笑に付すべき迷信的呪術ともいえようが、江戸の庶民たちは大真面目であり、『江戸神仏願懸重宝記』に収録されるほど、それはよく知られた祈願方法なのであった。どのようなものでも崇拝の対象となり、語呂合わせ祈願や類感呪術が、いくらでもそこに生み出されていくという、庶民信仰の実態をそこに見ることができよう。

［参考文献］モリナガ・ユウ、二〇二〇「江戸東京今昔めぐり――東海道品川宿①――」『本郷』一四九号、吉川弘文館。

江戸時代には脚気治しの願掛けの習俗があった

高幡不動《たかはたふどう》

日野市高幡七三三

御利益

- 除厄達成
- 交通安全
- 商売繁盛

日野市の金剛寺は、高幡不動尊の通

称で知られる古刹《こさつ》で、奥殿に安置されている丈六の不動明王像は霊験あらたかな火伏《ひぶ》せ・厄除けの仏として、古くからあつく信仰されてきた。護摩修行や**交通安全**祈禱《きとう》などが終日おこなわれており、つねに参拝者が多い。一月元旦から節分にかけて、縁起物の「厄除けほのほ団扇《うちわ》」が授与され、それを受けて家々の玄関口などに飾っておくと、災厄からのがれられるという。不動明王の縁日は毎月二十八日におこなわれているが、特に一月のそれは「初不動大祭」といい、境内にはダルマ市が立つので、大変なにぎわいを見せる。この市でダルマを求め、神棚に飾っておくと、やはり**厄除け・火災防止・商売繁盛**のご利益が得られるという。

［参考文献］日野市史編さん委員会（編）、一九八二『日野市史・民俗編』、日野市。高幡不動尊金剛寺（編）、二〇〇六『高幡山金剛寺』、高幡不動尊金剛寺。

高《たか》幡《はた》不《ふ》動《どう》の交《こう》通《つう》安《あん》全《ぜん》祈《き》願《がん》殿《でん》

日野市高幡七三三

日野市の高幡不動尊すなわち金剛寺の境内には、さまざまな民間信仰関係の諸仏が祀られているが、その中のひとつが交通安全祈願殿である。総門から境内に入って左手に広い駐車場があり、祈禱《きとう》を受けるドライバーはそこに自動車を停め、交通安全祈禱を受けることになっている。東京都内で自動車の交通安全祈禱をおこなっている寺社は数々あるが、そのための祭祀施設規模の大きさから見て、ベスト・スリーに数えられるのは、高尾山薬王院有喜《ゆうき》寺《じ》（**高尾山の自動車祈祷殿**参照）と府中市の大國魂《おおくにたま》神社（**大國魂神社**参照）およびここでの高幡不動尊の三ヶ所となるであろう。高幡不動尊では連日、多くのドライバーらが交通安全祈願殿をおとずれて、マイカーの安全祈禱を受けており、祈祷札や交通安全ステッカーなどを受けていく。

高《たか》幡《はた》不《ふ》動《どう》の聖《しょう》天《てん》

日野市高幡七三三

御利益

- 恋愛成就
- 夫婦円満

象頭人身の男女二神が抱擁する姿をあらわした神像が歓喜天《かんぎてん》であるが、俗に聖天《しょうてん》とも呼ばれている。日野市の高幡不動尊、すなわち金剛寺の境内にも、これを祀る寺堂があり、聖天堂と称している。男女の**恋愛成就**、**夫婦円満**をもたらす神とされ、これに祈れば絶大なご利益を授かることができるという。

恋愛成就、夫婦円満をもたらす神

高幡《たかはた》不動《ふどう》の茶湯石《ちゃとうせき》

日野市高幡七三三

御利益

- 死者慰霊

日野市の高幡不動尊、すなわち金剛寺の境内には、茶湯石と呼ばれる不思議な石が小堂内に祀られている。それは一抱えほどある自然石で、室町時代における関東騒乱の敗死者、上杉憲顕《のりあき》の墓であるともいわれている。江戸時代には「茶濯《ちゃそそ》ぎ石」・「服抜《ふくぬ》け石」などと呼ばれ、死者供養のための祈願がそこでおこなわれていた。故人の死後百日目には百箇日《ひゃっかにち》法要がいとなまれるが、その日に遺族らが高幡不動の境内にあるこの茶湯石をおとずれ、石の上に茶をそそいでやると故人は迷わず成仏し、遺族らの忌服《きぶく》も抜けると信じられていた。今でも毎日のように参拝者がおり、故人の**百箇日供養**のみならず、**彼岸供養・追善供養・水子供養**などがそこでなされており、堂内に納められたおびただしい数の卒塔婆から、それを知ることができる。高幡不動の茶湯石のことは、江戸時代の地誌や随筆類にもよく記されていて、江戸市中からも多くの参拝者らがおとずれていた。

〔参考文献〕金野啓文、二〇〇二「高幡山金剛寺の茶湯石について」『民俗』一八〇号、相模民俗学会。長沢利明、二〇〇七「茶湯石から呼ばわり山へ」『民俗』二〇一号、相模民俗学会。

宝《たから》田《だ》恵《え》比《び》寿《す》神《じん》社《じゃ》

中央区日本橋本町三ノ一〇

御利益
- 商売繁盛

晩秋の東京の風物詩として知られる大伝馬町の「べったら市」は、ベッタラ漬けと呼ばれる粕漬け大根を売る露天市である。市の中心となる神社が宝田恵比寿神社で、その門前にベッタラ漬けを売るベッタラ屋が立ち並ぶ。市は、毎年十月十九～二十日におこなわれている。ベッタラ屋の店員たちは、「べったら、べったら～」の威勢よい掛け声とともに、麹粕をべたべたと飛ばしながらベッタラ漬けを売ったので、べったら市と呼ばれるようになったという。大伝馬町は、多くの卸問屋のひしめきあう商人の町であって、その守護神が宝田恵比寿神社であり、**商売繁盛**を祈願するエビス講の行事が一月二十日と十月二十日の年二回、問屋や商家ごとにさかんにおこなわれてきた。そのための供物市として始まったのがこの市で、もともとは鯛などの鮮魚類が売られており、『江戸名所図会』にも「此街に年々正月十月の十九日の夜は夷講の儲として魚の市を立ててはなはだにぎはえり」と記されている。いつしか一月の方の市が廃れ、十月の方ばかりが残って盛大化し、幕末の頃にはベッタラ屋も登場して、明治時代にはそちらの方が市の中心となっていった。

〔参考文献〕東京都神社庁（編）、一九八六『東京都神社名鑑』上巻、東京都神社庁。長沢利明、一九八九『東京の民間信仰』、三弥井書店。

高《たか》輪《なわ》銭《ぜに》洗《あら》い不《ふ》動《どう》

港区高輪一ノ二七

御利益
- 商売繁盛
- 金運招来
- 家内安全

高輪の黄梅院《おうばいいん》は、十一面観音を本尊とする寺院であるが、本尊とは別に不動明王も祀られており、「高輪銭洗い不動尊」と呼ばれている。黄梅院の開基であった高輪の鈴木家と、中興開基である新宿の濱野家の手によって、この不動尊が祀られることとなった。特に鈴木家は代々、不動尊を守護仏として仰いできた家であったので、黄梅院にもそれが祀られることになった。鎌倉の銭洗い弁天のように、不動の浄水で金銭を洗い清めると、身も心も清浄となり、**事業成功・商売繁盛・一家福徳**のご利益が得られるという。本堂前左手の境内には、銭洗い場があり、大きな宝珠の中から湧き出る浄水を用いて、誰でも銭を洗うことができる。この宝珠は、先の濱野家に代々伝わる家宝の宝珠を模したもので、これに祈れば金銭に不自由しないといわれている。

浄水で金銭を洗い清めると商売繁盛などのご利益

沢蔵司稲荷《たくぞうすいなり》

文京区小石川三ノ一七

御利益

○商売繁盛（そば屋）

小石川の名刹《めいさつ》、伝通院《でんずういん》の近くに沢蔵司稲荷と呼ばれる寺堂があり、**そば屋の守護神、繁盛の神**として有名である。この稲荷を祀る慈眼院《じげんいん》では、稲荷にソバを供えて法会をおこなうことになっている。昔、伝通院の学寮（梅檀林）に沢蔵司という修行僧がいて熱心に勉学に励み、わずか三年間で浄土宗の奥義をきわめたという。元和六年（一六二〇）、学寮長であった極山和尚の夢枕に稲荷神が立ち、「余は千代田城内に祀られた稲荷大明神なり。かねて浄土宗の教えを学びたいと思っていたが、永年の願いをここに果たすことができた。今よりは元の神に戻るが、長く当山（伝通院）を守護して、その恩に報いよう」と告げたという。修行僧の沢蔵司は、実は稲荷大明神の化身であったということが初めてわかったので、伝通院の廓山《かくざん》上人は境内に沢蔵司稲荷を祀り、慈眼院をその別当寺とすることとなった。慈眼院の本堂内にはその沢蔵司稲荷が祀られているが、本堂裏手の崖下には稲荷の神使の棲む狐穴などがあり、その周辺の聖地の窪地は「霊窟《おあな》」と呼ばれていて、たくさんの朱鳥居が並び立っている。なお、修行時代の沢蔵司はソバ好きで、伝通院門前のソバ屋によくソバを食べに来ていたという。店主がその日の売上銭を調べてみると、沢蔵司が来店した時には必ず、木の葉が一枚まぎれていることに気づいた。沢蔵司は神通力を用い、木の葉を銭に変えて代金とし、支払っていたわけである。店主はそれを怒りもせず、かの修行僧は稲荷大明神の化身であったのかと逆に感激して、それ以来、「お初《はつ》」といってその日の初めに打ったソバを、沢蔵司稲荷の神前に供えることにし、店で客に出すソバを「稲荷ソバ」と称して、人気を博したと伝えられる。

ソバ好きの沢蔵司を祀るソバ屋の守護神

武《たけ》芳《よし》稲《いな》荷《り》

豊島区雑司が谷三ノ一五

御利益

○開運招福
○立身出世

雑司が谷の鬼子母神堂《きしもじんどう》の境内には、小さな稲荷祠が祀られており、武芳稲荷と呼ばれている。正式には「武芳稲荷尊天」と称する。ここに祈れば**開運・出世**が叶えられるとされており、参拝者が多い。毎年二月初午日に初午祭、五月十八日・九月十八日に例祭がなされている。この稲荷を熱心に信仰する武芳稲荷講という信徒団体も作られている。

雑司が谷の鬼子母神堂にある開運・出世のご利益神

［参考文献］やまひこ社（編）、一九八七『東京御利益案内』、リブロポート。

蛸《たこ》薬《やく》師《し》

目黒区下目黒三ノ一一

御利益
・開運招福

下目黒の成就院は、タコにゆかりのある薬師如来を祀る寺として知られ、「蛸薬師」の通称で呼ばれている。当寺の本尊である薬師如来は、慈覚大師作の尊像と伝えられるが、その坐像は三匹のタコに支えられて蓮華座上にすわるという、独特の姿をしている。それは、大師が海に投じた薬師仏が、タコに乗って浜辺に漂着したという説話にもとづくもので、それにちなんで当寺の本尊は、「蛸薬師」と呼ばれるようになったという。蛸薬師は**開運・招福**の仏としてさかんに信仰されるようになり、参拝者はユーモラスなタコの絵の描かれた絵馬を、仏前に奉納して祈願をおこなうことになっている。その絵馬に添えられた、「ありがたや、福をすいよせるたこ（多幸）薬師」の一文もおもしろい。タコを「多幸」に掛けているわけである。

本尊は三匹のタコに支えられてすわる

多《た》田《だ》薬《やく》師《し》

葛飾区東金町二ノ二五

御利益
・病気平癒

葛飾区の東江寺は、「多田薬師」の通称で呼ばれている。本尊の薬師如来は恵心《えしん》僧都《そうず》源信《げんしん》が、多田満仲のために自ら刻んだ霊像といわれ、そこから「多田薬師」の名が生まれたことになる。江戸時代、東江寺は今の墨田区東駒形にあったが、その頃から**病気平癒**の信仰がさかんに寄せられており、今に至っている。

［参考文献］葛飾区（編）、一九八五『増補葛飾区史』下

巻、葛飾区。やまひこ社（編）、一九八七『東京御利益案内』、リブロポート。

立《たち》川《かわ》水《すい》天《てん》宮《ぐう》

立川市砂川町四ノ一

御利益
- 安産達成
- 子育成就

立川市の阿豆佐味天《あずさみてん》神社の境内には、**安産・子育て**の守護神として名高い水天宮が祀られている。福岡県久留米市の水天宮本社から分霊を勧請《かんじょう》したもので、中央区日本橋などの水天宮と同じ神がここにも祀られており（**水天宮**など参照）、立川水天宮と称している。妊娠中の女性たちはもちろん安産祈願のために、出産を終えた女性たちはわが子のすこやかな成長を祈願して、参拝におとずれる。初宮参りや七五三参りの時などにも、つねに多くの参詣者らで社前はにぎわっている。初宮参りの時には、神社から「歯固《はがた》め石《いし》」も授与されるが、出産後三ヶ月目頃になされる「お喰い初め」の儀礼に用いられる小石である。「お喰い初め」とは、新生児に初めて米の飯を食べさせる儀式であるが、赤ん坊にはまだ歯が生えていないので、飯を噛むことができない。そこで、柔らかく炊いた飯粒を二〜三粒ほど赤ん坊の口の中に入れて、飲み込ませるわけであるが、その時に親は箸でその小石をはさんで、赤ん坊に食べさせる真似事をする。それは赤ん坊の口の中に、石をも噛み砕くような強い歯が生えてくれるようにと願うまじない祈願なのであった。この儀式のことを「歯固め」という。初宮参りの時に神社から授けられた歯固め石は、この儀式のために用いられる小石なのであって、お喰い初めが済めば、それを神社へ返さなければならない。立川水天宮の社前には、そのための「歯固め石納め所」が用意されており、儀式に用いられた大量の小石が、そこに積み上げられている。

［参考文献］榎本直樹、一九九三『砂川の神社と寺院』、立川市教育委員会。

立《たち》川《かわ》の豊《とよ》川《かわ》稲《いな》荷《り》

立川市高松町二ノ二五

御利益

・商売繁盛
・賭事必勝

立川市の豊川稲荷は、正式には「豊《とよ》川《かわ》吒《だ》枳《き》尼《に》真《しん》天《てん》立《たち》川《かわ》分《ぶん》霊《れい》社《しゃ》」という。稲荷を祀っているが、神社ではなく寺堂であって、吒枳尼真天（あるいは吒《だ》枳《き》尼《に》天《てん》）とは仏教でいうところの稲荷神のことである。愛知県豊川市の豊川稲荷（妙厳寺）の直轄の分霊社であり、港区赤坂の豊川稲荷赤坂別院（**豊川稲荷**など参照）などと同じである。祭礼時には赤坂別院から、僧侶が立川までやってきて祈祷《きとう》をつとめることになっている。境内には大鳥神社も、あわせ祀られている。堂を管理しているのは「立川講」と呼ばれる信徒団体で、約百名もの講員がいる。講員の多くは、地元立川市内の高松町・曙町・栄町などの商店主たちであって、商店街の守り神となっている。もちろん**商売繁盛**のご利益で知られてきたのであるが、すぐ近くに立川競輪場があるため、競輪客のギャンブラーたちもさかんにおとずれ、**ギャンブル必勝・大穴的中**を祈願する。「勝運稲荷《かちうんいなり》」という俗称も、もちろんそこから来ている。

［参考文献］立川市史編さん委員会（編）、二〇二〇『新編立川市史（資料編）・柴崎の民俗』、立川市。

橘《たちばな》稲荷《いなり》

西多摩郡檜原村上元郷四七二

御利益

・失せ物捜索

檜原村の東部、南秋川に架かる橘橋の橋下に、古くから地元民のあつい信仰を集めてきた橘稲荷神社が鎮座している。地元の吉野家の手で祀られてきた古い稲荷社であったが、村内外から多くの参拝者がやってくる。谷底にあるそのせまい社地内に、かつては古びた木造の社殿があって、そこにはおびただしい数の陶製の神狐が、社殿からあふれるほど密集して奉納されていたものであったが、コンクリート造りの覆屋《おおいや》が掛けられた今では、もうそれも見られない。三百体もの神狐がかつてそこに奉納されていたというから、それだけ多くの人々に信心をされてきたということを物語っている。この稲荷は**失《う》せ物《もの》探し**に大変なご利益があるといわれ、何かなくした物があって、いくら探しても見つからない時、祈願をすれば必ず見つかるといわれている。失せ物が見つかると、神狐を奉納して礼参りをすることになっていた。

〔参考文献〕平野　勝、一九九八『東京にある山里―檜原写真誌―』、けやき出版。

橘橋《たちばなばし》の岩《いわ》舟《ふね》地《じ》蔵《ぞう》

西多摩郡檜原村上元郷四六九

御利益

- 病気平癒
- 家内安全
- 開運招福

檜原村《ひのはらむら》の中心集落、本宿の入口には、南秋川の深い谷に架かる橘橋があるが、その橋のたもとに岩舟地蔵と呼ばれる地蔵尊を祀った小堂がある。堂内には丹塗《にぬ》りの地蔵の半跏《はんか》像が安置されており、村人たちにあつく信心されていて、**諸病平癒・家内安全・開運厄除け**にご利益があるという。地元旧家の吉野家によって手厚く管理されてきた地蔵であったが、橘橋のたもとに今はあるため、そこを通る人々がよく手を合わせていく。伝説によると、この地蔵尊は檜原城の最後の城主であった平山氏重の妹、鶴寿姫が信心していた念持仏であったといい、彼女が青梅の藤橋城の城主、平山光義のもとへ嫁ぐ時にこの地蔵を持参し、藤橋城下の寺院へ安置されたという。光義は後に北条氏に攻められることになり、懐妊中の鶴寿姫はその直前に実家の檜原城へと送り返された。永禄六年（一五六三）、光義は北条氏に敗れて小田原城へと拉致されてしまうが、檜原城の平山氏重は北条方と戦おうとせず、怒った藤橋城下の民衆は鶴寿姫の念持仏を、檜原城へと送り返してしまった。それが橘橋際に今ある岩舟地蔵なのだという。なお光義はその後、釈放されて下総《しもうさ》の多古《たこ》へと土着し、鶴寿姫もあとを追って永禄七年（一五六四）、第一子の平山光高を産んだという。千葉県旭市に今もある平山家は、その末裔《まつえい》であるという。

〔参考文献〕平野　勝、一九九八『東京にある山里―檜原写真誌―』、けやき出版。

立《たて》石《いし》様《さま》

葛飾区立石八ノ三七

御利益

・病気平癒

葛飾区の立石の地名の起こりとなったのが、「立石様」と呼ばれる立石遺《りっせきい》構《こう》である。原始時代のメンヒル（立石記念物）ではないかともいわれ、江戸時代には高さ六十センチメートルほどの自然石が地上に立っていた。この石の根を掘ったりすると災いがあるといわれ、古くから大切にされてきたのであったが、石の一部を打ち欠いて、そのかけらをお守りにすると**病気をしない**ともされていた。明治時代の日清・日露戦争の時には、出征兵士らがこの石のかけらを身につけて、弾丸除け守りとしていた。そのようにして、立石は長年にわたり削られ続け、さらには地盤沈下の影響などもあり、現在では地上数センチメートルほどしか残されていない。しかし、江戸時代には著名な名所として見物におとずれる人々も多く、さまざまな地誌類・随筆類にこの石のことが記されている。現在では、児童公園内に併設された祠《ほこら》の中にごくわずか、石が地上に顔を出しているに過ぎない。

〔参考文献〕葛飾区（編）、一九八五『増補葛飾区史』下巻、葛飾区。

田《た》無《なし》神《じん》社《じゃ》

西東京市田無町三ノ七

御利益

・五穀豊穣
・災難消除
・開運招福

旧田無村の総鎮守、田無神社は、江戸時代には尉殿大権現《じょうどのだいごんげん》と呼ばれ、明治五年（一八七二）に田無神社とあらためられたものである。尉殿大権現とは、すべての生命の根源である水の恵みと、あらゆる災厄をはらいのける風の恵みとをつかさどる、**豊穣**と**除災**の守護神であるとされる。この尉殿大権現は、金竜神の姿で顕現するといい、わかりやくいえば、田無神社は竜神を祀る神社であるということになる。境内四方の東西南北には五竜の石像が祀られており、金竜神を中心として、青竜神・白竜神・赤竜神・黒竜神が配置され、**あらゆる災難を除ける**ご利益があるという。

〔参考文献〕東京都神社庁（編）、一九八六『東京都神社名鑑』下巻、東京都神社庁。田無神社（編）、二〇二〇「田無神社の歴史」『田無神社』、田無神社社務所。

田《た》無《なし》神《じん》社《じゃ》の楠《くすの》木《き》正《まさ》成《しげ》

西東京市田無町三ノ七

御利益

- 勝負必勝
- 祈願成就
- 武運長久

西東京市の田無神社の境内には、甲《かっ》冑《ちゅう》に身をかためる古びた武人姿の石像が祀られており、楠木正成公の像であるといわれている。楠木正成は戦《いくさ》の神として古来、信心されてきたといい、その子孫は武蔵国保谷《ほうや》に移り住んで、尉殿大権現《じょうどのだいごんげん》（現在の田無神社）の分社である尉殿神社を祀ったと伝えられている。そうした縁から正成像が建立されたのだという。石像の全身はさかんに打ち欠かかれていて、ぼろぼろになっているが、それは出征兵士らが石像を少しずつ削り取り、その石片をお守りにして戦地へおもむいたからで、そのようにして**武運長久と弾丸除け、無事の帰還**を祈願したのである。

お守りのために削り取られている

田《た》無《なし》神《じん》社《じゃ》の塩竈《しおがま》様《さま》

西東京市田無町三ノ七

御利益

- 安産達成

西東京市の田無神社の境内には、**安産**の守り神である塩竈神社が祀られている。祭神は塩土老翁命《しおつちのおきなのみこと》で、妊婦がこの神に祈れば、安産が達成できるといい、多くの参拝者がおとずれる。

田《た》無《なし》神《じん》社《じゃ》の津《つ》島《しま》社《しゃ》

西東京市田無町三ノ七

御利益
○子育成就

西東京市の田無神社の境内摂社のひとつに、津島神社が祀られており、**子育て・厄除け**の神として信仰されている。祭神は素戔嗚命《すさのおのみこと》で、産まれてきた子供のすこやかな成長を祈り、母親たちが参拝する。なお、田無神社の境内には、ほかにも**子育て**祈願の信仰対象がいろいろあり、たとえば「子育て犬」というものがあって、何匹もの仔犬に乳を飲ませる母犬の姿を彫刻した石像が祀られている。この犬の親子の石像に手を触れて撫《な》でると、子育て成就のご利益があるという。また、拝殿前の広場に立つ「子育て親子石」は、大きな自然石が御神体でシメ縄が巻かれているが、やはりこれをさわって撫でまわすと、同様のご利益が得られるとされている。

「子育て親子石」を撫でて子育て成就

田《た》無《なし》神《じん》社《じゃ》の道《どう》祖《そ》神《じん》

西東京市田無町三ノ七

御利益
○良縁成就
○子孫繁栄

西東京市の田無神社の境内には、近年祀られた道祖神の石像があり、**縁結び・子孫繁栄**の祈願がさかんになされている。石像は男女一対の夫婦神の姿で、いわゆる双体道祖神にあたるものであるが、これは田無神社に祀られてきた猿《さる》田彦大神《たひこのおおかみ》・天鈿女命《あめのうずめのみこと》の夫婦神をあらわしたもので、仲むつまじい夫婦神にあやかっての祈願がなされている。縁結び祈願をおこなう参拝者は、社務所から受けてきた「赤い糸」を、かたわらの納め所の桟にくくりつけ、良縁成就を願うことになっている。

子孫繁栄を招く猿田彦大神・天鈿女命の夫婦道祖神

田《た》螺《にし》稲荷《いなり》

墨田区江東橋三ノ三

御利益

・火災消除

墨田区の田螺稲荷神社は、ささやかな小祠《しょうし》ではあるが、**火《ひ》伏《ぶ》せ**祈願に霊験あらたかなことで広く知られ、近隣地域住民の信仰を集めている。地元の江東橋三丁目町会および錦糸町商店振興会の手で境内が整備され、町内会と商店会とによって大切に守られてきた神社である。伝承によると江東橋の周辺で昔、大きな火事があり、何軒もの家々が焼けたというが、住民らは家財道具を竪川《たてかわ》の水の中に放り込んで焼失をまぬがれようとした。田螺稲荷の祠《ほこら》もまた、まるごと水中に漬けて火から守ろうとしたという。しかし火勢は強く、川の中にまで火の粉が降りそそいで、家財道具類も結局、すべて焼けてしまった。このままでは稲荷の祠まで焼失してしまいそうな勢いであった。ところがその時、川の中から無数のタニシが這《は》い出してきて、どんどん祠に貼りつき、表面をすっぽりと覆い尽くしてくれたおかげで、祠は焼け残ったという。竪川のタニシたちに守られた稲荷なので、以来それは田螺稲荷と呼ばれるようになり、火伏せの神としてあがめられるようになったと伝えられる。大正時代から昭和時代初期にかけては、毎月五日・十六日に社前で縁日市が立ち、大変なにぎわいを見せたという。地元ではタニシは神の使いのように思われていたので、戦中~戦後の食糧難の時代にあって、どんなにひもじくても住民は、決して竪川のタニシを取って食べたりはせず、タニシへの感謝の気持ちを持ち続けたともいわれている。タニシが川中から這い上がり、寺社の建物に貼りついてびっしりと覆い、火災から守ったという伝説は、東北・北陸地方などでもよく聞かれるが、東京都内では唯一の事例といってよいであろう。

〔参考文献〕長沢利明、一九八九『東京の民間信仰』、三弥井書店。

田《た》端《ばた》神《じん》社《しゃ》

杉並区荻窪一ノ五六

御利益

○病気平癒(足腰)

杉並区の田端神社には、足腰の病気を癒やす神が祀られており、いわば子《ね》ノ《の》権現《ごんげん》信仰の神道版ともいえよう。**足腰の守り神**である子ノ権現は多くの場合、寺院に祀られているが(**子の聖神・文殊院の子ノ権現**など参照)、この田端神社のように、神社に祀られた例も見られる。主祭神である大国主命《おおくにぬしのみこと》を、子ノ権現にあてたものであったろう。神社は応永年間(一三九四~一四二八)に品川左京の家臣、良影によって創建されたと伝えられるが、良影の子である良枝は幼少時から足の病に苦しみ、その治癒を出雲大社の神に祈っていたという。ある夜の夢に、出雲大神があらわれ、「わが槌《つち》をもって痛む足を撫《な》でれば、病は必ず治る」との神託を告げた。さっそく出雲大社へ使いを出し、授かった木槌で足を撫でたところ全快したので、出雲の神である大国主命を祭神とする子ノ権現の神祠《しんし》をこの地に祀った。それが今の田端神社であるという。神社の神前には今でも、大小さまざまな木槌が納められているが、この神に祈って足腰の病を治した人々が礼参りに奉納したものである。

〔参考文献〕杉並区教育委員会(編)、一九八六『すぎなみの散歩道』、杉並区教育委員会。長沢利明、一九九四「子の権現の木槌」『杉並郷土史会会報』一二四号、杉並郷土史会。

玉《たま》川《がわ》水《すい》神《じん》社《しゃ》

羽村市羽東三ノ八

御利益

水道安全

玉川兄弟が苦難のすえに、羽村地先の多摩川べりから江戸市中まで玉川上水を引くことに成功したのは、承応三年（一六五四）のことであった。多摩川本流沿いに設けられた上水の取水口である羽村堰《はむらせき》のかたわらには、玉川水神社が祀られている。この神社は上水の完成時に祀られたもので、当初は水神宮と呼ばれていたが、明治二十六年（一八九三）に玉川水神社と改称された。東京都内最古の水神社であるともいわれている。鎮座以来、約三六〇年間にわたり、玉川上水の水源を守る神として信仰されてきたのであるが、今日では**東京都の水道の守り神**となって、東京都民へ供給される水道水を守り続けている。飲み水の恵みと、水道水の安定供給と安全を守護する神であるともいえる。現在では、羽村水源愛護会の手で、この神社が護持されている。

玉《たま》川《がわ》大《だい》師《し》

世田谷区瀬田四ノ一三

御利益

祈願成就

世田谷区の玉眞院《ぎょくしんいん》は、「玉川大師」の通称でよく知られている。地下霊場のある寺としても有名で、本堂下の巨大な地下空間が、広大な奥の院となっており、遍照金剛殿《へんじょうこんごうでん》とも呼ばれている。縦横にめぐらされた地下通路沿いには、本尊弘法大師や厄除け大日如来像、四国八十八ヶ所大師「お砂踏み場」、釈《しゃ》迦《か》涅槃《ねはん》像などが所狭しと立ち並んでおり、参拝者らは灯火の光を頼りにそれらを巡拝できるようになっている。さらに、境内地上部にも、**ぼけ封じ仏・安産子育て**地蔵などの諸仏が祀られ、**現世利益**信仰の一大拠点的寺院となっている。

多《た》摩《ま》川《がわ》白《びゃく》衣《い》観《かん》音《のん》

調布市多摩川五ノ三七

御利益

賭事必勝

調布市の多摩川べりに祀られている多摩川白衣観音は、多摩川上流からこの地に流れ着いたという石造の観音菩薩立像を祀ったものである。周辺地域は江戸時代以来、たび重なる多摩川の洪水・氾濫によって多大な被害をこうむってきたが、中でも明治四十三年（一九一〇）の大洪水は被害甚大で、台風襲来による豪雨で多摩川の堤防があちこちで決壊し、地域一帯の田畑が水没した。この大洪水から数年を経たある時、押立村《おしたてむら》に近い多摩河原の中ほどに、観音像らしきものが流れ着いているのを地元民が発見し、ある篤志家がそれを拾って自宅の納屋に保管しておいたという。噂を聞いた古老ら数人が、それをきちんと祀ってやらねばならぬと思い立ち、あいはかってその篤志家と交渉し、観音像を譲り受けて堂宇を建て、そこに観音を安置することとなった。観音堂は、大山道の十字路に近い「たづくり橋」のたもとにそびえ立つ、榎《えのき》の巨木の根元に建てられ、「榎観音」と呼ばれるようになった。ところがその後、大山道十字路の自動車交通量が増え、参拝に危険がともなうようになったため、多摩川べりの現在地へ堂を移転することとなった。移転後の最初の観音供養祭が挙行された時、法会の導師をつとめた市内の蓮華寺の住職によって、この石仏は実は観音三十三相の中でも「白衣観音」と呼ばれているものだ、との指摘を受けたので、それ以来、「榎観音」という呼称を「多摩川白衣観音」とあらためることとなった。現在の観音堂は、多摩川白衣観音奉賛会の手で、管理されている。この観音堂の近くには京王閣競輪場があるため、そこに集まる競輪ファンたちによる**ギャンブル必勝祈願**も、さかんになされるようになっている。

数奇な運命を経てきた観音菩薩

玉《たま》造《づくり》稲荷《いなり》

渋谷区渋谷三ノ五

御利益

○五穀豊穣
○商売繁盛
○産業発展

渋谷区の金王《こんのう》八幡宮の境内に祀られている稲荷社で、「玉造稲荷神社」と呼ばれている。**農耕と食物**の神、**商売繁盛・殖産興業**の神として信心されている。渋谷周辺の商店主・企業経営者らにあつく信仰されており、大きな信徒団体も組織されている。京都の伏見稲荷大社から分霊を迎え、元禄十六年（一七〇三）に創建されたと伝えられる。

明治時代までの渋谷周辺は農業地帯で、稲作もさかんであり、農民たちは**五穀豊穣**の神として、この稲荷を深く信心していたともいう。

金王八幡宮にある商売繁盛の稲荷社

多《た》摩《ま》動《どう》物《ぶつ》園《えん》の動《どう》物《ぶつ》慰《い》霊《れい》碑《ひ》

日野市程久保七ノ一

御利益

○動物慰霊

日野市の多摩動物園は、正式には都立多摩動物公園といい、井の頭動物園・上野動物園と並ぶ三大都立動物園のひとつで、昭和三十三年（一九五八）に開園した。園内のアジア動物ゾーンの一角に、動物園で死んだ飼育動物の慰霊碑が祀られている。碑は平成十五年（二〇〇三）に建立されたもので、その碑文には「どうぶつさん、おもいでをありがとう」と刻まれている。毎年の秋分の日には碑前で動物慰霊祭もおこなわれており、この一年間に園内で死んだ動物たちが紹介され、飼育担当者による弔辞が朗読された後、献花がなされる。園長・スタッフ・ボランティア・一般来園者も参列する。普段でも、動物園をおとずれた家族客らがよくそこに手を合わせており、園内で死んだ動物たちのみならず、自宅で死んだペット動物たちへの慰霊の想いを込めて、祈りをささげていくのだという。なお動物慰霊碑は、他の都立動物園にも祀られている（**井の頭動物園の動物慰霊碑**・**上野動物園の動物慰霊碑**など参照）。

〔参考文献〕松崎憲三、二〇一九「動物園にみる慰霊祭──都立井の頭自然文化園を中心に──」『西郊民俗』二四九号、西郊民俗談話会。

多《た》聞《もん》寺《じ》の狸《たぬき》塚《づか》

墨田区墨田五ノ三一

御利益

○開運招福

墨東の多聞天を祀る名刹《めいさつ》、多聞寺には狸塚があり、かつてこの地に棲んでいたという夫婦の古狸二匹が、そこに葬られているという。それは人に害をなす妖狸《ようり》で、大入道に化けて悪さをはたらいたが、多聞寺第四十一世鑁海《ばんかい》上人の法力で退治され、その亡骸《なきがら》がここに埋葬されたと伝えられている。現在では**開運の神**となり、祈祷札《きとうふだ》なども出されていて、信仰されている。開発が進んで行き場を失った狸が人間に反抗したものの、しずめられて手厚く祀られたという意味では、浅草の「お狸様」などと共通する伝説であった（**浅草寺の鎮護大使者**参照）。

〔参考文献〕平野信次郎（編）、一九三三『隅田町誌』、隅田町役場。墨田区役所（編）、一九八一『墨田区史』下巻、墨田区役所。長沢利明、二〇一九『江戸東京の庶民信仰』、講談社。

太《た》郎《ろう》稲《いな》荷《り》

港区元赤坂一ノ四

御利益

○無病息災
○病気平癒（頭痛・肩）

赤坂の豊川稲荷の境内には、たくさんの稲荷の小社が祀られているが、それらの中のひとつに「太郎稲荷」と呼ばれるものがあり、**身体健康**の守護神で、特に**頭痛・肩こり・骨節の痛みの平癒**にご利益があるといわれている。御神体は飛行自在の姿をした稲荷の神像であるという。

頭痛・肩こり・骨節の痛みにご利益

誕《たん》生《じょう》八《はち》幡《まん》

品川区上大崎二ノ一三

御利益

○安産達成
○夫婦円満

品川区の誕生八幡神社は、文明年間（一四六九～一四八七）に筑前国の宇美八幡神社から分霊を勧請《かんじょう》して祀られたとされている。その名の通り、**安産**のご利益で知られている。太田道灌が妻の安産を祈願して、この神社を祀ったとも伝えられている。境内に立つ二本の夫婦イチョウの古木も当社のシンボルとなっており、**夫婦和合**のご利益もあるという。

［参考文献］東京都神社庁（編）、一九八六『東京都神社名鑑』上巻、東京都神社庁。やまひこ社（編）、一九八七『東京御利益案内』、リブロポート。

ち

力《ちから》の亥《い》

台東区上野四ノ六

御利益

○気力充実

上野の摩利支天徳大寺には近年、「力の亥」と呼ばれるイノシシの銅像が祀られるようになった。イノシシは摩利支天の使いであるから、徳大寺のシンボル動物となっている。筋骨隆々の力強い姿のイノシシ像に触れれば、**気力・体力・財力**がつき、**力**のご利益を得ることができるという。

イノシシの像に触れれば力のご利益が期待できる

乳《ちち》イチョウ

大田区西六郷二ノ三三

御利益

○子育成就
○母乳満足

大田区の多摩川土手下にある古刹《こさつ》、安養寺は、俗に「古川薬師《ふるかわやくし》」と呼ばれてきた。当寺の境内にあるイチョウの古木が「乳イチョウ」で、この木に祈れば**婦人の乳の出がよくなる**といわれ、江戸時代には爆発的な信仰が生み出されて、多くの人々が参詣におとずれるようになり、当時ほどではないものの、今もそれは続いている。この乳イチョウの由緒・縁起について、次のような話が当寺に伝えられている。まず和銅二年（七〇九）の昔、当地に古河某《なにがし》という者がおり、その妻に子供が生まれたものの乳が出ず、非常に困っていたという。関東に下向中の僧行基がそこをおとずれたので、夫妻がさっそく相談をしてみたところ、自邸の庭にあるイチョウの木の幹にある洞《うろ》からしみ出る水を飲めば、乳が出るようになるとの助言を得ることができた。さっそくそのようにしてみると、たちどころに乳が出たので夫婦は歓喜したという。行基はそのイチョウの霊木を刻んで、薬師如来・阿弥陀如来・釈迦如来の三尊仏を彫刻し、当地に草庵を建てて安置したのであったが、それが安養寺の始まりとなったという。その後、やはり乳が出ずに悩んでいた光明皇后が、行基のすすめで当寺にイチョウの木を寄進したところ、乳が出るようになったとも伝えられ、そのことにいたく感謝をした聖武天皇は、当寺に「医王山世尊院安養寺」の山号・寺号と伽藍《がらん》とを寄進することとなったという。こうして寺はおおいに発展することとなり、境内のイチョウの老木は「乳イチョウ」と呼ばれて、その評判が江戸中に広まり、多くの参詣者らがおとずれるようになった。ところがその参詣者たちは、イチョウの木の枝から乳房のように垂れ下がった気根を切り取ったり、勝手に枝を折って持ち帰ったりするようになり、そうした被害があとをたたなくなった。そこで安養寺では元禄三年（一六九〇）、そうした行為を禁止するための碑をイチョウのかたわらに建立することとなった。その禁制碑は「銀杏折取禁制碑《いちょうおりとりきんせいひ》」といい、今でも安養寺の境内にそれが残されている。その碑文には、「禁制此貳本之銀杏乳削取事、同枝葉猥折取事。この二本乃いちゃうのちちけずる事、おなじくえだはみだりにおりとる事、きんぜいにこれあり候。此禁制石薬師如来夢想ニ而起立之者也。時元禄三庚午年九月八日、六郷領古川村願主安養寺法印栄海敬白」と述べられている。

［参考文献］大田区史編さん委員会（編）、一九八三『大田区史・資料編（民俗）』、大田区。北村　肇（編）、一九九九『東京文化財の旅（二）』、毎日新聞社。

乳《ちち》垂《た》れイチョウ

足立区花畑三ノ二四

御利益
○子育成就
○母乳満足

老木になると気根を垂らすイチョウの木は、それを女性の乳房に見立てて、妊産婦が**乳の出**をよくするための祈願対象とされてきた。東京都内各地にそのようなイチョウの古木が残されているが（**雑司が谷鬼子母神の子育てイチョウ・乳イチョウ**など参照）、足立区の正覚院《しょうがくいん》の境内にあるイチョウの巨木もそのひとつである。当院のその大イチョウは幹周四メートルもある巨木で、その枝先には無数の気根が見られる。中でもそのうちの一本は、一メートル以上もの長さに垂れ下がっており、まさに女性の乳房そのものである。このイチョウの木の樹皮を削り、煎じて飲めば乳

乳の出をよくするための祈願対象

の出がよくなるといわれている。

〔参考文献〕足立区役所（編）、一九六七『新修足立区史』上巻、足立区役所。やまひこ社（編）、一九八七『東京御利益案内』、リブロポート。

父島《ちちじま》の秋葉社《あきばしゃ》

小笠原支庁小笠原村父島字東町一〇五

御利益

・火災消除

小笠原村の父島の鎮守社が大神山《おおかみやま》神社である。島内の大根山に明治十九年（一八八六）、最初の社殿が建てられ、同二十八年（一八九五）に現在地へと移転し、昭和十六年（一九四一）には村社から郷社へと昇格している。この大神山神社の境内社として祀られているのが秋葉神社で、火之迦具土神《ひのかぐつちのかみ》を祭神としており、**火伏せ**の神として信仰されている。

茶《ちゃ》の木《き》稲荷《いなり》

新宿区市谷八幡町一五

御利益

・病気平癒（眼）

新宿区市谷の市谷亀岡《かめがおか》八幡宮の境内に祀られている茶の木稲荷神社は、著名な**眼病治し**の神で、『江戸神仏願懸重宝記』にも取り上げられている。そこには、「眼のわつらひあるもの七日が間、煎茶をたち、心願をかけるに眼の煩《わづら》ひすみやかに平癒す。願成就のうえ幟《のぼり》を一本奉納するに、ふたたび眼わづらひおこる事なし。但遠路のともがらは我家にありて正一位茶樹稲荷大明神とねんし、右のごとく茶だちをなして、平癒のうへ参詣すべし。願成就うたがひなし」と述べられている。この稲荷に祈って眼病を治そうとする者は七日間、茶断ちをしたというのである。なぜ茶を断つのかというと、この稲荷の眷属《けんぞく》の狐が誤って茶の木の枝で目を突き、怪我をしたものの境内の井戸で目を洗ったところ、治ったとの伝説による。その井戸の水も、眼病治しに効くといって、それを汲んで持ち帰る人々もいたという。

〔参考文献〕長沢利明、一九九一「茶の木稲荷信仰の周辺」『西郊民俗』一三四号、西郊民俗談話会。

茶《ちゃ》の木《き》稲荷《いなり》の茶《ちゃ》筅《せん》塚《づか》

新宿区市谷八幡町一五

御利益

- **芸能上達（茶道）**

市谷の市谷亀岡《かめがおか》八幡宮の境内に祀られている茶の木稲荷神社のかたわらには、茶筅塚も祀られており、茶道関係者らの信仰を集めていた。使い古された茶筅をそこに埋めて、供養・感謝をした記念碑であるという。茶の木稲荷の周辺にはかつて、茶の木がたくさん植えられており、その葉を摘んで茶葉を作り、煎茶を立てて参詣客に飲ませていた時代もあり、眼病治しの茶として人気があったという。その縁から、近辺の旗本屋敷に住む令嬢たちが茶の木稲荷の拝殿に集まって、茶会を催したり、茶道点前《てまえ》の稽古をしたりするようにもなった。明治維新後もしばらくそうしたことが続けられていたそうで、その関係者たちが明治二十六年（一八九三）にこの茶筅塚を建てたと伝えられる。その銘文には計四十六名の女性たちの名が刻まれているが、**茶道の上達**を願う人々がそこへ参詣する。明治三十一年（一八九八）に建立された句碑も境内にあるが、「茶煎、見きわめのつきし野末や放し鷹（有楽居千秋）」の句が刻まれている。茶筅を「茶煎」に掛け、使い古された茶筅を鷹にたとえて、それを野に放してやろうとの意味が込められている。

［参考文献］長沢利明、一九九一「茶の木稲荷信仰の周辺」『西郊民俗』一三四号、西郊民俗談話会。

茶《ちゃ》乃《の》木《き》稲荷《いなり》

港区芝五ノ二五

御利益

- **火災消除**
- **病気平癒（眼）**
- **商売繁盛**

ＪＲ山手線の田町駅に近い慶応仲通り商店街の一角に、茶乃木稲荷神社と称する小社が祀られ、**火伏《ひぶ》せ・眼病**治しの神として地元からあつく信仰されている。鎮座地はもとの三田同朋町にあたるが、ここだけは大戦中の空襲被害を奇跡的に受けずに済み、この稲荷のおかげであったといわれている。そこから火防の神としての信仰が始まったものらしい。眼病治しの祈願もさかんで、向かい目の絵馬などもよく奉納されており、戦前はご利益があって眼病の治った人が、一丁豆腐を社前に穴を掘って埋め、礼参りをする姿なども見られたという。さらに、旧三田同朋町内の商店主たちは、商家の守護神としてこの稲荷をあつく信仰しており、**商売繁盛**の神としてのご利益も、絶大なものがあったといわれている。

〔参考文献〕長沢利明、一九九一「茶の木稲荷信仰の周辺」『西郊民俗』一三四号、西郊民俗談話会。

茶《ちゃ》の木《き》神《じん》社《じゃ》

中央区日本橋人形町一ノ一二

御利益

火災消除

市谷の茶の木稲荷は著名な眼病治しの神であったが、そこから分霊を移し祀ったと思われる神社が東京都内に二ヶ所あり、そのうちのひとつが人形町の茶の木神社である。もともとは下総《しもうさ》佐倉城主堀田家の屋敷神であったといい、今では人形町一丁目・蛎殻町二丁目の町会の手で祀られている。日本橋七福神のひとつにも数えられている。地元ではもっぱら**火伏《ひぶ》せ**の神として信心されており、市谷の茶の木稲荷とは無関係であるとする信徒もいるが、おそらくは何らかのつながりがあるものと思われる。

〔参考文献〕長沢利明、一九九一「茶の木稲荷信仰の周辺」『西郊民俗』一三四号、西郊民俗談話会。

中《ちゅう》道《どう》寺《じ》の不《ふ》動《どう》

杉並区荻窪二ノ二五

御利益

病気平癒（熱病）

杉並区の中道寺の境内にある不動堂には、宝暦六年（一七五六）に建てられた角柱型の石碑が祀られていて、その碑文には「南無妙法蓮華経、不動明王、上荻久保村別当中道寺」とある。その昔、荻窪村に熱病が大流行し、不動尊を祀らなかったことの祟《たた》りだとされたので、この碑が建立されたのだという。**熱病**はいつしかおさまり、それ以来、熱病がはやるたびに村人らは、この不動尊に願を掛けたと伝えられる。

〔参考文献〕杉並区教育委員会（編）、一九七九『杉並の寺院』、杉並区教育委員会。杉並区教育委員会（編）、一九八六『すぎなみの散歩道』、杉並区教育委員会。

長《ちょう》栄《えい》寺《じ》の日《にっ》朝《ちょう》様《さま》

大島支庁新島村本村三ノ一

御利益

・病気平癒（眼）

新島にある長栄寺の境内には、「日朝様」と呼ばれる自然石碑が祀られており、日蓮宗の高僧、日朝上人の名がそこに刻み込まれている。目の神として信仰されており、**眼病**に悩む人々がそこに供物をささげて祈願をおこなう。眼病治しの神として日朝上人を祀る例は、東京都内のあちこちに見られる（**入谷鬼子母神の日朝様・妙法寺の日朝堂**参照）。

〔参考文献〕東京都教育庁生涯学習部文化課（編）、一九九二『東京都民俗（八）』、東京都教育庁生涯学習部文化課。

長《ちょう》栄《えい》大《だい》威《い》徳《とく》天《てん》

大田区池上一ノ一

御利益

・海上安全
・災難消除

池上本門寺は、東京都内最大の日蓮宗寺院であるが、その境内には「長栄大威徳天」を祀る寺堂があり、**海上安全や子供の虫封じ**、**除災**にご利益があるといわれてきた。ここに祀られている大威徳天は本門寺一山の守護神で、宗祖日蓮聖人が佐渡へ流された時、塚原三昧堂で日夜の法華経読誦《どくじゅ》をおこなっていた際、大威徳天の化身である白髪の翁があらわれて、聖人の前で法華経行者と海上安全・諸縁吉祥を守護することを誓ったという。以来、聖人は生涯、大威徳天を信仰し続け、入滅後はそれが長栄大威徳天と名づけられて、長く池上本門寺にとどまり、その守護神となったという。毎月二十二日が縁日となっていて、法会がおこなわれる。なお、あわせて祀られている大黒天は、正式には「大黒諸聚尊天」と呼ばれ、福縁倍増・商売繁盛の神とされ、企業経営者にとっては社運隆盛をもたらす神として信仰されている。こちらの縁日は甲子《きのえね》の日となっている。

長《ちょう》遠《おん》寺《じ》の草《そう》木《もく》塔《とう》

大田区南馬込五ノ二

御利益
・産業発展（造園業）

大田区の長遠寺の境内にある「草木《そうもく》供養碑《くようひ》」は、人間のために役に立った草花や樹木の魂を供養して祀られたもので、造園業者・園芸家・庭師らの守り神そして造園・園芸業界の繁栄の守護神ともなっている。いわゆる「草木塔」と呼ばれるもののひとつで、東京都内にもいくつかこれが祀られている（**泉龍寺の草木塔・無量寺の草木塔・等々力不動の草木塔**など参照）。長遠寺のものは高さ一二〇センチメートルほどの碑で、大森造園協力組合の手で平成九年（一九九七）に建立されたものである。

〔参考文献〕やまがた草木塔ネットワーク事務局（編）、二〇〇七『写真集草木塔』、山形大学出版部。

長《ちょう》国《こく》寺《じ》

台東区千東三ノ一九

御利益
・商売繁盛

江戸東京の代表的な冬の祭りとして知られる酉《とり》の市は現在、東京都内の二十ヶ所以上もの神社で開催されているが、もっとも盛況なものは浅草鷲《おおとり》神社のそれであろうといわれている（**浅草の鷲神社**参照）。確かに毎年十一月の酉の日に立つ鷲神社の熊手市は、参詣客が身動きもできないほどの、大変な人出でにぎわう。多くの人々は、この市が鷲神社の境内でのみおこなわれていると思っているが、よく見ればわかるように、実は鷲神社の隣にある長国寺の境内にも多くの熊手商が立ち並んでいる。正確にいえば、この市は神社と寺との双方の境内に、それぞれ別に立つのであって、同時に開催されているために、ひとつながりの露店市に見えるのである。江戸時代の長国寺は鷲大明神の別当寺で、寺と神社とは一体であったが、明治時代の神仏分離によって両者は切り離され、鷲大明神は寺から独立して鷲神社となった。酉の市の祭りは、寺と神社の双方で同時になされるようになり、今に至っている。市に出店する熊手商らの組合も、長国寺側と鷲神社側とで別々に組織されている。長国寺は実は、酉の市の立つほぼ唯一の仏教寺院なのであって、古くから**商売繁盛**祈願がそこに寄せられてきたのである。

〔参考文献〕長沢利明、二〇〇九「浅草鷲神社の酉の市―東京都台東区千束鷲神社―」『西郊民俗』二〇七号、西郊民俗談話会。

長盛薬師《ちょうせいやくし》

荒川区荒川三ノ五一

御利益

病気平癒（眼）

荒川区の法界寺には、長盛薬師如来と呼ばれる霊仏が祀られており、**眼病平癒**にご利益があるという。薬師は境内入口にある薬師堂内に祀られていて、誰でも気軽に参拝することができる。

〔参考文献〕やまひこ社（編）、一九八七『東京御利益案内』、リブロポート。

長徳寺長沢薬師堂《ちょうとくじながさわやくしどう》

福生市福生一〇八一

御利益

病気平癒

福生《ふっさ》市の福生神明社の境内に隣接する長徳寺の墓地内の一角に、長沢薬師堂が祀られている。長徳寺そのものはここからかなり離れた地にあるが、墓地の一部がここにあり、境外《けいがい》の飛び地となっている。薬師堂は六角堂で、享保十六年（一七三一）に二間半四方の堂が最初に建てられているが、老朽化したため、平成十四年（二〇〇二）に鉄筋コンクリート造りの今の堂が再建されている。堂内には本尊の薬師如来とその脇侍《わきじ》である日光菩薩・月光菩薩および十二神将の像が安置されており、**諸病平癒**の祈願仏として地域住民に信仰されている。あらゆる病気を治してくれるありがたい薬師仏とされ、祈願者は「オンコロコロセンダリマトウギソワカ」の真言を唱えつつ、心からの祈願をおこなえば、諸病ことごとく癒やされるとされている。

調《ちょう》布《ふ》不《ふ》動《どう》の薬《やく》師《し》

調布市国領町一ノ二

御利益
○祈願成就
○病気平癒

調布市の常性寺《じょうしょうじ》は、庶民信仰の中心地とも呼びうる寺で、境内にはさまざまな現世利益仏が祀られている。**安産・子育て**祈願の子育て地蔵、**水子供養**の一願地蔵堂、**馬霊供養**の馬頭観音、**諸願成就**の不動明王堂などがそれであるが、特に不動堂は俗に「調布不動尊」とも呼ばれ、常性寺の代名詞ともなっている。さらに薬師堂に祀られている本尊、薬師如来は**諸病平癒**の霊仏として、古くからあつく信仰されてきた。この薬師は像高二尺五寸の金銅仏坐像で、身体の病気と心の病気など、いっさいの病難から人々を救ってくれる仏とされてきた。毎月八日・十二日が縁日で、その日に参詣すれば特にご利益絶大という。参拝者は拝礼時に、「大医王薬師如来に帰依したてまつる、オンコロコロセンダリマトウギソワカ」と三遍繰り返し唱えることになっている。

つ

椿《つばき》神《じん》社《じゃ》

大田区蒲田二ノ二〇

御利益
○病気平癒（咳・風邪）
○病気平癒（足）

蒲田の椿神社は、猿田彦命《さるたひこのみこと》（道祖神）を祀る小社である。三重県鈴鹿市には、やはり猿田彦を祭神とする椿大神社があるが、そこから分霊を移して蒲田の椿神社が祀られたともいわれている。**風邪・百日咳・喘息《ぜんそく》などの平癒**にご利益があるといわれ、今でも参拝者が多い。祈願者が、椿神社の境内の額堂内に掛かっている麻紐《あさひも》の輪を、ひとつ借りてきて病人の首に巻くと、咳病が治るという。無事に病気が治ると、新しい麻紐をそこに奉納することにもなっている。神前に線香をあげて祈願をおこなう人もおり、さらには**足の病気**が治るようにと、ワラジを奉納して祈る人々もいるという。

［参考文献］大田区史編さん委員会（編）、一九八三『大田区史・資料編（民俗）』、大田区。川添裕稀、二〇〇七「東京都大田区の椿神社とシャグジ」『西郊民俗』二〇〇・二〇〇一、西郊民俗談話会。

妻《つま》恋《ごい》稲《い》荷《なり》

文京区湯島三ノ二

御利益

- **病気平癒**
- **災難消除**
- **良縁成就**

文京区の妻恋稲荷は正式には妻恋神社と称するが、目立たぬ小社であるとはいえ、実は江戸最古級の稲荷社なのであって、稲荷の関東総社あるいは関東総司《そうつかさ》を名乗っていた時代もある。ここから分霊を迎えて祀られた妻恋稲荷が、各地に存在することからもそれがわかる。江戸時代には妻恋稲荷大明神・妻恋大明神・妻問社《つまどいしゃ》・稲置社《いなぎしゃ》・飯《いい》盛社《もりしゃ》などと称されることもあったらしい。将軍家の病気治し・虫封じ・癪《しゃく》封じ・狐憑《つ》き除けなどの祈祷《きとう》が、当社でなされたこともあったと伝えられ、**諸病平癒**の神として知られていたようであるが、**五穀豊穣・諸業繁栄・縁結び、陸海の運送業にかかわる安全、特に船中安全・災難退散**などの祈祷もさかんになされてきたという。とはいえ、もっともよく知られていたのは**虫封じ**のご利益ということであって、江戸時代の一般庶民にとって、妻恋稲荷といえば小児の虫封じを治す神として位置づけられていた。祭神の弟橘姫《おとたちばなひめ》が幼少時に虫の病に悩み、天の神より柏の葉で包んだ神符を授かって、それを治したということが社伝にも語られているが、妻恋稲荷ではその神符の秘伝を、一子相伝で神職家に伝えてきたという。小児の虫封じ薬である「神勅丸」という妙薬を神社から出していた時代もあった。昭和時代には宝船絵の授与も復活し、初詣で客に配布されている。宝船絵とは、宝船に乗った七福神の姿を刷ったためでたい一枚絵の縁起物で、一月二日の夜にそれを枕の下に敷いて眠ると、良い初夢を見ることができるという。ためにこれを「夢枕」と称しているが、妻恋神社では大正時代頃まで信徒にそれを配っていた。しかし、戦災で版木が失われてしまい、しばらく中断していたところ、別の版木が見つかったので、昭和になってそれが復活することとなった。妻恋神社の宝船絵は、多色刷りの美しいもので、参拝者にも大変人気がある。

復活した宝船絵は参拝者に大人気

［参考文献］長沢利明、一九八九、『東京の民間信仰』、三弥井書店。長沢利明、二〇一九『江戸東京の庶民信仰』、講談社。

釣《つり》鐘《がね》池《いけ》

世田谷区祖師谷五ノ三三

御利益

○雨乞い成就

世田谷区の成城地区の北方にある小さな湧水池は、釣鐘池と呼ばれている。ここから湧き出た清水は、野川の一支流である仙川へと注いでおり、周辺住民は古くからこの水を農業用水・生活用水として利用し、泉のほとりには野菜の洗い場などもあって、子供らにとっては格好の水遊び場となっていた。池のかたわらには、水の神である弁天社も祀られており、毎年四月七日には弁天祭りもそこでおこなわれている。この池の湧水は、どんな日照りの年にも涸《か》れたことがないといわれてきたが、干ばつの時にはそこで雨乞いの儀式がなされることもあり、釣鐘池と弁天社は**雨乞い成就**のご利益でも知られてきた。伝説によれば、昔、この池の近くに寺があったが、日照りの干ばつで農民らが困っていた時、その寺の僧侶が降雨を祈願しつつ、寺の釣鐘を抱いてこの池に身を投げたという。たちまちにして恵みの雨が降り、自らの命と引き換えに農民を救ったその僧侶のことが記憶にとどめられ、池は釣鐘池と呼ばれるようになったという。

て

天《てん》王《のう》森《もり》不《ふ》動《どう》

東村山市久米川町四ノ四四

雨乞いを祈願する世田谷区の湧水池

御利益
- 病気平癒
- 除厄達成
- 疫病退散

東村山市の天王森不動堂に祀られている不動明王は、俗に「天王森のお不動様」と呼ばれ、古くから地元民に親しまれてきた。**病気平癒・厄除け**にご利益のある不動尊で、今でも熱心に信仰され、毎月二十八日には不動講中が堂内に集まって、不動を拝んでいる。

昔、この地方に疫病（疫痢）が流行した時、この不動尊の加護によって事なきを得たといい、それ以来、**疫病平癒**の信仰が寄せられるようになったと伝えられる。もともとこの不動は地元の梅《ばい》岩《がん》寺《じ》が所有していたもので、疫病の流行がおさまった後に地域住民に寄贈され、明治九年（一八七六）に堂が建立されたという。疫病治しの不動様なので、このたびの新型コロナウイルス感染症の大流行に際しても、おおいにご利益が見直されることとなり、令和二年（二〇二〇）からは「写メお守り」も出されるようになった。これは不動堂にメールをするだけで受け取れるお守りで、スマートフォンの待ち受け画面に写真メールを保存するだけで、ご利益を得られるというもので、いかにも現代的なお守りであり、大変人気が出てきている。

と

唐《とう》辛《がら》子《し》地《じ》蔵《ぞう》

文京区小石川三ノ二

御利益

○病気平癒（咳・風邪）

たくさんの唐辛子を糸でつなぎ、ネックレスのようにしてその首に掛け、何らかの祈願をおこなう地蔵が、いわゆる「唐辛子地蔵」というもので、都内にはいくつかの例が見られる（**北原のとんがらし地蔵・禅東院のとうがらし地蔵**参照）。都心部にあって、もっともよく知られているのは、小石川の福聚院《ふくじゅいん》に祀られているそれであろう。福聚院は、小石川の伝通院《でんずういん》の門前にある小さな寺で、境内は保育園の園庭となっているが、その園庭の片隅に唐辛子地蔵を祀る小祠《しょうし》がある。参拝希望者は入口の扉を開けて、自由に園庭内に立ち入ることが許されている。地蔵の首にはつねに、真っ赤な唐辛子の首飾りが掛けられており、あたかもハワイのレイのようである。「咳止め地蔵」とも呼ばれているように、**咳の平癒**にご利益があるといい、祈願者は唐辛子をささげて願を掛けることになっている。伝説によると昔、唐辛子好きの老婆がいたが、咳の病に苦しんで死んだという。その老婆の遺言にしたがって地蔵を祀ったところ、それを拝んだ人々の**風邪や喘息《ぜんそく》**などによる咳が止まったので、大変評判になって、多くの人々に信仰されるようになった。咳の平癒ののちに、唐辛子を奉納する習俗は、先の老婆の伝説から生まれたものだといわれている。

唐辛子で願を掛ける咳止め地蔵

藤《とう》吉《きち》稲《い》荷《なり》

板橋区大山町三七

御利益

○立身出世

織田信長に仕えた木下藤吉郎がめきめきと昇進を果たし、ついには関白豊臣秀吉にまでなったという破格の出世物語にちなみ、祀られたのが板橋区の智清寺《ちせいじ》の境内にある藤吉稲荷である。正式には「木下藤吉郎出世稲荷大明神」といい、その社号の染め抜かれた真っ赤な幟旗《のぼりばた》が、社前にたくさん立ち並んでいる。それらは**出世祈願**におとずれた信徒らの奉納したもので、この稲荷に祈願をして立身出世を果たした人々は大変多いといわれている。

正式には「木下藤吉郎出世稲荷大明神」

〔参考文献〕山田元礼、一九二四『板橋町誌』、板橋新聞社。

東《とう》京《きょう》大《だい》神《じん》宮《ぐう》

千代田区富士見二ノ四

御利益

○良縁成就

○開運招福

○除厄達成

千代田区の東京大神宮は、三重県の伊勢神宮の東京における遥拝殿として、明治十三年（一八八〇）に祀られた神社で、「東京のお伊勢様」とも呼ばれている。当初は日比谷にあったが、昭和三年（一九二八）に現在地へと移された。千代田区の日枝神社・靖国神社、渋谷区の明治神宮、府中市の大國魂《おおくにたま》神社と合わせ、「東京五社」のひとつにも数えられている。日本の歴史上、初めて神前結婚式のおこなわれた神社として知られており、そのことから**縁結び**のご利益で知れわたることとなって、良縁を願う若い男女の参拝者が多くおとずれる。神前結婚式は今でもさかんにおこなわれており、境内に近年オープンした「東京大神宮マツヤサロン」は、豪華な披露宴会場としてさかんに利用されている。社殿内でおこなわれる厳粛な神前結婚式は、①参進《さんしん》の儀、②三献《さんこん》の儀、③豊栄舞《とよさかのまい》、④誓詞奏上、⑤玉串拝礼、⑥指輪交換、⑦豊寿《とよほぎの》舞《まい》といった儀式で構成され、その後に披露宴となる。境内や社務所では、**開運・厄除け・身体健全**のお守りが各種、売られているが、もっとも人気のあるのはやはり、縁結び祈願に関するお守りやグッズ類で、若い女性たちの人気を集めている。

［参考文献］東京都神社庁（編）、一九八六『東京都神社名鑑』上巻、東京都神社庁。

伊勢神宮の東京における遥拝殿。「東京のお伊勢様」

東京《とうきょう》大神宮《だいじんぐう》の飯富稲荷《いいとみいなり》

千代田区富士見二ノ四

御利益

○商売繁盛
○家内安全
○芸能上達

縁結びの神そして「東京のお伊勢様」として知られる東京大神宮の境内社として祀られているのが、飯富稲荷神社である。祭神の稲荷大神《いなりのおおかみ》は**衣食住**と**商売繁盛**の守護神、あわせ祀られている大地主大神《おおとこぬしのおおかみ》は**土地の守護神**とされる。社号の「飯富」が示すように、稲荷大神は稲の豊作と**五穀豊穣**とをもたらす神ともいわれ、あわせて衣食住を満たし、**商売繁盛・家内安全**などのご利益のもとに信仰されている。さらに、不世出の名優とうたわれた九代目市川団十郎があつい信仰を寄せていたことから、芸能の神としても信心されており、**芸道上達**をそこに祈ったり、芸人になりたいと願う若人らがその祈願におとずれるようにもなった。毎年二月初午日には初午大祭、八月十五日には夏季大祭がおこなわれる。

［参考文献］東京都神社庁（編）、一九八六『東京都神社名鑑』上巻、東京都神社庁。

東京《とうきょう》媽祖廟《まそびょう》

新宿区百人町一ノ二四

御利益

○海上安全
○商売繁盛

東京に住む在日中国人たちが設立した中国式の道教寺院が東京媽祖廟である。とても日本国内とは思えないほど異国情緒にあふれた、本格的な寺廟であって、華僑たちの心のよりどころとなっているが、日本人の参拝者も多く見られる。ここに祀られている中心的な神が媽祖で、中国では**航海安全**・**漁業繁栄**を加護する偉大な女神とされており、天妃娘娘《てんきにゃんにゃん》・天上聖母《てんじょうせいぼ》・媽祖菩薩《まそぼさつ》などとも呼ばれ、中国沿海部の福建省や潮州、台湾などで広く信仰されている。日本国内でも、華僑の多く住む横浜・神戸・長崎などに、これを祀る廟が設立されている。東京媽祖廟は四階建ての建物で、一階には天公爐が設けられている。二階は「朝天殿」と呼ばれ、關聖帝君《かんせいていくん》・済公《さいこう》・武財神《ぶざいじん》・福徳正神《ふくとくせいしん》・月下老人《げっかろうじん》・九龍太子《くーろんたいし》が祀られているが、關聖帝君は**商売繁盛**の神とされている。三階が「媽祖殿」で、媽祖の女神像とその脇侍《わきじ》である千里眼《せんりがん》・順風耳《じゅんぷうじ》の三体の神像が安置されている。四階は「観音殿」で、観音《かんのん》・準提菩薩《じゅんていぼさつ》・孔雀《くじゃく》・日王菩薩《にちおうぼさつ》・地虎将軍《ちこしょうぐん》が祀られている。各階の祭壇前には中国式のおみくじなども用意されており、日本人も一度はおとずれてみたいご利益スポットである。

華僑たちの心のよりどころの中国式道教寺院

東《とう》光《こう》寺《じ》の安《あん》産《ざん》薬《やく》師《し》

日野市栄町五ノ六

御利益

○安産達成
○病気平癒(眼・手足)

日野市の東光寺に祀られている本尊の薬師如来は、**安産**守護の霊仏とされ、俗に「安産薬師」と呼ばれてきた。また、**目の悪い人**、**手足の不自由な人**、**その他の諸病**に悩む人も信心を寄せ、それらの病の平癒を祈ることがさかんになされてきた。何でも身体にかかわる病気治しには、ご利益があったという。

大昔、この地の村長《むらおさ》の妻が懐妊した時、夢枕に薬師があらわれて「我に枝葉を供えよ。さらば安産なさしめん」と告げたので、その通りにすると無事に子供が生まれたといい、それ以来、安産薬師の信仰が始まったという。安産祈願をおこなう者は、十月十一日の縁日の日に栗のイガを薬師に供えて参詣する、あるいは枝つきの栗の実を藁苞《わらづと》に包んで奉納し、薬師堂内にある燃え残りのロウソクをいただいてきて家に祀る、というやり方で願を掛けたという。時には、底抜け柄杓《ひしゃく》を奉納する者もいたという。栗をささげるのは、栗の実がぱっくりと割れるように、無事に子供が生まれてくるように、との意味があったのではないかといわれている。

〔参考文献〕日野市史編さん委員会(編)、一九八二『日野市史・民俗編』、日野市。中島美恵子、一九九三「多摩川流域の安産祈願」『西郊民俗』一四二号、西郊民俗談話会。

東福寺《とうふくじ》の愛《あい》の鐘《かね》

国分寺市西恋ヶ窪一ノ三九

御利益

良縁成就
恋愛成就

「近代化の寺院」として知られる国分寺市の東福寺では、イラストレーターに依頼して本尊大日如来のポップアート画を寺に展示したり、境内に「愛の鐘」を設置したり、という具合に話題にこと欠かない。寺のある恋ヶ窪は、全国的に見ても珍しい「恋」の字のつく地名であるので、それにちなみ、平成時代にその「愛の鐘」が設けられた。鐘は本堂手前にあって、かぎ型の尻尾の猫のデザインされたオブジェの中に吊されている。かぎ尻尾の猫は、その尻尾で「幸福を引っかける」とされている。参拝者は自由にこの鐘を叩き、**のぞむ相手と結ばれんことを祈願する。**若い女性たちが毎日多く参拝におとずれ、鐘を鳴らしている。

恋ヶ窪にある恋愛成就を願う鐘

豆《とう》腐《ふ》地《じ》蔵《ぞう》

新宿区若葉二ノ二

御利益

○商売繁盛（豆腐屋）
○病気平癒（腫物）

新宿区の東福院には、豆腐地蔵と呼ばれる石地蔵が祀られている。東京都内の豆腐屋が、**豆腐屋の繁盛と業界の発展**とを祈って、あつく信仰をしている。この地蔵尊は、慶安二年（一六四九）に大沢孫右衛門という人が建立したもので、本堂右手の地蔵堂内に祀られている。寺伝によると昔、東福院門前の天王坂の下に一軒の豆腐屋があったが、その主人は手のつけられない極道者で、近隣の憎まれ役であったという。東福院の地蔵尊が僧に化け、毎晩その店に豆腐を買いに行ったのだが、支払われる代金はいつもシキミの葉に変わっていた。主人はかんかんに怒り、狐狸の仕業に違いないと思っていて、ある晩、いつものようにその僧が豆腐を買いに来た時、代金を差し出した左手を、包丁で切り落とした。逃げる僧を追いかけていくと、東福院の地蔵堂の前で血痕が途絶えていた。僧の正体が地蔵であったことを知った主人は改心して、人が変わったように善人になり、朝夕に地蔵に豆腐を供えて信仰を続けるようになったという。今見ても地蔵尊には左手首の先がなく、そこをこすると**腫れ物・吹き出物が治る**ともいい、治ったならば豆腐を供えるのがならわしとなっていた。地蔵堂内には、今でもつねに二丁の豆腐がささげられていて、信仰が今も生きているが、地元の新宿区内の豆腐商組合が長年の信心を続けてきている。なお、東京都内には杉並区高円寺南の長龍寺、文京区白山の喜運寺にも豆腐地蔵と呼ばれる地蔵尊が祀られていて、同じような説話を伝えており、「東京三大豆腐地蔵」と呼ばれている。

［参考文献］長沢利明、一九九五「豆腐地蔵」『杉並郷土史会会報』一三四号、杉並郷土史会。

「東京三大豆腐地蔵」のひとつ

Goriyaku Column

04

新型コロナとアマビエ

二〇二〇年における新型コロナウイルス感染症の大流行に対する都内の寺社の対応については、コラム③でも少し触れておいたけれども、この問題に関連して特に注目されるのは、例のアマビエというものの新たな登場ということだろう。この愛すべき妖怪については、いまや誰でもよく知っており、子供らの塗り絵の題材や、マスコット・キャラクターにもそれがさかんに用いられている。アマビエは遠い昔、九州の海辺に出現し、わが姿を描いて祀れば疫病は退散するであろうと告げたというのだが、江戸時代の瓦版にそのことが報じられている。

その挿絵を見ると、アマビエは長い髪を持つ人魚のような姿をしているものの、西洋のマーメイドとはかなり異なっている。鰭《ひれ》のような三本足、鳥のくちばしのような口元の形も変わっている。あまりおどろおどろしい姿でもなく、何となく可愛らしさもあって、イラスト化をしやすいということも功を奏したのか、その画像は実にさまざまな形にアレンジされていくことになった。これを寺社の御朱印に取り入れた例もまことに多くて、その対応の速さには目を見張るものがある。私の知るかぎり、アマビエの御朱印を出しているおもな寺社として現在、港区六本木の天祖神社、新宿区西新宿の熊野神社、台東区千束の浅草鷲《おおとり》神社、品川区戸越の八幡神社、渋谷区神宮前の東郷神社、中野区鷺宮の八幡神社、大田区矢口の新田神社、板橋区熊野町の熊野神社、国分寺市並木町の鳳林院、昭島市拝島町の日吉神社、日野市東豊田の若宮神社などが確認されている。折からの御朱印ブームもあり、これらはおおいにもてはやされていて、集印マニアの間ではどれもよく知られている。特に人気があるのは、日野市の豊田若宮神社のそれで、カラー版のアマビエ像が朱印紙に刷られており、「夏のアマビエ」・「ヨゲンノトリ」などのヴァージョンもある。テレビで取り上げられたので、その人気に火がつくこととなった。

アマビエの護符を出す神社もあるが、国分寺市の本町南町八幡神社のそれは、アーティストのHARUKartさんがデザインした可愛らしいアマビエの姿が刷られており、「疫病退散」の文字は書家の和全氏が書いている。このお札を玄関先などに貼っておくと、コロナの感染からのがれることができるという。ぜひ皆さんにもおすすめしておきたい。

渡《と》海《かい》神《じん》社《じゃ》のウゴージン

八丈島支庁青ヶ島村無番地

御利益
・安産達成

伊豆七島の青ヶ島には、渡海神社が鎮座する。社殿のない神社であるが、境内に祀られているウゴージンという神は産神《うぶがみ》として信仰されており、妊娠七〜八ヶ月を迎えた妊婦らがそこに参拝して、**安産**を祈願する。

〔参考文献〕東京都教育庁生涯学習部文化課（編）、一九九二『東京都の民俗（八）』、東京都教育庁生涯学習部文化課。

徳《とく》大《だい》寺《じ》の摩《ま》利《り》支《し》天《てん》

台東区上野四ノ六

御利益
・開運招福
・商売繁盛
・火災消除

上野アメ横通りの徳大寺は、摩利支天を祀る寺として有名である。摩利支天は猪の背に乗った武神の姿でとらえられているが、当寺の摩利支天は**開運招福・商売繁盛・火難除け・盗難除け**のご利益で知られており、アメ横通り商店街の守護神のような存在となっている。猪に縁のある仏なので、毎月の縁日も亥の日となっており、特に十月初亥日（現在では月遅れの十一月初亥日）のそれをゐのこ大祭と称していて、多くの参詣客がおとずれる。この時に授与される祈祷札《きとうふだ》を黒札といい、これを家内に祀っておけば火《ひ》防《ぶ》せ・盗難除けになるという。また、一月初亥日には初亥大祭、十二月最終亥日には納め縁日がなされている。さらに一月・五月・九月の初亥日には、正五九大祭の特別祈祷がおこなわれ、祈祷済みの黄飯が参詣者らに振る舞われて、これを食べると厄除けになるという。黄飯《おうはん》とはクチナシの実で黄色に染めて炊いた飯のことである。戦前の縁日のにぎわいは都内屈指のもので、坪内逍遥の『当世書生気質』や樋口一葉の『闇桜』、内田魯庵の『下谷広小路』などの、多くの文学作品にも描かれている。

〔参考文献〕長沢利明、一九九四「玄猪と摩利支天」『西郊民俗』

一四七号、西郊民俗談話会。

徳《とく》丸《まる》の北《きた》野《の》神《じん》社《じゃ》

板橋区徳丸六ノ三四

御利益
○五穀豊穣
○学業成就

板橋区の北野神社は、著名な郷土芸能もしくは神事である「徳丸の田遊び」のおこなわれる神社として、よく知られている。毎年二月十一日にそれがおこなわれるが、同様なものは同区大門の諏訪神社でも二月十三日になされており（**赤塚の諏訪神社**参照）、両者を合わせて「板橋の田遊び」と呼ぶこともあって、ともに東京都の無形民俗文化財に指定されている。田遊びとは、一年間の稲作作業のひとつひとつを神前で演じ、**豊作**を祈願するという予祝儀礼であって、神前に設けられた聖域内で、終夜にわたってそれがおこなわれ、田打ち・代掻《しろか》き・鳥追い・田回り・田うないなどの一連の所作が演じられた後、田植え・稲刈り・稲むら積みへと至る。赤塚の方の田遊びは所作が派手で演戯性が強いが、徳丸の方は非常に素朴であって、それぞれの特色をよく示している。

［参考文献］高橋秀雄、一九七八「板橋の田遊び」『祭りと芸能の旅』二巻、ぎょうせい。佐藤　高、一九八八「初荷から彼岸へ―東京一・二・三月―」『江戸っ子』五七号、アドファイブ出版局。

とげぬき地《じ》蔵《ぞう》

豊島区巣鴨三ノ三五

御利益
○病気平癒
○無病息災

巣鴨の「とげぬき地蔵」といえば、東京都内でもっともよく知られた地蔵尊で、参詣者も非常に多い。それは高《こう》岩《がん》寺《じ》に祀られている地蔵尊で、この地蔵に祈れば手足に刺さったトゲが抜ける、喉に刺さった魚の骨が取れる、などといわれてきた。それが転じて、**あらゆる病気のトゲが抜ける**ともいわれるようになり、**諸病平癒**のご利益でも知られるようにもなった。江戸時代の昔、ある大名家の奥女中が誤って折れた針を飲み込んでしまい、それが喉に刺さって大変苦しんだ。その時、この高岩寺の地蔵尊の御影《みえい》を飲み込んでみたところ、たちどころにして喉の針が抜け、楽になったという。それ以来、当寺の地蔵尊は「とげぬき地蔵」と呼ばれるようになって、広く信仰を集めることとなった。高岩寺は、江戸時代には下谷にあり、巣鴨へ移転したのは明治時代になってからのことであるので、この伝説が生まれたのは、もちろん下谷時代でのことであった。奥女中が飲んだという地蔵尊の御影とは、小さな紙片に刷られた地蔵尊の刷り札で、今でも高岩寺から出されている。この地蔵尊の縁日は毎月の四の日（四日・十四日・二十四日）となっているが、特に毎月二十四日には多くの参拝者がおとずれ、高岩寺の境内には露天市も立って、大変なにぎわいを見せる。高岩寺前の商店街は「巣鴨地蔵通り商店街」といい、延長八百メートルほどの沿道に二百軒以上の商店が軒を連ねている。そこでは高齢者相手の独特な商品が売られていることで知られ、ここに来なければ入手できないものも多い。たとえば、八つ目鰻の蒲焼き、モンペや半《はん》纏《てん》、杖、赤パンツなどがそれで、多くの老人たちがそれらを求めに来てにぎわっており、「おばあちゃんの原宿」などと呼ばれるゆえんである。この商店街で求めたものは、何によらず**高齢者の健康長寿**にご利益があるともいわれている。

［参考文献］北村　肇（編）一九九九『東京文化財の旅（二）』、毎日新聞社。読売新聞社（編）二〇二〇「ニッポン探景」『読売新聞』二〇二〇年十月四日付日曜版、読売新聞社。

とげぬき地《じ》蔵《ぞう》の浄《じょう》行《ぎょう》菩《ぼ》薩《さつ》

豊島区巣鴨三ノ三五

御利益

○病気平癒

巣鴨の「とげぬき地蔵」、すなわち高岩寺《こうがんじ》の境内には、いわゆる「タワシ地蔵」が祀られている。この石仏に水を掛け、自分の持病のある所と同じ地蔵の部位をタワシでこすって洗うと、**持病が治る**ともいわれており、毎日多くの参詣者らがゴシゴシと石仏の身体を洗っている。頭痛持ちの人であれば地蔵の頭を、胃腸の弱い人は腹部を、足腰の痛む人々は下半身を、こすって洗うことになっているが、あまりに参詣者が多いので、順番待ちの行列ができるほどである。実をいえばこの「タワシ地蔵」は地蔵ではなく、浄行菩薩という仏なのであるが、ほとんどの人々は地蔵尊だと思っている。

〔参考文献〕豊島区史編纂委員会（編）、一九八三『豊島区・通史編（二）』、豊島区。

等《と》々《ど》力《ろき》不《ふ》動《どう》の草《そう》木《もく》塔《とう》

世田谷区等々力一ノ二二

御利益

◦ 産業発展（造園業）

世田谷区の等々力不動尊の境内にある「草木供養碑《そうもくくようひ》」は、人間のために役に立った草花や樹木の魂を供養して祀られたもので、**造園業者・園芸家・庭師らの守り神そして造園・園芸業界の繁栄の守護神**ともなっている。いわゆる「草木塔」と呼ばれるもののひとつで、東京都内にもいくつかこれが祀られている（**泉龍寺の草木塔・深大寺の草木塔・無量寺の草木塔**など参照）。高さ一九〇センチメートルほどの碑は、玉川造園組合の手で昭和四十七年（一九七二）に建立されたものである。

〔参考文献〕やまがた草木塔ネットワーク事務局（編）、二〇〇七『写真集草木塔』、山形大学出版部。

等《と》々《ど》力《ろき》の不《ふ》動《どうの》滝《たき》

世田谷区等々力一ノ二二

御利益

◦ 病気平癒

世田谷区の等々力渓谷は東京二十三区内にある唯一の自然渓谷で、都心部とは思えないほど豊かな自然環境と渓谷美とがそこに残されている。渓谷内には等々力不動尊《とどろきふどうそん》も祀られていて、開運・厄除けの寺としてつねに多くの参詣者でにぎわっている。不動尊の境内左手石段下には、国分寺崖線《がいせん》から湧き出た清水が流れ落ちる雌雄二筋の滝があって、「不動滝《ふどうのたき》」あるいは「竜頭滝《りゅうずのたき》」・

「御滝《おたき》」などと呼ばれている。役行者《えんのぎょうじゃ》ゆかりの滝行場であるともいい、かつては各地から多くの修行者がここをおとずれ、滝に打たれて修行をおこなっていた。滝はいかなる日照りにも涸《か》れることがなく、初夏の五〜六月頃、この滝の水でみそぎをすれば、**あらゆる病も平癒する**といい、医者にさえ見放された難病も全快するといわれていた。

［参考文献］世田谷区（編）、一九六二『新修世田谷区史』上巻、世田谷区。

世田谷の等々力渓谷にあるご利益滝

飛《とび》不《ふ》動《どう》尊《そん》

台東区竜泉三ノ一一

御利益

交通安全（飛行安全）

下谷の正宝院《しょうぼういん》は、俗に「飛不動尊」と呼ばれているが、それは本尊の不動明王の通称なのであって、次のような伝説が語り伝えられている。正宝院が開創された享禄三年（一五三〇）頃、当院の僧が大和国の大峰山《おおみねさん》へ修行に行くこととなり、自らの守護仏として本尊の不動像を背中に担いでいって、大峰山中に奉安しておいた。僧の修行の終わった時、不動像はいきなり空に飛び立ち、一夜にして江戸へ戻って、多くの人々にご利益を授けたという。空を飛んだ不動尊は、後に**飛行安全**の仏として信仰されるようになり、飛行機に乗る人々のための安全守りとして、「飛行護《ひこうまもり》」という小さな護符が寺から授与されるようになった。パイロットや客室乗務員などの航空業界関係者、海外旅行に出かける観光客などが、それを受けていく。このような信仰が生まれたのは昭和四十五年（一九七〇）頃のことで、海外旅行ブームの到来とともにおおいにもてはやされ、一日に千人もの参拝者がおとずれることもあったという。昭和六十年（一九八五）に、群馬県の御巣鷹山での日航ジャンボ機墜落事故が起こると、ますます多くの人々が飛行護を受けにくるようになった。

［参考文献］長沢利明、二〇一九『江戸東京の庶民信仰』、講談社。

富《とみ》岡《おか》八《はち》幡《まん》宮《ぐう》

江東区富岡一ノ二〇

御利益

- **勝負必勝**
- **祈願成就**
- **立身出世**

江東区の富岡八幡宮は、墨東地域における有数の大社であり、毎日多くの参拝者がおとずれて、境内や門前商店街がにぎわっている。受験生らの入試合格祈願もさかんで、多くの絵馬が社前に奉納されている。その祭神は、江戸時代には「八幡大菩薩」と呼ばれ、武神・軍神として知られていたので、**受験や勝負事の勝利祈願**がさかんにおこなわれてきた。参道に祀られている大関力士碑は、大相撲の歴代大関力士の名を刻んだ大きな記念碑で、歌舞伎の九世市川団十郎らが明治時代に寄進した仙台石を用い、昭和五十八年（一九八三）に建立されたものである。駆け出しの若い力士らが、**出世・昇進**を祈願するため、参拝におとずれるという。富岡八幡宮は、江戸勧進相撲の発祥の地としても知られている。

［参考文献］江東区（編）、一九九七『江東区史』上巻、江東区。
北村　肇（編）、一九九九『東京文化財の旅（一）』、毎日新聞社。

豊《とよ》川《かわ》稲荷《いなり》

港区元赤坂一ノ四

御利益

- **商売繁盛**
- **産業発展（水商売）**

赤坂の豊川稲荷は、日本三大稲荷のひとつとして知られる愛知県豊川市の豊川稲荷（妙厳寺）の分霊を江戸に祀ったものである。現在では豊川稲荷の東京別院ということになっている。仏教式に祀られた稲荷なので、正式には「吒枳尼天《だきにてん》」という神が、そこに祀られていることになる。境内にはたくさんの狐の石像が祀られているが、もちろん狐は稲荷の神使であって、稲荷神そのものではない。また、「〇〇稲荷」という具合に、固有名詞を冠したさまざまな小稲荷社がたくさん祀られていて、それぞれに個性的なご利益が伝えられている。豊川稲荷そのものは、古くから**商売繁盛、特に水商売繁盛**の神として信仰されてきており、接客業関係者らがあつく信心を続けてきた。「千本のぼり」と称する赤い布のぼりを寄進しての祈願も、さかんになされていて、境内にはおびただしい数の、そののぼり旗が林立している。

豊《とよ》田《だ》若《わか》宮《みや》神《じん》社《じゃ》

日野市東豊田二ノ三二

御利益

○子育成就

日野市豊田の若宮神社は豊田地区の総鎮守で、古来、子供の守り神として深く崇敬されてきた。祭神は仁徳天皇であるが、氏子らの日々の暮らしをよりよいものとするため、自分のことは後回しにして努力された神（天皇）であったといい、特に子供たちが元気に遊んでいる姿を見て、とても喜んだ神であるとされており、**子供の守護神**として信仰されるようになったという。子供のすこやかな成長を祈るための行事もさかんで、初宮詣でや七五三祝い、交通安全・受験合格祈願などがなされているほか、境内にある土俵では毎年九月の例大祭の時に、奉納子供相撲大会が開催されている。

［参考文献］東京都神社庁（編）、一九八六『東京都神社名鑑』下巻、東京都神社庁。日野市史編さん委員会（編）、一九八二『日野市史・民俗編』、日野市。

豊《とよ》田《だ》若《わか》宮《みや》神《じん》社《じゃ》のアマビエ

日野市東豊田二ノ三二

御利益

○疫病退散

日野市豊田の若宮神社では、**疫病退散**のご利益をもたらすという妖怪、アマビエの御朱印の授与がなされている。アマビエとは江戸時代の昔、肥後国に出現したという妖怪で、外見は人魚によく似ており、鳥のようなくちばしを持っている。「疫病が流行したなら、私の写し絵を人々に見せよ」と言い残し、海へ消えていったと伝えられる。令和二年（二〇二〇）の新型コロナウイルス感染症の世界的大流行を契機に、このアマビエのことがよく知られるようになり、若宮神社ではその姿を刷って彩色した御朱印を授与するようになった。テレビなどのマスコミ報道でも大々的に取り上げられたので、それを受けに来る参拝者が急増している。御朱印に添えられたアマビエのイラストは、日本画家のいけかつまいこ氏が描いたものである。若宮神社ではさらに、その改訂版である「夏のアマビエ」や「ヨゲンノトリ」という御朱印も、この年から出すようになった。「夏のアマビエ」とは、コロナ禍で中止となった花火大会の風景を背景にして、浴衣姿のアマビエが立つ姿がカラフルに描かれている。また、「ヨゲンノトリ（予言鳥）」とは、安政四年（一八五七）十二月に加賀国白山にあらわれたという双頭の不思議な鳥で、翌年に大流行したコレラを予言し、「わが姿を朝夕に拝めば病魔の難をまぬがれる」と告げたと伝えられている。アマビエやヨゲンノトリを祀る神祠《しんし》などが、若宮神社の境内に特にあるわけではないものの、新型コロナウイルスの大流行という事態を前にして、新たに生み出された現代的な民間信仰の一例として記憶されるべきものであろう。

新型コロナ感染症退散の守り神

虎《とら》ノ《の》門《もん》金《こ》刀《と》比《ひ》羅《ら》宮《ぐう》

港区虎ノ門一ノ二

御利益

○海上安全
○交通安全
○商売繁盛

虎ノ門の街のシンボル、金刀比羅宮は、讃岐国の金刀比羅宮の分霊を江戸の地に勧請《かんじょう》して祀られたもので、讃岐の本社と同じく、**海上安全・交通安全・豊漁満帆・商売繁盛**の神とされている。航空機のパイロットや客室乗務員、あるいは海外旅行に出かける観光客向けの「航空安全守り」なども授与されている。**禁酒達成**の祈願もかつてはさかんになされており、酒を断ちたいと思う人々が酒の入った樽や徳利を奉納して、祈願をおこなうことになっていた。今でも「押手《おしで》の誓い」と称して、酒・煙草・ギャンブルなどをやめたいと願う人々の祈祷《きとう》を受け付けている。万治三年（一六六〇）、讃岐国丸亀城主京極高和《たかかず》の時代に、その屋敷内に金刀比羅宮が祀られたが、延宝七年（一六七九）に屋敷が芝愛宕下に移された時、金刀比羅宮も当地へ遷座して、今に至っている。

［参考文献］やまひこ社（編）、一九八七『東京御利益案内』、リブロポート。長沢利明、二〇一九『江戸東京の庶民信仰』、講談社。

寅《とら》薬《やく》師《し》

杉並区和田一ノ六八

御利益

災難消除

杉並区の常仙寺に祀られている薬師如来は、「**災難除け**の寅薬師」と呼ばれており、この薬師に祈れば、あらゆる災難からのがれることができるといわれている。寺の伝承によれば、当寺開山の存吉和尚は出家前、三河国に住んでいたが、ある時、鳳来山の麓でオオカミの群れに囲まれて、絶体絶命の危機に追い込まれた。すぐに近くの薬師堂に逃げ込み、本尊の薬師如来に祈ったところ、突然大きな虎があらわれて、オオカミの群れを追い払ってくれたという。大虎は薬師如来の化身であったので、その恩に報いるため、存吉は江戸麹町に常仙寺を開創し、薬師如来を本尊として祀ったとされている。常仙寺の薬師は災難除けの寅薬師と称されて評判となり、毎月八日と十二日の縁日には、参詣者が殺到したといわ

大虎は薬師如来の化身であったという

れている。

〔参考文献〕杉並区教育委員会（編）、一九七九『杉並の寺院』、杉並区教育委員会。長沢利明、一九九五「常泉寺の寅薬師」『杉並郷土史会会報』一三三号、杉並郷土史会。

鳥《とり》居《い》坂《ざか》稲《い》荷《なり》

港区六本木五ノ一六

御利益
交通安全（飛行安全）

海外旅行に行く人々や航空会社の関係者らが、航空機の**飛行安全**を神仏に祈願し、飛行機事故に遭わぬよう安全守りを受けていくという、現代的な民間信仰は昭和四十五年（一九七〇）頃から見られるようになった（**飛不動尊**・**虎ノ門金刀比羅宮**参照）。六本木の鳥居坂稲荷神社も、そうした祈願を引き受ける神社として知られ、小社ながら大変人気がある。神社は「鳥居坂ガーデン」という集合店舗の中庭に祀られており、若い人々がよく集まるスポットにあるため、注目されることとなった。天明年間（一七八一〜一七八八）の頃、この地に居をかまえていた武田氏一族の子孫の残した古碑がこの地から見つかり、それにちなんで昭和五十三年（一九七八）、この稲荷社が祀られた。稲荷社は正式には「鳥居坂稲荷大権現」といい、通称を「飛行機稲荷」として、航空機安全のご利益がそこに生み出されることとなった。

〔参考文献〕長沢利明、二〇一九『江戸東京の庶民信仰』、講談社。

航空機の飛行安全を祈願する

鳥《とり》越《ごえ》神《じん》社《じゃ》

台東区鳥越二ノ四

御利益
五穀豊穣

台東区の鳥越神社は、毎年一月八日におこなわれる左義長《さぎちょう》行事の火祭りで有名な神社である。俗に「どんど焼き」と呼ばれているが、「どんど焼き」・「とうと焼き」とも呼ばれる。当社の地元地域では、正月の門松やシメ縄などを七草の日までに片付けることになっているが、それらを集めて鳥越神社の境内に積み上げ、燃やすのがこの祭りである。火が燃え上がると、子供らが手に手に青竹棒を持って「どんど、どんど」とはやしながら地面をたたき、火のまわりをぐるぐると回る。これを「モグラたたき」といい、地中のモグラやミミズ、悪い虫などを追い払うまじないとされる。そのことからもわかるように、それは本来、**害獣駆除・五穀豊穣**を祈願する行事であったともいわれている。子供らはさらに、餅や団子を先端にぶらさげた竹棒を火にかざし、それらを焼いて食べる。どんど焼きの火で焼いた餅や団子を食べると、風邪をひかないという。どんど焼きの行事は、普通は小正月の頃になされることが多いが、七草の翌日に左義長がなされるのが当社の特徴で、江戸の下町のいわゆる「六日年越《むいかとしこし》」の伝統がそこに継承されているともいえる。

〔参考文献〕長沢利明、一九九九『江戸東京の年中行事』、三弥井書店。

頓《どん》宮《ぐう》神《しん》

江東区亀戸三ノ六

御利益
祈願成就

亀戸の亀戸天神社の境内には、かつて「頓宮神」と呼ばれる風変わりな摂社が祀られていたが、戦災で焼失した後、再建されることはなく、それは現存しない。とはいえ、それは江戸時代には大変名の知れた**諸願成就**の神であったし、『江戸神仏願懸重宝記』にも収録されていて、次のように記載されていた。「どんぐう神。本所亀戸天満宮の境内にとんぐう神迚《とて》あり。爺父《じじ》と婆々《ばば》との木像のうしろに赤青の鬼、縄をひかへてぢいをくくらんとして居る。これハ菅公《かんこう》つくしへ左迁《させん》のをりから、姥は松のはに飯をのせて、朝夕たてまつりしかバ、心ざしハ松のはといふことわざおこりしとなり。爺ハ勿体なくもつらくあたり申せしより現在に罰をかうむりしとゑんぎにあり。末世にいたりて此爺をどんくう神申《じんと》、信をこめ願がけするに願望ことごとく成就すといへり。願がけのときに鬼のひかへし縄を爺のからだにまとひて七日のあいだそれを信じ、満願のとき此縄をとくべし」。ここにあるように、頓宮神の祠《ほこら》の中に安置されていたのは老翁・老媼・赤鬼・青鬼の四体の像で、ここでの婆は菅原道真公が筑紫国へ流された時、菅公に飯をほどこして歓待したにもかかわらず、爺の方は冷たく接したという。爺はその罰として鬼に責め立てられ、縄で縛られることとなり、そうしたさまを四体の木像があらわしているとされてきた。この伝説にもとづき、祈願者は爺の像を縄で縛って七日間の願掛けをおこない、成就の後にはその縄を解いてやるという信仰習俗が生み出されることとなった。祈願対象を縄で縛るという願掛けの方法は、いわゆる「縛られ地蔵」への信仰に通じるものがあったろう（**南蔵院の縛られ地蔵・願行寺の縛られ地蔵・林泉寺の縛られ地蔵**など参照）。

［参考文献］長沢利明、二〇一〇「亀戸の頓宮神」『西郊民俗』二一一号、西郊民俗談話会。

な

中《なか》里《ざと》富《ふ》士《じ》山《さん》

清瀬市中里三ノ九九一

御利益
○火災消除
○除厄達成

清瀬市中里には、富士山信仰にもとづいて築造された富士塚があり、中里富士山と呼ばれている。丸《まる》嘉《か》講《こう》武《ぶ》州《しゅう》田《た》無《なし》組《ぐみ》中《なか》里《ざと》講《こう》社《しゃ》の手で文化～文政年間（一八〇四～一八三〇）に築かれたもので、東京都の有形民俗文化財にも指定されている。この富士塚は、他《よ》所《そ》のそれのように黒ボク石（富士山の溶岩）を積み上げるようなことはせず、土だけを高さ約九メートルほど、富士山型に盛り上げて築造されている。北側の入口鳥居をくぐると、九十九《つづら》折《お》りに登山道が続き、一～九合目を記した石柱や五合目の小《こ》御嶽《みたけ》神社碑などがあり、頂上には大日如来を刻んだ碑や仙元大菩薩祠などが設置されているほか、文政八年（一八二五）建立の石祠なども祀られている。この富士塚に登れば、**本物の富士山を登拝したのと同等のご利益が得られる**とされていた。毎年九月一日には「湯の花祭り」がおこなわれ、富士講員らが富士塚で経文を読み上げた後、円錐形に積み上げた麦藁《むぎわら》の山に火をつけて燃やす。その火にあたり、焼け跡の灰を家に持ち帰って門口にまいておくと、**火災除けや魔除け**になるともいわれている。

［参考文献］岩科小一郎、一九八二『富士講の歴史』、名著出版。
清瀬市史編纂委員会（編）、一九八三『清瀬市史』、清瀬市。

都の有形民俗文化財に指定

長《なが》沢《さわ》地《じ》蔵《ぞう》堂《どう》

福生市福生一〇八一

御利益

病気平癒
子育成就

福生《ふっさ》市の福生神明社の東側に、三体の石地蔵を祀った長沢地蔵堂がある。堂に隣接して長徳寺の墓地もある。堂内に並ぶ三体の地蔵尊は、左側のものが「長沢水子地蔵」、中央のものが「長沢延命地蔵」、右側のものが「長沢六面車地蔵」と呼ばれている。長沢水子地蔵は、もちろん水子供養のために祀られた地蔵尊であるが、信者が奉納したねんねこ半纏《ばんてん》を着て、赤子を抱いており、**子育て成就**を祈願する人々も多い。長沢延命地蔵は、別名「おその地蔵」とも呼ばれているが、おそのとは幕末の頃に福生長沢に生まれた女性の名で、村山（現在の東村山市・武蔵村山市方面）へ嫁いだものの重病をわずらい、里へ帰されて亡くなったという哀れな人とされている。彼女は自らの死の直前に、自分が死んだならば葬式などはしなくてもいいから、地蔵尊に祀って欲しい、そうして必ず諸人の病気治しの仏になる、と言い残して果てたという。この遺言にしたがって彼女の霊を祀り、造立された地蔵尊がこの長沢延命地蔵（おその地蔵）なのだと伝えられる。この地蔵は**諸病平癒**はもちろんのこと、特に子供の病気治しに特別なご利益があるといわれている。やはり奉納された着物やよだれ掛けをつねに何枚も身にまとって立っている。長沢六面車地蔵は、六角柱型の石柱の各側面に六地蔵の浮き彫りをほどこした石仏で、大変古い時代のものだと伝えられている。

ほかにも延命地蔵、六面車地蔵がある

中《なか》野《の》の子《こ》安《やす》神《じん》社《じゃ》

八王子市中野山王二ノ二三

御利益

- 子孫繁栄
- 無病息災
- 疫病退散

八王子市の子安神社は、地元では「中野の明神様」と呼ばれ、親しまれている。境内には神聖な湧水池があり、豊かな清水がそこから湧き出ている。「明神様の泉」ともいい、どんな干ばつにも決して涸《か》れることがないといわれてきた。その水を飲めば**子孫繁栄・無病息災**のご利益が得られるとされてきたが、現在では飲用を禁じられている。かつてはこの泉の水を飲み、境内社の久須志《くすし》神社に祈願すれば、あらゆる病気を治すことができるとされていた。毎年八月の例大祭の時には「湯立《ゆだて》神事《しんじ》」がおこなわれ、笹で作った「湯たぶさ」を湯釜に浸し、神主がそれを振って氏子や参列者らに湯玉を振りかけ、無病息災を祈願する。昔、この地域に疫病が流行した時、病気除けの祈《き》禱《とう》をおこなったことから始まった儀式であるという。

［参考文献］東京都神社庁（編）、一九八六『東京都神社名鑑』下巻、東京都神社庁。

名《な》綱《づな》神《じん》社《じゃ》の采《うね》女《め》霊《れい》神《じん》

八王子市暁町二ノ二

御利益

- 産業発展（理容業）

理容業者の祖神、理容業界繁栄の神

として祀られてきたのが采女霊神であり、いわば「床屋の神」であったが、それを祀る碑が八王子市の名綱神社にあり、高さ二・九メートルもの巨大な碑の正面には「業祖采女霊神」と刻まれている。ここにいう采女霊神とは藤原采女亮《ふじわらうねめのすけ》ではなく、「采女の宮」と呼ばれた名綱三郎《なづなさぶろう》のことであるという。地元豪族であった三郎は天皇のそばに仕えつつ、天皇の身だしなみを整える役をまかせられていたといい、小野小町ともゆかりのある人物であったといわれている。そのことから理容業界の祖神としてたたえられ、業祖神としてあがめられることとなった。名綱神社の碑は、明治四十二年（一九〇九）に八王子理髪組合の手で建立されたもので、現在は全国理容生活衛生同業組合連合会八王子支部の手で、祭祀が続けられている。同支部では三年に一度、一月最終月曜日に碑前で祭礼をおこない、理容業界の発展を祈願している。

〔参考文献〕松崎憲三、一九九九「采女亮の石塔及び石碑—理容業者の信仰と道具観—」『西郊民俗』一六七号、西郊民俗談話会。

理容業界の祖神としてたたえられる

撫《なで》牛《うし》

墨田区向島一ノ四

御利益
○病気平癒
○子育成就

向島の牛嶋神社の境内には、大きな牛の石像が祀られているが、「撫牛」と呼ばれ、この牛の身体を撫でれば**持病が治癒**するといわれている。自分の身体の悪い部分をまず撫で、次に牛の像の同じ部分を撫でると、病気が治るという。身体のみならず、心の病も癒やされるといわれている。**子育て**にも効験があるといい、子供が生まれた時、赤い布でよだれかけを二つ作って、ひとつは撫牛に、もうひとつはわが子に着せると健康に育つという。この撫牛は、大昔は牛の形をした自然石が祀られていたというが、文政八年（一八二五）に今の撫牛が建立されたと伝えられる。

明治時代初期の作家、淡島寒月は、「なで牛の石は涼しき青葉かな」という句を詠んでいる。小説家の堀辰雄も『幼年時代』の中で、「どこかメランコリックな目ざしをした牛が大へん好きだった」と記している。

〔参考文献〕本所区（編）、一九三一『本所区史』、本所区。墨田区役所（編）、一九八一『墨田区史』下巻、墨田区役所。

向島の牛嶋神社にある有名な牛の石像

撫《なで》蛇《へび》様《さま》

葛飾区東金町六ノ一〇

御利益

- 金運招来
- 立身出世
- 芸能上達

葛飾区の葛西神社の境内には、金町弁天社が祀られており、**金運・出世・芸道上達**にご利益があるとされている。巳の日に参拝すると、特に神徳が得られるという。大昔、平家の落人が東国へ移り住んだ際、氏神として信仰していた弁天の尊像を、瀬崎の里（現在の埼玉県八潮市内）に祀ったといい、のちにそれが葛西神社へ移されたと伝えられている。弁天の使いは白蛇とされ、この金町弁天社の社前にも白蛇の神像が祀られており、それを手で撫でれば諸願が叶うともされている。

巳の日に参拝すると、よりご利益が

七《なな》社《しゃ》神《じん》社《じゃ》

北区西ヶ原二ノ一一

御利益
安産達成
子育成就

北区の七社神社は旧西ヶ原村の総鎮守で、『江戸名所図会』には「七社《ななのやしろ》」と記されている。古くから**子授け・子育て**の神として信仰され、拝殿前にある狛犬《こまいぬ》は雄も雌も、仔犬を守る親子の愛情豊かな姿をあらわしており、「子守犬」と呼ばれている。この七社神社では、「一心泣き相撲」が毎年おこなわれており、赤ん坊をわざと泣かせて、力強い成長と健康とを祈る儀式が人気を集めている。出場できるのは生後六ヶ月から二歳半までの赤ん坊で、女の子も参加できる。この泣き相撲の相撲大会は、「七社場所」とも呼ばれ、出場する赤ん坊には四股名《しこな》も授けられる。神社では、「泣き相撲は赤ちゃんの卒業式」と言っており、幼児から児童へと成長していく子供の通過儀礼として、これを位置づけている。

［参考文献］北区役所（編）、一九五一『北区史』、北区役所。北区役所（編）、一九七一『新修北区史』、北区役所。

七《なな》代《よ》の滝《たき》

青梅市御岳山一七六

御利益
雨乞い成就

武州御岳山の山頂に鎮座する御嶽《みたけ》神社の広大な社地内には二つの大滝があって、「綾広《あやひろ》の滝」は滝行場、「七代の滝」は雨乞いの聖地として知られていた。七代の滝は七段の段差を流れ落ちる大瀑布《だいばくふ》であって、干ばつの時にその滝の水を汲んで持ち帰り、村々の田畑にまき散らせば、たちまちにして恵みの雨が降ると信じられていた。北多摩地域の農村には水田があまりなく、台地上での畑作農業、特に主食穀物である陸稲《おかぼ》の栽培がさかんであったが、農業用水をもっぱら天水に依存する陸稲栽培は、降水量の多寡による年々の収量の増減が激しく、干ばつの年には深刻な減収に見舞われてきた。日照りと少雨とに長年振り回されてきた北多摩地域の農民らにとって、夏場の降雨を希求する想いには切実なものがあり、毎年のように雨乞い祈願が繰り返されてきた。雨乞いのやり方にはいろいろあり、上州の榛名山、相州《そうしゅう》の大山、武州の御岳山などから御神水を汲んできて、村々で**降雨祈願**をおこない、その水を村内にまき散らして祈るという方法がとられてきたが、もっとも一般的であったのは、御岳山からその御神水を汲んでくるというもので、これを「水もらい」とか「水飛脚」とか呼んでいた。日照りが続くと村内一同で協議をし、御岳山の御神水を迎えて雨乞いをおこなうことが決定されると、村の若者たちがさっそく御岳山へ出発する。山中の七代の滝の水を竹筒や一升瓶などに汲み、早足で村へ帰ってくるのであるが、途中で休憩したりすると、そこに雨が降ってしまうとされていたので、休んだり寄り道をしたりせず、まっすぐに村をめざさねばならない。時には帰り道の沿道に何人もの若者を待機させて、リレー方式で御神水を運ぶこともあった。若者らが村に帰ってくると、ただちに雨乞いの祈祷《きとう》が挙行され、御神水を井戸水で何倍にも薄めて村内にまき散らす。その時に若者らがフンドシ一丁の裸になって川や池に跳び込み、「懺悔懺悔《ざんげざんげ》、六根清浄《ろっこんしょうじょう》」と唱えながら、互いにバシャバシャと激しく水を掛け合い、大騒ぎをすることもあった。空にはたちまち雨雲が湧き出てきて、恵みの雨が降ったといわれるが、あまり効果がなければ、何度もまたこれをやり直すこともあったという。

雨乞いの聖地にある霊滝

名主《なぬし》の滝《たき》

北区岸町一ノ一五ノ二五

御利益
- 身体健全
- 無病息災

江戸の郊外には、小川が台地の崖から流れ落ちてできた小さな滝があちこちにあって、江戸時代には真夏の頃にそこをおとずれ、滝に打たれて涼を求める人々が多く見られた。これを「滝《たき》浴《あ》み」といっていたが、各地に滝浴みの名所があって、大変なにぎわいを見せていた。「王子の七滝」はことに有名で、不動の滝・権現の滝・大工の滝・見晴の滝・弁天の滝・稲荷の滝・名主の滝の七ヶ所の滝がそこにあった。これらのうちの「名主の滝」は、王子村の名主であった畑野孫八が安政年間（一八五四〜一八六〇）に、自邸内の滝を整備したもので、今もそこにあり、名主の滝公園として一般公開されている。現在の名主の滝は、男滝《おだき》・女《め》滝《だき》・独鈷《どっこ》の滝・湧玉《ゆうぎょく》の滝の四滝で構成されているが、今でも男滝には勢いよく水が流れ落ちている。不動の滝は当地の正受院《しょうじゅいん》の境内にかつてあり、同寺の本堂客殿には滝浴み客らが大勢くつろいで、さながら湯治場のごとくであったという。滝浴み客相手の料亭・茶屋なども王子周辺にはたくさんあって、おおいに繁盛をしていたともいわれている。滝浴みは涼を求めてなされるものであったが、信仰的な意味ももちろんあり、土用の丑湯などの習俗と同様、夏に水を浴びての**心身の禊《みそ》ぎ祓《はら》い**、**祈願**から発したものであったといえる。

［参考文献］北区役所（編）、一九五一『北区史』、北区役所。北区役所（編）、一九七一『新修北区史』、北区役所。

名主の滝は男滝・女滝・独鈷の滝・湧玉の滝の四滝

波《なみ》除《よけ》神《じん》社《じゃ》

中央区築地六ノ二〇

御利益

○商売繁盛
○海上安全

築地の魚河岸の守り神が、波除神社である。豊洲移転前の、築地時代の魚河岸（東京中央卸売市場）は東京湾に面した低地にあったので、高潮による波浪被害をよく受け、浸水防止を祈ってこの神社が祀られたといい、「波除神社」の社号もそこから来ている。ために**水難除け**の神として信心され、魚河岸関係者らにとっては市場の繁栄、**商売繁盛**・**航海安全**・**大漁成就**のご利益が期待されていた。祭礼では巨大な獅子頭が町内を巡行することになっており、いかにも魚河岸の祭りにふさわしい。

［参考文献］東京都神社庁（編）、一九八六『東京都神社名鑑』

上巻、東京都神社庁。

南蔵院《なんぞういん》の縛《しば》られ地蔵《じぞう》

葛飾区東水元二ノ二八

御利益

○学業成就
○交通安全
○開運招福

東京二十三区内には、石地蔵の身体を縄で縛って願掛けをおこなうという、いわゆる「縛られ地蔵」が三ヶ所に祀られているが（**願行寺の縛られ地蔵**・**林泉寺の縛られ地蔵**参照）、もっとも有名なのは、葛飾区の南蔵院にあるものである。大岡政談の名裁きの逸話で大変よく知られているが、それは次のような話であった。享保年間（一七一六〜一七三六）の昔、日本橋の呉服問屋の手代が反物を荷車に積んで、南蔵院の門前を通りかかった。門前の石地蔵の前に荷車を停め、境内のイチョウの木陰で一休みをしていたところ、ついうとうとと眠り込んでしまった。目覚めてみると、荷車ごと反物が盗まれて消えている。番所へ届け出ると、奉行の大岡越前守忠相《ただすけ》の取り調べを受けることとなった。奉行は、「門前に立つ地蔵は泥棒の所業を黙って見ていたのであるから、まことに不届きである。地蔵を縄で縛り上げて召し捕れ」と命令する。地蔵は縄でぐるぐる巻きにされて市中を引き回され、南町奉行所へと運び込まれた。物見高い野次馬連中が奉行所へ見物に押しかけたが、群衆の人波に押されて奉行所内になだれ込んでしまった。奉行は「天下の御白洲に乱入するとは不届き至極。罰として反物一反ずつ没収するので、各自持参せよ」との下知を下した。めいめいが持ち寄った反物の山を調べると、盗品が出てきたので、それを手掛かりに盗賊どもを一網打尽にすることができた、というのであった。以来、南蔵院の地蔵は「縛られ地蔵」と呼ばれ、**盗難除け**・**足止め**・**厄除け**のご利益でもてはやされるようになり、**学業成就**・**交通安全**・**開運厄除け**・**縁結び**の祈願までなされるようになった。**ギャンブル**・**浮気防止**を祈る人も多い。願掛けをする者は地蔵を縄で縛り、願いが叶うとそれを解くという独特の祈願方法が生まれたという。『江戸神仏願掛重宝記』にも、「本所中の郷業平橋西詰南蔵院に石の地蔵尊あり。心願あるものここにゆきて思ふことをねがひ縄をもって地蔵尊のからだをくくりかへるとき一七日があいだに願望成就なさしめ給へと祈念なし、また願望成就のときにくくりたる縄をとき其うへにて花を供じて拝するなり。別して毎月廿四日にがんがけする人多しといふ」と述べられている。南蔵院は関東大震災の時までは、現在の墨田区業平橋付近にあったが、当時は地蔵の堂守《どうもり》もいて、参拝者に地蔵を縛るための縄を一本十銭ほどで売っていたともいう。今でも寺では参拝者に縄を提供しているが、多くの人々が地蔵にそれを巻き付けていくので、地蔵はつねに縄のかたまりのような状態になっており、尊顔すら見えない状態である。年に一度、大晦日の日にすべての縄をはずし、「縄解き供養」をおこなっているが、ほどいた縄は境内でお焚《た》きあげにしている。除夜の鐘が鳴って新年となると、住職がまず一本、地蔵に縄を巻くが、それを合図に初詣で客らが次々に縄で縛っていくので、すぐにもとの縄のかたまり状態に戻ってしまうという。

［参考文献］長沢利明、一九九一「縛られ地蔵あれこれ」『峡南の風土』三一号、峡南郷土研究会。長沢利明、二〇一三「縛られ地蔵の民間信仰」『民俗学論叢』二八号、相模民俗学会。

大岡政談の名裁きの逸話で大変有名

南蔵院《なんぞういん》の破風地蔵《はふじぞう》・塩地蔵《しおじぞう》

練馬区中村一ノ一五

御利益
- 病気平癒（歯）
- 病気平癒（イボ）

練馬区の南蔵院の境内には、いろいろな石地蔵が祀られている。「首継地蔵」のみは独立した地蔵堂内に安置されているが、かつて中村地区内に首のない地蔵が立っており、昭和七年（一九三二）にその首が新たに発見されて、胴体とつながったので、そのように呼ばれるようになった。また、「破風地蔵」は**虫歯の平癒**に、「塩地蔵」

は**イボ取り**にご利益があったという。

［参考文献］練馬区史編さん協議会（編）、一九八二『練馬区史・歴史編』、練馬区。やまひこ社（編）、一九八七『東京御利益案内』、リブロポート。

に

西《にし》新《あら》井《い》大《だい》師《し》

足立区西新井一ノ一五

御利益
- 除厄達成
- 商売繁盛
- 家内安全

弘法大師ゆかりの霊場として知られる足立区の総持寺は、「西新井大師」・「厄除け大師」の通称で呼ばれ、地元ではただ「お大師さん」と呼べば通用するほど親しまれている。男性の厄年は二十五歳と四十二歳、女性のそれは十九歳と三十三歳となっているが、人生の区切り目にあたって病気や事故に遭いやすいので、事前に寺院などで**厄除け**祈願をおこなうが、それを一手に引き受けているのが西新井大師である。毎日多くの参詣客がおとずれ、本堂での厄除け祈祷《きとう》を受けていく。男性の場合、二十五歳の厄は西新井で、四十二才の厄は川崎大師で落とすものだということも、よくいわれている。もちろん厄除け以外にも、**商売繁盛・家内安全・無病息災・開運出世**などのご利益でもよく知られている。総持寺は歴史上、何度もの火災を経験してきたが、弘法大師像はつねに焼失することなく、そのつど寺堂が再建・復興されてきたことから、**火伏《ひぶ》せ**のご利益も絶大とされている。

［参考文献］足立区役所（編）、一九六七『新修足立区史』上巻、足立区役所。やまひこ社（編）、一九八七『東京御利益案内』、リブロポート。

西《にし》新《あら》井《い》大《だい》師《し》の三《さん》匝《そう》堂《どう》

足立区西新井一ノ一五

御利益
- 巡礼利益

足立区の西新井大師すなわち総持寺の境内には、「三匝堂」と呼ばれる風変わりな堂宇があって、内部には三層のらせん階段が設けられ、その通路沿いにさまざまな仏像がずらりと安置されている。この種の建物は他寺院にも見られ、「栄螺堂《さざえどう》」などとよく呼ばれているが、サザエの貝殻のような造りになっているために、その呼び名がある。総持寺の三匝堂の場合、第一層には八十八体の弘法大師像と阿弥陀如来像、第二層に十三仏像、第三層に五智如来像と二十五菩薩像が祀られ、参拝者はらせん階段を登り降りしながら、これらの諸仏を一度に拝することができる。また堂の地下には、四国八十八ヶ所霊場の霊砂が納められており、この堂を参詣すれば**四国遍路をおこなったのと同等の功徳とご利益**に、あずかることができるとされている。

［参考文献］長沢利明、二〇一九『江戸東京の庶民信仰』、講談社。

西《にし》新《あら》井《い》大《だい》師《し》の塩《しお》地《じ》蔵《ぞう》

足立区西新井一ノ一五

御利益

○病気平癒（イボ）

足立区の西新井大師すなわち総持寺の境内には、塩地蔵を祀った小堂がある。塩地蔵とは塩を奉納しつつ祈願をおこなう地蔵で、各地の寺院に祀られており、参詣者らが納めた大量の塩の中に埋もれて、真っ白になっている地蔵をよく見かける。総持寺のそれもまさにそうしたもので、参拝者らが振りかけていく塩で全身が覆われ、白い雪をかぶったような状態になっており、いかに多くの祈願者がいるかがわかる。身体に**イボ・タコ・魚の目**などができて悩んでいる人々が、もっぱら祈願をおこない、まずは地蔵が全身にかぶっている塩を少量もらってきて、イボやタコに塗りつける。効果はてきめんといい、この地蔵に祈って病を治した人々は多いという。もし治ったならば、倍返しの塩を地蔵に振りかけて、礼参りをすることにもなっている。

［参考文献］加藤紫識・長沢利明、二〇〇六「東京の塩地蔵」『民俗学論叢』二一号、相模民俗学会。

真っ白なお姿は祈願者の多さを物語る

西《にし》新《あら》井《い》大《だい》師《し》の八《はち》十《じゅう》八《はっ》ヶ《か》所《しょ》大《だい》師《し》

足立区西新井一ノ一五

御利益

○巡礼利益

足立区の西新井大師すなわち総持寺の本堂（遍照殿）の裏手には、八十八ヶ所大師と呼ばれる石仏群があり、八十八体の弘法大師像が祀られている。これは日清・日露戦争の戦没者霊を供養するために祀られたもので、四国八十八ヶ所霊場の霊砂もそこに祀り込まれているという。毎月二十一日の縁日、三月二十一日の大祭には多くの参拝者が集まり、戦没者を弔いながら、**四国遍路をおこなったのと同じご利益**をそこから得ることができるとされている。

〔参考文献〕長沢利明、二〇一九『江戸東京の庶民信仰』、講談社。

西《にし》新《あら》井《い》大《だい》師《し》の水《みず》子《こ》地《じ》蔵《ぞう》

足立区西新井一ノ一五

御利益

○水子慰霊

足立区の西新井大師すなわち総持寺の境内には、水子地蔵も祀られている。たくさんの石地蔵が境内の一角に集められているが、それが水子地蔵で、手前の白い石を敷きつめた所を「賽《さい》の河原《かわら》」と呼ぶ。もちろん地獄の賽の河原を再現したもので、水子を持つ親たちがそこに白い石を奉納し、**水子を供養**する。石は寺が用意した丸い石で、地蔵の種字《しゅじ》「キャ」が書き込まれているが、親たちはその裏側に自らの名を書き入れ、水子地蔵の賽の河原にそれ

白い石を敷きつめた所が賽の河原

を納める。この石を「水子供養功徳《くどく》石《いし》」と称している。

二《に》十《じゅう》三《さん》夜《や》尊《そん》

杉並区堀ノ内三ノ四八

御利益
- 金運招来
- 良縁成就

杉並区の妙法寺の境内には二十三夜堂があり、二十三夜尊がそこに祀られている。二十三夜尊とは、月を神格化した神で、正式には「二十三夜尊大月天王」という。江戸時代には毎月二十三日の夜、人々が寄り集まって月の出を待ちながら、飲食をする信仰行事があった。これを「二十三夜講」・「三夜供養」などといった。この夜の月の中には、三体の菩薩の姿があらわれるともいう。妙法寺の二十三夜尊も、この月の神を祀ったもので、これに祈れば**財運**に恵まれるとか、**縁結び**のご利益があるとかいわれている。妙法寺では毎月二十三日、堂を開帳して二十三夜尊の掛軸を祀り、僧侶が読経法会をおこなっている。

日《にち》荷《か》様《さま》

文京区谷中一ノ七

御利益
- 病気平癒（足腰）
- 交通安全
- 除厄達成

日荷様とは日蓮宗の僧侶、日荷上人のことであり、没後は**健脚の神、足腰の病**を癒やす神としてあがめられるようになった。もともとは相模国に住む六浦妙法《むつうらみょうほう》という名の僧侶であったが、ある夜の夢枕に仁王尊が立って、「我等は称名寺の仁王だが、改宗して身延《みのぶ》山《さん》の守護神になりたいと思う。汝《なんじ》の力で何とか我等を身延山まで運び届けて欲しい」と告げた。妙法はさっそく称名寺へ出向き、和尚に仁王をいただきたいと話してみたが、聞き入れてもらえない。和尚が囲碁好きであることを、かねて耳にしていた妙法は、仁王を賭けて和尚と碁の勝負にいどんだ。勝負に勝ったので、約束通り仁王をもらおうとするが、和尚は「あれは冗談だ」と言って応じず、「そもそも、あんな大きな仁王像二体を、担げるわけがない」と言う。「それならば、やってみよう」と、妙法は山門から仁王像二体を担ぎ出し、それを背負って三日三晩をかけ、横浜から甲斐国の身延山にまで運んでしまった。身延山の法主は妙法の怪力と健脚とに驚き、「日荷」という尊称を彼に授けたという。日荷は神としてあがめられるようになり、足腰の病を癒やす神とされるようになったが、さらにそれが発展して**乗物の交通安全・車体安全の神**、さらには**厄除け・方位除け**の神ともされるようになった。人々の厄難や災いを、日荷様が背負ってくれる、福を授けてくれるというご利益までいわれるようになった。

谷中の寺町にある延寿寺には、日荷上人を祀る日荷堂があり、多くの信徒らによって、今もあつく信仰されている。堂の本尊である日荷上人像は宝暦五年（一七五五）に、身延山から勧請《かんじょう》されたもので、江戸時代には足腰の病に悩む多くの人々からあつく信心され、その時代に奉納されたたくさんの絵馬が、今も残されている。現在の日荷堂は、明治四十四年（一九一一）に再建されたものである。

足腰の病平癒から厄除けまで幅広く

日《にち》曜《よう》寺《じ》の愛《あい》染《ぜん》明《みょう》王《おう》

板橋区大和町四二

御利益

・商売繁盛（染物業）

板橋区の日曜寺は、徳川宗武《むねたけ》が寄進した等身大の愛染明王像を、本尊として祀る寺院である。この愛染明王は、「愛染」が「藍染」に通ずるということで、染物屋職人たちの信心を集めるようになり、江戸中の染物屋が**染物業の繁盛**を祈願して、さかんに参拝するようになった。彼らの奉納したいろいろな石造物が、今でも寺の境内に残されているが、天保十年（一八三九）に寄進された手水鉢《ちょうずばち》や記念碑などがそれである。江戸周辺に住む染物業者らは、地域ごとに同業者組合を作っており、組合ごとにまとまって日曜寺に参詣していたという。毎年一月・五月・九月の二十六日が愛染明王の縁日で、東京愛染講《あいぜんこう》・豊染講《ほうせんこう》などの講社が参詣におとずれる。

〔参考文献〕山田元礼、一九二四『板橋町誌』、板橋新聞社。

日輪寺《にちりんじ》の日限地蔵《ひぎりじぞう》

台東区西浅草三ノ一五

\ **御利益** /

○ **病気平癒**

時宗寺院にはよく日限地蔵が祀られているが、西浅草の日輪寺にもそれがある。日限地蔵とは三日・五日・七日といった具合に、一定の日数を定めて地蔵尊に**諸病平癒**などの願を掛け、その満願日までの間に物断ちなどの精進を続けるという祈願の寄せられた地蔵のことである。もっとも著名なものは白金の松秀寺《しょうしゅうじ》のそれであるが（**松秀寺の日限地蔵**参照）、同宗の日輪寺にもやはりそれが祀られてきた。幕府の地誌書上帳にも、「日限地蔵一駆、立像長壱尺壱寸、奥州若松西光寺本尊筑波山開基徳一禅師作の模造、何人の手に成を不知」と述べられており、奥州会津若松の時宗寺院、西光寺に安置されている日限地蔵を模造して、日輪寺にもそれが祀られたとしている。

〔参考文献〕長沢利明、一九九九「日限地蔵の信仰――東京都港区白金松秀寺――」『西郊民俗』一六六号、西郊民俗談話会。

二宮神社《にのみやじんじゃ》

あきる野市二宮二二五二

\ **御利益** /

○ **無病息災**
○ **五穀豊穣**

あきる野市の二宮神社は、武蔵総社六所宮《ろくしょぐう》（現在の府中市の大國魂神社）の二之宮に祀られている著名な古社である。毎年九月八～九日に挙行される例大祭は、俗に「ショウガ祭り」と呼ばれ、境内には初物の葉ショウガを売る露店も出て、そこで求めてきたショウガを食べると**無病息災**とされている。秋祭りにショウガ市の立つ神社は他所《よそ》にもあるが（**芝大神宮・永福稲荷**など参照）、二宮神社のショウガ祭りは、西多摩地域では唯一のものである。この秋祭りの時に執行される神前での神事にも、「牛の舌」と呼ばれる独特な形の餅、子持ちの里芋、葉根付きショウガが神《しん》饌《せん》として、神にささげられることにもなっており、古式が守られている。また、余興として上演される農村歌舞伎は、「二宮歌舞伎」として東京都の無形民俗文化財にも指定されている。さらに、毎年一月十五日の早朝におこなわれる筒粥神事《つつがゆしんじ》は、**五穀豊穣**を神に祈願しつつ、当年の農業の作柄を占うためになされる特殊な神事である。神事はまず、宮司が決められた作法にしたがって薪火を焚《た》き、そこに鉄鍋を掛けて白米の粥を煮る。その際に、境内に植えて大切に保護されている篠竹《しのだけ》を取ってきて、長さ十センチメートルほどに切り分け、束ねられた竹筒三十二本を、粥の中に入れて一緒に煮る。しばらくしてそれを取り出し、竹筒の中に詰まった粥の飯粒の多少によって、当年の農作の豊凶を占うのであるが、竹筒一本ごとに農作物の名が割り与えられているので、その豊凶の具合を宮司が判定する。判定結果は印刷して公表されるが、それを「御筒粥記《おんつつがゆのき》」といい、氏子らにも配布されるのである。その年の農業の作柄を粥によって占う儀式を「粥占《かゆうら》」と呼ぶが、東京都内では大変珍しいもので、占いの結果は不思議とよく的中するという。この筒粥神事の執行される一月十五日には、二宮神社の境内でドンド焼きの火祭りもおこなわれるが、その点火の際には筒粥神事で粥を煮た火が、火種として用いられることになっている。

［参考文献］秋川市史編纂委員会（編）、一九八三『秋川市史』、秋川市。秋川市史編纂委員会（編）、一九八三『秋川市史・附編』、秋川市。

日本橋《にほんばし》の出世稲荷《しゅっせいなり》

中央区日本橋堀留町一ノ六

御利益

立身出世

日本橋の密集市街地の一角にあるビルの一階の目立たぬ所にひっそりと祀

られているのが、「出世稲荷神社」である。そこはかつて新材木町と呼ばれた所で、その地に祀られていたこの出世稲荷は、江戸時代にはかなりよく知られた稲荷社であった。その名の通り、出世栄達にご利益があるといわれ、今でも**出世**を願う人々が参詣におとずれる。元和三年（一六一七）、北条家浪人の庄司甚右衛門ほか数名の武士の住んでいた仮屋敷がここにあり、京都の伏見稲荷大社から分霊を迎えた稲荷社が、そこに祀られていたという。明暦三年（一六五七）の振袖火事、安政元年（一八五四）の大地震、明治六年（一八七三）の大火、大正十二年（一九二三）の関東大震災、昭和時代の空襲被災などなどをかいくぐって、今に生き延びてきた強運の稲荷社で、その信仰が途絶えることはなかった。関東大震災の時に社殿は焼け落ちたものの、昭和六年（一九三一）には再建されている。江戸時代初期、初代市川団十郎が日参してこの稲荷を拝み続け、おおいに名をあげたという。また、この地の出身者で出世した商店経営者、芸能人らが多数おり、そのようなことから**出世実現**のご利益が注目されて、出世稲荷と呼ばれるまでになったと伝えられる。例祭は月遅れの三月の初午日におこなわれていて、岩代稲荷と合同の形を取り、堀留町一丁目町会の応援を受けて、盛大になされている。

如《にょ》意《い》輪《りん》寺《じ》

西東京市泉町二ノ一五

御利益
○良縁成就
○飼馬安全

西東京市の如意輪寺には、如意輪観音を本尊とする観音堂が祀られている。俗に「保谷《ほうや》の観音様」と呼ばれ、**馬の健康安全、男女の良縁成就**のご利益で知られてきた。この観音堂は安永五年（一七七六）に建てられた古い堂宇で、明治二十五年（一八九二）の火災で全山が焼失した際にも観音堂のみが焼け残り、今に維持されてきている。かつては毎年三月十五日の村祭りの日に、「馬駆《うまが》け市《いち》」がこの観音堂を中心に開催され、近在から多くの見物人たちを集めてにぎわっていた。周辺農村では当時、農耕用・伝馬《てんま》御用の馬がたくさん飼われており、その馬持ち農家らが集まって、馬駆け市の祭りをおこなった。馬たちはこの日、五色の布を胴に巻いて美しく飾られ、それら多数の飾り馬たちが、観音堂のまわりを激しく駆けめぐるさまはまことに迫力があり、祭りのハイライトとなっていた。如意輪寺の境内には、たくさんの露店や見世物小屋まで出て、大変なにぎわいを見せたが、この一年の間にこの地に嫁いできた若嫁らが、美しい花嫁衣装に着飾って参詣するのもならわしで、「嫁市」と呼ばれていた。未婚の若い娘らも、晴れ着姿で祭りの市に繰り出したもので、その時に見そめられて結婚する者も多く、若い男女の貴重な出会いの場になっていたという。戦後は馬もいなくなり、馬駆け市は廃れてしまったが、現在では四月十五日に植木市がおこなわれている。観音堂内には、かつての馬駆け市の様子を描いた見事な大絵馬（縦一一四センチメートル・横一八一センチメートル）が残されており、西東京市の有形民俗文化財に指定されているが、当地の観音講中が明治十七年（一八八四）に奉納したものである。

［参考文献］保谷市史編さん委員会（編）、一九八九『保谷市史・通史編（四）』、保谷市史編さん委員会。

ね

願《ねが》い石《いし》

世田谷区松原三ノ二〇

御利益

◦ 祈願成就

世田谷区の菅原神社は、菅原道真公を祀る天神社であるが、その境内には「願い石」というものが祀られており、いわゆる「持ち上げ石」・「あげ仏」の一種といえるものである（**王子稲荷の御石様**など参照）。**自らの心願が叶うか否かを占う**ために、石の神体・仏体を手に取って持ち上げ、それが軽く感じられれば叶い、重ければそうでないということを知ることができるという。そのようにして神仏の声を聞こうとする卜占《ぼくせん》手段であったといえる。菅原神社の場合、持ち上げるのは何と、神前に立つ石灯籠の頂の擬宝珠《ぎぼし》であって、そのような例は他所《よそ》には見られず、大変珍しい。その擬宝珠は手に取れば簡単に取りはずして持ち上げることができ、多くの場合、軽く感じられたことであったろう。

〔参考文献〕東京都神社庁（編）、一九八六『東京都神社名鑑』上巻、東京都神社庁。世田谷区民俗調査団（編）、一九九六『松原』、世田谷区教育委員会。

願《ねが》いの地蔵《じぞう》

中央区日本橋人形町一ノ一八

御利益

○病気平癒

○受験合格

人形町のビルの二階にある大観音寺は、鎌倉時代の鉄仏を本尊として祀る寺院である。決して広くはない境内の一角に、「願いの地蔵」が祀られていて、「本願地蔵」と呼ばれることもある。あらゆる願いごとを叶えてくれるありがたい地蔵尊とされているが、**病気平癒**と**受験合格**を祈る人々が特に多い。祈願者は、紙札に願いごとを書き入れ、地蔵堂内の壁に貼り付けていく。つねにたくさんの紙札がそこに貼られており、それだけ多くの信者がいるということの証拠である。

〔参考文献〕やまひこ社（編）、一九八七『東京御利益案内』、リブロポート。

「本願地蔵」と呼ばれることもある

猫返《ねこがえ》し神社《じんじゃ》

立川市砂川町四ノ一

御利益

○飼猫帰宅

○豊蚕満足

立川市の阿豆佐味天《あずさみてん》神社の境内社のひとつに「猫返し神社」という珍しい神社がある。飼い猫が行方不明になって家に戻ってこないことがあると、飼い主は大変心配をするものであるが、そのような時にはこの神社に猫の小絵馬を奉納して、**飼い猫の帰宅**を祈願する。ために「猫返し神社」と呼ばれているのである。小絵馬には可愛らしい三毛猫の姿が描かれており、社務所から求めることができるが、社前に奉納された大量のその小絵馬の数を見れば、いかに猫の失踪が多く見られるかがわかる。しかしながら、この神社はもともと蚕影山神社《こかげさんじんじゃ》と呼ばれていた**養蚕の守護神**なのであって、安政七年（一八六〇）に常陸国豊浦湊（現在の茨城県つくば市内）の蚕影山神社から分霊を移して祀られたものである。阿豆佐味天神社の鎮座する砂川地区は、江戸時代の中頃から養蚕が始まり、幕末期に外国との貿易が本格化していくと、輸出用の生糸の生産がさかんになされるようになった。明治時代から昭和時代初期にかけて、砂川の養蚕業は最盛期を迎えて村の主要産業となり、農家の現金収入に多大な貢献をもたらすこととなった。当地に蚕影山神社が勧請《かんじょう》されたことの背景には、そのような事情が存在する。養蚕業の発展とともに、多摩地方の養蚕農家たちが蚕の守り神として、さかんに猫神を信仰するようになったことも、この地方の民間信仰の大きな特色なのであって、蚕室内に招き猫を祀ったりするようにもなった（**臼杵神社**参照）。蚕の大敵であるネズミを駆除してくれる猫は、養蚕農家にとってまことにありがたい動物であったわけで、猫神信仰はそこから始まっている。養蚕業の衰退した今日、蚕影山神社とともにあった猫神信仰が、いつしか迷子猫の帰宅を祈るという現代的な祈願に、置き換えられていったのであろう。

養蚕業の猫神信仰から迷子猫の帰宅祈願に変化してきた

［参考文献］榎本直樹、一九九三『砂川の神社と寺院』、立川市教育委員会。

猫《ねこ》地《じ》蔵《ぞう》

青梅市滝ノ上町一三一六

御利益
- 開運招福
- 商売繁盛

青梅市の常保寺《じょうほじ》の境内には、珍しい招き猫の石像が祀られており、「猫地蔵」あるいは「招き猫地蔵」と呼ばれて親しまれている。もともとは青梅市裏宿町《うらじゅくちょう》のある寺堂の境内に祀られていたもので、その堂のことを住民は俗に「どんつく様」と呼んでいた。「どんつく」とは法華信者の叩く団扇《うちわ》太鼓の音から来ており、この猫地蔵の背面にも「南無妙法蓮華経」の題目が刻まれている。昭和時代初期に廃堂となり、境内地が処分されることとなって、猫地蔵は常保寺へと引き取られることとなった。招き猫なので、**開運招福・商売繁盛・千客万来**のご利益があるといい、参拝者も多い。とはいえ、本来それは養蚕守護・蚕安全をもたらす猫神であったともいわれている。青梅市はかつて養蚕のさかんな町であったので、蚕の守り神としてこの猫地蔵が信心されてきたという。蚕を食い荒らす大敵はネズミで、そのネズミを駆除してくれるのが猫であったから、西多摩地域では古くから養蚕農家たちが猫神を祀る風が見られた（**臼杵神社・猫返し神社**など参照）。養蚕業がすっかり廃れてしまった今日では、猫地蔵はもっぱら開運招福・商売繁盛の神として信仰されている。また、飼い猫の健康安全と長寿を祈る神としても、人気が高まってきている。

猫《ねこ》地《じ》蔵《ぞう》堂《どう》

新宿区西落合一ノ一一

御利益

・開運招福

猫にまつわる民間信仰を伝える寺社はあちこちにあるが（**臼杵神社・豪徳寺の招き猫・猫地蔵**など参照）、新宿区の自《じ》性院《しょういん》もそのひとつで、境内には猫地蔵尊と呼ばれる地蔵を祀った立派な堂宇がある。猫地蔵の御詠歌もあり、「猫《びょう》形《ぎょう》のほとけのちかひ、ありがたや、かつらの里にかをりとどめて」という歌詞となっている。猫地蔵はまた、招き猫にも通じるので、**開運**の仏としても信心されており、仏前にはたくさんの招き猫が奉納されている。毎年の節分

境内入口に立つ「猫寺」のシンボル

の日には、猫地蔵尊の開帳もなされている。寺の境内入口には、大きな招き猫の石像が立っており、「猫寺」のシンボルとなっている。

［参考文献］新宿区教育委員会（編）、一九八三『ガイドブック新宿の文化財（九）』、新宿区教育委員会。

猫《ねこ》塚《づか》

墨田区両国二ノ八

御利益
○飼猫安全

両国の回向院《えこういん》の境内に祀られている「猫塚」には、「猫の恩返し」の伝説が伝えられている。昔、飼い猫を大変可愛がっていた魚屋がいたのだが、病気をして商売ができなくなり、生活が困窮していた。すると飼い猫がどこからともなく、二両の小判をくわえてきて、その魚屋を助けてくれた。その後のある日、猫は姿を消してしまい、家に戻ってこなかった。猫は、ある商家に忍び込み、また二両の小判をくわえて逃げようとしたのだが、運悪く奉公人たちに見つかり、殴り殺されてしまったのであった。それを知った魚屋は、その商家の主人をたずねて事情を話した。主人は恩返しをしようとした猫の話に感銘を受け、魚屋とともに猫の遺体を回向院に手厚く葬ってやったという。それが回向院の猫塚で、この話は江戸時代のいくつかの書物に載せられた有名な伝説である。愛猫家たちは、この回向院の猫塚に参拝して、**飼い猫の健康安全**を祈るという。

鼠《ねずみ》小《こ》僧《ぞう》の墓《はか》

墨田区両国二ノ八

御利益
○金運招来
○病気平癒

両国の回向院《えこういん》には、江戸時代の有名な盗賊、鼠小僧の墓（供養碑）があり、「教覚速善居士」の戒名が刻まれている。小塚原回向院にもある鼠小僧の墓石に刻まれた戒名とは異なるが（**小塚原回向院**参照）、両国回向院の方の墓石は大正時代に建立されたもので、碑の裏面には「大正十五年十二月十五日建立」、左側面には「永代法養料金五十円也、細川仁三」と刻まれている。鼠小僧は実在の盗賊で、寛政九年（一七九七）に生まれ、『武江《ぶこう》年表』によれば天保三年（一八三二）八月十九日に浅草で処刑されている。『甲子夜《かっしや》話《わ》』には、鼠小僧は武家屋敷にのみ押し入ったため、庶民大衆からは義賊扱いされていると記されている。そうしたイメージをさらにふくらませたのが幕末の戯作者、河竹黙阿弥作の芝居物語で、鼠小僧は権力者である大名家の屋敷に自在に侵入し、盗んだ金を庶民に分け与えた虚構の主人公とされることになった。その物語は当たり狂言となり、人気に火がついて、すっかり彼はヒーローとなっていく。明治十一年（一八七八）の『朝野《ちょうや》新聞』によると、歌舞伎の市川家一門の一人、市川団升《だんしょう》が芝居の大ヒットの礼として、回向院に永代供養料や石灯籠を寄進したと報じられており、大正時代に建立された墓石に刻銘のある細川仁三とは、実は市川団升のことであるとの説も聞かれる。その墓石の前には、鼠小僧の戒名を刻んだミニチュアの墓石も祀られ、参拝者が自由にそれを削ることのできるようにしたのであるが、俗にそれを「欠き石」と呼ぶ。盗賊の墓石の一部を打ち欠き、そのかけらをお守りにして勝負事にのぞむという習慣は、よく見られたことである（**鬼薊清吉の墓**参照）。また、そのかけらを財布や袂《たもと》に入れておけば、**金回りがよくなる**、**持病が治る**などともいわれていた。願いが叶った人々はその礼として、新たな「欠き石」を鼠小僧の墓前に建て、誰もが自由にそれを削り取ることができるようにしたので、次から次へと「欠き石」は建て替えられることとなった。今でもそれは数年ごとに建て替えられており、その数は現在までに数百基にもおよぶといわれている。

義賊のヒーローとしてあがめられた

子《ね》ノ《の》神《じん》社《じゃ》

東久留米市小山一ノ一四

御利益
○良縁成就
○子孫繁栄
○五穀豊穣

東久留米市の子ノ神社は旧小山村の鎮守で、かつては「根神明神《ねのかみみょうじん》」と称していた。「子《ね》」とは十二支の子《ね》（ネズミ）のことで、大黒天の使いとされる。その大黒天はまた大国主命《おおくにぬしのみこと》のことで、出雲の神であるから、**縁結び**にご利益があるという。また、**子孫繁栄・五穀豊穣**の神ともされている。

［参考文献］東久留米市史編さん委員会（編）、一九七九『東久留米市史』、東久留米市。東京都神社庁（編）、一九八六『東京都神社名鑑』下巻、東京都神社庁。

子《ね》の聖神《ひじり》

港区芝公園四ノ八

御利益
○病気平癒（足腰）

天長九年（八三二）の子《ね》の年・子《ね》の月・子《ね》の日・子《ね》の刻に生まれたので「子《ね》の聖《ひじり》」と呼ばれた行者がおり、それを祀る中心的な寺院が埼玉県飯能《はんのう》市大字南字子ノ山にある天龍寺であった。彼は悪鬼と戦って下半身に大火傷を負ったが、百八十歳まで生きて長和元年（一〇一二）に没したとされ、後に「子《ね》ノ《の》権現《ごんげん》」と呼ばれて下半身のあらゆる病を癒やす神、**足腰の守り神**として位置づけられていくこととなった。天龍寺から分霊を迎えて祀られた子ノ権現の祠堂《しどう》は、東京都内各地に見られる（**文殊院の子ノ権現・田端神社**など参照）。それらの中で、江戸時代にもっとも著名であったのは、芝増上寺の山内子院のひとつ、宝珠院《ほうしゅいん》に今は安置されている子ノ権現像であった。『江戸神仏願懸重宝記』ではこれを「子《ね》の聖神《ひじり》」と称しており、次のように述べられている。

「芝増上寺御山内より赤羽根へいづるところに子《ね》ノ《の》聖《ひじり》の祠あり。すべて腰より下の煩《わつら》ひ疝気《せんき》・脚気《かっけ》・腰の痛など此御神へ祈願なして願成就なすことうたがひなし。たとへ上のわつらひ病症によりて腰より下へさかりたるをばひたすらに願をかくるに病気平癒することたちまちなり。御縁日八日。願成就の後、のぼりを献し御供米をおさむるものあり」。ここにあるように「子の聖神」は当初、増上寺山内の路傍に祀られていたようであるが、後に子院の青林寺そして宝珠院へと移されることになった。この「子の聖神」のご利益は**腰より下のいっさいの病、疝気・脚気・腰痛などの平癒**にあったということになるが、『江戸神仏願懸重宝記』にも収録されるほど著名なものであったにもかかわらず、現在ではその存在を知る人もほとんどおらず、宝珠院の本堂内の古い厨子《ずし》の中に、ひっそりとその尊像が納められている。

足腰の健康・病気平癒の神様

〔参考文献〕長沢利明、一九九六「増上寺の足の神」『西郊民俗』一五五号、西郊民俗談話会。

根《ね》元《もと》神《じん》社《じゃ》

西多摩郡奥多摩町氷川一八〇四

御利益

○病気平癒（足腰）

奥多摩の根元神社は少彦名命《すくなびこなのみこと》を祭神とする神社である。少彦名命は**医薬の神**とされているので、この神社にもそうした信仰が寄せられてきたという。江戸時代には「子《ねの》神社」とも呼ばれ、子ノ権現《ねのごんげん》を祀る神社でもあったらしい。子ノ権現とは、埼玉県秩父の山中に祀られている**足腰の健康の守り神**で、東京都内にもその分霊を移し祀った寺社が各地にあるが（**子《ね》の聖《ひじり》神・文殊院の子ノ権現**など参照）、この神社もそのひとつであったらしい。明治三年（一八七〇）に社号を「根大神」に、同三十六年（一九〇三）には現行の「根元神社」にあらためているが、旧社号の「子《ね》」の発音がそこに継承されている。なお、根元神社の境内社のひとつとして子安神社が祀られているが、安産・子育ての神とされている。社殿内には子安地蔵の木像も安置されている。

〔参考文献〕奥多摩町誌編纂委員会（編）、一九八五『奥多摩町誌・民俗編』、奥多摩町。東京都神社庁（編）、一九八六『東京都神社名鑑』下巻、東京都神社庁。

念《ねん》仏《ぶつ》車《ぐるま》

世田谷区喜多見七ノ七

御利益

○安産達成
○良縁成就

世田谷区の喜多見地区と狛江市の岩戸地区との境界付近に、庚申《こうしん》と地蔵とを祀る小堂があるが、堂内に祀られている庚申塔、すなわち青面《しょうめん》金剛像は元禄元年（一六八八）に造立されたもので、子供の守り神、安産守護の神、縁結びの神として信仰されている。堂のかたわらには念仏車と呼ばれる風変わりな石造物も立っており、一本の石柱に穴をうがって木製の車輪がはめ込まれている。車輪は六角形をしていて、「南無阿弥陀仏」の六字名号が各辺に一文字ずつ刻まれている。この車輪を参拝者が手で一回、回転させると念仏を一回唱えたことになり、あるいは経巻を一巻読誦《どくじゅ》したことになるともいい、願いが叶えられるとされる。参拝者はまず堂内の庚申塔を拝んだ後、この念仏車を手で回すことになっており、そうすれば**安産・縁結び**などの祈願が達成されるといわれている。堂の立っている場所は、「筏道《いかだみち》」・「中道《なかみち》」と呼ばれる旧道の交わる辻にあたり、そうした旧道の交差点には、ご利益のある神仏がよく祀られているものだともいわれている。

［参考文献］世田谷区民俗調査団（編）、一九八三『喜多見』、世田谷区教育委員会。

回転させると願いが叶えられるとされる

の

野《の》崎《ざき》八《はち》幡《まん》の薬《やく》師《し》殿《でん》

三鷹市野崎一ノ二三

御利益

○病気平癒（眼）

三鷹市の野崎八幡社の境内には、神仏習合時代の名残りとして、薬師如来を祀る薬師殿が今も祀られている。本尊薬師如来は正式には「薬師瑠璃光如《やくしるりこうにょ》来《らい》」といい、**諸病平癒**、特に**眼病平癒**にご利益があるという。この薬師仏は江戸時代末期の文久三年（一八六三）に、三河国の鳳来寺の尼僧、梅円尼の手で当地へもたらされたと伝えられる。毎年十月八日の午後九時から、薬師殿でおこなわれる「団子まき」の行事はことに有名で、「お目玉」とか「薬師団子」とか呼ばれる約七千個の団子が、参拝者らにばらまかれ、それを拾って食べると病気をしないとか、眼病が治るとかいわれている。まかれた時に地に落ちて、土のついた団子ほどご利益があるなどともいわれている。この団子まき行事は、文久三年（一八六三）以来、一年も欠かすことなく、現在でもおこなわれているという。

［参考文献］東京都神社庁（編）、一九八六『東京都神社名鑑』下巻、東京都神社庁。

能《の》勢《せ》妙《みょう》見《けん》堂《どう》

墨田区本所四ノ六

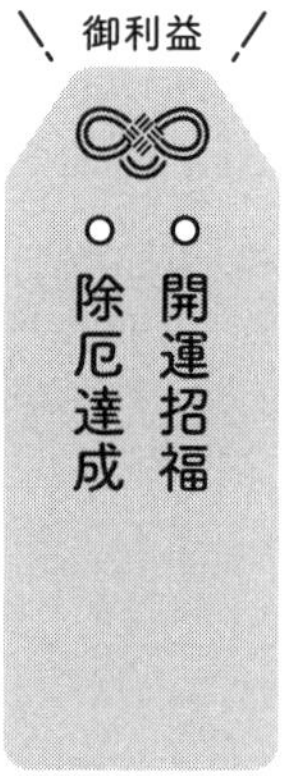

墨田区の能勢妙見堂は、大阪府豊能《とよの》郡能勢町にある日蓮宗の真如寺妙見堂の分霊を、旗本の能勢氏が江戸の自邸内に祀ったのが始まりで、現在では「能勢妙見山東京別院」と称する。江戸時代には、**狐憑《きつねつ》きの病を治す**のにご利益絶大といわれた「黒札」という祈祷札《きとうふだ》を授与することで知られており、「能勢の黒札」といえば狐落としの神符として著名であった。黒札は現在でも出されており、毎年四月十五日の大祭日（現在ではそれに近い日曜日）に、授与される。今では狐落としというよりも、**開運・魔除け**の護符として人気が高く、それを身につけているとよいという。多くの信者がいて、毎年それを受けていく。

［参考文献］大島建彦、二〇一二「家伝の呪符」『西郊民俗』二一九号、西郊民俗談話会。

は

拝《はい》島《じま》大《だい》師《し》

昭島市拝島町一ノ六

御利益

○除厄達成
○災難消除

昭島市の本覚院《ほんがくいん》は、通称「拝島大師」の名で広く世に知れわたっている。弘法大師を祀る寺なのだろうと誤解している人々が多いが、ここにいう「大師」とは、実は「元三大師《がんざんだいし》」なのであって、比叡山延暦寺の中興の祖として知られる高僧なのであった。元三大師は、諸願を叶えてくれるありがたい現世利益の仏として、あちこちの天台宗系の寺院に尊像が祀られているが（**深大寺の元三大師堂**など参照）、この本覚院はその筆頭的地位にあり、本覚院という寺号は知らなくとも、「拝島の大師さん」といえばすぐに通じるほど、その通称が定着している。本覚院は元三大師を本尊として祀る寺なのであって、その本尊像に祈れば、**厄除け**に絶大なご利益があるといわれている。厄年あるいはその前厄《まえやく》・後厄《あとやく》に当たる年齢の人々が、ひっきりなしに参詣におとずれて、祈祷《きとう》を受けていく。元三大師は、一月三日に没したので「元三大師」と呼ばれているのであるが、それにちなんで毎年の正月中に、本覚院の境内ではダルマ市が立ち、縁起物の厄除けダルマを売るダルマ商らが露店を連ね、それを求めに来る初詣で客らで、境内は大混雑となり、大変なにぎわいを見せる。ダルマを売るのは出店のダルマ屋たちであるが、寺からは「角大師団扇《つのだいしうちわ》」と呼ばれる縁起物の団扇が授与されることになっている。角大師とは、悪魔を調伏《ちょうぶく》するため、おそろしい鬼の姿に変身した元三大師の御影のことであって、この団扇を家の玄関口に飾っておくと、あらゆる悪疫の侵入を防除することができるとされている。

〔参考文献〕昭島市史編さん委員会（編）、一九七八『昭島市史・附編』、昭島市。川勝賢亮、二〇〇七「拝島大師の由来」『拝島大師だより・如意輪』七七号、拝島大師。

拝《はい》島《じま》大《だい》師《し》の文《もん》殊《じゅ》様《さま》

昭島市拝島町一ノ六

御利益

○学業成就
○受験合格

文殊菩薩は一般に、智恵をつかさどる仏とされており、これを信心すれば、おおいなる智恵を授かって、すぐれた人になれると信じられてきた。昭島市の本覚院《ほんがくいん》、すなわち拝島大師に祀られている文殊菩薩の場合は、智恵の仏がさらに発展して、学問の仏として信心されるようになり、**学業成就・受験合格**の祈願が寄せられるようになった。神道でいう天神信仰の仏教版であって、受験シーズンともなれば、多くの受験生らが合格祈願のための参拝におとずれる。例年一月の成人の日は「文殊様の縁日」といわれ、寺をあげての盛大な大般若経転読会《だいはんにゃきょうてんどくえ》がおこなわれることになっている。

拝《はい》島《じま》日《ひ》吉《よし》神《じん》社《じゃ》

昭島市拝島町一ノ一〇

御利益

○無病息災

昭島市拝島地区の段丘崖沿いに並ぶ五つの寺社のうちのひとつ、拝島日吉神社の例大祭は「榊祭《さかきまつり》」と呼ばれる奇祭として、広く知られている。祭礼は明和四年（一七六七）から始められたといわれ、東京都の無形民俗文化財にも指定されている。現在では毎年九月十九日にもっとも近い土・日曜日に例大祭がおこなわれているが、初日の土曜日の祭りが前夜祭で、それがいわゆる「榊祭り」である。氏子地域内を巡行する祭礼行列の先頭を行くのが、サカキの枝葉で作られた「榊神輿《さかきみこし》」で、その後に囃子連《はやしれん》を乗せた山車《だし》と本社神輿とが続く。榊神輿は、行列全体の露払い役ということになる。榊神輿が神社へ戻ってくると、「榊取り」が始まって氏子らが群がり、神輿上のサカキの枝を競って取り合う。あっという間にサカキはすべてもぎ取られてしまう。このサカキの枝を家に持ち帰り、祀っておくと一年間、**無病息災**で過ごせるといわれている。

［参考文献］東京都神社庁（編）、一九八六『東京都神社名鑑』下巻、東京都神社庁。

白《はく》山《さん》の瘡《かさ》守《もり》稲《い》荷《なり》

住所なし

御利益

○病気平癒（皮膚病）
○病気平癒（腫物）

皮膚病・性病治しの神として知られる笠森（笠守・瘡守）稲荷は、文京区内の白山にもかつて祀られていた。白山御殿内に武家屋敷をかまえていた旗本、大前孫兵衛重職が摂津国島上《しまがみ》郡真上村芥川の笠森本祠からその分霊を江戸へ迎え、自らの屋敷内に祀ったという。孫兵衛は**腫れ物**に苦しんだ人で、この神に祈って全治したと伝えられる。そのご利益を多くの人々に広めるため、屋敷内からそれを寺に移し、町人たちにも参拝できるようにしたというのであるが、稲荷の移転先は谷中の大円寺で、同寺に今祀られている瘡守稲荷がそれであるという（**谷中大円寺の瘡守稲荷**参照）。孫兵衛が摂津国から分霊を勧《かん》請《じょう》したのは、天明〜寛政年間（一七八一〜一八〇一）、それを大円寺へ移したのは享和年間（一八〇一〜一八〇四）のことであったと伝えられている。『江戸砂子《すなご》』には、「瘡守稲荷、御殿跡大前氏やしきの鎮守なり。小児の顔かしらなどのでき物、此神にいのれば、ふしぎの奇瑞あり。願成就の時、土団子といふて、土をもってだんごのごとくまるめて神前にささぐ。武家の鎮守なれば初穂等かたく請けられず」と記されている。小児の顔や頭部の出来物の治癒に効験があって、その祈願方法は、土の団子を供えて願掛けをおこなうというものであったといい、他所《よそ》の笠森稲荷の祈願作法と同じであった。一説によると、白山御殿の瘡守稲荷は、谷中へ移された後も旧地にしばらく残存したといわれているが、いずれにしても明治維新後に武家屋敷は消滅してしまったので、白山の地には現在、瘡守稲荷は存在しない。

［参考文献］長沢利明、一九九八「カサモリ稲荷の土団子」『西郊民俗』一六二号、西郊民俗談話会。

土《は》師《し》家《か》天《てん》神《じん》

渋谷区神南一ノ四

御利益

- 病気平癒（麻疹）
- 病気平癒（疱瘡）
- 学業成就

渋谷区の北谷《きたや》稲荷神社の境内に祀られている小さな天神祠は、「土師家天満宮」と呼ばれており、「土師家」が「ハシカ」に通じるということから、**ハシカ（麻疹）や疱瘡《ほうそう》（天然痘）の平癒**のご利益があるといわれている。そのことから、「麻疹神社」などと呼ばれた時代もあったらしい。天神なので、もちろん**学問の神**としても信仰されている。土師家とは、菅原道真公の本姓のことだともいわれている。安永～享和年間（一七七二～一八〇四）頃から明治時代にかけて、さかんに信仰されていた天神祠であったという。

〔参考文献〕渋谷区（編）、一九六六『新修渋谷区史』中巻、渋谷区。東京都神社庁（編）、一九八六『東京都神社名鑑』上巻、東京都神社庁。

機守神社《はたがみじんじゃ》

八王子市大谷町一〇一九ノ一

ハシカや天然痘の平癒にご利益があるといわれている

御利益

- 産業発展（織物業）

八王子市内有数の古刹《こさつ》として知られる大善寺の境内には、八王子の**織物産業の守護神**である機守神社が祀られている。その祭神は、養蚕と機織りの祖とされる白滝姫である。白滝姫は天平時代の昔、孝謙天皇につかえた類稀《まれ》な美しい女性で、上野国《こうずけのくに》の役人、山田舎人の妻となった。姫は上野国に養蚕や機織りを伝えたが、その没後は養蚕・機織りの神となり、白滝観音と称されることもあった。一方、文政年間（一八一八～一八二九）の頃、八王子に与平という神仏への信仰あつき者がおり、ある夜、夢の中で白滝姫と出会って、機織りの秘法を授けられたという。与平は翌朝、姫の姿を模写して絵に描き、大善寺のかたわらに小祠《しょうし》を建ててそれを祀り、機守神社と名づけて朝夕拝み続けた。以来、八王子織物の業にたずさわる人々からあつい信仰が寄せられるようになって、祠《ほこら》は三度にわたって改修されてきたというが、昭和五十二年（一九七七）に大善寺の本堂前左手の現在地へと移されることとなった。今でも織物業界の人々が、八王子の**織物産業の発展と繁栄**とを祈願し、熱心に信心を続けている。

祭神は養蚕と機織りの祖、白滝姫

〔参考文献〕八王子市史編集委員会（編）、二〇一七『新八王子市史・民俗編』、八王子市。

幡《はた》ヶ《が》谷《や》不《ふ》動《どう》尊《そん》

渋谷区本町二ノ四四

御利益
○除厄達成

渋谷区の荘厳寺《しょうごんじ》は、「幡ヶ谷不動尊」の通称で親しまれている。寺の本尊は薬師如来であるが、境内にある不動堂に祀られている不動明王が特にさかんに信仰されており、**厄除け**にご利益があるとされている。

〔参考文献〕渋谷区（編）、一九六六『新修渋谷区史』上巻、渋谷区。渋谷区（編）、一九六六『新修渋谷区史』中巻、渋谷区。

八《はち》王《おう》子《じ》の浅《せん》間《げん》神《じん》社《じゃ》

八王子市台町二ノ二

御利益
○安産達成
○良縁成就
○恋愛成就

八王子市の富士森公園内に鎮座する浅間神社は、富士塚（模造富士）の上に祀られている。慶長年間（一五九六～一六一五）に、代官頭であった大久保石見守長安が、高さ二丈（約六メートル）・周囲六十間（約一〇九メートル）のこの塚を築き、頂に浅間神社を勧請《かんじょう》したと伝えられる。浅間神社の祭神は木花開耶姫命《このはなさくやひめのみこと》で、この女神は火中出産の神話物語とともに語られてきたので、ここでは**安産**の神として位置づけられており、出産をひかえた女性たちが安産祈願のために参詣することになっている。浅間神社の大祭は毎年八月一日におこなわれており、その宵宮祭（前夜祭）を含めた二日間には、団子を売る露店が境内に立ち並んだため、俗にこれを「団子祭り」と呼んでいた。この団子を買って食べると、暑気あたりや夏ばてをしないという。神社は現在、台町一～四丁目・万町二丁目の信徒らの手で護持されている。

〔参考文献〕東京都神社庁（編）、『東京都神社名鑑』下巻、東京都神社庁。八王子市史編集委員会（編）、二〇一七『新八王子市史・民俗編』、八王子市。

鳩《はとの》森《もり》八《はち》幡《まん》の庚《こう》申《しん》

渋谷区千駄ヶ谷一ノ一

御利益

- 交通安全
- 家内安全
- 商売繁盛

千駄ヶ谷の鳩森八幡神社の境内外縁には庚申堂があって、青面《しょうめん》金剛の石像が祀られている。堂内にはおびただしい数のワラジが奉納されており、多くの熱心な信者のいることがわかる。この庚申にワラジをささげて祈願すれば、**交通安全・家内安全・商売繁盛**のご利益が得られるという。

多くのワラジが奉納される青面金剛

花《はな》園《ぞの》稲荷《いなり》

台東区上野公園四ノ一七

御利益

- 安産達成
- 良縁成就

幕末の上野戦争で焼け野原となる前の上野の山には、寛永寺の広大な七堂伽藍《がらん》があり、その一角の花畑の中に祀られていた稲荷社が、今の花園稲荷神社であったという。この稲荷社は、上野の山の守護神で、古い稲荷社によく見られるように（**穴守稲荷・王子稲荷神社・品川神社の阿那稲荷・沢蔵司稲荷**など参照）、この花園稲荷の境内にも神使の棲家《すみか》とされる狐穴が祀られていて、俗に「お穴様」と呼ばれている。**安産・良縁成就**の稲荷として、今でも深く信仰されている。

狐穴（お穴様）が祀られている

［参考文献］台東区役所（編）、一九六六『台東区史・社会文化編』、台東区役所。

花園《はなぞの》神社《じんじゃ》

新宿区新宿五ノ一七

御利益
商売繁盛
開運招福

新宿の繁華街、歌舞伎町に接して鎮座する花園神社には、酉《とり》の市の神である大鳥神社が合祀されており、十一月酉の日には盛大な酉の市が開催される。境内が広いため、熊手屋の出店数も非常に多く、浅草や目黒のそれをしのぐほどの規模で（**浅草の鷲神社・目黒大鳥神社**など参照）、都内最大級の酉の市といってもよい。そこで売られる縁起物の熊手は、もちろん**商売繁盛・開運招福**のご利益があるとされている。

［参考文献］東京都神社庁（編）、一九八六『東京都神社名鑑』上巻、東京都神社庁。

鼻《はな》取《ど》り如来《にょらい》

八王子市大横町七ノ一

御利益
五穀豊穣

仏が俗人に化身して田植えや代掻《しろか》きを手伝うという説話は広く聞かれ、そうした伝説をともなって祀られている地蔵尊などが各地に見られる（**田植え地蔵・西光寺の代掻き地蔵・西蔵院の鼻取り地蔵**など参照）。八王子市の極楽寺の場合は、本尊の阿弥陀如来が小僧に変身して馬の鼻取りをし、田を耕したとされており、ために「鼻取り如来」と呼ばれてきた。昔、この寺が八王子城下にあった頃、寺の所有する水田があったという。ところが、寺男がなまけていて田植えの準備ができていない。そこで本尊の阿弥陀如来が小僧に身を変じて、馬の鼻取りをすることになったといわれている。この伝説にもとづき、農民の守護仏、**五穀豊穣**の仏としても阿弥陀如来は信心されてきたともいう。この本尊仏は秘仏なので見ることはできないが、わずかに口を開き、白い歯が見えるといわれている。ために「歯吹き如来」とも呼ばれている。

〔参考文献〕八王子市史編さん委員会（編）、一九六七『八王子市史』下巻、八王子市役所。高尾山とんとんむかし語り部の会（編）、二〇一六『とんとんむかし──語ろう！八王子のむかし話──』、吉田美江。

花《はな》畑《はた》の大《おお》鷲《とり》神《じん》社《じゃ》

足立区花畑七ノ一五

御利益

商売繁盛

十一月の酉《とり》の日に立つ酉の市は、江戸東京を代表する冬の季節市であって、鷲《おおとり》・大鳥《おおとり》系の神社でのみそれがおこなわれている。東京都内では現在、二十ヶ所以上の神社でそれがなされており、年々増加の傾向も見せているが、もっとも人出が多く盛況なのは、台東区の浅草鷲《おおとり》神社や目黒区の大鳥神社、新宿区の花園神社などのそれであろう（**浅草の鷲神社・目黒大鳥神社・花園神社**など参照）。しかしながら、この酉の市の発祥の地はどこかというと、意外なことに何と江戸市中から三里も北に離れた郊外農村、足立郡花又村《はなまたむら》の鷲《わし》大明神なのであった。すなわちそれは、現在の足立区花畑の大鷲神社のことである。江戸時代の大鷲神社は「鶏《とり》大明神」と呼ばれることもあり、そこでの門前市のことを「酉の市」と称していた。当時の鷲大明神の御神体は、鷲に乗った釈迦牟尼《むに》像で、神仏習合的であるが、それは源（新羅三郎）義光の守り本尊であったといい、源頼義・義家の奥州征伐の時、飛来した神鷲の加護で戦に勝利することができたという伝承にちなむものであったらしい。そうした経緯から、鷲を盟主とした鳥類一般を神聖視する神祠《しんし》というものが生み出されていったものと思われる。『続江戸砂子《すなご》』を見ると、「鶏大明神」すなわち今日の花畑の大鷲神社の項に、「毎年十一月酉乃日市あり。酉の日三ツある時は三日ともに市有。世俗とりの町といふ。当所の者、鳥を食する事をいむと云」とあり、当社の氏子らが鳥肉を食べることを禁忌としていたこと、十一月の酉の市もすでになされていたことがわかる。『続江戸砂子』が刊行されたのは享保二十年（一七三五）のことで、この時代の歳事記類に記されている酉の市は花又村のそれ以外にはなく、十八世紀前半頃の酉の市は、花又村以外には存在しなかった。ために花又村の酉の市は元祖本家とされて、「本酉《ほんとり》」・「大酉《おおとり》」・「元酉《もととり》」などと呼ばれ、後発の浅草のそれは「新酉《しんとり》」と呼ばれていた。また、千住の勝専寺のそれは、それらの中間であったため、「中酉《なかとり》」と呼ばれることもあった。『江戸名所図会』などを見ると、花又村の鶏大明神の酉の市の日に、生きた鶏を神前に奉納する習俗がさかんになされ、門前には鶏を売る露店が立ち並び、境内には奉納鶏をまとめて飼育するための鶏舎まで用意されていたと記されている。納められた鶏は後日、浅草観音の境内に放たれることにもなっていた。酉の市ではやがて、**商売繁盛**の縁起物である熊手が売られるようになり、いつしかそれが中心的な売物になっていくのであった。

[参考文献] 足立区役所（編）、一九六七『新修足立区史』上巻、足立区役所。長沢利明、二〇〇四「酉の市の起源——東京都足立区大鷲神社——（一・二）」『西郊民俗』一八七～一八八号、西郊民俗談話会。

浜《はま》川《かわ》神《じん》社《じゃ》

品川区南大井二ノ四

御利益

○病気平癒
○疫病退散

品川区の浜川神社は、江戸時代には「厄神大権現《やくじんだいごんげん》」と呼ばれ、厄神を祀る神祠《しんし》として知られており、**疫病平癒**の加持祈祷《きとう》をさかんにおこなってきた。当時は教光院という修験坊であって、明治維新後に神社となった。大井の立会川沿いの地域は、かつての古戦場跡で、鎧《よろい》武者たちの亡霊の祟《たた》りで疫病が絶えず、住民が難儀をしていたところに、老翁の姿に変身した山神があらわれて、一字一石経《いちじいっせききょう》供養の作法を人々に授けたという。その結果、疫病がおさまり、この神祠が祀られることになったと伝えられる。厄神大権現はその後、南関東一帯の農漁民からの信心を集め、各地に講中もできて、信仰が広まっていった。毎年二月二十二日の大祭には、多くの信徒が参拝におとずれ、門前がにぎわったと伝えられる。

〔参考文献〕大島建彦、一九七七「厄神大権現の縁起」『西郊民俗』八一号、西郊民俗談話会。東京都神社庁（編）、一九八六『東京都神社名鑑』上巻、東京都神社庁。

浜《はま》の宮《みや》

三宅島支庁三宅村神着地先

御利益

海上安全

三宅島神着《かみつき》の海岸に祀られている浜の宮は、**漁民の守護神**として信仰されている。毎年一月二日に祭りがおこなわれ、「船祝い」と呼ばれており、船を持っている人々が集まって祝いをする。漁師は全員が仕事を休み、**海上安全**と**大漁**とを祈願する。

〔参考文献〕東京都教育庁生涯学習部文化課（編）、一九九二『東京の民俗（八）』、東京都教育委員会。

隼《はや》人《と》稲荷《いなり》

荒川区東日暮里五ノ四一

御利益

商売繁盛

五穀豊穣

東日暮里にある善性寺《ぜんしょうじ》の境内に祀られている稲荷社である。俗に隼人稲荷と呼ばれ、江戸時代には寺の裏門から一町ほど離れた所に鎮座していたといい、昭和時代の戦後になってから境内へ移された。善性寺の裏鬼門を守るために祀られていた稲荷といわれ、いわゆる鬼門除けの稲荷なのであったが、**商売繁盛・五穀豊穣**のご利益もあるという。

〔参考文献〕荒川区役所（編）、一九三六『荒川区史』、荒川区役所。

馬《ば》霊《れい》塔《とう》

府中市宮町三ノ三

御利益
○飼馬慰霊

府中市の東京競馬場の正門近くには、競走馬の霊を祀った馬霊塔がある。この馬霊塔は、旧東京競馬場にあったスタンド塔の外形を模して昭和四十三年（一九六八）に建立されたもので、東京競馬場の手で管理されている。馬霊塔の周囲にはまた、計十四基の競走馬の墓石が立ち並んでおり、それらは死んだ馬を供養するために、場主が建てて祀ったものである。**馬の慰霊**行事は毎年の初午日と、競馬場でのレース開催日の前におこなわれており、東京競馬場の関係者や馬主らが参列する。各厩舎からも旗やのぼりが届けられる。競馬ファンらがギャンブル必勝を祈り、馬霊塔の扉の前に、馬の好物であるニンジンを供えていく姿もよく目にする。

［参考文献］松崎憲三、二〇〇二「競走馬の供養―東京競馬場正門の小祠・碑群をめぐって―」『西郊民俗』一八〇号、西郊民俗談話会。

半《はん》田《だ》稲《い》荷《なり》

葛飾区東金町四ノ二八

御利益
○病気平癒
○疫病退散

疱瘡《ほうそう》**（天然痘）除け・麻疹（はしか）除け**に絶大なご利益があるとされ、江戸市中一円から熱烈に信仰されてきた**疫病治し**の神が、葛飾区の半田稲荷神社である。半田稲荷の信仰がおおいに広まった最大の理由は、そのユニークなPR戦略にあったといえる。すなわち半田稲荷では、「願人坊主《がんにんぼうず》」と呼ばれる布教集団を組織しており、彼らが疫病除けの赤い色の目立つ衣裳に身をかためて江戸市中に繰り出し、鳴り物入りで歌い踊りながら、護符や「括《くく》り猿《ざる》（疫病除けの縁起物）」を売り歩いて、多くの信者を獲得することに成功してきたのであった。願人坊主の派手なパフォーマンスは歌舞伎芝居にも取り入れられ、文化十年（一八一三）には坂東玉三郎が中村座の舞台でそれを演じたことが大人気となり、浮世絵などにもそれが描かれることとなった。こうして半田稲荷の信仰は爆発的な大流行を見せ、多くの信徒が葛飾の地にまで押し寄せるようになった。半田稲荷の境内には、願人坊主たちが水垢離《みずごり》をおこなった神泉遺構が、今もそのまま残されている。近年では大晦日深夜から元旦明け方にかけての初詣での時に、半田稲荷の社殿に願人坊主に扮した神職が登場し、参拝者らを修祓《しゅうふつ》するというイベントもなされている。

〔参考文献〕葛飾区（編）、一九八五『増補葛飾区史』下巻、葛飾区。東京都神社庁（編）、一九八六『東京都神社名鑑』上巻、東京都神社庁。

坂《ばん》東《どう》報《ほう》恩《おん》寺《じ》

台東区東上野六ノ一三

御利益
○産業発展（和食業界）
○芸能上達（和食）

東上野の坂東報恩寺は、「俎開《まないたびら》き」のおこなわれる寺として有名であり、和食料理関係者らがあつい信仰を寄せている。俎開きとは、毎年一月十二日になされる料理の儀式であり、日本料理道の宗家とされる四條流家元の手で古式にのっとり、鯉の包丁規式が仏前で披露される。正式にはこれを「鯉魚料理規式」という。当寺開基の性信《しょうしん》上人の法話を聞いた天神がいたく感謝をして上人の夢枕に立ち、礼として鯉を献上すると告げた。同じ夢を見た茨城県常総市の飯沼《いいぬま》天神社の神主が、池に網を入れると二匹の鯉が取れたという。以来、飯沼天神社からは毎年、当寺に鯉が贈られ、寺からはその返礼として、鏡餅が贈られるようになったと伝えられる。その鯉を用いておこなわれるこの俎開きの行事は、元禄元年（一六八八）から続けられているという。この日、寺の本堂内には開基の絵像が掲げられ、その前に大俎を据えて、四條流家元が右手に包丁、左手に真名箸《まなばし》を持ち、まったく手を触れずに鯉をさばいていく。切身の一部は簀《す》巻《ま》きにして京都の本山へ届けられ、残りは鯉こくに調理されて、信徒らに振る舞われる。板東報恩寺にはつねに、**和食割烹料理屋・板前職人らが業界の繁栄と料理技術の向上**とを願って参拝におとずれる。

〔参考文献〕佐藤　高、一九八八「初荷から彼岸へ」『江戸っ子』五七号、アドファイブ出版局。

ひ

東《ひがし》葛《か》西《さい》の水《すい》神《じん》社《しゃ》

江戸川区東葛西八ノ五

御利益
- 大漁満足
- 海上安全
- 疫病退散

江戸川区の水神社は、「天王様」と呼ばれることもあるが、漁民の信仰を集めていた神社で、大漁祈願がそこでおこなわれていた。この地域は江戸時代に大津波の被害を受けており、元禄年間（一六八八～一七〇四）に水魔を祀って、この神社が創建されたという。それ以来、**灌漑《かんがい》用水の守護神、漁業繁栄**の守り神とされるようになった。安政年間（一八五四～一八六〇）には疫病の大流行があり、**悪病退散**の神としても深く信心されるようになった。

［参考文献］北村　肇（編）、一九九九『東京文化財の旅（一）』、毎日新聞社。

被《ひ》官《かん》稲荷《いなり》

台東区浅草二ノ三

御利益
- 商売繁盛
- 就職成就

台東区の浅草神社の境内付近に祀られている稲荷社が被官稲荷である。浅草の鳶《とび》職の大親分であった新門辰五郎が幕末の頃、京都の伏見稲荷から分霊を勧請《かんじょう》してこの地に祀った稲荷社で、**商売繁盛**の守り神とされる。「被官」が「仕官」に通じることから、**就職の達成・成就**にご利益があるともいわれ、若者らが参詣する。柳橋や浅草の水商売に従事する女性たちも、深く信心を寄せており、良い客に恵まれて

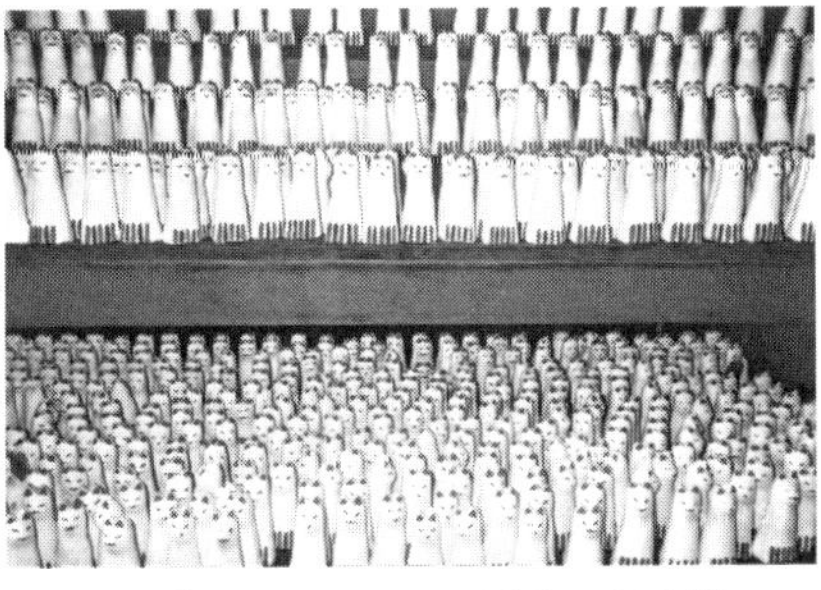
「被官」が「仕官」に通じ、就職成就のご利益神

店が繁盛することを祈願する。祈願をする人々は、陶製の神狐や木の鳥居を奉納することになっており、社前にはおびただしい数の狐と鳥居とが並べられており、いかに多くの信徒がいるかがよくわかる。

［参考文献］台東区役所（編）、一九六六『台東区史・社会文化編』、台東区役所。東京都神社庁（編）、一九八六『東京都神社名鑑』上巻、東京都神社庁。

蟇《ひき》大《だい》明《みょう》神《じん》

台東区松が谷二ノ八

御利益

- 商売繁盛
- 開運招福
- 芸能上達

カエルを民間信仰上の崇拝対象とする例はいくつか見られるが（**蛙塚・かえる石**参照）、台東区の本覚寺《ほんがくじ》に祀られている「蟇大明神」は、もっとも著名なものといえよう。ここではヒキガエルが福の神、芸能の神として信心されており、境内にあるその堂宇内には、信者の奉納したおびただしい数の陶製のカエル像が、山のように積み上げられている。天保年間（一八三〇〜一八四四）の頃、本覚寺の檀徒に秋山某氏がおり、家業の繁栄のために「蛙蟇塚」と刻んだ石碑を建てて拝んでいた。大正十二年（一九二三）の関東大震災で東京は焦土と化し、本覚寺の伽《が》藍《らん》も焼け落ちたが、墓守の関某氏が霊感を感じて境内の土中から、先の蛙蟇塚碑を掘り出したという。その後、下谷にいた千八という人が、その碑に願を掛けて大成功をし、大きな利益を手にしたので、一念発起して現在地に「蟇堂」を建てて蛙蟇塚碑を祀り、蟇大明神と称してあがめることとなった。千八はさらに、蟇大明神の分身である陶製のカエル像をたくさん作り、とてもご利益があるから祀るようにと、多くの人々に宣伝をして回った。彼は歌舞をよくする人でもあったため、その方面の芸人らにもさかんに宣伝したので、花柳界・歌舞演劇界・映画芸能界など、あるいは金銭や物資の出入りのさかんな業界、人気稼業方面などに多くの信者が生まれることとなった。**開運と繁盛**、**芸道上達**、**客商売繁栄**の守護神として、このカエルの神はおおいに信心されるようになった。昭和二十年（一九四五）の空襲で本覚寺の境内は全焼したが、蟇大明神の堂宇は戦後、いち早く復興されている。現在の堂宇は昭和五十三年（一九七八）に建てられたものである。

ヒキガエルが福の神、芸能の神として信心されている

日《ひ》限《ぎり》不《ふ》動《どう》

文京区春日一ノ一二

御利益

○病気平癒

一定の願掛け期間を設けて精進を続けるという民間信仰対象を「日限何々」と呼ぶが、多く見られるのは「日限地蔵」である。文京区の西岸寺《さいがんじ》に祀られているのは「日限不動」であって、不動明王がその崇拝対象となっている例は大変珍しい。**難病平癒**のご利益があるという。江戸時代の初期、金杉六左衛門という人が子供の難病を治すために、「三七・二十一日間（三×七＝二十一日間）」の願掛けをおこなったところ、その満願の日に不動明王が出現して、子供の病が快癒したという。それ以来、六左衛門にならって二十一日間の願掛けが、広くなされるようになったといわれている。

［参考文献］やまひこ社（編）、一九八七『東京御利益案内』、リブロポート。

日《ひ》比《び》谷《や》稲荷《いなり》

港区東新橋二ノ一

御利益

○病気平癒（歯）

新橋の日比谷稲荷神社は、**虫歯**を治してくれるありがたい稲荷として知られている。虫歯の痛みに苦しむ人々は、サバを断って祈願をおこなうのが決まりで、虫歯が治れば神前にサバを供えることになっていた。本物のサバの代わりに、サバの絵の描かれた小絵馬を奉納していた時代もあり、かつてはたくさんの「サバ絵馬」が社前にあがっていたものである。

〔参考文献〕東京都神社庁（編）、一九八六『東京都神社名鑑』上巻、東京都神社庁。

サバを断って歯の痛みを治してくれる稲荷神社

火《ひ》伏《ぶ》せ観《かん》音《のん》

八王子市加住町一ノ二五七

御利益

火災消除

八王子市の宝印寺には、**火難除け**のご利益絶大とされる千手観音菩薩が祀られており、俗に「火伏せ観音」と呼ばれている。この観音に詣でて祈祷札《きとうふだ》を受け、家内に祀っておけば、その家は火事の災難からまぬがれることができるという。祈祷札には「火防御祈祷之札、薬王山宝印寺」と刷られているが、住職による正式な護摩祈祷を受けた信者には大きな板札が授与され、そこには「奉修千手観音護摩供火災消除祈之攸」と刷られている。火伏せ観音の古い御影掛軸を伝える旧家も多い。武蔵村山市や瑞穂町内では、昭和二十五年（一九五〇）頃から農家での乳牛飼育がさかんになったが、牛舎がたびたびの火災に見舞われたことがあって、それ以来、まとまって宝印寺の火伏せ観音を参詣するようになった。この酪農家らの集まりを「牛仲間」といい、申し合わせて祈祷を受け、観音の御影札を牛舎内に貼って、火防安全・飼牛安全の祈願をおこなっている。

火《ひ》伏《ぶ》せ大《だい》黒《こく》天《てん》

杉並区永福三ノ五六

御利益

火災消除

杉並区の理性寺《りしょうじ》は、もと内藤新宿の

四谷大木戸にあった寺で、大正三年（一九一四）に現在地へ移転した。境内左手に大黒殿があり、そこに安置されている大黒天は「火伏せ大黒天」と呼ばれ、**火災防止**にご利益があるという。大黒天は像高十二センチメートルほどの小さな木像で、日蓮聖人が弘長元年（一二六一）に伊豆に配流される直前に、自ら彫刻したものといわれ、寛政六年（一七九四）に幕府寄合医師の木村検校《けんぎょう》によって奉納された。この大黒天像は「経」の字をかたどって彫られており、珍しい像容《ぞうよう》である。寺が内藤新宿にあった頃、近隣で火災が起きたが、その時に大黒天が大団扇《うちわ》を持ってあらわれ、火を吹き飛ばして寺を守ったと伝えられる。それ以来、「火伏せ大黒天」と呼ばれるようになったという。理性寺では甲子《きのえね》の日に大黒天甲子祭をおこなっている。

［参考文献］杉並区教育委員会（編）、一九七九『杉並の寺院』、杉並区教育委員会。杉並区教育委員会（編）、一九八六『すぎなみの散歩道』、杉並区教育委員会。

火《ひ》除《よ》け観《かん》音《のん》

大田区西蒲田六ノ一三

蒲田の蓮花寺《れんげじ》に祀られている本尊の十一面観音は、**火難除け**に絶大なご利益がある霊仏とされ、「火除け観音」・「火伏せ観音」などと呼ばれている。像高九〇・七センチメートルの観音像で、鎌倉時代の作といわれ、十三世紀中期の慶派仏師の作品と考えられている。天文年間（一五三二〜一五五五）の兵火で寺は焼け落ちたが、この観音像は焼け残ったため、火除けの霊仏とされるようになった。昭和時代の空襲で、再び寺が焼失した時も、この本尊仏のみは無事で、ますますその評判が高まったという。

［参考文献］大田区史編さん委員会（編）、一九八一『大田区史・資料編（寺社一）』、大田区。

日吉《ひよし》八王子《はちおうじ》神社《じんじゃ》の延命《えんめい》子育《こそだ》て地蔵《じぞう》

八王子市日吉町八ノ二〇

御利益
○子育成就

八王子市の日吉八王子神社の境内入口にある地蔵堂には、延命子育て地蔵尊が祀られている。子供の守護仏とされ、**子育て**にご利益があるという。この地蔵尊はかつて、北条氏が築いた八王子城内に祀られていたと伝えられるが、八王子城落城の際に、嶋之坊俊盛の手で城外に運び出され、当地に移されたといわれている。

［参考文献］八王子市史編集委員会（編）、二〇一七『新八王子市史・民俗編』、八王子市。

平《ひら》井《い》聖《しょう》天《てん》

江戸川区平井六ノ一七

御利益
○恋愛成就
○夫婦円満
○芸能上達

江戸川区平井にある燈明寺には、歓《かん》喜《ぎ》天《てん》（大聖歓喜自在天《だいしょうかんぎじざいてん》）を祀る立派な聖天堂が祀られている。聖天とは歓喜天の通称で、男女の**恋愛成就**の神とされ、**縁結び・夫婦円満**にも絶大なご利益があるという。**芸道上達**を導く神であるとされることもある。この平井聖天は、埼玉県の妻沼聖天《めぬましょうてん》、浅草の待乳山聖天《まっちやましょうでん》と並ぶ「関東三大聖天」のひとつにも数えられている。

［参考文献］江戸川区（編）、一九七六『江戸川区史』三巻、江戸川区。北村　肇（編）、一九九九『東京文化財の旅（一）』、毎日新聞社。

平《ひら》河《かわ》天《てん》神《じん》

千代田区平河町一ノ七

御利益
○学業成就
○受験合格

千代田区の平河町に鎮座する天神社で、俗に平河天神と呼ばれているが、正式には平河天満宮と称する。平河町という町名は、この神社から起きたものである。太田道灌が江戸城内に祀っていたものを、徳川家康の時代に現在地へ移したと伝えている。天神社なので、祭神はもちろん菅原道真公であり、**学問の神・手習いの神**として信心されてきた。江戸幕府・紀州徳川家・井伊家などの祈願所とされてきたともいう。江戸時代の昔から、学問・文芸の道をめざす人々が深い信仰を寄せ、盲学者として名高い塙《はなわ》保《ほ》己一《きいち》、蘭学者の高野長英らも熱心に信心をしていたという。近年では受験生らが**合格祈願**に多くおとずれる。

［参考文献］千代田区役所（編）、一九六〇『千代田区史』上巻、千代田区役所。東京都神社庁（編）、一九八六『東京都神社名鑑』上巻、東京都神社庁。

平《ひら》山《やま》薬《やく》師《し》

日野市平山六ノ一五

御利益

○病気平癒（眼）

薬師如来といえば一般に、医薬の恵みをつかさどる霊仏とされ、特に**眼病平癒**の祈願がそこに寄せられてきたのであるが、日野市の宗印寺に祀られている薬師仏も、古くから眼病治しのご利益で知られてきた。当寺の薬師如来は像高三十三センチメートルの木造坐像で、俗に「平山薬師」と呼ばれ、眼病に悩む人々が熱心にこれを信仰してきた。江戸時代初期に、この地域の領主であった中山照守の手で、この薬師仏が祀られたと伝えられる。

［参考文献］日野市史編さん委員会（編）、一九八二『日野市史・民俗編』、日野市。

ふ

深《ふか》川《がわ》閻《えん》魔《ま》堂《どう》

江東区深川二ノ一六

御利益

○疫病退散
○家内安全
○無病息災

深川の法乗院にある閻魔堂は俗に「深川閻魔堂（えんま堂）」と呼ばれ、古くから**疫病退散**のご利益で知られてきた。歌舞伎の『髪結新三《かみゆいしんざ》』にも登場する、著名な閻魔がそこに祀られている。平成元年（一九八九）には新しい閻魔像が安置され、堂全体も近代化・機械化されて生まれ変わり、「ハイテク閻魔」などと呼ばれるようになった。閻魔像の前には「**家内安全**」・「**息災延命**」などの十九種類のご利益別の賽銭《さいせん》箱《ばこ》が並び、そこに賽銭を投じると閻魔の声が流れ、説法を聞くことができ、大変人気がある。テープに録音された音声で閻魔の言葉を聞くことができる閻魔堂は、世田谷区の九品仏（浄真寺）にもある（**九品仏の閻魔**参照）。

〔参考文献〕読売新聞社（編）、二〇二〇「ニッポン探索」『読売新聞』九月六日付全国日曜版、読売新聞社。

声が流れる有名な「ハイテク閻魔」

深《ふか》川《がわ》不《ふ》動《どう》尊《そん》

江東区富岡一ノ一七

御利益

- 開運招福
- 除厄達成
- 商売繁盛

江東区の深川不動尊は、千葉県の成田山新勝寺の別院となっており、正式には「成田山新勝寺別院深川不動堂」と称する。諸願成就に霊験あらたかとされているが、特に**開運**・**厄除け**・**商売繁盛**・**受験合格**を祈願する参拝者が多い。本堂内では終日、祈願者の要請を受けて護摩が焚《た》かれ、読経と大太鼓の音が途切れることがない。境内に祀られている諸仏もご利益絶大といわれ、特に吒枳尼天《だきにてん》は仏式に祀られた稲荷神で、開運・出世の神とされる。足腰の病の平癒にご利益があるという「ワラジ守り」も近年人気があり、「足災消除」と記された札がついているが、「足災」を「息災」に掛けている。深川不動尊は、その門前にある永代寺や隣接する富岡八幡宮なども合わせ、富岡地区の一大ご利益スポットの一角を形成している。

〔参考文献〕江東区（編）、一九九七『江東区史』上巻、江東区。

福《ふく》聚《じゅ》院《いん》の大《だい》黒《こく》天《てん》

文京区小石川三ノ二

御利益

- 商売繁盛
- 良縁成就
- 子育成就

小石川の福聚院には、三国伝来の「開運大黒天」と呼ばれる福の神が祀られていて、**商売繁盛・良縁成就**の神として信仰されている。本堂内に祀られたその大黒天は、像高四七・二センチメートルの木像で、鎌倉時代の作といわれており、大変古い神像である。甲子《きのえね》の日には大祭がおこなわれ、参拝者でにぎわう。さらに、本堂の外縁には「子守《こもり》大黒天」が祀られていて、こちらは陶製像であるが、**子育て**の神として信仰されている。

[参考文献] やまひこ社（編）、一九八七『東京御利益案内』、リブロポート。

「開運大黒天」のほかに「子守大黒天」が祀られている

福《ふく》正《しょう》寺《じ》の牛《ぎゅう》頭《とう》様《さま》

西多摩郡瑞穂町殿ヶ谷一一二九

御利益

- 産業発展（酪農）
- 牛体安全

瑞穂町の福正寺の境内に祀られている観音堂は、正式には「大悲円通宝殿」と呼ばれており、本尊の千手観音は運慶作とも行基作ともいわれている。毎年九月十七日には堂の開帳がなされ、婦人らの御詠歌講中による御詠歌の唱和もおこなわれる。堂内にはまた、本尊の千手観音のほかに牛頭天王《ごずてんのう》も祀られており、牛の守り本尊とされている。瑞穂町内や武蔵村山市内では戦後、農家による乳牛の飼育がさかんになされるようになったが、それら酪農農家らの信仰を集め、牛体安全が祈願されるようになった。牛頭天王の「牛頭《ごず》」を「ぎゅうとう」と読み、牛頭天王のことを「牛頭様《ぎゅうとうさま》」と称してあつく信仰し、「牛頭講《ぎゅうとうこう》」という講中も作られていた。牛頭講は主として、瑞穂町殿ヶ《とのが》谷《や》地区・武蔵村山市岸地区の酪農家によって組織されており、九月十七日における観音堂の開帳祭に一同揃って参詣して、牛頭天王の祈祷札《きとうふだ》を受けてくる。祭りの日にはまた、境内に露天商らが立ち並び、酪農家相手に牛飼い用の諸道具や乳牛を描いた小絵馬などを売った。その絵馬を求めてきて牛舎内に掲げておけば、乳牛が病気をしないといわれていた。**牛体安全・酪農繁栄**のご利益のある牛頭天王として、今でも信仰されている。

福《ふく》正《しょう》寺《じ》の水《みず》子《こ》地《じ》蔵《ぞう》

西多摩郡瑞穂町殿ヶ谷一一二九

御利益

・水子慰霊

瑞穂町の福正寺の境内に祀られている水子地蔵尊は、近年造立された新しいものであるが、多くの信者らによってあつく信仰されている。**早産・流産**などでわが子を失った親たちが、その供養のため、さかんに参拝におとずれる。水子地蔵の和讃も作られており、「命さずかり父母と呼ぶことさえ出来なくて、蓮《はす》の台《うてな》の露と消え、あわれ水子の御霊《おんみたま》、永遠《とわ》にしずめん地蔵尊、南無や水子の地蔵尊」と歌われている。

多くの信者にあつく信仰されている

福《ふく》相《そう》寺《じ》の願《がん》満《まん》大《だい》黒《こく》天《てん》

杉並区堀ノ内三ノ四八

御利益

・病気平癒

杉並区の福相寺は、昭和十二年（一九三七）に小石川白山前から当地に移転してきた日蓮宗の寺院であるが、福徳を授ける霊験あらたかな「願満大黒天」の神像を祀る寺として知られている。この大黒天像は、伝教大師の作といい、当寺第十六世日元が大坂に立ち寄った際、長わずらいに苦しむある信徒の家に安置されていたものを譲り受け、江戸へと運んで当寺に祀ったものと伝えられる。その信徒は、日元がこの大黒天像を清めて祈ったところ、**病が全快**したといい、その縁で像は日元に託されて江戸へ移され、福相寺の守護仏として、境内の大黒天堂に安置されることとなった。福相寺では、この願満大黒天の功徳を刷り物に刷って、江戸市中に広く配布したところ、多くの参詣者らが寺にやってくるようになり、福相寺は庶民信仰のよりどころとなっていった。江戸市中はいうにおよばず、関西方面からも多くの信者がやってきたという。当時の信徒らの建立・奉納した石塔が、今も福相寺の境内に立っている。さらに興味深いのは、この大黒天の使いである珍しいネズミの石像が一対、本堂の前に立っていることで、このような石造物の作例は他寺院にはまったく見られず、当寺のシンボルにもなっている。米俵の上に這《は》う大黒天の神使としてのネズミの像は、一見に値するものである。

米俵の上に這う、願満大黒天の使いであるネズミの石像

不《ふ》二《じ》大《だい》黒《こく》天《てん》

荒川区東日暮里五ノ四一

御利益

商売繁盛

東日暮里にある善性寺《ぜんしょうじ》の境内に祀られている石造の大きな大黒天で、俗に不二大黒天と呼ばれている。大変ユニークな姿態をした大黒天像で、脚を前に投げ出してすわり、右肩に打出の小《こ》槌《づち》をのせ、左手に持った大きな小判を

ユニークな恰好をした石造の大きな大黒天

人々に分け与えようとしている。大黒天としては大変珍しい、そしていかにもめでたいポーズをしていることが特徴である。この石像は安土桃山時代に彫られた大変古いものであると、寺では伝えている。

布《ふ》多《だ》天《てん》神《じん》社《しゃ》

調布市調布ヶ丘一ノ八

御利益
○学業成就
○受験合格

調布市の布多天神社は著名な古社で、延喜式内社でもある。当初は少彦名神《すくなびこのなのかみ》を祀っていたが、文明年間（一四六九〜一四八七）の多摩川大洪水で社殿が流失し、文明九年（一四七七）に現在地へ移転した時、菅原道真公をあわせ祀ることとなった。菅公《かんこう》はいうまでもなく学問の神であるから、今日では**学業成就と受験合格**の祈願が、さかんに寄せられるようになり、受験シーズンともなれば、多くの受験生らが参拝におとずれる。天神社の境内にはたいてい、御神牛の石像・銅像が祀られているが、当社にもそれがあり、その鼻面を撫《な》でると特にご利益があるといわれている。菅公は丑の刻に生まれたので、ことさら牛を大切にしたと伝えられる。大宰府で逝去した際も、その亡骸《なきがら》を乗せた柩車《きゅうしゃ》を曳《ひ》く牛がやにわに歩かなくなり、立ち止まってしまったので、その場所に葬られたとも伝えられ、のちに太宰府天満宮がそこに建立されることとなったともされている。こうした故事にちなみ、全国の天神社には御神牛の像が祀られることとなった。天神の縁日は毎月二十五日と決まっているが、布多天神社でも毎月その日に月例祭がなされ、境内の神楽殿では里神楽が上演される。毎月第二日曜日に境内でおこなわれる骨董市も有名である。

［参考文献］東京都神社庁（編）、一九八六『東京都神社名鑑』下巻、東京都神社庁。調布市市史編集委員会（編）、一九八八『調布市史・民俗編』、調布市。

へ

臍《へそ》の緒《お》観《かん》音《のん》

青梅市日向和田三ノ八六三

御利益

- 安産達成
- 子育成就
- 良縁成就

安産・子育てに絶大なご利益があるとされる観音菩薩が、青梅市日向《ひなた》和田の多摩川べりに祀られており、「臍の緒観音」と呼ばれていることからも知れるように、赤ん坊の守り神、子育て成就の霊仏として、あつく信仰されている。樹齢七三〇年のクスノキの巨木から彫り出したという大きな観音菩薩像が、立派な堂内に安置されており、たくさんの供物が日々そこに供えられていて、信仰のさかんなさまを物語っている。安産・子育てはもちろんのこと、**縁結び**にもご利益があるといわれていて、信徒講中も結成されていて、毎年五月の母の日に、堂の前で盛大な「臍の緒祭り」が開催される。講中の唱和する御詠歌も二つあり、その歌詞は「身はここに心は和田の観世音、お救いたまえ、娑婆《しゃば》の赤子《せきし》を」あるいは「赤子《せきし》われ命はぐくむ観世音、ほぞの縁《えにし》に娑婆《しゃば》の同胞《はらから》」となっている。新生児が産まれた時に、産院から親に手渡される赤ん坊の臍の緒を、この観音堂に納める習俗も古くからおこなわれており、堂内の本尊の両側には、臍の緒を納めるための棚が設置され、大量の臍の緒がぎっしりとそこに保管されている。観音堂に隣接する老舗饅頭屋で売られている名物「へそ饅頭」は、もちろんこの臍の緒観音にちなむ銘菓で大変な人気があり、これを求めに遠方からはるばるやってくる観光客らが連日、そこに長蛇の列を作っている。

赤ん坊の臍の緒を観音堂に納める

ほ

保《ほう》元《げん》寺《じ》の田《た》植《う》え地《じ》蔵《ぞう》

台東区橋場一ノ四

御利益

五穀豊穣

田植え地蔵・鼻取り地蔵の類は、東京都内にもいくつか見られ（**田植え地蔵・西光寺の代掻き地蔵・西蔵院の鼻取り地蔵**など参照）、かつての農村時代の面影を今に伝えているが、台東区の保元寺（法源寺）にもそれがあり、「田植え地蔵」と呼ばれている。それは聖徳太子の作、あるいは那須与一の守り本尊とも伝えられる像高一尺八寸の像で、『東都歳事記』では「江戸東方四十八所地蔵尊参り」の第二十六番に数えられており、「廿六番田植地蔵、橋場法源寺」と記されている。昔、このあたりに深く地蔵尊を信仰していた貧しい農民がいたが、庄屋様から田植えの賦役を仰せつかった。しかし、彼は病気をかかえていて仕事ができない。困り果てていたところ、庄屋の家にその農民の代理だといって、一人の法師がやってきた。とても田植えが上手な法師で、十人分の仕事をこなしたので、庄屋はその労をねぎらって酒を振る舞った。法師は盃《さかずき》を手に取ると、そのまま雲に乗って法源寺へと飛び去っていった。庄屋が法源寺の本堂へ行ってみると、頭に盃をかぶり、泥だらけになった地蔵の姿があったという。それ以来、保元寺の地蔵尊は「田植え地蔵」と呼ばれるようになり、**五穀豊穣**の守護神になったという。

〔参考文献〕長沢利明、二〇一一「東京の田植地蔵・鼻取地蔵」『西郊民俗』二一四号、西郊民俗談話会。

放《ほう》生《じょう》寺《じ》

新宿区西早稲田二ノ一

御利益

金運招来

商売繁盛

新宿区にある放生寺は、十二月の冬至祭りで有名な寺であり、祭りの日に神社から授与される「一陽来福守《いちようらいふくまも》り」は、**金銀富貴・商売繁盛**に絶大なご利益があるといわれ、多くの参詣者がそれを得るためにおとずれる。このお守りは、「一陽来福」の文字の刷られた厚紙を、将棋の駒型に折った風変わりなもので、これを家内の柱の高い所を選び、これから迎える新年の恵方《えほう》に向けて貼っておくと、富貴を得ることができるという。陰きわまって陽に転ずる冬至の日に、このお守りを受けることによって運気を転換し、繁盛を呼び込むことができるともいわれている。なお西早稲田には、放生寺のほかにも一陽来福守りを出す寺社があり（**穴八幡神社・水稲荷**参照）、同じご利益があるとされている。

［参考文献］長沢利明、一九九九『江戸東京の年中行事』、三弥井書店。

放《ほう》生《じょう》寺《じ》の神《じん》変《ぺん》大《だい》菩《ぼ》薩《さつ》

新宿区西早稲田二ノ一

御利益

○病気平癒（足腰）

新宿区にある放生寺の境内には、神変大菩薩を祀る小堂があり、**足腰の守り神**として信心されている。神変大菩薩は役小角《えんのおづぬ》あるいは役行者《えんのぎょうじゃ》ともいい、修験道の開祖として知られている。山野を駆けめぐって、きびしい修行をおこなった人ともいわれており、それにあやかって足腰の弱い人々の守り神として、信仰されるようになったという。かつてはワラジや草履を供えて祈願する人々が多く見られたが、現在ではそれにちなんだ草履型の懐中守りを、寺から出すようになった。祈願をする時には、「南無神変大菩薩」と唱えることになっている。

神変大菩薩は役小角（役行者）のこと

宝《ほう》晃《こう》院《いん》の子《こ》育《そだ》て水《みず》子《こ》地《じ》蔵《ぞう》

西東京市住吉町一ノ六

御利益

○子育成就

○慰霊供養

西東京市の宝晃院には、珍しい江戸時代の子育て水子地蔵尊が祀られている。地蔵は像高一四三〇センチメートルほどの石造立像で、地蔵尊の足元に四人の童子がすがりつく像容《ぞうよう》は、現代の水子地蔵のものとほとんど変わらない。同様なものは西東京市内などにも見られるが（**宝泉寺の子育て地蔵**参照）、貴重な作例といえる。この石像は僧直道が廻国《かいこく》修行の途上、明和八年（一七七一）に造立したもので、西東京市の有形民俗文化財にも指定されている。

寶《ほう》光《こう》寺《じ》

西多摩郡日の出町平井三三九二

御利益

祈願成就
病気平癒（皮膚病）

日の出町の寶光寺は今日、大仏様のある寺として著名で観光客が多くおとずれる。開山僧である以船文済《いせんぶんさい》和尚《おしょう》が当寺を開創したのは、文明十年（一四七八）のことであったというが、当地にあった温泉場、「鹿の湯」の発見者としても和尚は知られており、脚に怪我をした一頭の鹿が、寺の裏山に湧き出る泉に脚をつけて怪我を治しているのを見て、この鉱泉のすぐれた効能に気づいたという。和尚はこれを「鹿の湯」と名づけ、浴室などを整備したので、多くの人々が入浴治療におとずれ、**怪我や皮膚病**を治療するようになったという。温泉場は「多摩七湯」のひとつにも数えられ、明治時代まで存続した。その後の平成三十年（二〇一八）、温泉場の背後の山の上に高さ十二メートルもの青銅の大仏が建立され、「鹿野《しかの》大仏」と名づけられている。大仏は日の出町の新名所となり、多くの観光客がおとずれるようになった。

［参考文献］日の出町史編さん委員会（編）、一九八九『日の出町史・文化財編』、日の出町。日の出町史編さん委員会（編）、二〇〇二『日の出町史・通史編中巻』、日の出町。

法《ほう》昌《しょう》寺《じ》の毘《び》沙《しゃ》門《もん》天《てん》

台東区下谷二ノ一〇

御利益
- 開運招福
- 無病息災
- 勝負必勝

下谷の法昌寺に祀られている毘沙門天は、下谷七福神のひとつにも数えられており、正月などには参拝者が特に多い。本堂前の右手に毘沙門堂が祀られており、誰でも気軽に参詣することができる。**開運・無病息災**の神というだけでなく、「人生に勝つ」力を授ける神であるともされ、**勝負事の勝利や受験合格**のご利益もあるという。堂の前には、受験生らの奉納した合格祈願絵馬がたくさん吊されている。

宝《ほう》泉《せん》院《いん》のぼけ封《ふう》じ薬《やく》師《し》

多摩市東寺方四九五

御利益
- 病気平癒（ぼけ）

多摩市の宝泉院に祀られている石造の薬師如来像は、「ぼけ封じ薬師」と呼ばれており、**老人のぼけ防止**にご利益があるといわれている。もともと本堂内に安置されていたものであるが、近年、社会の高齢化が急速に進みつつあって、老人病やぼけ症状があらわれる人々が多くなり、それらの人々を少しでも救済できればと、堂外に像を移して誰でも気軽に参拝できるようにしたのだという。薬師如来の左手にのせられている薬壺《やくこ》は、人々の病気や心の悩みを取り除き、安楽を与えてくれるしるしとされている。祈願者は、「オンコロコロセンダリマトウギソワカ」という薬師の真言を唱えて拝礼をおこなう。毎月八日には、このぼけ封じ薬師の縁日もなされている。宝泉院ではさらに、「ぼけ封じ十ヶ条」を作って信徒らに配っているが、その内容は、①生命あることに感謝する、②くよくよせず陽気でいる、③人のために尽くす暖かい心を持つ、④仲良くできる豊かな心を持つ、⑤新聞・雑誌をよく読む、⑥手足をよく使う、⑦自分から進んで仕事をする、⑧生活に楽しみを持つ、⑨若い者に良いことを伝える、⑩神社仏閣を参拝する、となっている。

〔参考文献〕多摩市史編集委員会（編）、一九九七『多摩市史・民俗編』、多摩市。

「ぼけ封じ十ヶ条」の教えが有難い

宝泉寺《ほうせんじ》の子育《こそだ》て地蔵《じぞう》

東久留米市神宝町二ノ一三

御利益

○子育成就

東久留米市の宝泉寺の境内に祀られている地蔵尊の石造立像は、子育て地蔵として古来、信仰されてきた。地蔵尊の足元に三人の童子がすがりつくさまを、たくみに彫刻しており、慈愛に満ちた子育て地蔵の姿を見事にあらわしている。この石地蔵は嘉永二年（一八四九）に造立されたもので、江戸時代の地蔵としては大変珍しい像容《ぞうよう》の作例といえる。東久留米市の有形民俗文化財にも指定されている。

〔参考文献〕東久留米市史編さん委員会（編）、一九七九『東久留米市史』、東久留米市。

宝蔵院《ほうぞういん》の式部薬師《しきぶやくし》

葛飾区奥戸八ノ五

御利益

○良縁祈願
○病気平癒

葛飾区の新中川べりにある宝蔵院の境内には薬師堂があり、その本尊である薬師如来は、俗に「式部薬師」と呼ばれている。薬師如来は像高二二・五センチメートルの一木造《いちぼく》りの木像で、左手に薬壺《やっこ》を持つ。王政復古を唱えて尊皇思想に影響を与えた竹内式部の門下で徳大寺公城《とくだいじきんむら》の家臣、本堂良喜《よしのぶ》が宝暦八年（一七五八）に京都を追われて、江戸近郊の宝蔵院に身を寄せていたという。良喜のあとを追い、公城の娘であった妙姫《たえひめ》が師の式部から拝領した薬師如来をここに安置し、師の冥福を祈ったと伝えられる。式部薬師という通称は、竹内式部ゆかりの薬師という意味である。**縁結び**と**万病平癒**にご利益があるという。

宝《ほう》塔《とう》寺《じ》の塩《しお》なめ地《じ》蔵《ぞう》

江東区大島八ノ三八

御利益

○病気平癒（イボ）

江東区の宝塔寺に祀られている石地蔵は、「塩なめ地蔵尊」とか「イボ取り地蔵尊」とか呼ばれており、仏前にはつねにどっさりと大量の塩がささげられている。昔、行徳方面から江戸へやってくる塩売り商人が、この地蔵に塩を献じて商売繁盛を祈ったといわれているが、現在では**イボの平癒**を祈って塩を供える人々が多い。ために「イボ取り地蔵」とも呼ばれているわけであった。すでに奉納されている塩を受けてきて、自分の身体のイボに塗りつけると治るという。

別名「イボ取り地蔵尊」とも

［参考文献］三吉朋十、一九七二『武蔵野の地蔵尊』、有峰書店。加藤紫識・長沢利明、二〇〇六「東京の塩地蔵」『民俗学論叢』二一号、相模民俗学会。

保《ほう》谷《や》の宝《ほう》樹《じゅ》院《いん》

西東京市泉町二ノ七

御利益

○病気平癒（眼）

西東京市の宝樹院の本尊は薬師如来で病気治し、特に**眼病平癒**にご利益絶大とされている。戦前は毎月十二日の縁日に、門前に市が立つほどにぎわったという。江戸時代に眼病平癒を祈願して、信徒が奉納した「一文銭向《いちもんせんむか》い目《め》の絵馬」二枚が、今も残されている。「向い目」とは、「め」の字を左右対称に二つ並べて書き入れた絵馬で、眼病平癒祈願によく用いられる。宝樹院のそれは、向い目を筆でではなく寛永通宝銭を並べ、貼り付けて描いた珍しいもので、西東京市の有形民俗文化財に指定されている。

法《ほう》蓮《れん》寺《じ》の日《ひ》限《ぎり》地《じ》蔵《ぞう》

八王子市川口町二四七二

御利益

○病気平癒

一定の日数を限って精進と願掛けとがおこなわれる地蔵尊を日限地蔵といい、時宗寺院によくそれが祀られている（**阿弥陀寺の日限地蔵・松秀寺の日限地蔵・日輪寺の日限地蔵**など参照）。八王子市の法蓮寺にもそれがあり、**諸病平癒**の祈願にご利益があるといって、さかんに信仰されている。

〔参考文献〕長沢利明、一九九九「日限地蔵の信仰——東京都港区白金松秀寺——」『西郊民俗』一六六号、西郊民俗談話会。

宝《ほう》禄《ろく》稲《い》荷《なり》

新宿区原町三ノ二〇

御利益

○宝くじ必勝

新宿区の原町に祀られている宝禄稲荷神社は、宝くじ大当たりのご利益で知られ、宝くじを買う人々の間で熱烈に信仰されている。**宝くじ必勝**の祈願専門の神社であって、大変珍しい。この稲荷がなぜ宝くじの神となったのかについては、次のような伝説が伝えられていて、それを説明している。昔、この地にとてもくじ運の強い百姓がいたが、初めから強運であったわけではなかった。彼は小銭を貯めては、富くじの興行場所にせっせと通っていたが、いつもはずれくじを引いては大損をし、すっからかんになって家に帰っては、女房に叱られてばかりであった。ある時、女房が夜なべ仕事をしてせっかく貯めた小銭を見つけたので、彼はそれを持ってまた江戸の街へ富くじを買いに行った。案の定、いつものようにすっからかんにされ、とぼとぼと山道を歩いて帰途についたが、牛込の深い谷を越え、山道を登り詰めると、そこに小さな祠《ほこら》があった。そこで一休みしながら、彼は悩んだ。このまま家に帰ったならば、また女房に強く責められるに違いない。どうやって女房に言い訳をしようかと考えながら、はずれたくじ札を祠の前に納めて家路についた。それから数ヶ月が経ち、懲りることなく彼はまた、富くじを買いに出かけていった。ところが何となくいつもの感じではなく、今日こそは勝ち運に恵まれそうな気がした。そして彼はついに一番くじを引き当て、その後は何をやっても、つきにつきまくり、大金を手にして一家は幸せになった。彼は例の山道の祠に礼参りをし、心から神に感謝をして、立派な社殿をそこに建ててやった。彼の噂は方々に広まり、人々の評判となって、その祠は誰いうとなく「宝禄稲荷」と呼ばれるようになり、**富くじ必中の神様**として信心されるようになった。彼がそうしたように、皆がはずれたくじ札を祠前に納めていくようになったともいう。こうして今でも宝禄稲荷は、宝くじ大当たりの神として、あつく信仰されているのであるが、社前には大きな木箱が用意されており、それが「はずれくじ供養箱」である。はずれくじをそこに納めて供養をしてもらい、次回は必ず大当たりとなるように祈願をすることになっている。現在では、この宝禄稲荷は原町三丁目町会宝禄稲荷保存会の手で、維持・管理がなされている。

宝くじ大当たりの神。社前には「はずれくじ供養箱」

［参考文献］東京都神社庁（編）一九八六『東京都神社名鑑』上巻、東京都神社庁。

ホウロク地《じ》蔵《ぞう》

文京区向丘一ノ一一

御利益
○病気平癒（首上）

文京区の大円寺には、風変わりな地

蔵尊が祀られており、俗にホウロク地蔵と呼ばれている。その名の通り、石地蔵の頭の上にはつねに何枚ものホウロク（焙烙・素焼きの陶製調理具）がのせられており、帽子をかぶっているように見える。この地蔵尊は享保四年（一七一九）に建立されたもので、八百屋お七の供養のために、渡辺九兵衛という人が寄進したと伝えられる。お七のおかした罪科をつぐなうため、熱したホウロクを地蔵が自ら頭にかぶり、焦熱の苦しみを受けているのだともいう。いわゆる土用のホウロク灸《きゅう》の加持の姿を、あらわしたものであったのかも知れない（**妙円寺**参照）。ホウロクは割れやすいので、容易に厄落としができるようにと祈ったとか、ホウロクは「俸禄」に通じて収入の多からんことを祈ったとかの解釈も聞かれる。この大円寺のホウロク地蔵は、古くから頭痛治しの仏とされ、今でも**頭痛や眼病、耳や鼻の病気など、首から上のいっさいの病**を何でも治してくれる仏としても、あつく信仰されている。祈願者はホウロクを地蔵の頭の上にのせて、病の平癒を祈るのであるが、頭上にのせきれなかった何十枚ものホウロクは、地蔵堂内に重ねて積み上げられている。まず最初に、一枚のホウロクに自分の姓名と祈願内容とを書き記して地蔵に奉納し、病の平癒後にさらにもう一枚をささげて礼参りをするというのも、決められた作法となっている。

ホウロクを地蔵の頭の上にのせて祈願

〔参考文献〕文京区役所（編）、一九六八『文京区史』二巻、文京区役所。長沢利明、一九九四「土用の灸―東京都渋谷区神宮前妙円寺―」『西郊民俗』一四六号、西郊民俗談話会。

ぼけ封《ふう》じ薬《やく》師《し》

青梅市塩船一九四

御利益
- ○病気平癒（ぼけ）
- ○病気平癒（眼）

青梅市の塩船観音（塩船観音寺）の境内に祀られている薬師堂には、平安時代後期の作といわれる像高一七〇センチメートルの薬師如来像が、本尊仏として安置されている。正式には「薬師《やくし》瑠璃光如来《るりこうにょらい》」と称するが、一般には「ぼけ封じ薬師」として知られており、高齢者がこれに参拝すれば、老人ぼけすることなく、**長生き**ができるといわれている。もともとは**諸病平癒**、**特に眼病平癒**の霊仏として信心されてきたが、超高齢化社会の到来にともない、**ぼけ封じ**の祈願という現代的な信仰がそこに付け加えられ、いまやそれが中心的な現世利益の願いごととされるようになった。

健康長寿のご利益があるという

〔参考文献〕青梅市史編さん委員会（編）、一九八九『青梅市史』上巻、青梅市。

ぽっくり閻《えん》魔《ま》

足立区東伊興四ノ三

御利益

極楽往生

足立区の伊興《いこう》地域には十二ヶ寺の寺院が立ち並び、歴史的景観地区となっている。それらの寺々のうちのひとつが正安寺《しょうあんじ》であるが、「ぽっくり閻魔大王」を祀る寺として知られている。高齢者が家族に介護の負担をかけることなく、**ぽっくりと往生できる**ようにというのは、超高齢化社会を生きる老人たちにとって切実な願いでもあるが、そうした世情を反映して、「ぽっくり仏」を祀る寺院があちこちにあらわれている。特に多いのが「ぽっくり地蔵」・「ぽっくり観音」であるが（**龍泉寺のポックリ観音・けんころ地蔵**など参照）、「ぽっくり閻魔」というのは大変珍しい。境内入口右手にそれを祀る小祠《しょうし》があって、誰でも気軽に参拝できるようになっている。

本《ほん》奥《おく》戸《ど》橋《ばし》の地《じ》蔵《ぞう》

葛飾区立石八ノ二八

御利益

○子育成就

葛飾区の中川のほとりにあたる本奥戸橋のたもとに地蔵堂が祀られており、堂内に立つ石地蔵は貞享二年（一六八五）に念仏講中の手で建立されたものである。当初の堂は橋際の中川堤防内にあった「あわもち屋」という家の前にあり、昭和初期における本奥戸橋の架橋の際、堤外へ移転したが、その後に現在地へまた移されている。**子育て**祈願にご利益のある地蔵尊で、今でも多くの地元民にあつく信仰されている。堂内にはまた、安政二年（一八五五）に建立された馬頭観音像も安置されているが、こちらは農耕馬・運送馬の守り神とされていた。

子育て成就にご利益がある

本《ほん》源《げん》院《いん》の水《みず》子《こ》千《せん》体《たい》地《じ》蔵《ぞう》

西多摩郡奥多摩町白丸一二二

御利益

○水子慰霊

奥多摩白丸《しろまる》の本源院は、十一面観音を本尊とする寺院であるが、水子千体地蔵尊もそこに祀られている。**水子の供養**を祈る地蔵尊で、参詣者も多い。もともとは、子育て地蔵と呼ばれる像高三十四センチメートルほどの石像が祀られており、それが千体地蔵へと発展していったようである。本源院にはさらに、子育て八幡大菩薩も祀られていて、こちらは子育ての神とされている。

〔参考文献〕奥多摩町誌編纂委員会（編）、一九八五『奥多摩町誌・民俗編』、奥多摩町。

品《ほん》川《せん》寺《じ》の神《じん》変《ぺん》大《だい》菩《ぼ》薩《さつ》

品川区南品川三ノ五

御利益

○金運招来
○宝くじ必勝

品川宿の品川寺の境内には、修験道の開祖とされる神変大菩薩の銅像が祀られている。**財産を守る**神とされ、**宝くじ当せん**にもご利益があるといわれている。買った宝くじを、この像に供えて祈願すると大当たりするという評判がいつしか生まれ、参拝者が多くおとずれるようになったという。

本《ほん》町《ちょう》南《みなみ》町《まち》八《はち》幡《まん》神《じん》社《じゃ》のアマビエ

国分寺市本町四ノ二二

御利益

○疫病退散（コロナ退散）

国分寺市の本町南町八幡神社は、JR中央線国分寺駅の駅前市街地地区の鎮守社であるが、令和二年（二〇二〇）における新型コロナウイルス感染症の世界的大流行をしずめるため、いち早く疫病退散の祈祷札《きとうふだ》を氏子や参詣者らに授与することとなり、おおいに話題を呼んで人気を集めている。この神札には、**疫病退散**のご利益のある妖怪として、にわかに注目を浴びつつあるアマビエの姿が刷られているが、そのデザインは可愛らしいイラスト風で、いかにも現代的であり、人気のゆえんでもある。これをデザインしたのは、地元在住の「おにぎり系クリエーター」として知られるHARUKartさんで、「疫病退散」の書はイラスト書家の和全氏が書いたものである。この神札を神棚・玄関・軒先・居間・洗面台・店頭・厨房などに貼っておけば、疫病の侵入をしりぞけることができるという。

［参考文献］東京都神社庁（編）、『東京都神社名鑑』下巻、東京都神社庁。国分寺市教育委員会（編）、一九九四『国分寺の民俗話（四）』、国分寺市教育委員会。

本《ほん》門《もん》寺《じ》の日《にっ》朝《ちょう》堂《どう》

大田区池上一ノ一

御利益

○病気平癒（眼）
○学業成就

日蓮宗の高僧で、没後は学業成就・

眼病平癒の神としてあがめられることとなったのが、日朝上人である。都内には日朝上人像を安置する日朝堂を祀った法華寺院がいくつかあるが（**入谷鬼子母神の日朝様・妙法寺の日朝堂**など参照）、もっとも規模の大きいのは、池上本門寺の境内にあるそれで、常唱堂とも呼ばれている。堂内に祀られている本尊は、もちろん行学院《ぎょうがくいん》日朝上人像および曼陀羅《まんだら》軸で、毎月二十五日の例祭日、七月二十五日の大祭日には連日の加持祈祷《きとう》がそこでおこなわれ、**受験生**や**眼病**に悩む人々が多く参詣して、お守りや祈祷札を受けていく。日朝上人は応永二十九年（一四二二）に伊豆国宇佐美で生まれ、八歳で出家をして苦しい練行に耐えつつ、昼夜の行学修行を続けた人である。学徳兼備のほまれ高く、四十一歳の時に身延山《みのぶさん》の第十一世法主となり、新寺四十ヶ寺を建立したと伝えられる。六十一歳の時、長年にわたる苦行・布教にともなう過労で、両眼を失明したものの、ますます修行に励んだ結果、不思議と眼病が全快したという。その体験から六十七歳の時、眼病消滅の本尊を書き、さらには七百巻もの著述を書き残して明応九年（一五〇〇）、七十九歳で遷化したとのことである。

日朝上人は日蓮宗の高僧で、学業成就・眼病平癒の神

［参考文献］大田区史編さん委員会（編）、一九八一『大田区史・資料編（寺社一）』、大田区。

ま

真《ま》先《さき》稲《い》荷《なり》

荒川区南千住三ノ二八

御利益

勝負必勝

荒川区の隅田川べりの地に鎮座する石浜神社の境内社、真先（崎）稲荷神社は、天文年間（一五三二～一五五五）

に石浜城主千葉守胤《もりたね》の手で祀られたと伝えられる。その奥の宮には、稲荷の神使である狐が出入りするという狐穴があり、その狐は「お出《いで》狐」とも呼ばれ、隅田川対岸の三囲《みめぐり》稲荷の狐と並んで大変有名であった。境内は川べりの景勝地であって、江戸時代には多くの行楽客がおとずれた。吉原豆腐で作った田楽が名物の甲子《きのえね》屋《や》・川口屋などの茶店が並び、吉原帰りの遊客も立ち寄る繁華の地でもあった。「真先稲荷」の社号は、千葉氏が戦場へ真っ先に一番乗りではせ参じられるようにと、この稲荷に祈願をしたことから来ていると伝えられる。そのことから、**勝ち負けに強くなる、必勝を得る**ことができる、というご利益が生まれたのだとされている。

〔参考文献〕荒川区役所（編）、一九三六『荒川区史』、荒川区役所。やまひこ社（編）、一九八七『東京御利益案内』、リブロポート。

町田天満宮《まちだてんまんぐう》の聖徳太子《しょうとくたいし》

町田市原町田一ノ二一

御利益

・産業発展（建設業）

町田市の町田天満宮には、主祭神の菅原道真公のほかに、金刀比羅宮《ことひらぐう》・八雲社・西の宮（恵比寿神）・聖徳太子などもあわせ祀られているが、それら境内摂社は今では、社殿左手の祠堂《しどう》内にまとめて合祀されている。これらの神々の中に聖徳太子が含まれていることは、神社としては異色で、大変珍しい。この聖徳太子は、建築業関係者らの信仰を集めていて、**建築業界の発展・繁栄の守り神**とされている。太子講という信徒集団があり、大工・左官屋・建具屋・経師屋・石屋などの職人たちで構成されているが、毎年一月二十一日の聖徳太子の誕生日に集まって、太子の祭りをおこなっている。職人らは神事の後、町田市内の料亭などに場を移して会食・親睦をおこない、その年の賃金相場などを話し合って決め、申し合わせることになっている。

〔参考文献〕町田市史編纂委員会（編）、一九七六『町田市史』下巻、町田市。東京都神社庁（編）、一九八六『東京都神社名鑑』下巻、東京都神社庁。

待《まっ》乳《ち》山《やま》聖《しょう》天《でん》

台東区浅草七ノ四

御利益
○夫婦円満
○無病息災

隅田川沿いにある高台上に祀られた待乳山聖天は、正式には待乳山聖天本龍院といい、浅草寺の一支院となっている。聖天（大聖歓喜天《だいしょうかんぎてん》）を祀っているので、**夫婦和合・健康長寿**の仏として信仰され、**商売繁盛**にも多大なご利益があるとされている。聖天への供物は大根と決まっており、本堂内の仏前には、奉納大根が山のように積まれている。札売場では、供物用の大根も売られている。賽銭箱《さいせんばこ》や提灯など、至る所に描かれている大根と巾着袋の意匠は、待乳山聖天のシンボル・マークで、大根は夫婦和合、巾着袋は商売繁盛を象徴したものだといわれている。毎年一月七日には、大般若講大根祭の法会がおこなわれ、参拝者が多い。本尊に油をかけて、七日間にわたり厳修《ごんしゅ》される「浴油祈祷《よくゆきとう》」も、随時受け付けている。

［参考文献］台東区役所（編）、一九六六『台東区史・社会文化編』、台東区役所。

松《まっ》っこごれ地《じ》蔵《ぞう》

東大和市高木二ノ一〇四

御利益
○病気平癒（イボ）

東大和市の高木神社の境内東隣に地蔵堂があるが、堂内に祀られている石造立像の地蔵尊は、俗に「松っこごれ地蔵」あるいは「いぼ地蔵」と呼ばれている。この地蔵に祈れば**イボ**がきれいに取れて痕も残らず、完治するといわれ、今でも参拝者が多い。無事にイボが取れて傷痕も癒えた人々は、松ぼっくりをたくさん拾ってきて糸でつなぎ、首飾りのようにして、地蔵の首や手に掛けていく。「松っこごれ地蔵」の俗称はそこから来ており、今でも地蔵はたくさんの松ぼっくりの首飾りで、つねに飾られている。この地蔵尊はかつて、志木街道沿いに面した道端に祀られていたが、道路交通事情の関係で、平成九年（一九九七）に現在地へと移された。「村山六地蔵」のひとつにも数えられている。

［参考文献］東大和市史編さん室（編）、二〇〇〇『東大和市史』、東大和市。

別名「いぼ地蔵」と呼ばれている

松《まつ》本《もと》弁《べん》天《てん》

江戸川区松本町一ノ九

御利益
○病気平癒

江戸川区の寿昌院は黄檗宗《おうばくしゅう》の寺院で、境内に祀られた弁財天は「松本弁天」と呼ばれてきた。寿昌院の山号、「江島山」も江ノ島弁天から来ているという。寺の前身は、寿昌という尼僧が寛文年間（一六六一〜一六七三）に弁天を祀って創建した小庵であったという。この尼僧は出家前に、自らの**病気平癒**の祈願を続けていたが、病の全快後、剃髪《ていはつ》して潮音道海禅師の門に入り、寿昌と名乗ったという。寿昌はのちに千手観音像を自ら刻み、それが寿昌院の本尊となったとも伝えられる。こうした経緯から、松本弁天は諸病平癒の霊仏として信仰されるようになった。

［参考文献］江戸川区（編）、一九七六『増補葛飾区史』三巻、江戸川区。

客人《まろうど》大《だい》権《ごん》現《げん》

葛飾区四つ木四ノ三六

御利益
○子孫繁栄
○病気平癒（性病）

葛飾区の白髭《しらひげ》神社には、三柱の祭神が祀られているが、そのうちの一柱が「客人大権現」と呼ばれ、男根型の陽石がその御神体とされている。**子授けや花柳病の平癒**にご利益があるといわれ、江戸の花柳界の女性らの間に信仰が広まった。徳川将軍がこの神に願掛けをして子が授かったともいい、それが契機となって大奥の女性らにも信者が増え、江戸の郊外名所となって大変にぎわったという。

〔参考文献〕葛飾区（編）、一九八五『増補葛飾区史』下巻、葛飾区。やまひこ社（編）、一九八七『東京御利益案内』、リブロポート。

み

身《み》代《が》わり閻《えん》魔《ま》

練馬区高野台三ノ一〇

御利益
○災難消除

練馬区の長命寺は、高野山金剛峯寺を武蔵国に移して祀られた名刹《めいさつ》で、「東高野山」とも呼ばれている。広い境内の北西部に霊場域があって、そこが「東高野山奥之院」であるが、特に目を引くのはそこに祀られた石造の十王像群で、その中心にいる閻魔大王像はなぜか破損が激しく、胸部が大きく張り裂けている。長命寺の伽藍《がらん》が建設される時、工事を請け負った大工の一人が材木の下敷きになるという事故が起きたものの、かすり傷ひとつなく助かったという。しかし、境内に祀られていた閻魔像は胸の部分が大きく破損しており、大工の身代わりになってくれたのだとされた。それ以来、この閻魔像は「身代わり閻魔」と呼ばれ、**災難除け**の仏として信仰されるようになったという。

〔参考文献〕練馬区史編さん協議会（編）、一九八二『練馬区史・歴史編』、練馬区。

胸部が大きく張り裂けているのは身代わりになった証拠

水《みず》稲《いな》荷《り》

新宿区西早稲田三ノ五

御利益
○金運招来
○商売繁盛

新宿区にある水稲荷神社の境内には、「太田道灌手植えの大榎《おおえのき》」がかつであり、その巨木の洞から湧き出る水で目を洗うと、眼病が治るとされていた。水稲荷の社号はそこから来ており、水にちなんで水商売関係者や火消し衆の信仰も集めていた。大榎は現存しないが、そのかわりに「太田道灌手植えの松」が今も境内に残されている。また、毎年の冬至の日に神社から授与される「一陽来復守《いちょうらいふくまも》り」は、**金銀富貴・商売繁盛**に絶大なご利益があるといわれている。

〔参考文献〕やまひこ社（編）、一九八七『東京御利益案内』、リブロポート。長沢利明、一九九九『江戸東京の年中行事』、三弥井書店。

御《み》嶽《たけ》山《さん》

青梅市

御利益

- 五穀豊穣
- 災難消除
- 商売繁盛

青梅市の御岳山（標高九二九メートル）の山頂に鎮座する神社が武蔵御嶽神社で、俗に「御嶽山」といえばこの神社のことをいう。**農家や商家の守り神、雨乞いや五穀豊穣の神、盗難除け**と**商売繁盛**の神として、古くから信仰され、その信徒団体であるおびただしい数の御嶽講中《こうじゅう》が、関東地方一円に組織されていた。御嶽講中は村々や集落ごとに結成され、特定の御嶽御師《おし》（御嶽山の神職）にそれぞれ所属しており、講中から派遣された代参《だいさん》（代表参拝者）が年に一度、御嶽山へ登拝する時には、各御師坊でワラジを脱いで宿泊し、全講員分の神札を受けて帰参するならわしとなっていた。農閑期には、御師の方から村々の講中への巡回・配札がなされ、祈祷《きとう》などをおこなった。講中と御師との関係はきわめて密接で、今でも多くの講中が御師坊をおとずれており、御岳山上には今でも三十数軒の御師集落が形成されている。御嶽山に祀られている神の眷属《けんぞく》は、聖なるオオカミであるとされ、大口《おおぐち》真神《まがみ》とか御狗様《おいぬさま》とか呼ばれているが、御嶽神社の神札にも黒いオオカミのおそろしげな姿が、必ず刷られている。この札を家々の出入口などに貼っておけば盗難除けになり、竹にはさんで畑に立てておけばイノシシや鹿などの害獣除けになるという。すなわち、御岳山の怖いオオカミがにらみをきかせ、盗賊や害獣から家や作物を守ってくれるのである。こうした農家の守り神としての信仰は、雨乞い祈願の中にもあらわれている。干ばつが続くと、村々の若者が御岳山に登り、山中にある七代《ななよ》の滝の水を汲んで持ち帰り、畑にまき散らすと恵みの雨が降るといわれており、そうした雨乞い祈願が、昭和時代までさかんになされていた。武蔵御嶽神社ではさらに、年間の作物の豊凶占いもおこなわれていて、それを「太占《ふとまに》」と呼ぶ。鹿の肩甲骨を神前で焼き、そのひび割れ方によって作占《さくうら》をおこなうもので、毎年一月三日におこなわれるその神事のことを、太占祭《ふとまにさい》という。占いの結果は占標に印刷し、参詣者に配布される。近年では、オオカミ信仰から発展した**飼い犬やペット動物の健康祈願**などもなされるようになり、飼い犬を連れて武蔵御嶽神社を参詣する人々も、多く見られるようになった。

〔参考文献〕西海賢二、一九七九「近世山岳信仰の一断面――武州御嶽講を素材にして――」『えとのす』一一号、新日本教育図書。

御田八幡神社《みたはちまんじんじゃ》

港区三田三ノ三

御利益

五穀豊穣

商売繁盛

港区三田にある八幡神社で、御田八幡神社と称する。諸願成就を引き受ける神祠《しんし》として知られるが、特に**五穀豊穣・商売繁盛**のご利益もあるともいわれている。この神社に伝えられる特殊な神事として、「釜鳴《かまなり》神事」があり、大変珍しい儀式で他社には見られない貴重なものである。釜鳴神事とは、神社の年占《としうら》神事の一種で、神前に置かれた神聖な竈《かまど》で火を起こし、その上にのせた釜で熱湯を沸かすと、釜の上の蒸《せい》籠《ろ》から吹き出す蒸気が、外気との温度差・気圧差との関係で、独特な音を発するので、その鳴り方などから吉凶を占う。古代の探湯《くがたち》神事や湯立《ゆだて》神事から、これが始まったともいわれている。釜鳴神事を伝える神社は全国にいくつかあるが、もっとも著名なのは岡山県岡山市の吉備津《きびつ》神社で、境内にある釜殿において、毎日その神事がなされている。東京の御田八幡神社の釜鳴神事の場合は、毎年一月十五日・五月十五日にそれがおこなわれているが、鉄竈の上に釜をのせて湯をたぎらせ、その上に一升ほどの米を入れた桶蒸籠《おけぜいろ》をのせる。蒸籠の蓋は少しずらせてあるので、神職が祝詞をあげていると、その蓋の隙間から蒸気が勢いよく吹き出して、鳴動音を発する。これを「おかかり」といい、その音によって当年の吉凶を占うことがなされている。

［参考文献］東京都神社庁（編）、一九八六『東京都神社名鑑』上巻、東京都神社庁。佐藤　高、一九九三『ふるさと東京・民俗歳事記』、朝文社。

密《みつ》蔵《ぞう》院《いん》の草《そう》木《もく》塔《とう》

世田谷区桜上水二ノ二四

御利益

○産業発展（造園業）

世田谷区桜上水の密蔵院の境内にある「草木供養塔《そうもくくようとう》」は、人間のために役に立った草花や樹木の魂を供養して祀られたもので、**造園業者・園芸家・庭師らの守り神**そして**造園・園芸業界の繁栄の守護神**ともなっている。いわゆる「草木塔」と呼ばれるもののひとつで、東京都内にもいくつかこれが祀られている（**泉龍寺の草木塔・柴又帝釈天の草木塔・等々力不動の草木塔**など参照）。密蔵院のものは高さ二一五センチメートルほどの碑で、東京庭職組合の手で昭和四十年（一九六五）に建立されたものである。

［参考文献］やまがた草木塔ネットワーク事務局（編）、二〇〇七『写真集草木塔』、山形大学出版部。

南《みなみ》大《おお》沢《さわ》の薬《やく》師《し》堂《どう》

八王子市南大沢二ノ一二七

御利益

○病気平癒

○祈願成就

八王子市の南大沢には、薬師如来と半僧坊《はんぞうぼう》とをあわせ祀った薬師堂があり、周辺地域住民の信仰を集めている。薬師は正式には「東方薬師瑠璃光如来《とうほうやくしるりこうにょらい》」といい、**あらゆる病気**を治して衆生を救うありがたい仏とされている。かつての南大沢には医者もおらず、病気をした人々はこの薬師に祈って、ただすがるほかはなかったという。薬師如来像は像高五十八センチメートルの一木《いちぼく》造りの立像で、鎌倉時代の作とされているが、長い年月を経るうちにかなり破損が進んでおり、腕などの一部が失われている。薬師如来の隣に祀られている半僧坊とは、仏教の守護者として活躍した一人の行者を祀ったもので、僧でもなく俗人でもないので「半僧坊」と呼ばれているのだという。かつてはその尊像もあったらしいが、現存しないので、昭和五十六年（一九八一）に祀り直しており、卵形の自然石に「半僧坊大権現」と刻んで堂内に安置している。「心は卵のように丸くなめらかに、意思は石のように固く保つ」という意味を込めて、この卵形の石が祀られているのだという。薬師と半僧坊とをあわせて拝めば、**あらゆる願いごと**が叶うともいわれている。薬師と半僧坊は、かつて東光寺という寺に祀られていたが、同寺が廃寺となったため、南大沢の田倉家がこれらを引き取って当地に堂を設け、祀ってきた。その後、多摩ニュータウンの建設によって地域の開発が進んだので、堂は現在地へ移され、今に至っている。

南沢氷川神社《みなみざわひかわじんじゃ》

東久留米市南沢三ノ五

御利益

○安産達成

東久留米市の南沢氷川神社は近年、**安産祈願**のご利益で名高い神社となっている。戌の日には年間を通して、神前での安産祈祷《きとう》がおこなわれており、これから子供を産む女性とその家族らが、さかんに祈祷を受けにくる。通常の参詣者もまた多い。

［参考文献］東京都神社庁（編）、一九八六『東京都神社名鑑』下巻、東京都神社庁。東久留米市史編さん委員会（編）、一九七九『東久留米市史』、東久留米市。

耳神様《みみがみさま》

西多摩郡奥多摩町境五三〇地先

御利益

○病気平癒（耳）

奥多摩の氷川から小河内《おごうち》方面へと至る旧青梅街道の山道を「奥多摩むかし道」と呼ぶが、その沿道にはさまざまなご利益神仏が祀られ、登山客らの目にもとまるので、よく知られるようになった。白髭《しらひげ》トンネル付近の道端に祀られている耳神様もそのひとつである。路傍にそそり立つ大きな自然石が御神体とされており、その石の割れ目の隙間に穴あき石を奉納して祈願をおこなう。**耳の痛みや耳だれ、難聴**などに悩む人々は、多摩川の河原で自然に穴のあいた小石を探し求めて拾い、そこにささげて持病の平癒を祈った。山村のことなので、このあたりには医者もおらず、人々はただ神頼みによってあらゆる病気を治そうとするほかはなかったといい、江戸時代以来、そうした祈願が続けられてきたのだという。

耳《みみ》無《なし》不《ふ》動《どう》

荒川区荒川三ノ二三

御利益

病気平癒（耳）

荒川区内の明治通り沿いの路傍に、袈裟塚《けさづか》と呼ばれる聖地があり、石仏などが祀られているが、ひときわ目立つ石造の不動明王像もそこにあり、俗に「耳無不動尊」と呼ばれている。**耳の病の平癒**にご利益があるといい、参拝者が多い。不動の祀られた袈裟塚には、付近にある仙光院という寺の第九世光慧《こうえ》とお絹の情愛物語の伝説が伝えられており、それを題材にして寛政元年（一七八九）、山東京伝が『三河島御不動記』を著して、黄表紙本を板行したことは、よく知られている。その伝説によると、光慧は悪い病気にかかって耳が欠け落ち、腰も抜けてしまったが、仙光院の門前に袈裟塚を作ってそこに不動像を安置し、村内の五穀豊穣と往来安全とを祈願しつつ、自らの病の平癒を祈ったという。袈裟塚はその後の明治二十九年（一八九六）に、明治通りの北側から現在地へと移されている。

耳の病の平癒にご利益があるという

〔参考文献〕荒川区役所（編）、一九三六『荒川区史』、荒川区役所。

三《み》囲《めぐり》神《じん》社《じゃ》

墨田区向島二ノ五

御利益

○祈願成就
○商売繁盛

向島の三囲神社は、稲荷を祀る古社で、弘法大師によって祀られたと伝えられている。社殿を再建した時、稲荷の使いである白狐が御神体のまわりを三度、走り回ったといい、そこから「三囲神社」の社号が生まれたという。境内にはこの白狐を祀った白狐稲荷社も祀られている。三囲神社は**諸願成就・商売繁盛**の神とされているが、三井家の守護神としても知られており、三井家の経営する三越デパートの本支店の屋上にも、三囲神社の分社が祀られている。また、三越デパートのシンボルであるライオン像も、三囲神社の社殿前に安置されている。

〔参考文献〕本所区（編）、一九三一『本所区史』、本所区。墨田区役所（編）、一九八一『墨田区史』下巻、墨田区役所。

宮《みや》地《じ》稲《い》荷《なり》

荒川区荒川三ノ六五

御利益

○病気平癒（脚気）

三河島の市街地内にひっそりと祀られている宮地稲荷神社は、**脚気《かっけ》の平癒**に多大なご利益のある稲荷として知られている。祈願者は礼参りの時に、ワラジを神前に奉納することになっている。小さな神社であるが、社殿内に残る棟札には、「弘治三年丁巳八月、武蔵国豊島郡三河島総鎮守」と記されており、弘治三年（一五五七）に創建された大変古い稲荷社であるといわれている。

脚気の平癒に多大なご利益のある大変古い稲荷社

〔参考文献〕東京都神社庁（編）、一九八六『東京都神社名鑑』上巻、東京都神社庁。

宮《みや》之《の》咩《め》神《じん》社《じゃ》

府中市宮町三ノ一

御利益

○安産達成
○芸能上達

府中市の大國魂《おおくにたま》神社の境内、参道左手に鎮座する境内社が宮之咩神社である。**安産**のご利益絶大とされている神《しん》祠《し》で、今でも多くの女性たちが参拝におとずれる。源頼朝の妻、政子がここで安産祈願をおこなったとも伝えられる。祭神は天鈿女命《あめのうずめのみこと》で、記紀神話によれば、天岩戸《あまのいわと》に隠れた天照大神《あまてらすおおみかみ》を外に連れ出すため、肌もあらわに踊り続けた女神であったとされる。そのことから、**芸能**の神としても信心されている。

社前に奉納されているのは、おびただしい数の底抜け柄杓《ひしゃく》と小絵馬で、それらはこれから出産にのぞむ若妻たちが、安産を願ってそこに納め、無事出産後の礼参りにまた納めたものである。すなわち、底抜け柄杓は穴のあいた柄杓で、水を汲むのにはまるで役立たないが、楽に物が通り抜ける、つまり難産をのがれることができるようにとの意味が込められている。神前に納められている底抜け柄杓を一本借りてきて家に祀り、出産後に新しいものをそこに納める人々も見られる。小絵馬の方は、いわゆる「女拝み」型のものが多く、これから出産を迎える若嫁が真剣に神頼みをする姿が描かれている。「母子拝み」型の場合は、赤子を抱いた母親が神前に祈る姿であり、無事に安産が達成されたことを示していて、礼参りに奉納されたものであることがわかる。これら奉納物は、大國魂神社の門前の雑貨屋で売られてきたのであるが、今では京王線府中駅前の再開発によって門前商店街が商業ビルに生まれ変わり、その一角に店を移したかつての雑

大國魂神社の境内社。安産祈願の底抜け柄杓と絵馬

貨屋が、今でも参拝者にそれらを売っている。この宮之咩神社の祭日は毎年七月十二日で、この日には社殿内で青袖舞という神事芸能が上演され、その後は大國魂神社の拝殿内に場所を移し、杉の舞が舞われることになっている。

［参考文献］中島恵美子、一九九三「多摩川流域の安産祈願」『西郊民俗』一四二号、西郊民俗談話会。

妙《みょう》円《えん》寺《じ》

渋谷区神宮前三ノ八

御利益

○病気平癒（頭痛）
○病気平癒（小児病）

原宿にある日蓮宗寺院、妙円寺は、土用のホウロク灸《きゅう》加持のおこなわれることで有名な寺である。ホウロク灸とは、素焼きの陶器のホウロク（焙烙）を信徒の頭にかぶせ、その上でモグサを燃やして灸をすえ、脳天の灸穴を刺激しつつ、僧侶が加持をおこなうという儀式である。夏の炎暑のこの季節に、さらに熱い思いをすることを通して心身の邪気をはらい、**夏負けを予防**するのに効能があるとされている。日蓮宗系の寺院ではよくそれがなされてきたのであるが、東京都内では妙円寺のそれがもっとも著名である。妙円寺のホウロク灸は三五〇年の伝統があるといい、寺の創建された寛永四年（一六二七）の頃から、それが続けられているとされる。**小児の虫封じ**や**大人の頭痛除け**に顕著な効験があるという。加持のおこなわれるのは夏の土用の丑の日で、土用中に丑の日が二回あれば、二回なされることになっている。今日ではもっぱら檀信徒の婦人らを中心に、二十～三十人ほどが寺に集まって、加持を受けている。かつては子供の虫封じ祈願のために、母親が子供を連れてやってくる姿がさかんに見られた。四百～五百人もの信徒が集まった時代もあったという。信徒らが頭上でモグサを燃やしている間、白い法衣姿の数人の僧侶らが、手にした木剣《ぼっけん》を打ち鳴らしつつ、読経・加持をおこなう。僧侶らはいずれも、身延山《みのぶさん》や中山法華経寺の大《だい》荒行《あらぎょう》堂で、寒中百日間の修行を積んだ成満《じょうまん》者でなければならない。僧侶らはさらに、撰経《せんぎょう》と呼ばれる法華経の巻物を用いて、信者らの背中や両肩をさすり、邪気をはらう。加持が終了すると、信徒らへは護符が一枚ずつ配られるが、これを枕の下に敷いて寝ると、病気をしないという。土用のホウロク灸加持をおこなう東京都内の寺院はほかにもあり、新宿区早稲田の本松寺《ほんしょうじ》、板橋区赤塚の梶山不動尊などがそれであったが、品川区北品川の一心寺では今でもそれがおこなわれている。

〔参考文献〕渋谷区（編）、一九六六『新修渋谷区史』中巻、渋谷区。長沢利明、一九九四「土用の灸―東京都渋谷区神宮前妙円寺―」『西郊民俗』一四六号、西郊民俗談話会。

妙《みょう》円《えん》地《じ》蔵《ぞう》

調布市菊野台一ノ三二

御利益

○病気平癒（眼）

調布市の甲州街道沿いの路傍に、「妙円地蔵」と呼ばれる小さな地蔵堂が祀られている。妙円という目の見えない女性がこれを建立したと伝えられ、そのことから**眼病平癒**のご利益のある地蔵尊として信仰されるようになった。

妙円は若くして金子村（現在の菊野台地区）の新助という農民のもとへ嫁いだが、恵まれない境遇のもとで両眼を失明したという。のちに尼となり、寿量妙円と名乗ったが、村人らのために毎日、路傍で鉦《かね》を叩き、念仏を唱え続けたという。多くの人々から浄財を集め、文化二年（一八〇五）にこの地に地蔵尊を建立して悲願を果したが、その後も地蔵のそばで念仏三昧の日々を送り、村人たちに頼まれては加持祈祷《きとう》をおこなって、必ず効験があったという。晩年の彼女は、おのれの臨終日を予知・予告していたが、一日遅れで文化十四年（一八一七）十月二十九日、安らかに大往生をとげたと伝えられる。滝沢馬琴が彼女の生涯を『玄同放言』の中で取り上げたため、妙円尼のことは一躍、江戸中に広まった。妙円の墓は深大寺の三昧所《さんまいしょ》にあるが、生涯叩き続けた鉦は現在、調布市立郷土博物館に保管されている。彼女が建立した地蔵尊は「妙円地蔵」と呼ばれ、眼病平癒の祈願仏となった。地蔵はその後、頭部が欠損してしまっていたが、昭和

妙円尼が建てた眼病平癒の祈願仏

六十二年（一九八七）に地元有志らによって修復されている。

〔参考文献〕調布市市史編集委員会（編）、一九八七『調布市史・民俗編』、調布市。

妙《みょう》音《おん》寺《じ》の薬《やく》師《し》

江戸川区一之江五ノ八

御利益

○病気平癒（眼）

江戸川区の妙音寺の境内にある薬師堂には、**眼病平癒**のご利益仏として名高い薬師如来が祀られており、今でもあつく信仰されている。この薬師像は、春日仏師作の霊仏とされ、参拝者が非常に多い。昔、目の不自由な一人の娘がおり、この薬師仏に二十一日間の願を掛け、食を絶って祈り続けたという。その願いが聞き届けられ、満願の日に目が見えるようになったので、娘は感謝のしるしとして薬師の池にたくさんのフナを放ったというが、そのフナはすべて片目になったという。同様な伝説は、杉並区の医王寺にも伝えられている（**おめだま薬師**参照）。この妙音寺の薬師堂に眼病治しの祈願をおこなう人々は、絵馬を奉納することになっているが、四対の両目を描いた独特の小絵馬で、堂内にはそれがつねにたくさんささげられている。

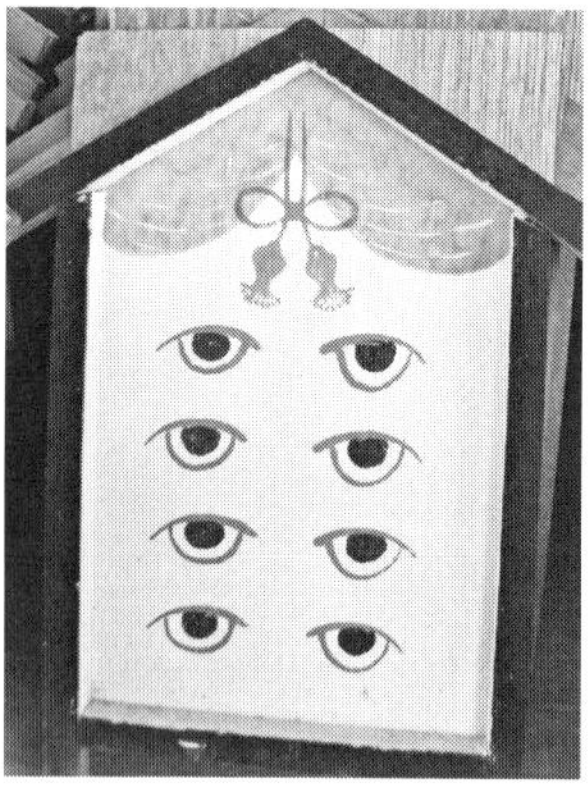

四対の両目の絵馬で眼病平癒祈願

〔参考文献〕江戸川区（編）、一九七六『江戸川区史』三巻、江戸川区。

妙《みょう》覚《かく》寺《じ》の筆《ふで》塚《づか》

稲城市矢野口二四五四

御利益

○芸能上達（書道）

稲城市の妙覚寺の境内には、嘉永七年（一八五四）に建立された筆塚がある。筆塚はおもに寺子屋などで学ぶ子弟らが、使い古した古筆を供養して建てることが多いが、南多摩地域では手習いの師匠の徳と功績とをたたえ、その報恩のためにそれを建立する例がしばしば見られる（**穴沢天神の筆塚**参照）。妙覚寺のそれの場合、寺子屋の師匠は角田すず女という女性で、彼女の指導を受けた筆子（寺子屋の生徒）らの代表、四十九名が建てたものである。四十九名の筆子らは、矢野口村・長沼村・押《おし》立村《たてむら》・菅村の四ヶ村の在住者たちであった。筆塚には角田すず女の辞世、「紫の雲の迎を待ばかり、うき世の事はとにも角にも」の歌が刻まれている。

妙《みょう》行《ぎょう》寺《じ》のお岩《いわ》様《さま》

豊島区西巣鴨四ノ八

御利益

祈願成就

夫婦円満

『四谷怪談』に登場する悲劇の女性、お岩を祀った寺社は各所に見られるが（**於岩様・陽運寺のお岩様**など参照）、西巣鴨の妙行寺の墓地内には田宮家の墓地があり、そこにお岩の墓も残されている。寺伝によれば、お岩は夫である伊右衛門との折り合いが悪く、病気になって寛永十三年（一六三六）二月二十二日に死去したという。お岩は田宮家の菩提寺である妙行寺に葬られたが、当時の妙行寺は四谷にあった。寺は明治四十二年（一九〇九）に現在地へ移転したため、お岩の墓も今は四谷の地を離れて、西巣鴨にあるということになる。お岩の死後、田宮家にはさまざまな災いごとや不吉な事件があいつぎ、彼女の怨霊のなせるわざとされたという。妙行寺の第四世日遵上人は、法力をもって怨霊の怒りをしずめ、いっさいの因縁が取り除かれて、田宮家に平穏が戻ったと伝えられている。妙行寺にある田宮家の墓所内には、ひときわ高い場所にお岩の立派な墓があり、多層塔型の墓石がそこに立っていて、破格の扱いを受けている。墓のまわりには、芝居・講談関係者らの奉納した卒塔婆がずらりと林立しており、目を見張るものがある。このお岩の墓に祈れば、**諸願が叶う**といわれているが、四谷の田宮稲荷や陽運寺などに祀られている「お岩様」と同様に、**夫婦円満・和合**を祈願する人々も多く、必ずご利益があるといわれている。

［参考文献］やまひこ社（編）、一九八七『東京御利益案内』、

リブロポート。北村　肇（編）、一九九九『東京文化財の旅（二）』、毎日新聞社。

妙《みょう》見《けん》宮《ぐう》

稲城市百村一五八八

夫婦円満・和合を祈願する人々も多くおとずれる

御利益

○疫病退散
○五穀豊穣

稲城市の妙見宮は、北斗七星を神格化した「北辰妙見尊《ほくしんみょうけんそん》」を祀る神社である。隣接する妙見寺は、その別当寺である。毎年八月七日におこなわれる「蛇より」・「蛇綱より」行事は、茅《かや》を用いて大蛇を作り、**疫病防止・降雨・五穀豊穣**を祈願する珍しい行事として知られ、稲城市の指定文化財にもなっている。寛文二年（一六六二）、諸国に疫病が大流行した時から、この行事がなされるようになったと伝えられる。北斗七星になぞらえ、百村《もむら》の村民（現在では竪神社奉賛会）の中から選ばれた七名の世話人が、茅場から茅を刈り出し、それを撚《よ》りあげて長さ五十メートルもの大蛇を作る。大蛇は神社参道の石段に沿って横たえ、頭部は山下の二十三夜塔の前に、尾は山上の社殿を取り巻くように安置される。入口の石鳥居にもそれをからませて祀り、村内に悪疫が侵入しないように祈願する。妙見寺僧侶による開眼供養もなされる。神仏混淆《こんこう》の貴重な儀礼行事となっている。

〔参考文献〕佐藤　高、一九八八「お富士さんから、仲秋へ――東京七・八・九月――」『江戸っ子』五九号、アドファイブ出版局。稲城市（編）、一九九〇『稲城市史』下巻、稲城市。

茅で大蛇を作り疫病防止を祈願する珍しい行事がある

妙《みょう》見《けん》宮《ぐう》の筆《ふで》塚《づか》

稲城市百村一五八八

御利益

- 学業成就
- 芸能上達（書道）

稲城市の妙見宮の境内にある筆塚は、文人で書家でもあった百瀬雲元が文政六年（一八二三）に、多くの門人らの協力を得て建立したもので、稲城市の指定文化財にもなっている。碑文には、廃筆をここに納めて塚を作り、あわせて菅公《かんこう》を祀る石祠《せきし》を建てたと記されている。雲元は百村《もむら》の名主、榎本六左衛門の次男（冨八郎）として宝暦十三年（一七六三）に生まれ、江戸に出て百村冨之進と名乗る御家人になった。書家の百瀬耕元に師事して雲元とも名乗り、多くの門人を育てた。天保二年（一八三一）に隠居して百村に移り住み、没後は「筆塚様」と呼ばれて尊敬された。彼の建てた筆塚は**学業成就・書道上達**を祈願する聖地として、あがめられるようになった。

学業成就・書道上達のご利益塚として崇敬されている

妙《みょう》顕《けん》大《だい》善《ぜん》神《じん》

府中市宮町三ノ一一

御利益

- 飼馬慰霊
- 祈願成就
- 競馬必勝

府中市の東京競馬場の正門近くには、「**妙顕大善神**」と呼ばれる祠堂《しどう》が祀られている。堂はもともと東京競馬場の敷地内にあったもので、「石塚さん」などと呼ばれていたが、「おしゃもじ様」と称されることもあった。昭和八年（一九三三）、当地に競馬場が建設されることとなったため、祠堂は場外へ移されたが、その移転先はかつての「馬捨て場（死んだ馬の葬地）」であり、競馬場との縁も深かったため、堂内には馬頭観音もともに祀られるようになった。「おしゃもじ様」と呼ばれてきたのは、それがもともとシャモジを奉納して咳病の平癒を祈願する神であったためであるが、しだいに馬の守護神としての性格がそこに付与されていくようになった。現在でも、堂内にはたくさんのシャモジ（飯杓子）が奉納されているが、そのシャモジを見ると競走馬の名前がよく書かれていて、**馬の供養**のためにそれがささげられていることもわかる。堂の背後にも、馬頭観音像が四体ほど祀られており、それらのうちの一体は三面六臂《さんめんろっぴ》の大きな像で、ひときわ目立つ。これは大正二年（一九一三）における旧東京競馬場の火災で、焼死した二十二頭の競走馬の供養のために建立されたものである。今日では、競馬ファンやギャンブラーもよく参拝におとずれ、**競馬必勝・ギャンブル必勝**を祈願していくのだという。

〔参考文献〕北野　晃、一九八八『武蔵府中の民俗』、北野　晃。松崎憲三、二〇〇二「競走馬の供養—東京競馬場正門の小祠・碑群をめぐって—」『西郊民俗』一八〇号、西郊民俗談話会。

競走馬の供養と勝利祈願のしゃもじ

妙《みょう》光《こう》寺《じ》の七《しち》面《めん》殿《でん》

江戸川区江戸川六ノ一六

御利益

病気平癒（疱瘡）

江戸川区の妙光寺は、「赤門寺」の通称で親しまれている。境内にある七面殿には、「海中出現七面大明神」と呼ばれる七面山の神や鬼子母神などのほか、「疱瘡《ほうそう》神」も祀られていて、**疱瘡（天然痘）を治してくれる**ありがたい神として、古くから信仰されている。

〔参考文献〕江戸川区（編）、一九七六『江戸川区史』三巻、江戸川区。

明《みょう》福《ふく》寺《じ》の太《たい》子《し》堂《どう》

江戸川区江戸川三ノ八

御利益

○産業発展（建設業）

江戸川区の明福寺の境内にある太子堂には、聖徳太子が祀られており、職人の守護神として信仰されている。浄土真宗の開祖、親鸞聖人が五十余歳の頃、常陸国稲田に隠居をしていたものの、嘉禄二年（一二二六）に京都へ帰ることになった。同年六月、下鎌田村を通る時、猛暑を避けて鏡ヶ池（明福寺の本堂裏に今もある）のほとりで涼んでいると、老翁があらわれ、「猛暑で雨も降らず、田の稲も育たない。農民のために雨乞いをせよ」と告げた。聖人はさっそく西に向かって合掌・礼拝し、声高らかに「天下和順、日々清明、風雨以時、災厲不起、国豊民安」と述べ、念仏を十遍唱えた。すると、たちまち空が雲に覆われ、雷鳴がとどろいて雨が降り、農民らは救われたという。老翁が「しばらくこの地にとどまり衆生を教化したまえ」と言うので、聖人は池のほとりに草庵を結び、所持してきた聖徳太子像をそこに祀って、三年間暮らしたという。それが太子堂の起こりで、堂は昭和初期まで下鎌田村中で信仰をしており、その別当をつとめてきたのが明福寺であった。太子堂内には聖徳太子の僧形立像・毘沙門天像・観音像などが安置されている。聖徳太子は職人の神とか、曲尺《かねじゃく》の師とかいわれており、明福寺の太子堂を信心する職人講中が小岩・葛西・浦安方面に組織されていた。昭和十年代までは小岩の傘職人たちの講中もあった。大工・左官・屋根職・手工芸など、**あらゆる職人の斯業《しぎょう》繁栄の守り神**として、明福寺の太子はあつく信仰されてきた。現在では下鎌田・今井の職人たちを中心に太子講が維持されている。聖徳太子の命日は二月二十二日とされているので、月遅れの三月二十二日に明福寺で太子祭をおこなってきたが、現在では四月第三土・日曜日にそれがなされている。

〔参考文献〕江戸川区（編）、一九七六『江戸川区史』三巻、江戸川区。

明《みょう》福《ふく》寺《じ》の佃《つくだ》観《かん》音《のん》

江戸川区江戸川三ノ八

御利益

- 子育成就
- 病気平癒（頭痛）
- 病気平癒（眼）

江戸川区の明福寺の境内には、石像の観音菩薩を祀る小堂があり、「佃観音」あるいは「子育て観音」と呼ばれている。昔、佃島に住んでいた佃己之という漁民が、海中から引き揚げた石仏なので「佃観音」と呼ぶのだという。己之はこの石仏をしばらく自宅に祀っておいたが、ある夜、妻の夢枕に観音が立ち、「自分は閑静な所に移りたい」と告げた。そこで石仏を明福寺に移し、堂を建てて祀ったところ、「**子育て**観音」と呼ばれるようになり、赤ん坊を産んだ母親がこの観音に願を掛ければ乳の出がよくなるといわれるようになったという。**頭痛・咳・眼病の平癒**にもご利益があるといわれている。佃己之の子孫は今もおり、この観音を信仰しているという。

［参考文献］江戸川区（編）、一九七六『江戸川区史』三巻、江戸川区。

妙《みょう》法《ほう》寺《じ》

杉並区堀ノ内三ノ四八

御利益

- 厄除達成

杉並区の妙法寺といえば、誰もが知る日蓮宗の大寺で、俗にいうところの「堀ノ内のお祖師様」・「厄除け祖師」のことである。「祖師」とはもちろん、日蓮宗の開祖、日蓮聖人のことで、門前のバス停の名も「お祖師様」という。古典落語の「堀ノ内」も、この妙法寺が舞台となっている。江戸時代には「堀ノ内詣で」の参拝客が殺到し、周辺のにぎわいは浅草観音に匹敵するほどで、その参詣道の沿道には、参詣客相手の商店や料理屋などが立ち並んで隆盛をきわめ、今でもその面影が残されている。そして、堀ノ内のお祖師様といえば何といっても、**厄除け**祈願の寺なのであって、男性は二十五歳と四十二歳、女性は十九歳と三十三歳の厄年にここで厄除け祈祷《きとう》を受け、人生を安穏に過ごそうとする善男善女が、列をなして江戸市中から押し寄せたといわれている。なぜ妙法寺が厄除けの寺になったかといえば、宗祖日蓮聖人が四十二歳の厄年の時の姿を、弟子の日朗が刻んだ祖師像がそこに祀られているからである。遠島の刑から許されて、鎌倉へと戻ってきた聖人自らがその像の開眼をおこなったとも伝えられている。

［参考文献］中尾　尭、一九八七『日蓮の寺』、東京書籍株式会社。

厄除けに霊験あらたかな杉並区の日蓮宗の大寺

妙《みょう》法《ほう》寺《じ》の浄《じょう》行《ぎょう》菩《ぼ》薩《さつ》

杉並区堀ノ内三ノ四八

御利益

- **病気平癒**
- **健康安全**

「堀ノ内のお祖師様」として知られる杉並区の妙法寺には、浄行菩薩も祀られている。**諸病平癒**のご利益のある仏で、毎日多くの参拝者があり、深く信仰されている。浄行菩薩とは**健康安全**の守護仏であって、日蓮宗系の寺院の境内には、たいていその石仏が祀られており、参拝者はその仏体に水を掛け、タワシでゴシゴシとこすって持病治しを祈願する。ために、「水掛け仏」とか「タワシ仏」とか呼ばれることもあった。宗祖の日蓮聖人は、天上天下の菩薩の中でもっとも大切なのは、上《じょう》行《ぎょう》菩薩・無《む》辺《へん》行《ぎょう》菩薩・浄行菩薩・安立《あんりゅう》行《ぎょう》菩薩の四大菩薩であるとし、釈迦・薬師如来そして十方分身仏《じっぽうふんじんぶつ》たちとともに、人類がもっとも信頼できる菩薩たちであると説いた。中でもこの浄行菩薩に浄水を注いで心身を清めれば、自身の身体健全が保障され、諸病を退散させる功徳を得ることができるとされている。妙法寺の浄行菩薩は、境内の二十三夜堂の前に祀られており、日々多くの参詣者がおとずれて、その仏体は毎日タワシでこすられ続けている。参拝者は、自分の持病のある患部と同じ石仏の身体部位に水を掛け、タワシでこすって祈れば、あらゆる病が癒やされると信じられている。

〔参考文献〕中尾　尭、一九八七『日蓮の寺』、東京書籍株式会社。

浄行菩薩は健康安全の守護仏

妙《みょう》法《ほう》寺《じ》の日《にっ》朝《ちょう》堂《どう》

杉並区堀ノ内三ノ四八

御利益

○病気平癒（眼）
○学業成就

日朝上人は日蓮宗の高僧で、正式には行学院日朝《ぎょうがくいんにっちょう》と名乗った。幼少の頃から大変利発で、日蓮聖人の生まれ変わりといわれたほどであったが、身延山《みのぶさん》の第十一世法主となった後も、布教と教育、教学研究に尽力した人である。後に目をわずらい、大変な苦労をしたが、努力の結果、回復を果たしたという。以来、自身と同じく眼病に苦しむ人々を救わんという大願を立てて一層努力をし、多くの人々の救済につとめたという。やがて日朝上人は**眼病平癒**そして**学問成就**の神としてあがめられるようになり、日蓮宗系の寺院には上人の像を祀ったり、日朝堂が建てられたりするようになった（**入谷鬼子母神の日朝様**など参照）。堀ノ内の妙法寺の境内にも日朝堂があり、眼病治しと学業成就の祈願がそこに寄せられている。近年では、受験生らが絵馬を奉納して合格祈願をさかんにおこなうようになってきている。この日朝堂は文政十一年（一八二八）に建立されたもので、日朝上人の命日である六月二十五日には毎年、日朝上人大祭が挙行され、上人への報恩感謝のための法会がいとなまれている。

〔参考文献〕中尾　尭、一九八七『日蓮の寺』、東京書籍株式会社。

日朝上人は眼病平癒・学問成就の神

三《み》輪《わ》里《さと》稲荷《いなり》

墨田区八広三ノ六

御利益

○病気平癒（風邪）

墨田区の三輪里稲荷神社は、俗に「コンニャク稲荷」と呼ばれている。コンニャクにゆかりのある寺社はあちこちに見られるが（**こんにゃく閻魔**など参照）、コンニャク稲荷というものは珍しい。初午の日の祭日に、「コンニャクの護符」を神社から授与するのがならわしで、それを受けてきて煎じて飲めば、**風邪や喉の病**が治るとされていたため、その通称で呼ばれるようになった。慶長十九年（一六一四）、出羽国湯殿山の大日坊が、大畑村（現在の八広地区周辺）の総鎮守として、羽黒大神の分霊を当地に勧請《かんじょう》し、「三輪里稲荷大明神」と名付けたのが、神社の始まりであったといわれている。

〔参考文献〕墨田区役所（編）、一九八一『墨田区史』下巻、墨田区役所。

コンニャク稲荷と呼ばれ、風邪や喉の病のご利益神

む

武《む》蔵《さし》野《の》神《じん》社《じゃ》の猿《さる》田《た》彦《ひこ》

小平市花小金井八ノ二六

御利益

○開運招福
○商売繁盛
○旅行安全

小平市の武蔵野神社は、江戸時代に開発された野中新田の鎮守社として祀られた神社で、当初は毘沙門天を本尊とする神仏混淆《こんこう》の祠堂《しどう》であった。明治維新後の神仏分離を通じて毘沙門天は

他所《よそ》へと移され、末社として祀られていた猿田彦大神《さるたひこのおおかみ》が新たな主祭神として位置づけられることとなった。昭和六十三年（一九八八）に境内の大改修事業が完了した時、それを記念して氏子の指田庫吉氏の手で猿田彦大神の巨大な神像が製作・奉納されることとなった。その神像を安置する堂宇は、社殿の左手にあって、多くの人々が参詣におとずれる。「道は日神の道、教えは猿田彦大神の導くところ」といわれ、自ら率先して困難を打破し、道を切り開きながら人々を導くというのが、猿田彦大神の神徳であるという。そこで、**開運・事業繁栄・旅行安全・交通安全**の神として、この猿田彦大神が信仰されるようになり、今でもそういう祈願が寄せられている。

[参考文献] 東京都神社庁（編）、一九八六『東京都神社名鑑』下巻、東京都神社庁。小平市史編さん委員会（編）、二〇一三『小平市史（地理・考古・民俗編）』、小平市。

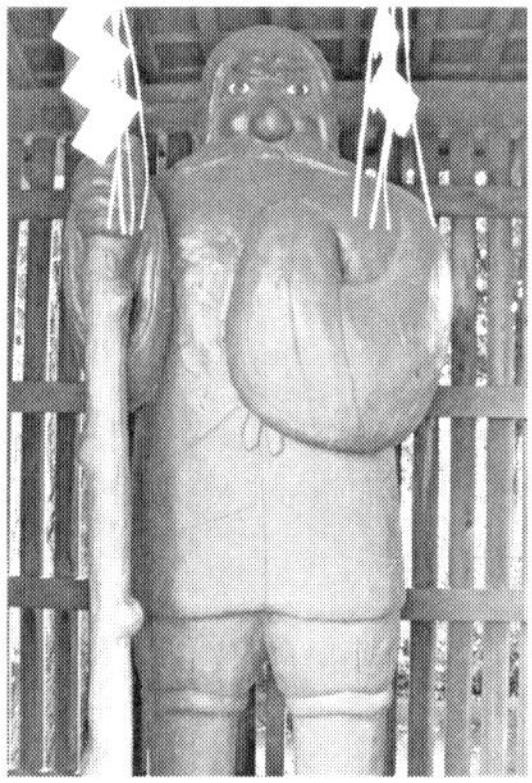
開運招福・交通安全のご利益神

武蔵野薬師《むさしのやくし》

武蔵野市八幡町一ノ一

御利益

○病気平癒（眼）

武蔵野市の五日市街道沿いにある延命寺には、本尊の文殊菩薩のほかに薬師如来が祀られている。薬師如来像は秘仏であるが、俗に「武蔵野薬師」と呼ばれて親しまれ、**眼病平癒**の霊仏として古くから信仰を集めてきた。信徒らの奉納したたくさんの「向かい目」の小絵馬が残されてきたことは、眼病に苦しむ人々がそれほど多くいたことを物語っている。「向かい目」の絵馬とは、「め」の字を左右対称に書き入れた小絵馬のことで、眼病平癒の祈願によく用いられてきた（**新井薬師**など参照）。この薬師如来像は恵心僧都《えしんそうず》の作と伝えられ、もともと五日市街道沿いにあった薬師堂内に、秘仏として祀られていたものである。この薬師堂が現在の延命寺の前身であったといい、周辺の開発の進んだ寛文十年（一六七〇）に関前村が開村した時に、正式に延命寺が開創されたという。かつてはこの薬師堂を信心する人々が組織した薬師講中もあって、縁日なども盛大になされていたという。

虫《むし》歯《ば》地《じ》蔵《ぞう》

西多摩郡奥多摩町境八二六地先

御利益

○病気平癒（歯）

奥多摩の氷川から小河内《おごうち》方面へと至る旧青梅街道の山道を「奥多摩むかし道」と呼ぶが、その沿道にはさまざまなご利益神仏が祀られ、登山客らの目にもとまるので、よく知られるようになった。板小屋から桃ケ沢へと至る道筋の道端に祀られている虫歯地蔵もそのひとつである。小さな石地蔵が路傍に立っているが、**虫歯**に苦しむ人々がそこに平癒を祈願した。祈願をおこなう際には、煎った大豆をそこに供えることになっていた。山村のことなので、このあたりには歯医者もおらず、人々はただ神頼みによってあらゆる病気を治そうとするほかはなかったといい、江戸時代以来、そうした祈願が続けられてきたのだという。

結《むすび》神《じん》社《じゃ》

港区虎ノ門一ノ二

御利益

○良縁成就
○恋愛成就

虎ノ門の金刀比羅宮《ことひらぐう》の境内社のひとつ、「結神社」はその名の通り、**縁結び**に多大なご利益があるといわれ、若い女性たちがさかんに参拝におとずれる。**良縁**に恵まれることを祈願する人々は、社前に赤い紐《ひも》を結ぶことになっており、奉納されたおびただしい数のその紐のかたまりを、つねに見ることができる。金刀比羅宮の社務所からは、「良縁祈願セット」が授与されており、縁結び守りと赤い紐とを一組にして、希望者に提供しているが、これを受けることができるのは女性のみに限られている。

虎ノ門の金刀比羅宮にある縁結び神

胸《むな》突《づき》地《じ》蔵《ぞう》

板橋区板橋二ノ一九

御利益

除厄達成

板橋区の子易《こやす》神社の境内には、「胸突地蔵」と呼ばれる地蔵を祀る小堂がある。堂内の石地蔵は、元禄八年（一六九五）に建立されたもので、かつては子易神社の裏手の方にあったが、現在はその境内に移されている。地蔵の台座には「右上尾、左河越」との銘文があり、道標を兼ねていたこともわかる。「身代わり地蔵」とも呼ばれており、人々に代わって災難を引き受けてくれるありがたい仏とされていて、**厄除け**のご利益があるという。毎年七月二十四日が縁日で、多くの参拝者がおとずれる。

人々に代わって災難を引き受ける

［参考文献］やまひこ社（編）、一九八七『東京御利益案内』、リブロポート。

無《む》量《りょう》寺《じ》の草《そう》木《もく》塔《とう》

世田谷区用賀四ノ二〇

御利益

産業発展（造園業）

世田谷区の無量寺の境内にある「草《そう》木《もく》供《く》養《よう》之《の》碑《ひ》」は、人間のために役に立った草花や樹木の魂を供養して祀られたもので、**造園業者・園芸家・庭師らの守り神そして造園・園芸業界の繁栄の守護神**ともなっている。いわゆる「草木塔」と呼ばれるもののひとつで、東京都内にもいくつかこれが祀られている（**泉龍寺の草木塔・密蔵院の草木塔・等々力不動の草木塔**など参照）。無量寺のものは高さ一七〇センチメートルほどの碑で、東京緑化倶楽部の手で平成十一年（一九九九）に建立されたものである。

［参考文献］やまがた草木塔ネットワーク事務局（編）、二〇〇七『写真集草木塔』、山形大学出版部。

無《む》量《りょう》寺《じ》の十《じゅう》一《いち》面《めん》観《かん》音《のん》

世田谷区用賀四ノ二〇

御利益

・除厄達成

世田谷区の無量寺の本尊、十一面観音は像高わずか十五センチメートルほどの木造坐像であるが、霊験あらたかな仏として信者が多く、俗に「お観音さん」と呼ばれて親しまれている。この観音には八体の分身があって、それぞれ巡行仏として知られ、各地の信徒家を移動しながら祀られてきた。かつては杉並区・狛江市内などに講中があって、そちらへも巡行していたというが、八体のうち一体は今でも世田谷区桜木の観音講中の家々を回っている。地蔵の巡行仏《じゅんこうぶつ》は各地によく見られるが、観音の巡行というのは珍しい例であろう。この観音は「厄除け観音」とも呼ばれ、多くの信徒らが**厄除け**祈願を目的に分身像を自宅に泊め、拝んできたともいう。観音は箪笥《たんす》に納められて二人で担ぎ、毎月十八日に寺を出発して各地を回り、翌月十七日までには寺へ戻ってきた。毎年十一月の十夜法要の日には、多くの世話人らの手で寺への「送り込み」がなされ、信徒らはそのまま寺に泊まり込んで、お籠《こも》りをしたものだという。

［参考文献］中島恵子、一九八七『狛江市の巡行仏―狛江市の民俗III―』、狛江市教育委員会。

め

夫婦《めおと》木《ぎ》神《じん》社《じゃ》

新宿区大久保二ノ二七

御利益

○良縁成就
○夫婦円満
○安産達成

コリアン・タウンとして知られる大久保の街の一角に、住宅街にうずもれるようにして、小さな神社が祀られている。それが夫婦木神社で、**縁結び・夫婦和合の神**、あるいは**子授け・安産・子育て**の神として信仰されている。もともとは、山梨県甲府市御岳町の金桜《かなざくら》神社の神域内に鎮座する神を、東京に移し祀ったもので、その御神体は子孫繁栄・多産・豊穣のシンボルである金《こん》精神《せいしん》であるという。独立した社殿がなく、神社のある建物の二階部分が拝殿となっているが、小社ながら熱心な信者が数多くおり、あつく信仰されている。

［参考文献］やまひこ社（編）、一九八七『東京御利益案内』、リブロポート。

廻《めぐり》田《た》安《あん》産《ざん》地《じ》蔵《ぞう》堂《どう》

東村山市廻田三ノ一二

御利益

○安産達成

東村山市の光明院廻田不動堂の境内には、廻田安産地蔵堂が祀られており、地域の女性たちによって深く信仰されてきた。堂内には享保三年（一七一八）に建立された石造の地蔵尊の立像が安置されているが、地元廻田村の当時の村人たちが、寒中三十日間の寒念仏行の達成を記念して、これを祀ったと伝えられる。**安産成就**に霊験あらたかな地蔵尊で、ご利益を授かった地元婦人らが奉納したたくさんの赤い腰巻きが、つねに堂内に垂れ下がっていたという。これから子供を産む女性たちが、この腰巻きを一枚借りてきて身につけていると、難産を避けつつ丈夫な子供を授かることができたという。無事に出産が済むと、借りてきた腰巻きに新しいものを一枚添えて奉納し、礼参りをすることになっていた。

安産成就に霊験あらたかな地蔵尊

目《め》黒《ぐろ》大《おお》鳥《とり》神《じん》社《じゃ》

目黒区下目黒三ノ一

御利益
○商売繁盛
○良縁祈願
○祈願成就

下目黒の大鳥神社は、酉《とり》の市で有名な神社である。「おおとり（鷲・大鳥）」系の神を祀る神社は都内にはたくさんあるが、十一月の酉の日に酉の市すなわち熊手市が立つことは、どこでも共通している（**浅草の鷲神社・花園神社・花畑の大鷲神社**など参照）。酉の市では縁起物の熊手が売られ、多くの熊手商らの露店が境内や参道沿いに立ち並ぶが、その出店数と人出の多さから見れば、浅草のそれに次ぐ規模であって、山の手地域では最大規模といってよい。この酉の市の日に大鳥神社に参詣し、熊手を求めて帰れば、**商売繁盛・事業繁栄**のご利益が得られるといわれている。

［参考文献］東京都神社庁（編）、一九八六『東京都神社名鑑』上巻、東京都神社庁。北村　肇（編）、一九九九『東京文化財の旅（II）』、毎日新聞社。

目《め》黒《ぐろ》の滝《たき》壺《つぼ》

目黒区下目黒三ノ二〇

御利益
○病気平癒
○祈願成就

目黒不動尊の通称で知られる瀧泉寺《りゅうせんじ》には、水垢離場《みずごりば》の池があり、「独鈷《とっこ》の池」と呼ばれていて、二筋の滝がそこに流れ落ちており、滝行をおこなうための神聖な場となっている。滝は「独鈷の滝」・「不動の滝」・「倶利伽羅《くりから》の滝」などとも呼ばれていて、右側を男滝、左側を女滝と呼ぶこともある。さらに、この滝行場全体を「水行場」・「御滝《おだき》場《ば》」とも呼ぶ。『江戸神仏願懸重宝記』ではこれらを「目黒の滝壺」と称しており、「小児月代《しょうにさかやき》を剃事《そること》を甚《はなはだ》しくきらひ、其ときにいたりてハ泣さけび、これむりにおして剃《そら》んとおもへバかへって虫をおどろかし、病のおこりとなることなどままあり。目黒不動の滝つぼへ行、此水をとりて湯にわかし、あたまをぬらし月代《さかやき》をそるにすこしもおどろくことなし。ためし見たる古老の話に、不動の文字ハ不動《うごかず》とよむ字義より出たり。諺《ことわざ》ながらこれを信じて実とせば、其しるしなきにしもあらずと」と述べられていた。江戸時代の子供たちは、頭の月代を剃刀《かみそり》で剃られていたが、痛みをともなうために大変それを嫌がった。しかし、この「目黒の滝壺」の水を汲み、湯に沸かして頭を濡らすとスムーズに剃ることができ、子供も嫌がらなかったというのである。武士の子供らが元服式をする時にも、目黒不動の滝水を汲んできて前髪を濡らし、剃ったといわれている。一方、水行場の独鈷の滝は、行者だけがそこで滝行をするのではなく、誰もが自由に滝に打たれてもよいことになっていた。滝のかたわらには脱衣場（垢離堂）も用意されていて、今もそれがある。滝を浴びては脇の石段を登り、不動堂を拝礼して駆け降りて、また滝に打たれるというのが、江戸時代の滝行のやり方であったという。滝行をおこなう人々は、昭和時代まではよく見られたもので、滝行者《たきぎょうじゃ》と呼ばれ、滝水を浴びることを滝垢離《たきごり》と称していた。独鈷の滝水を浴びると**諸病が治る**ともされ、持病平癒の目的で滝行をおこなう人も多かった。滝行をおこなう男性は褌《ふんどし》一丁の裸、女性は白い行衣を身につけて、滝に打たれる。滝水を一升瓶に汲んで持ち帰り、神棚に納めておいて、何かの祈願をおこなう時にその水を少量、身体に振りかけて修祓《しゅうふつ》をおこなう信徒も多かった。身体の弱い子供を持つ親たちは、その水を子供に飲ませたり、身体に振りかけたりしたもので、そうすると身体が強くなったという。今でもペットボトルに滝水を汲んで持ち帰る人はよく見られ、その水で飯を炊いたり、茶を入れたり、饅頭の生地をこねたりすると、病気予防になるといわれている。

［参考文献］長沢利明、二〇〇〇「目黒の滝壺―東京都目黒区下目黒―」『西郊民俗』一七三号、西郊民俗談話会。

「独鈷の池」に二筋の滝が流れ落ちている

目《め》黒《ぐろ》の比《ひ》翼《よく》塚《づか》

目黒区中目黒三ノ一八

御利益

- 夫婦円満
- 恋愛成就

心中した男女をあわれみ、その墓や**供養**碑を比翼塚と称して祀った例は、あちこちに見られる（**易行院の比翼塚**など参照）。目黒不動尊の門前にある権《ごん》八《ぱち》・小紫《こむらさき》の比翼塚もそのひとつである。辻斬りをはたらいたかどで刑死をとげた白井（平井）権八と、その墓前で自害した愛人の遊女小紫がそこに祀られているが、この場合は「後追い心中」ということになる。二人の物語は歌舞伎などにも取り上げられたので、多くの人々の知るところとなり、両人の来世での幸福を願って、この塚が祀られたという。ここに祈れば**夫婦円満・和合、恋愛成就**のご利益があるともいわれている。

歌舞伎でも有名な権八・小紫の塚

目《め》黒《ぐろ》不《ふ》動《どう》

目黒区下目黒三ノ二〇

御利益

- 除厄達成

目黒区の目黒不動尊、すなわち瀧泉《りゅうせん》寺《じ》は、慈覚大師の開創と伝えられる古《こ》刹《さつ》で、主として**厄除け**祈願の道場として古くから広く信仰されてきた。広大な境内にはさまざまな仏が祀られているが、とりわけ目を引くのは、本堂裏手にある像高三八五センチメートルの銅造大日如来の巨像であろう。天和三年（一六八三）に造立されたもので、手足や胴体・頭部など十ヶ所の部分を別々に鋳造し、それらを「吹き寄せ」の技法でつなぎ合わせるという高度な技術が駆使されている。現在は露座の仏となっているが、江戸時代には堂内にあって、『江戸名所図会』などにはそう記されている。

〔参考文献〕北村 肇（編）、一九九九『東京文化財の旅（二）』、毎日新聞社。

存在感がある銅造の大日如来の巨像

めやみ地《じ》蔵《ぞう》

足立区千住四ノ二七

御利益

○病気平癒（眼）
○子育成就

足立区の長円寺には、「めやみ地蔵」と呼ばれる石地蔵を安置した小さな地蔵堂が祀られている。地蔵堂は寺の境内入口左手の塀の外に設けられており、そこを通る人々がいつでも気軽に参拝できるように配慮されている。堂前に立つ木製の輪廻車《りんねぐるま》は、その車輪を手で回せば願いが叶えられるという、珍しい信仰施設である。この地蔵尊は、「めやみ（目病み）地蔵」という呼び名の通り、**眼病治し**にご利益のある仏であって、堂内に奉納されているたくさんの祈願絵馬や、鈴の緒、のぼり旗などを見れば、いかに多くの信者がいるかがわかる。絵馬は三種類あって、「向かい目」型のものはもちろん眼病平癒を祈願したもの、「地蔵御影」型は諸願を祈ったもの、「男拝み」型は祈願者が男性であることを示している。これらの絵馬は長円寺の庫裏《くり》へ行けば、誰でも求めることができる。この「めやみ地蔵」は、一名「子育て延命地蔵」とも呼ばれており、**子育て**にもご利益があるという。

たくさんの祈願絵馬が奉納されている

も

百《も》草《ぐさ》園《えん》の芭《ば》蕉《しょう》天《てん》神《じん》

日野市百草五六〇

御利益

○学業成就
○立身出世

日野市の京王百草園《けいおうもぐさえん》の園内に祀られている天神祠は「芭蕉天神」と呼ばれており、**学問成就・立身出世**の神として信仰されている。園内のはずれの方にその小祠があるが、祠内に祀られている御神体は自然石の碑で、「芭蕉天神」の文字がそこに刻まれている。この碑は、百草園の北方にあたる旧三沢下郷に住んでいた篤学の農民、土方誠助氏が祀ったもので、同氏は文政七年（一八二四）に生まれ、大正三年（一九一四）に亡くなっている。誠助氏は、子弟らに学問の大切さを知らしめるため、松尾芭蕉にちなんだこの天神碑を建てたといわれており、後の平成二年（一九九〇）にこの碑が百草園内に移されることとなった。誠助氏のもくろみ通り、その子孫らは代々、学問を修めることに励んで立身出世を果たし、中でもその一人である土方龍之介氏は昭和二十六年（一九五一）、旧七生《ななお》村《むら》の村長にまでなった。

御神体の自然石。学問成就を祈願

木《もく》母《ぼ》寺《じ》の梅《うめ》若《わか》塚《づか》

墨田区堤通二ノ一ノ六

御利益

○芸能上達

謡曲『隅田川』や仮名草子の『角田《すみだ》川《がわ》物語』などに語られた悲劇の物語の主人公、梅若丸の塚やその霊を祀る梅若堂があることで知られる寺が木母寺である。『梅若権現縁起』によれば、梅若丸は美濃国野上《のがみ》宿の生まれで、母は花子といった。五歳で父と死別し、七歳の時に比叡山に登って修行を始めたが、人買いにさらわれて東国の隅田川原にまで連れられてきたものの、そこで病死したという。梅若丸は十二歳でこの世を去り、「尋ね来て問わば応えよ都鳥、隅田川原の露と消えぬと」という辞世を残したとされる。その後、僧忠円が里人とはかり、隅田川べりに梅若丸の塚を築いて一株の柳を植え、標《しるべ》としたが、やがてそこに寺堂が建てられ、慶長十二年（一六〇七）にそれが木母寺として正式に開創されたという。その際に、梅若丸の「梅」という字を「木」と「母」とに分けて「木母」とし、寺号が名付けられたともいわれている。なお、梅若丸の塚とされるものは木母寺のほか、埼玉県春日部市の満願寺にも残されている。その命日は天延二年（九七四）三月十五日であったとされているが、その命日忌を梅若忌と称し、木母寺では盛大な法要がいとなまれてきた。木母寺の梅若忌の法要は大念仏が有名で、双盤鉦《そうばんがね》を四人で叩きながら節付きの念仏を唱和する鉦はり念仏を特色としていた。鉦はりは双盤鉦の戦時供出によって廃れてしまったが、法要は今でも月遅れの四月十五日におこなわれている。また、梅若丸の物語を詠んだ梅若丸和讃も伝えられ、念仏講中による唱和がさかんに木母寺でなされていた。歌舞伎や浄瑠璃を通じて広く梅若伝説が広まった江戸時代には、たくさんの参詣客がおとずれてにぎわった。歌舞伎役者・俳人・詩人などもよくおとずれ、**芸道や文芸の上達**を墓前で祈願することもあり、今でも俳優やタレント、音楽家などの芸能関係者らが参詣に来るという。また、人買いにさらわれた梅若丸にちなみ、子供の誘拐防止を祈願する人もいるという。『江戸名所記』には、「此川（隅田川）の岸ちかく梅若丸の墓あり、しるしの木ハ柳なり。三月十五日ハ縁日也。不断念仏の道場として諸人この寺にまうでて、むかしの事を聞つたへミなあはれをもよほし、哥をよみ詩をつくり侍べり。一興ある景地たり」と述べられている。なお、梅若丸の命日である三月中旬の頃には空が曇ってよく雨も降り、これを「梅若の涙雨」ともいった。関東や東北地方では梅若忌の三月十五日を、梅若・梅若様・梅若ゴトなどと称して農作業を休み、餅・団子・小豆飯などを作って食べる習慣が多く見られ、その日に水神・弁天を祀ったり、疫病神送りをする例も見られた。もともとこの日は季節の折目にあたっており、それに梅若伝説が結びついたのであろう。多摩地域でも広くこの日が農休日とされており、草餅や塩団子を作って食べるという所が多い。梅の枝で箸を削り、家族の夕食に用いる例もいくつか見られる。何のいわれのある日かわからないが、三月十五日を単に梅若と呼んでいる所なども広く見られる。

謡曲『隅田川』などで有名な梅若塚

〔参考文献〕平野信次郎（編）、一九三三『隅田町誌』、隅田町役場。墨田区役所（編）、一九八一『墨田区史』下巻、墨田区役所。

本《もと》宿《しゅく》の吉《きち》祥《じょう》寺《じ》

西多摩郡檜原村本宿四八五

御利益

○死者慰霊

檜原村《ひのはらむら》は、島嶼部《とうしょ》を除いた東京都内唯一の行政村であるが、東京都内にも「村」があるということは、意外にもあまり知られていない。その檜原村の中心集落である本宿に、村内最大の寺院である吉祥寺がある。寺の裏山には十三仏が祀られており、計十三体の石仏が山中に散らばっているが、それらを巡拝するのが「十三仏めぐり」で、**亡くなった人の追善供養**になるといわれている。十三仏とは、人の死亡直後の初七日から死後三十三年目の三十三回忌に至るまでにいとなまれる、十三回の追善供養のそれぞれに仏や菩薩をあてはめたもので、不動明王・釈迦如来・文殊菩薩・普賢菩薩・地蔵菩薩・弥勒《みろく》菩薩・薬師如来・観音菩薩・勢至《せいし》菩薩・阿弥陀如来・阿閦《あしゅく》如来・大日如来・虚空蔵菩薩の十三仏で構成されている。

〔参考文献〕平野　勝、一九九八『東京にある山里――檜原写真誌――』、けやき出版。

Goriyaku Column

05

受験合格のご利益

受験というのは誰にとっても、一生の一大事だ。高校と大学との最低二回、入試の試練を受けなければならなかったというのは昔の話で、いまや小・中学校入試も常識だし、幼稚園の入試すらあるのだから、今の若者や子供たちはまことに気の毒だ。合格祈願のための強い信仰エネルギーもそこに生み出されるわけで、湯島や亀戸の天神社の社頭に奉納される、あの膨大な数の祈願絵馬を見れば一目瞭然だろう。受験合格のご利益があるとされる神仏は、何も菅原天神だけではない。文殊菩薩や日朝上人などもまた、実に熱心に信心されている。受験生の親たちもまた、本人以上に祈願に打ち込む。私は以前、都内のある神社の前を通りかかった際、夜だというのに裸足でお百度参りをしているご婦人を見かけたことがあって、「よほどのご祈願なのですね」と話しかけてみたところ、「息子の大学入試が明日なんです。母親として私のできることなら何だってやります」と言っておられた。それにしても、お百度参りなどということを今時やる人がいるというのはすごいことで、私より若い人なのに、よくぞそのやり方を知っていたものだ。聞けば祖母から教わったとのことで、そのような形で昔の祈願習俗が復活することもある。まさか水《みず》垢《ご》離《り》をやる人などはもういないだろうが、物断ちぐらいはやるかも知れない。ご近所の表札を四枚盗む（「四軒」が「試験」に通じる）、夜中に三越百貨店のシンボルであるライオン像にまたがる、などといった祈願方法もいまや古典的となったが、三越（三井家）の氏神である向島の三囲《みめぐり》神社の境内にもライオン像があって、今でも人知れず夜中にまたがる若者がいるというから、なかなかに伝統は消え去らない。近年の新しい祈願方法もいろいろ出てきているが、おもしろいのは多摩動物園のオランウータン舎へのお祈りだ。オランウータンという動物は木登りが得意で、「猿が木から落ちる」ということは絶対にありえない。つまりは「落ちない」という験《げん》担ぎになるわけで、受験シーズンともなると、その飼育舎の前にうずたかく花や供物がささげられることになる。語呂合わせとあやかりの精神こそが、江戸東京のご利益祈願の核心なのであって、今もそれは健在だ。鼠小僧や鬼薊清吉《おにあざみせいきち》の墓を詣でる受験生も結構多くいて、半端な人数ではない。インターネット世代は、古い祈願方法を自由に知ることができ、現代社会へのその復活・再生を自在にやっているのだ。

物忌奈命神社《ものいみなのみことじんじゃ》

大島支庁神津島村四一

御利益
○大漁満足
○海上安全

伊豆七島の神津島《こうづしま》に鎮座する物忌奈命神社（通称「明神様」）は、島の漁師たちにあつく信仰されている**大漁と海上安全の守り神**である。毎年八月一～二日におこなわれる例大祭は、漁民や網元らが神に豊漁を祈る重要な行事であって、東京都の無形民俗文化財にも指定されている奇祭、「カツオ釣り」の儀式がおこなわれる。青竹で作られた舟型、張子のカツオ、セリ道具、運び籠などを用い、船乗り込み・釣り・揚げ・セリ・運びの順序で、カツオ釣り漁の一連の作業が儀礼的に上演される。集まった子供らには菓子などが配られる。いかにも漁師の大漁祈願にふさわしい儀式であって、全国的に見ても珍しい民俗芸能といえる。

［参考文献］東京都教育庁生涯学習部文化課（編）、一九九二『東京都の文化財（三）』、東京都教育庁生涯学習部文化課。

文殊院《もんじゅいん》の子《ね》ノ《の》権現《ごんげん》

板橋区仲宿二一八

御利益
○病気平癒（足腰）

板橋区の文殊院の境内に祀られている子ノ権現は、**足腰の病**を治してくれるありがたい神様として、今でも多くの人々が参拝におとずれる。俗に「権現様」と呼ばれて親しまれている。子ノ権現とは、埼玉県飯能市の山中に祀られている「子ノ権現（天龍寺）」のことで、子年子月子日子刻《ねどしねのつきねのひねのこく》に生まれたという子ノ聖《ねのひじり》という行者の霊が神としてあがめられているものである。足腰の守り神として著名で、腰や足の痛みや下半身のいっさいの病気の治癒にご利益があるといわれ、そこから分霊を勧請《かんじょう》して祀られた神祠《しんし》が、東京都内にも数多く存在する。板橋宿のそれも、もちろんそのひとつであった。小堂の中には子ノ権現の石像が祀られており、像の手前にはたくさんの木槌《きづち》が奉納されているが、それをひとつ借りてきて家で祀り、その木槌で自分の足腰の痛む所を静かにたたいて祈ると、病が全快するといわれている。平癒の後の礼参りには、木槌を二本に増やして堂内に納めるというのが、決まりである。子ノ権現に木槌を納める習俗は、他《よ》所《そ》でもよく見られた。腰痛・膝痛・骨折・くじき・むくみ・水虫など、腰から下の病の平癒には万事、ご利益があるといわれている。板橋宿に住んでいた高木ちよさんという女性は、この権現様に祈って病気を治した人で、この人が昭和十七年（一九四二）に書いた感謝の言葉が、堂内に掲げられているので引用しておこう。「私は幼少の頃、病気の為、足腰が長い間不自由になり、医者にも見放されたそうですが、祖父がこの権現様に願を懸け、毎日私を負い日参してご利益を戴いて全快いたしました。祖父より権現様のご恩を忘れぬよう聞かされておりましたが、世事に追われ今日に到りましたところ霊夢を戴き、御住職様、総代様の同意を得て、このお堂を再建し、ご恩に報ゆることにいたしました。願わくは此の功徳を以て普ねく一切に及ぼし我等と衆生と皆共に仏道を成せんことを。昭和十七年秋彼岸、板橋五丁目高木ちよ」。こうしてちよさんは、報恩のために子ノ権現の新しい堂を再建・奉納して、感謝の気持ちをあらわされた。今ある堂がそれである。

足腰の守り神である子ノ聖を祀る

〔参考文献〕山田元礼、一九二四『板橋町誌』、板橋新聞社。
やまひこ社（編）、一九八七『東京御利益案内』、リブロポート。

や

八《や》枝《えだ》神《じん》社《じゃ》

武蔵野市吉祥寺本町二ノ二九

御利益
疫病退散

埼玉県上尾市平方《ひらかた》にある八枝神社は、最初は牛頭天王社《ごずてんのうしゃ》として祀られた神社であったが、明治初年に八枝神社と改称し、祭神を須佐之男命《すさのおのみこと》とするようになった。「狛狗大神《こまだいじん》」と称されることもあったが、そこにいう「狛狗」とは、御神体の獅子頭のことをいっている。江戸時代後期からは、**悪病退散**のためにその獅子頭を各地に巡行させるようになり、「平方のお獅子様」として広く知られるようになった。獅子頭の巡行地域は関東地方一円におよび、かなり広域的な地域範囲にまで拡大され、その先々で獅子頭を迎えて祀り、次の地へと送り出す祭りが各地で盛大になされるようになった。そうした巡行地域内ではやがて、地元に八枝神社の分社を祀る村もあらわれるようになり、武蔵野市の吉祥寺本村もまさにそうした村のひとつであった。そうして当地に祀られた八枝神社が、五日市街道沿いに今もあり、現在でも平方の獅子をそこに迎えて祭りがいとなまれている。

吉祥寺本村では、明治二十年（一八八七）に平心講《へいしんこう》という八枝神社の信徒講中が結成され、毎年四月二十日〜二十一日に平方の八枝神社で挙行される大祭に、地元から代参を派遣するようになり、今でも毎年欠かさずそれが続けられている。大正八年（一九一九）、吉祥寺本村に八枝神社の分霊を迎え祀る機運が高まり、消防第四番組の詰所が移転することになったのを契機に、その跡地の現在地に分社が創建されることとなった。平心講の手で社殿が建設され、平方から毎年やってくる獅子頭をそこに迎えて祀り、悪疫退散の祈願が大々的になされるようになった。昭和二十五年（一九五〇）、分社の管理は平心講から親交会へと移管され、毎年の祭りは今でも続けられていて、町内の安全祈願がなされている。

八百比丘尼《やおびくに》

青梅市塩船一九四

御利益
- 美容達成
- 健康長寿

青梅市の塩船《しおふね》観音（塩船観音寺）は、八百比丘尼にゆかりの古刹《こさつ》として知られている。八百比丘尼は、十七歳の時に誤って人魚の肉を食べたため、美しい姿のまま老いることなく、八百年を生きたとされる女性で、北陸・能登地方などにその伝説が広く伝えられてきたが、東京都内におけるその伝承例はきわめて珍しい。寺伝によれば、全国を行脚した八百比丘尼は武蔵国にも立ち寄り、青梅の塩船の地に紫金《しきん》の千手観音像を祀ったとされ、それが塩船観音寺の発祥となったといわれている。塩船観音寺の護摩堂内には右手に白椿を、左手に宝珠を持った姿の八百比丘尼像が安置されている。白椿は八百比丘尼のシンボルであり、「白玉椿姫」の別名もそこから来ている。護摩堂からは、八百比丘尼の**美貌**と**長寿**にあやかることができるようにと、特製のお守りが授与されているが、女性がそれを身につけていれば美人になることができ、しかも美しさを保ったまま、長生きができるとされている。

〔参考文献〕青梅市史編さん委員会（編）一九八九『青梅市史』上巻、青梅市。

八百屋《やおや》お七《しち》の墓《はか》

文京区白山一ノ三四

御利益

恋愛成就
良縁成就
火災消除

江戸の街をおおいに騒がせた八百屋お七による放火事件は、井原西鶴の『好色五人女』をはじめとするいくつかの文学・演劇作品にも取り上げられている。お七の生家は駒込片町の大きな八百屋であったが、天和二年（一六八二）の大火で焼失し、焼け出されたお七一家は菩提寺の円乗寺に身を寄せる。芝居などでは、その避難先は駒込の吉祥寺となっているが、実際はこの白山の円乗寺なのであった。そこで出会った寺小姓の吉三郎（または佐兵衛）とお七は恋仲になったが、やがて生家が再建されたので一家は家に戻る。しかし、再び吉三郎に逢いたいと願う気持をおさえることができず、また火事になれば逢えると思って、彼女は火付けの大罪を犯す。捕らえられたお七は、天和三年（一六八三）三月二十九日に火あぶりの刑に処せられ、十六歳でこの世を去った。お七の墓はその円乗寺にあり、そこに参拝すれば**恋愛・良縁**が成就するとか、**火難除け**になるとかいわれており、今も参拝者が多い。墓は円乗院境内の立派な堂宇の中にあるが、そこには三基の墓石が立っていて、中央にあるものがもともとのお七の墓石であり、彼女の供養のために寺が建立したものである。その右側にある墓石は、寛政年間（一七八九〜一八〇一）には、歌舞伎役者の岩井半四郎の手で建てられており、自らお七を演じて大当たりをしたので、これを建立したのである。彼女の一一三回忌の年に、左側にある墓石は円乗寺の近隣有志の手で、没後二七〇回忌供養の時に建立されたものである。

〔参考文献〕やまひこ社（編）、一九八七『東京御利益案内』、リブロポート。

恋愛・良縁の成就や火難除けのご利益があるという

矢《や》川《がわ》弁《べん》天《てん》

立川市羽衣町三ノ二九

御利益

○金運招来
○商売繁盛

立川市の矢川弁天は、正式には「矢川辨財天」という。境内には神式の弁天社の隣に仏式の弁天堂（三龍殿）が並び立ち、神仏混淆《こんこう》の形が取られている。この地域には多摩川の一支流である矢川が流れ、下流の国立市谷保地区へと農業用水を供給しているが、その矢川の水源地のかたわらに鎮座しているのが矢川弁天で、矢川の水の恵みを守護しているともいわれている。境内には蛇体の石造物があちこちに祀られているが、それらは弁天の使いであるという。この矢川弁天はまた、昭和時代に**金運・財運**をもたらす神として、さかんに信仰されていたこともあり、この神に祈願をしたところ、事業が大成功をおさめて富を築いた人々が何人もあらわれたといい、それにあやかろうとする人々の信心をも呼び込むこととなったともいわれている。

〔参考文献〕立川市史編さん委員会（編）、二〇二〇『新編立川市史（資料編）・柴崎の民俗』、立川市。

厄《やく》除《よ》け日《にち》蓮《れん》

武蔵野市吉祥寺本町一ノ一〇

御利益
○除厄達成

吉祥寺の蓮乗寺に祀られている日蓮聖人像は、「厄除け日蓮」と呼ばれ、厄除けのご利益絶大とされている。それは像高一・三メートルほどの木造坐像で、右手に錫《しゃく》、左手に経典の巻物を持つ姿となっている。江戸時代の文政年間（一八一八〜一八三〇）、吉祥寺村名主の松井十郎左衛門の孫娘が紀州侯の奥女中を辞する時、殿様からこの日蓮像を拝領し、自らの母方の菩提寺であった蓮乗寺へそれを寄進したと伝えられる。以来、この日蓮聖人像は「厄除け日蓮」と呼ばれ、**厄年の男女の守り本尊**とされるようになった。

薬《や》研《げん》堀《ぼり》不《ふ》動《どう》尊《そん》

中央区東日本橋二ノ六

御利益
○除厄達成

東日本橋の薬研堀不動尊は、その門前の通り沿いに師走の歳の市が立つことで有名な寺である。真言宗中興の祖、興教《こうぎょう》大師が自身の四十二歳の厄年を無事に過ごせたことに感謝し、自ら不動明王像を刻んで、この寺に祀ったといわれている。それ以来、**厄除け**のご利益のある不動尊としてにぎわい、今でもたくさんの参拝者がおとずれる。

［参考文献］やまひこ社（編）、一九八七『東京御利益案内』、リブロポート。

厄除けのご利益のある不動尊

八《やつ》耳《みみ》様《さま》

新宿区赤城元町一ノ一〇

御利益
○病気平癒（耳）

牛込の赤城神社の境内に祀られてい

る摂社のひとつで、八耳《やつみみ》神社と称するが、俗に八耳様と呼ばれている。祭神は聖徳太子で、正式には上宮之厩戸豊《うえのみやのうまやどのとよ》聡八耳命《とやつみみのみこと》という。かつて赤城神社の境内にあった太子堂が戦災で焼失し、戦後に八耳神社と名をあらためて再建されたのが、この神社である。聖徳太子という人は、一度に八人の人々の話す言葉を聞き分けたといわれ、きわめて聡明で、あらゆることを聞き分ける天の耳、神の耳を持った偉人とされてきた。太子のことを八耳様とも呼んだのは、そこから来ている。この八耳様に祈れば、聖徳太子にあやかって、聡明な智恵を授かることができるといわれている。何か悩みごとのある人は、社前に立って「八耳様、八耳様、八耳様」と三回唱え、心からの祈りをささげると、おのずとよい考えが頭に浮かぶという。また、耳の神としても広く信仰されており、**耳の病気**や煩いをかかえる人々は、ここに参拝してその平癒を祈願する。全国各地から、参詣者がやってくるという。なお、この八耳神社は、出世稲荷・東照宮と合わせ、三社合同の社殿内に祀られている。

［参考文献］東京都神社庁（編）一九八六『東京都神社名鑑』上巻、東京都神社庁。

谷《や》中《なか》七《しち》福《ふく》神《じん》

青雲寺（恵比須）　荒川区西日暮里三ノ六
護国院（大黒天）　台東区上野公園一〇ノ一八
天王寺（毘沙門天）　台東区谷中七ノ一四
不忍池弁天堂（弁財天）　台東区上野公園二ノ一
東覚寺（福禄寿）　北区田端二ノ七
修性院（布袋尊）　荒川区西日暮里三ノ七
長安寺（寿老人）　東京都台東区谷中五ノ二

御利益
◎祈願成就

台東区上野・谷中・日暮里・田端の周辺にある諸寺院をまとめて設けられた七福神の巡拝コースが、「谷中七福神」である。江戸最古の七福神参りのコースで、都心部の著名な寺院が選ばれているので人気があり、今でも多くの巡拝者らでにぎわう。七福神の祀られた七ヶ所の寺院は、①青雲寺（恵比須）、②護国院（大黒天）、③天王寺（毘沙門天）、④不忍池弁天堂（弁財天）、⑤東覚寺（福禄寿）、⑥修性院《しゅしょういん》（布袋尊）、⑦長安寺（寿老人）となっている。谷中七福神の原型は、享和年間（一八〇一

～一八〇四）に刊行された『享和雑記』にすでに出ているので、「隅田川七福神」や「元祖山の手七福神」と並ぶ、もっとも古い巡拝コースであったといえる（**隅田川七福神・元祖山の手七福神**参照）。その当時の七福神の祀られた寺院は、巡拝順路も定められていたようで、①上野の不忍池弁天堂（弁財天）→②のちに天王寺となる谷中の感応《かんのう》寺《じ》（毘沙門天）→③谷中の長安寺（寿老人）→④日暮里の青雲寺（恵比須）→⑤同（大黒天）→⑥同（布袋尊）→⑦田畑（端）の西行庵（福禄寿）の順であったらしい。一寺院（青雲寺）に二神が祀られていて、①～④は現行と変わらず、⑤はのちに護国院に変わり、⑧日暮里の経王《きょうおう》寺《じ》（大黒天）が加わって八福神の形が取られたこともあった。⑥は文化年間（一八〇四～一八一八）に日暮里の修性院へ移され、⑦ものちに東覚寺へと移されることとなった。そのように、寺院の構成にはさまざまな歴史的変化が見られたものの、天保期（一八三〇～一八四四）頃には、ほぼ現行の形が完成されたものと思われる。隅田川七福神や元祖山の手七福神などが七ヶ所の寺社を最初から選定し、計画的に開設されていることに対し、谷中七福神の場合は、この地域の寺院が何ヶ所か集まって、自然発生的に生み出され、長い年月をかけて構成寺院が固定化されていったものと思われ、そこに草創期の七福神参りの様相を見ることができよう。

［参考文献］長沢利明、二〇〇七「七福神参りと信仰地域」『西郊民俗』一九八号、西郊民俗談話会。大石真人、一九八九『最新版全国七福神めぐり』、緑書店。

谷《や》中《なか》功《く》徳《どく》林《りん》寺《じ》の笠《かさ》森《もり》稲荷《いなり》

台東区谷中七ノ六

御利益

○商売繁盛
○五穀豊穣
○家内安全

台東区の谷中周辺には「笠森お仙」にゆかりのある笠森（笠守とも書く）稲荷を祀る寺が三ヶ所ほどあるが（**谷中大円寺の瘡守稲荷・養寿院の笠森稲荷**を参照）、それらのうちの一つが功徳林寺である。笠森お仙とは、江戸一番の美女とされた笠森お仙のことで、近世の演芸作品・文芸作品などにもよく取り上げられたので、広く知られており、絶世の美人であったという。彼女は谷中の鍵屋という水茶屋で働いていた茶汲み女であったが、そのあまりの美貌のゆえに茶屋の客らの間で評判となり、浮世絵にも描かれるまでになった。かの大田蜀山人も彼女の魅力に打ち負かされた一人で、その美貌は「ひとたび見れば人の足を駐む。再び見れば人腰を抜かす」ほどであったと、記している。当地にあった大寺院、感応《かんのう》寺《じ》（のちの天王寺）の広い境内の中に笠森稲荷が祀られていて、その別当寺院が福泉寺であった。評判の稲荷であったので参拝者も多く、門前には茶屋街が形成されていたほどで、お仙のいた鍵屋もその茶屋のひとつであった。「笠森」とは「瘡守《かさもり》（あるいは瘡護《かさもり》）」に通じ、瘡《かさ》すなわち出来物やかさぶた・あばたを守ってくれるという意味であるとよく説明され、そのことから疱瘡《ほうそう》・性病・皮膚病など、皮膚にあらわれるあらゆる疾病を治してくれるというご利益が、そこに期待されていた。花柳病や白粉《おしろい》の鉛害に悩む遊女らも、さかんに参拝におとずれたという。その際に、独特な祈願方法がおこなわれていて、皮膚の病の治癒を稲荷に祈って願掛けをおこなう時には黒い土の団子を、無事にそれが治って礼参りをする時には白い米の団子を神前に供えることになっていた。黒いかさぶたが消えて、白い肌がよみがえることを、黒い土団子と白い米団子にたとえているわけであった。門前の茶屋では、それら土団子・米団子を参拝者らにひさぎ、利益をあげていたので、お仙もそれらを売っていたものと思われる。幕末の上野戦争で福泉院は焼失してしまい、さらに明治維新後の神仏分離を通じて笠森稲荷は廃止されることとなり、その御神体は上野桜木の養寿院へと移されてしまったので、笠森稲荷とその門前の茶屋街は消え去ることとなった。その後の明治十六年（一八八三）、福泉院の跡地に功徳林寺という新しい寺が建てられることとなったが、同寺の手で昭和三十七年（一九六二）、江戸時代に笠森稲荷が立っていたその旧地に、それが復活・再建されて今に至っている。功徳林寺では現在、笠森稲荷のことを「笠森稲荷茶吉尼天《だきにてん》」と称していて、皮膚病・性病平癒の神としてではなく、**商売繁盛・五穀豊穣・家内安全**の守護神であるとしている。かなり遠方からも参拝者らがおとずれており、熱心な信徒も多い。土団子の奉納習俗などはすでにおこなわれてはいないが、稲荷の周辺社地を掘り起こすと今でも、たくさんの土団子が出てくるという。

［参考文献］長沢利明、一九九八「カサモリ稲荷の土団子」『西郊民俗』一六二号、西郊民俗談話会。

谷《や》中《なか》大《だい》円《えん》寺《じ》の瘡《かさ》守《もり》稲《い》荷《なり》

台東区谷中三ノ一

御利益

- 病気平癒（皮膚病）
- 病気平癒（腰下）

台東区の谷中霊園に近い三崎坂にある大円寺には、皮膚病・疱瘡《ほうそう》・性病除けの神である瘡守稲荷が祀られている。江戸一番の絶世の美女であったという笠森お仙にゆかりの稲荷といい、正式には「瘡《かさ》守《もり》薬《やく》王《おう》菩《ぼ》薩《さつ》」と称する。笠森お仙にちなむ笠森（笠守・瘡守）稲荷は、同じ谷中の功徳林寺や上野桜木の養寿院にも祀られているが（**谷中功徳林寺の笠森稲荷・養寿院の笠森稲荷**参照）、当寺のそれは「笠森」ではなく「瘡守」と書くことになっている。そのことからもわかるように、**皮膚病・性病・腫れ物・腰から下のいっさいの病の平癒**に霊験があるといわれている。戦前は梅毒に悩む吉原の女郎衆が、着飾ってさかんに参拝におとずれたという。願掛けをする時には黒い土団子を、平癒のあかつきには白い米団子を、神前に供えるという、笠森稲荷独特の祈願方法は、当寺においても守られている。大円寺では今でも、皿に盛った素焼きの土団子をつねに用意し、参拝者に提供している。明治時代に編さんされた『新撰東京名所図会』にも、「俗間にては昔時より笠森は瘡守《かさもり》なりとて、瘡の病に効験ありと信じ、初は土製の団子を納めて之を祈り、平癒せし時は米の団子を納るの習慣なり。門内に其団子をひさぎ居れり」と述べられている。境内には大正八年（一九一九）、永井荷風の撰文による笠森お仙の記念碑が建てられ、今でもそれを見ることができる。瘡守稲荷の縁日は毎月二日・二十二日とされ、これらの日には参拝者も多い。秋には菊祭りも催され、笠森お仙の菊人形も飾られて見事である。今日では、**痔病・アトピーなどの病**に悩む人々が多く参詣におとずれるという。

［参考文献］台東区役所（編）、一九六六『台東区史・社会文化編』、台東区役所。長沢利明、一九九八「カサモリ稲荷の土団子」『西郊民俗』一六二号、西郊民俗談話会。

柳《やなぎ》の井戸《いど》

文京区湯島三ノ三二

御利益

○美容達成（髪）

江戸一番の絶世の美女の笠森お仙ゆかりの稲荷

湯島天神に隣接する心城院《しんじょういん》は、慈覚大師作という聖天（大聖歓喜天）を祀る寺として知られ、俗に「湯島聖天」と呼ばれている。かつては湯島天神の境内にあった寺で、菅公《かんこう》も聖天を深く信心していたといわれている。かの紀伊国屋文左衛門も、湯島聖天をあつく信仰していたと伝えられる。境内に今もある「柳の井戸」の水は、江戸の名水として知られており、**女性の美髪**に絶大な効能があったという。『江戸砂《すな》子《ご》』・『紫の一本』などにも、「この井は名水にして、女の髪を洗えば如何ように結ばれた髪も、はらはらとほぐれ垢落ちる。気晴れて風新柳の髪をけずると云ふ心にて、柳の井と名付けたり」と記されている。関東大震災の時、湯島天神の境内は多くの避難民であふれたというが、心城院の柳の井戸は避難民らの唯一の飲み水となり、命をつないだという。

江戸の名水として女性の美髪に絶大な効能があった

柳《やなぎ》森《もり》稲荷《いなり》

千代田区神田須田町二ノ二五

御利益

・立身出世
・火災消除

神田須田町の神田川べりに鎮座する柳森稲荷神社は、狸神を祀る神社としてよく知られ、俗に「お狸さん」と呼ばれている。狸は「他を抜く」に通じ、他人を抜いて**立身出世**を果たすというご利益が、そこから生まれることになった。神社の境内には、太鼓腹をかかえたユーモラスな狸の石像も立っている。陶製の大小一組の親子狸の縁起物も神社から授与されていて、大きな親狸の方を神棚に祀り、小さな子狸の方を懐中に納めておけば、立身出世のご利益にあずかれるという。狸はまた、甘い物が好物であるともいい、菓子などを神前に供えて祈願をすれば、願いが叶うともされている。江戸時代、この神社は柳原土手の火除地内にあったため、**火防**《ひぶ》**せ**のご利益もあるといわれており、「火除け稲荷」と呼ばれることもあった。

〔参考文献〕千代田区（編）、一九九八『新編千代田区史・通史編』、千代田区。長沢利明、二〇一九『江戸東京の庶民信仰』、講談社。

立身出世のご利益がある「お狸さん」

八《や》彦《ひこ》尊《そん》

足立区梅田四ノ一五

御利益

・病気平癒（咳・喉）

足立区の明王院《みょうおういん》は不動明王を本尊とする寺院で、その不動は俗に「赤不動」と呼ばれている。境内裏手の方に「八彦尊」という神を祀る祠《ほこら》もあって、**咳や喘息**《ぜんそく》、**喉の病の平癒**にご利益があるといわれている。子供の呼吸器関係の病気治しを熱心に祈る親たちも見られる。

咳や喘息、喉の病の平癒にご利益

谷《や》保《ぼ》天《てん》満《まん》宮《ぐう》

国立市谷保五二〇九

御利益
○学業成就
○受験合格

国立市の総鎮守とされる谷保天満宮は、菅原道真を祀った天神社であるが、それを祀ったのは道真の三男、菅《すが》原三郎道武《わらのさぶろうみちたけ》であったと伝えられる。**学問成就の神、受験合格の神**としてあつく信仰されてきたが、文教都市といわれる国立市の鎮守としていかにもふさわしい。正月や受験シーズンには多くの受験生が参拝におとずれ、志望校の名を書き入れた合格祈願絵馬を奉納していく。境内の絵馬掛け場には例年、あふれるほどの数の絵馬が掲げられ、まことに壮観である。合格鉛筆などの祈願グッズ類も社務所から授与されており、これまた大変人気があって、巫《み》女《こ》たちが売りさばいている。九月の大祭には古式獅子舞が上演され、十一月の庭燎祭《ていりょうさい》（おかがら火）では大きなかがり火が燃やされ、その火にあたると病気をしないといわれている。

〔参考文献〕原田重久、一九七五『わが町国立—国立市の歴史・風土・歳事・話題—』、逃水亭書屋。東京都神社庁（編）、一九八六『東京都神社名鑑』下巻、東京都神社庁。

谷《や》保《ぼ》天《てん》満《まん》宮《ぐう》の筆《ふで》塚《づか》

国立市谷保五二〇九

御利益
○学業成就
○芸能上達（書道）

国立市の谷保天満宮は、学問上達の神として近隣に知られているが、菅公《かんこう》を祀る神社にふさわしく、境内には筆塚も祀られている。境内隅に隷書体《れいしょたい》の「筆塚」の字の彫られた大きな碑が立っており、それが筆塚で、**書道や学業の上達**を願う人々がそこに参拝する。毎年一月二十五日の初天神の日には筆供養祭もおこなわれており、宮司が碑前で神事をおこなった後、参拝者らが持ち寄った古筆や使い古した鉛筆などがそこに納められ、かがり火の中に投じて焚《た》きあげられ、感謝と供養とがなされている。

〔参考文献〕原田重久、一九七五『わが町国立—国立市の歴史・

風土・歳事・話題―』、逃水亭書屋。

八《や》八《や》幡《はた》

市谷八幡　新宿区市谷八幡町一五
高田八幡　新宿区西早稲田二ノ一
大宮八幡　杉並区大宮二ノ三
千駄ヶ谷八幡　新宿区千駄ヶ谷一ノ一
渋谷八幡　渋谷区渋谷三ノ五
田町八幡　港区三田三ノ七
西ノ窪八幡　港区虎ノ門五ノ一〇
深川八幡　江東区富岡一ノ二〇

御利益
○祈願成就

八ヶ所の八幡神社を巡拝して**諸願成就**を祈願することを「八《や》八《や》幡参《はたまい》り」といい、江戸時代にはさかんにおこなわれていた。村尾嘉陵《かりょう》の『嘉陵紀行』には、「やは多詣《たもうで》の記」という一文が収められているが、彼が実際にそれをおこなった時の記録となっている。そこでの巡拝の経路は、①市谷八幡→②高田八幡→③大宮八幡→④千駄ヶ谷八幡→⑤渋谷八幡→⑥田町八幡→⑦西ノ窪八幡→⑧深川八幡の順となっている。ここにあげられた八ヶ所の八幡神社を、現在の社号と所在地とで言い換えてみるならば、①市谷八幡神社（亀岡八幡神社・新宿区市谷八幡町）、②穴八幡神社（新宿区西早稲田二丁目）、③大宮八幡宮（杉並区大宮二丁目）、④鳩森《はとのもり》八幡神社（新宿区千駄ヶ谷一丁目）、⑤金王《こんのう》八幡神社（渋谷区渋谷三丁目）、⑥御田《みた》八幡神社（港区三田三丁目）、⑦西窪八幡神社（港区虎ノ門五丁目）、⑧宮園八幡宮（江東区富岡一丁目）となる。八ヶ所の組み合わせは、七福神参りのように構成寺社や巡拝コースが固定されていたわけではなく、それらは任意に選択されていたようである。上記の八ヶ所のほかに、今戸の石清水社すなわち今日の今戸神社（台東区今戸一丁目）や、蔵前の石清水社すなわち今の蔵前神社（台東区蔵前三丁目）などが選ばれることもあった。江戸市中には数多くの八幡社が祀られていたので、それらのうちの八ヶ所をかなり自由に選ぶことができたものと思われる。八八幡参りの信仰はその後、地方各地にも伝えられていき、栃木県・福島県内などで、昭和時代に至るまで、それぞれの地元にある八ヶ所の八幡神社を巡拝する習俗が、さかんにおこなわれてきたという。

［参考文献］大島建彦、二〇一六「八八幡」『西郊民俗』

二三七号、西郊民俗談話会。

弥《や》生《よい》慰《い》霊《れい》堂《どう》

千代田区北の丸公園二ノ四

御利益
○死者慰霊

千代田区の北の丸公園内にある弥生慰霊堂は、警視庁・東京消防庁の殉職者霊を祀る霊堂で、日本武道館裏のごく目立たない場所に鎮座している。かつては弥生神社・弥生廟《びょう》などと呼ばれており、本殿と拝殿とからなるその建物も、神社建築の様式を伝えているが、一見して神明造り風の本殿の屋根には堅魚木《かつおぎ》・千木《ちぎ》が見られず、変わっている。創建されたのは明治十八年（一八八五）のことで、東京市本郷区向ヶ岡弥生町に鎮座したので、弥生神社と称されることとなった。警察業務や消防活動で尊い命を落とした殉職者の霊が、初めて公式に祀られることとなった。最初にそこに祀られたのは、明治四年（一八七一）以降の殉職者九十四柱および特別功労者二柱であった。同二十年（一八八七）に芝公園内、同二十三年（一八九〇）に警視庁鍛冶橋庁舎内、同四十四年（一九一一）に青山墓地内、昭和六年（一九三一）に麹町区隼町、同二十二年（一九四七）に現在地へと遷座した。戦後は神道指令によって公的な祭祀ができなくなり、有志による奉賛会の管轄に移されて、弥生廟と改称された。同五十八年（一九八三）には弥生慰霊堂と再び改称され、無宗教方式での慰霊祭がなされるようになった。慰霊祭は毎年十月におこなわれ、警視庁・東京消防庁の関係者らが参列する。警察・消防殉職者らへの感謝と慰霊とがそこでおこなわれる。

警察・消防殉職者らへの感謝と慰霊

ゆ

祐《ゆう》天《てん》上《しょう》人《にん》の墓《はか》

目黒区中目黒五ノ二四

御利益
○病気平癒（ハシカ）
○病気平癒（百日咳）

累《かさね》一族の怨霊を済度した祐天上人の説話は歌舞伎にも取り入れられ、大変よく知られているが、その祐天上人のゆかりの寺が中目黒の祐天寺である。境内には歌舞伎役者らが祀った「かさね塚」もある（**かさね塚**参照）。祐天上人の墓も、もちろんこの寺にあり、その墓所の入口には上人が書写した写経を埋納した宝篋印塔《ほうきょういんとう》が立っているが、その手前にある石机の下を幼児にくぐらせると、**ハシカ**や**百日咳**にかからないとされている。いわゆる「胎内くぐり」の民間信仰の一例ともいえるが、寺では幼児のハシカ除けの護符も出している。

［参考文献］やまひこ社（編）、一九八七『東京御利益案内』、リブロポート。

湯《ゆ》島《しま》聖《せい》堂《どう》

文京区湯島一ノ四

御利益
○学業成就
○受験合格

湯島の神田川べりに連なる湯島聖堂の長い築地塀は、ＪＲ中央線御茶ノ水駅のホームからも間近によく見える。湯島聖堂は、孔子や聖人たちの像を祀った中国式の儒教廟所《びょうしょ》であって、日本における孔子信仰の最大の聖地でもある。寛永九年（一六三二）に、尾張藩主徳川義直が林羅山（道春）に命じ、上野忍ヶ岡に先聖殿を造営したのが聖堂の始まりで、元禄三年（一六九〇）に将軍綱吉がそれを現在地へ移し、孔子像を大成殿に安置して湯島聖堂と呼ばれるようになった。寛政九年（一七九七）には、江戸幕府の手で昌平坂学問所がここに開かれ、論語の講釈などがさかんにおこなわれて、多くの武士の子弟らがここで学んだ。明治維新後は明治政府の管轄下に置かれ、孔子像などは撤去されるが、後に戻されている。国立博物館・東京師範学校（現在の筑波大学）・東京女子師範学校（現在のお茶の水女子大学）などが一時ここに置かれ、近代教育の発祥の地となった。こうした歴史的経緯から湯島聖堂は今でも、学問をこころざす人々の崇敬を集めており、**学業成就・受験必勝**の神として大成殿の孔子像が信仰されている。

日本における孔子信仰の最大の聖地

湯《ゆ》島《しま》天《てん》神《じん》

文京区湯島三ノ三〇

御利益
○学業成就
○受験合格

湯島天神の通称で知られる湯島天満宮はあまりに著名な、東京を代表する天神社のひとつである。菅原道真公を祀っているので、もちろん**学業上達・受験合格**の神としてあつく信仰されており、受験シーズンともなれば、多くの受験生らが合格祈願の参拝におとずれる。受験生らの奉納する膨大な祈願絵馬の数は、亀戸天神（江東区）や谷保《やぼ》天満宮（国立市）をしのぐほどで、東京都内第一位といってよいかも知れない。それほどのご利益が期待されているということでもあろう。毎年六月十日の「時の記念日」に境内で**時計供養**祭がおこなわれることから、時計屋・時計職人らがよく業界繁栄の祈願におとずれる。湯島天神は文和四年（一三五五）、湯島の郷民が霊夢によって、この地の老松の樹下に天神社を勧《かん》請《じょう》したのが、神社の始まりであったといい、その後、太田道灌が社殿を再興したと伝えられる。江戸時代には歴代将軍があつく信仰したのみならず、林道春（羅山）・新井白石らの多くの学者たちに、文神として崇敬されてきたという。

［参考文献］文京区役所（編）、一九六八『文京区史』二巻、文京区役所。東京都神社庁（編）、一九八六『東京都神社名鑑』上巻、東京都神社庁。

夢《ゆめ》見《み》狸《だぬき》

台東区上野公園九ノ八八

菅原道真公を祀っている東京を代表する天神社のひとつ

御利益

○受験合格

○立身出世

上野東照宮の境内には、栄誉権現と称する狸神の小祠《しょうし》が祀られており、俗に「夢見狸」とも呼ばれている。四国八百八狸の分霊として、江戸城内に祀られていた高さ一尺ほどの素焼きの狸像を、ここに移して安置したものであるという。江戸城内の大奥で悪い病が流行したばかりか、不吉な出来事があい続き、この狸神のせいだということになって城外へ移されたそうであるが、その後、あちこちに流転したものの、最後に上野東照宮の境内に落ち着き先を得たと伝えられる。狸神は東照宮の宮司の夢の中にもあらわれたので、「夢見狸」の通称も生まれることとなった。

狸は「他を抜く」という語呂合わせから、**立身出世成就・受験合格**の神として、現在では信仰されている。

〔参考文献〕長沢利明、二〇一九『江戸東京の庶民信仰』、講談社。

よ

陽《よう》運《うん》寺《じ》のお岩《いわ》様《さま》

新宿区左門町一八ノ一八

御利益

○良縁祈願

○縁切成就

『四谷怪談』の悲劇のヒロイン、お

岩の霊を祀る寺社はあちこちにあるが（**於岩様・妙行寺のお岩様**など参照）、新宿区の陽運寺もそのひとつで、「於岩稲荷霊神」がそこに祀られている。寺は、於岩稲荷田宮神社のほぼはす向かいにある。ここにはかつて、お岩を祀った霊堂があったが、戦災で焼失し、その跡地に栃木県の沼和田から薬師堂を移築・再建して陽運寺が開創された。堂内にはお岩の立像が安置され、**縁切り・縁結び・厄除け**にご利益があるという。もとの霊堂は、境内に今あるタイサンボクの樹下にあったという。栃木県から移した薬師堂の棟札には、宝暦七年（一七五七）の年号が記されており、約二五〇年の歴史のある堂宇であることもわかる。陽運寺の境内にはそのほか、「お岩ゆかりの井戸」などもある。陽運寺に祀られているお岩は、俗に「お岩様」と呼ばれているが、鶴屋南北の『東海道四谷怪談』の物語の影響で、どうしても縁切り祈願を祈る対象というイメージが先行しがちであるが、寺では「悪縁を断ち切り、良縁を結ぶ」という祈願を推奨していて、縁切り・縁結びの両方にご利益があると説明している。実際のお岩は怪談話とは裏腹に、家庭を大切にした貞淑な妻であったといわれているので、怨念に満ちたおそろしい存在ではないともいい、だからこそ縁結び祈願ということも、見直されねばならないということなのであろう。寺では現在、丸い形をした縁切り・縁結び両用の祈願絵馬を用意していて、参拝者はどちらかを選ぶことになっているが、奉納されているものを見ると、どちらかといえば縁結び祈願の方が多いようにも見受けられる。いずれにせよ、若い女性たちに大変人気のある寺なのであって、男性の参拝者はあまり多くは見られない。

用《よう》賀《が》神《じん》社《じゃ》の神《しん》木《ぼく》

世田谷区用賀二ノ一六

御利益

祈願成就

世田谷区用賀地区の鎮守社、用賀神社は近年、境内の樹木から霊力を得ることのできるパワースポットとして注目されている。神社の本殿裏山には樹齢百年近い神木が何本もあり、面積は決して広くはないものの、小規模な自然林がそこに形成されている。特にスダジイの古木の樹形は見事で、本殿前庭のケヤキ・イヌシデとともに世田谷区の保護樹木にも指定されている。特に顕著な「樹木パワー」の宿る樹は、①ケヤキ、②イヌシデ、③アカマツ、④クスノキ、⑤カヤ、⑥ヒマラヤシーダー（ヒマラヤスギ）、⑦スダジイ（ホンサカキ）とされている。これらのうち、⑦のスダジイは現在、参拝者の立ち入れない区域にあるため、ホンサカキで代用しているとのことである。神社によると、樹木パワーの受け取り方は、次の通りである。まず参拝者は樹木の幹に片手を触れ、大きく息を吸い込みながらもう一方の片手を上に持ち上げ、息を吐きながらゆっくりと下に降ろす。この動作を二回繰り返すと、樹木から発せられるパワーを吸い込み、エネルギーを得ることができるという。樹木パワーは樹種によって異なるので、一種類だけでもよいが、できることならば幾日もかけて、先の①〜⑦の七種からエネルギーを受け取ることを、神社ではすすめている。神社の境内にはさらに、「一福の松」という神木もあり、昭和五十年（一九七五）に本殿を新築した際、夫婦松として雄松のクロマツ、雌松としてアカマツが植えられたのであったが、その雌松の方の幹に平成二十三年（二〇一一）頃、ピンポン玉ほどの大きさのコブができた。コブは日一日と成長し、今では直径三十センチメートルほどにまでなっている。このコブに触りながら無心に祈れば、**願いごとが数日のうちに叶えられる**といって評判になり、神社では平成二十八年（二〇一六）にこの樹を「一福の松」と名づけることとなった。

〔参考文献〕東京都神社庁（編）、一九八六『東京都神社名鑑』上巻、東京都神社庁。『喜多見』、世田谷区教育委員会。世田谷区民俗調査団（編）、一九八三

御神木のコブに触りながら祈れば諸願成就

養《よう》寿《じゅ》院《いん》の笠《かさ》森《もり》稲《い》荷《なり》

台東区上野桜木一ノ一五

御利益
○病気平癒（皮膚病）
○病気平癒（性病）

台東区上野の寛永寺坂にある養寿院には、江戸一番の美女であったという笠森お仙にゆかりのある笠森稲荷が祀られている。**皮膚病・性病治癒**に効験のある著名な稲荷として知られるが、江戸時代には谷中の感応寺《かんのうじ》の境内にあり、福泉院という寺がその別当をつとめていた。稲荷は、明治時代の神仏分離で廃社となってしまったが、その御神体がこの養寿院へ移されたことは、あまり知られていない。谷中周辺には、お仙ゆかりの笠森（笠守・瘡守）稲荷を祀る寺院が、ほかにも二ヶ所あるが（**谷中功徳林寺の笠森稲荷・谷中大円寺の瘡守稲荷**参照）、その正統な継承者は、養寿院であるといわれている。旧別当の福泉院は明治四年（一八七一）、この養寿院に合併されており、笠森稲荷の御神体はその前年の明治三年（一八七〇）に当寺へと移されている。稲荷は現在では仏式に「笠森陀枳尼天《だきにてん》」と称され、当寺の本堂内に祀られている。明治時代には、養寿院から「笠森稲荷御撫《おなで》石《いし》」という縁起物の小石も授与されており、俗に「お撫で石」と呼ばれていたが、その小石で持病の患部を撫でながら、「ナマサマンダボダナンキリカクソワカ」の陀羅尼を百八回唱えると、万病が治ったといわれている。かの徳川家康も、その撫で石で腫れ物を治したと伝えられている。

［参考文献］長沢利明、一九九八「カサモリ稲荷の土団子」『西郊民俗』一六二号、西郊民俗談話会。

横《よこ》道《みち》の不《ふ》動《どう》

江戸川区船堀六ノ八

御利益
○病気平癒（眼）

江戸川区の光明寺に祀られている本尊の不動明王は、「横道の不動」とか「雲切り不動」とかの通称で知られている。門前の参道が横丁に入る通路ともなっているので、「横道の不動」と呼ばれるようになったという。**眼病平癒**にご利益のある不動尊とされ、広い地域範囲から参詣者が集まっていた。特に、深川方面から成田山へ参詣する人々は、必ず当寺にも立ち寄って不動を拝んで行ったという。

吉《よし》野《の》岳《だけ》地《じ》蔵《ぞう》堂《どう》

西多摩郡瑞穂町石畑一八〇五

御利益

○病気平癒

○交通安全

瑞穂町石畑《いしはた》の路傍に、吉野岳地蔵堂と呼ばれる立派な寺堂が立っており、堂内には大きな石地蔵が安置されている。この地蔵は享保四年（一七一九）に建立されたものである。地蔵堂の建物は文久三年（一八六三）に建てられており、石畑村の名主であった吉岡助右衛門が、子女の病気平癒を祈願して再建したと伝えられる。地蔵は今でも地元信者らの手であつく信心されており、信者の着せた真っ赤な着物を何枚もまといながら、堂の中に立っている。主として**病気平癒**と**交通安全**のご利益があるといわれており、参拝者が多い。

吉《よし》谷《や》神《じん》社《じゃ》

大島支庁大島町元町四ノ九

御利益

○火山噴火沈静・火山災害防止

伊豆大島に鎮座する吉谷神社は「吉《よし》谷様《やさま》」の通称で呼ばれ、島民に親しまれてきた神社である。今から数百年前、伊豆大島の三原山（標高七五八メートル）の大噴火があり、山頂から流出した溶岩は海にまで達したと伝えられる。島民らは何とか山にしずまってもらおうと吉谷の地に小祠《しょうし》を建て、三原山の火山の神を「三原大明神」と呼んであがめつつそこに祀り、朝に夕に山霊を拝して御神火《ごじんか》（火山の噴火）の沈静化を祈った。当時の神祠はささやかな遥拝所のようなものであったが、寛永八年（一六三一）に立派な社殿が建てられることとなった。ようやく噴火がおさまったのが正月の頃であったので、今でも一月十六日に例大祭がなされているのだという。**火山の噴火の沈静、火山災害の防止**を祈願する数少ない神社といえる。神社は当初、三原大明神と称していたが、その鎮座地の地名を取って、のちに吉谷神社と呼ばれるようになった。

［参考文献］東京都神社庁（編）、一九八六『東京都神社名鑑』下巻、東京都神社庁。

世継《よつぎ》稲荷《いなり》

千代田区九段北一ノ一四

御利益

○子孫繁栄

九段の築土《つくど》神社は古い神社で、かつて江戸城内に鎮座しつつ、津久戸《つくど》明神と呼ばれていた。境内に祀られている世継稲荷神社は、中世の頃、飯田町のあたりに創建されたと伝えられ、かつてはこのあたり一帯を田安郷と称したことから、田安稲荷と呼ばれていた。徳川家康の江戸入府後、その後継者である徳川秀忠がこの地を巡覧し、そこに鎮座するこの稲荷社を参詣することとなった。その時、境内に植えられていた橙《だいだい》の木を見て、「橙」の発音が「代々」に通じ、代々にわたって世を継ぎ、栄える宮であろうと感じ入ったので、世継稲荷と改称されたという。のちの文久二年（一八六二）、京都の皇室から江戸徳川家へと嫁いだ和宮が、将軍家の世継ぎ誕生を願って、この稲荷へ参詣したとも伝えられ、**子宝**を授かり、家々の良き後継者に恵まれることの祈願がさかんになされるようになったという。**円満な世代交代**と、**代々の家の発展と継続**ということも、もちろん大きなご利益として、期待が寄せられることにもなったという。

［参考文献］千代田区（編）、一九九八『新編千代田区史・通史編』、千代田区。東京都神社庁（編）、一九八六『東京都神社名鑑』上巻、東京都神社庁。

代々木《よよぎ》八幡《はちまん》の出世《しゅっせ》稲荷《いなり》

渋谷区代々木五ノ一

御利益

○立身出世
○就職成就

渋谷区の代々木八幡宮の境内に祀られている出世稲荷神社は、**立身出世**の守り神とされており、**就職**をひかえた大学生・高校生らがよく参拝におとずれる。大戦末期の昭和二十年（一九四五）五月二十五日の空襲で、代々木の一帯は焼け野原となり、八幡宮はさいわい無事であったが、稲荷の祠《ほこら》や神使の狐像は無残にも破壊されてしまった。氏子有志らがその残骸を拾い集め、この稲荷社を再建したという。旧暦の二月初午日には祭礼がなされ、紅白の幟《のぼり》が奉納されることになっている。

［参考文献］東京都神社庁（編）、一九八六『東京御神社名鑑』上巻、東京都神社庁。

与楽寺《よらくじ》の阿弥陀如来《あみだにょらい》

北区田端一ノ二五

御利益

○極楽往生

北区田端にある与楽寺の境内にある阿弥陀堂には、行基作と伝えられる阿弥陀如来像が安置されており、足立姫の伝説とともに知られている。女人成仏の本尊仏ともいわれ、あらゆる女性の願いを叶え、死後の成仏を約束してくれるまことにありがたい霊仏として、広く信仰を集めてきた。江戸時代には多数の参詣者らがおとずれていた。与楽寺の境内にはまた、四面に仏の姿を浮き彫りにした南北朝時代の古い仏塔もあり、これについても**女人成仏**のご利益が語られており、広く女性たちに信心をされてきたという。

［参考文献］北区役所（編）、一九五一『北区史』、北区役所。北区役所（編）、一九七一『新修北区史』、北区役所。

り

痢病尊《りびょうそん》

昭島市上川原二ノ二五

御利益

○病気平癒（腹痛）

昭島市の竜田寺の境内入口には、痢病尊という神を祀った小堂がある。地元では俗に「痢病神様《りびょうしんさま》」と呼ばれている。痢病とは、**下痢・腹痛**などの下腹部の内臓疾患のことをいい、腹下しなどに悩む人々は、この神に祈って平癒を祈願する。堂内に祀られている神像は、像高三十センチメートルほどの木造彩色立像であるが、もともと相模国伊勢原の養国院という寺に祀られていたものであったという。それを文化年間（一八〇四〜一八一八）に竜田寺の慈海竜吟和尚が自ら背負って運び、竜田寺に奉安したと伝えられる。毎年八月一日が痢病尊の祭日となっており、この日には痢病除けの祈祷札《きとうふだ》も出されるので、多くの参詣者がおとずれる。

［参考文献］昭島市史編さん委員会（編）、一九七八『昭島市史』、昭島市。昭島市史編さん委員会（編）、一九七八『昭島市史・附編』、昭島市。

痢病とは下痢・腹痛などの疾患のこと

龍《りゅう》光《こう》不《ふ》動《どう》尊《そん》

中央区銀座三ノ六

御利益

○家内安全
○商売繁盛

銀座の松屋銀座デパートの屋上には、不動明王を祀る小堂があるが、「龍光不動尊」と呼ばれている。百貨店などの屋上に神仏を祀って、自社の守護神仏とする例は、ほかにもよく見られる（**銀座出世地蔵**参照）。不動明王は松屋の守り本尊となっているのである。そこに安置された不動像は鎌倉時代の作とされ、昭和四年（一九二九）に松屋の念持仏として迎えられ、屋上の宝殿内に安置された。一月・五月・九月の二十八日には例祭もおこなわれている。松屋をおとずれる買物客や一般人も自由に参拝することができ、**家内安全・商売繁盛**の祈願仏として信仰されている。また、「龍光」が「流行」に通じ、この仏に祈れば流行（ファッション）の先取りができるなどともいわれていて、いかにも銀座の街にふさわしい。

百貨店の松屋銀座の屋上にある松屋の守り神

龍《りゅう》泉《せん》寺《じ》のポックリ観《かん》音《のん》

八王子市長房一六

御利益
○ぽっくり往生
○極楽往生

超高齢化社会の到来ということを反映して、老人が下の世話などをあまりされることなく、家族にも迷惑をかけずにポックリと往生できることを願う、**「ポックリ（あるいはコロリ）信仰」**という現代民俗が生み出されるようになった。その信仰の対象となるのが「ポックリ」観音で、各地にそうしたものが生み出されるようになった。そのひとつが八王子市の龍泉寺に祀られている「水崎観音」で、俗に「ポックリ観音」と呼ばれている。同寺境内には古くから観音堂があり、八王子八景の「水崎観音」にも選定されていたが、その観音は現在、本堂の本尊（阿弥陀如来）の脇に移されている。春秋の彼岸に、この観音に老人が参詣すれば、ポックリと旅立つことができ、極楽往生できるとされていて、多くの参詣者でにぎわっている。ポックリ観音の信仰は、昭和三十年代後半から同四十年代にかけてさかんになったが、その後、テレビ番組で紹介されたのをきっかけに、参拝者が増え続けているという。参拝は家族単位、グループ単位でなされることもあるが、老人会や養老院がバスをチャーターしてやってくることもあるという。二十年以上も通い続けている信者もおり、その信仰圏は東京都内のみならず、埼玉・神奈川・千葉・山梨県内にも及んでいるとのことである。

〔参考文献〕松崎憲三、二〇〇四「ポックリ（コロリ）信仰の諸相（三）—関東地方を事例として—」『西郊民俗』一八七号、西郊民俗談話会。

両《りょう》大《だい》師《し》

台東区上野公園一四ノ五

御利益
○除厄達成
○疫病退散
○災難消除

上野公園の両大師堂は、慈眼《じげん》大師（天海僧正）と慈恵大師（元三大師）の二人の大師を祀っているので、「両大師」

と呼ばれている。**厄除け**の両大師様として、古くからあつく信心されており、特に慈恵大師は正月三日に没したので「元三《がんざん》大師」と呼ばれて、親しまれてきた。平安時代、京都には疫病が流行していたが、風雨の鳴り止まぬある夜、疫病神が元三大師の前にあらわれて、「お前も疫病にかからねばならぬ」と言って小指に取り憑《つ》いた。大師はすぐに発熱したが少しも驚かず、禅定《ぜんじょう》に入って心をしずめ、おもむろに自分の小指をはじいた。すると疫病神が指先から転がり出て、たちどころに熱が下がり、病から回復したという。大師は、その時の自分の姿を弟子に写させ、版木に彫って札を刷り、信徒らに配って家々の戸口に貼らせたところ、その家の者は誰も疫病にかからず、かかってもすぐに快方へ向かったという。その札には何と、長い角を生やした鬼のような、あるいは魔物のような、おそろしい姿の大師像が描かれており、俗に「角大師《つのだいし》」と呼ばれていて、今でも両大師堂から授与されている。こうして元三大師は、**疫病除け・災難除け**のご利益のもとに、深く信心されるようになった。近年では、この角大師の姿を刷った板絵馬も出されており、「角大師絵馬」と呼ばれて、毎年元旦の初護摩の時に信徒へ授与されている。これを玄関口などに祀っておけば、あらゆる災厄からのがれることができるという。

〔参考文献〕台東区役所（編）、一九六六『台東区史・社会文化編』、台東区役所。

亮朝院《りょうちょういん》の七面大明神《しちめんだいみょうじん》

新宿区西早稲田三ノ一六

御利益
○病気平癒（疱瘡）

西早稲田の亮朝院の境内には七面堂があって、七面大明神がそこに祀られている。身延山《みのぶさん》奥ノ院の七面大明神と同じ木から彫られたという神像が、そこに安置されており、霊験あらたかな神とされている。将軍徳川家綱が疱瘡《ほうそう》にかかった時に、当寺の七面大明神の加護でそれが快癒したといい、それ以来、**疱瘡除け**の神として、江戸市中で広く信仰されるようになったという。七面堂の前に立つ一対の石造仁王（金剛力士）像も、そうしたご利益のもとに信仰されてきたと伝えられる。

七面堂の前に立つ金剛力士像

林《りん》泉《せん》寺《じ》の縛《しば》られ地《じ》蔵《ぞう》

文京区小日向四ノ七

御利益

○祈願成就
○病気平癒

文京区の林泉寺に祀られている石地蔵を、「縛られ地蔵」もしくは「縛り地蔵」と呼ぶ。林泉寺では「縛り地蔵」が正しいといっている。**あらゆる願掛けに霊験あり**とされているが、特に**病気平癒**の祈願を寄せる人が多いという。願いごとのある人は地蔵を縄で縛り、願いが叶うとそれをほどくという独特のやり方で祈願がなされているが、こうした方法は葛飾区の南蔵院や品川区の願行寺《がんぎょうじ》の縛られ地蔵などと同じで、東京都内には縛られ地蔵が三ヶ所あったということになる（**南蔵院の縛られ地蔵・願行寺の縛られ地蔵**参照）。いわば「江戸東京三大縛られ地蔵」ともいえよう

が、林泉寺の伝承によれば、江戸幕府の手で江戸市中の三ヶ所にそれが祀られたといい、町人の不満をこれらの力で吸収しようとしたのだという。林泉寺の縛られ地蔵のことは『江戸砂子《すなご》』にも、「しばられ地蔵、石仏、めうが谷」と記されており、嘉永版『小石川絵図』にも「シハラレ地蔵」と出ている。『東都歳事記』の六月二十三〜二十四日の記事には、「大塚茗荷谷林泉寺しばり地蔵千日参」とあって、六月の地蔵縁日に千日参りがなされていたこともわかる。地蔵の台座には「三界万霊、一相道円信士、即無貞心信女、俗名伊藤半兵衛」との銘文があり、夫婦の法名が刻まれているが、伊藤半兵衛とは林泉寺の開基であって、慶長年間（一五九六〜一六一五）頃の人である。伝説によると、地蔵はもと寺の門外に

立っていたが、住職がそれを墓地内に移したところ、夢枕に地蔵があらわれて、こう告げたという。「自分は寺の門外に立って往来の人々と結縁《けちえん》し続けてきたというのに、墓地内へ移されてしまい、まことに心外である、元の所へ戻して欲しい」とのことで、寺ではすぐに地蔵を門外へ移し、屋根を設けて小堂内に祀ったという。今はもうその小堂も失われているが、地蔵は寺の門前の道端に立っていて、そこを通行する人々は誰でも気軽に拝むことができるようになっている。戦後になってテレビ・ドラマの『銭形平次』に、この地蔵が取り上げられたため、多くの人々が参拝におとずれるようになったが、中には地蔵の一部を打ち欠いて持ち帰り、お守りにする人すらあらわれるようにもなった。願掛けをする人は本来、縄をもって地蔵を縛るものであるが、都心部ではなかなか縄も手に入らないせいか、荷造り用の紐《ひも》やビニール・テープなどを巻き付けて祈願をする人が、今では多い。

〔参考文献〕長沢利明、一九九一「縛られ地蔵あれこれ」『峡南の風土』三一号、峡南郷土研究会。長沢利明、二〇一三「縄地蔵の民間信仰」『民俗学論叢』二八号、相模民俗学会。

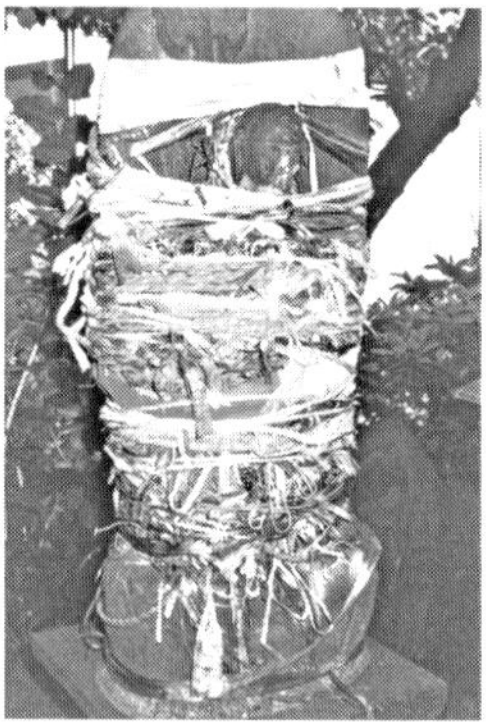

あらゆる願掛けにご利益があるという

る

ルルドの泉《いずみ》

文京区関口三ノ一六

御利益

○病気平癒

「ルルドの泉」は、ヨーロッパにおける著名なキリスト教の聖地・巡礼地のひとつで、カトリック信徒らに深く信仰されてきた聖なる泉である。フランス西部のピレネー山脈のふもとに位置するルルドという小さな村にそれはあり、当地に住んでいた貧しい少女が一八五八年、ここで聖母マリアの降臨に接して、数々の奇跡を起こしたという。このルルドの泉の模造施設は世界中に設けられているが、日本国内でも明治時代に長崎県・広島県・愛知県内の各地にそれが建設された。東京都内では、明治四十四年（一九一一）に、カトリック関口教会の敷地内にそれが設けられているが、国内最大規模の、しかも本家のそれとまったく同型・同大の模造施設として、それが建造された。関口教会はいうまでもなく、カトリック東京大司教区内の筆頭教会で、司教座がそこに置かれているため、「東京カテドラル」とも呼ばれている。関口教会のルルドの泉は、大聖堂の西側奥にあり、鉄筋コンクリートで築造された巨大な岩屋の中に、白衣のマリア像が立っている。築造にあたってはフランス人宣教師、ドマンジェル神父が指導をおこなったという。クリスマスの両日や週末のミサのおこなわれる日の夕刻には、多くの信徒らがそこをおとずれて、祈りをささげている。ここに祈って**長年の持病**が治った、**足腰**が丈夫になった、不治の病が全快した、と語る人々もおり、本家のルルドの泉と同じであった。

本家とまったく同型・同大の国内最大規模の模造施設

〔参考文献〕長沢利明、二〇一〇「日本のルルド」『西郊民俗』二一二号、西郊民俗談話会。

れ

蓮華寺《れんげじ》の石《いし》の姥神《うばがみ》

中野区大和町四ノ三七

御利益
○病気平癒（子供の咳）

中野区の蓮華寺には、「石の姥神」と呼ばれる石造物が祀られており、これに祈ると**子供の咳封じ**のご利益が得られるといい、百日咳や喘息《ぜんそく》に悩む子供を持つ親たちはそこに願掛けをおこなう。姥神にはつねにたくさんの綿が奉納されていて、綿の山に埋もれたようになっている。その綿の一部を少しもらってきて、子供の首に巻いておくが、祈願をする時には炒り豆と番茶を姥神に供える。子供の咳が治れば、新しい綿を用意していって姥神に供え、礼参りをすることになっている。老婆神に綿を供えて咳封じを祈るという祈願方法は、新宿区の正受院《しょうじゅいん》の脱衣婆《だつえば》などでもおこなわれている（**正受院の脱衣婆**参照）。

〔参考文献〕中野区役所（編）、一九四四『中野区史』下巻（一）、中野区役所。森田金蔵・森田金吉、一九八二『杉並とその周辺の昔話』、清水工房。

蓮《れん》華《げ》寺《じ》の生《せい》髪《はつ》鬼《き》子《し》母《ぼ》神《じん》

中野区江古田一ノ六

御利益
○安産祈達成
○子育成就

中野区の蓮華寺には、本物の人毛を植え付けた等身大の鬼子母神像が祀られており、「生髪鬼子母神《せいはつきしぼじん》」と呼ばれている。その人毛は信徒女性らが自らの黒髪を切って奉納したものだという。**安産・子育て・子授け**のご利益仏として、女性の信仰を集めている。徳川将軍家の祈願所でもあり、四代将軍徳川家綱が生まれる時、当寺を開山した日優上人が、安産祈祷《きとう》をおこなったと伝えられる。

〔参考文献〕中野区役所（編）、一九四四『中野区史』下巻（一）、中野区役所。やまひこ社（編）、一九八七『東京御利益案内』、リブロポート。

蓮《れん》華《げ》寺《じ》の虫《むし》除《よ》け不《ふ》動《どう》

江戸川区江戸川六ノ四

御利益
○病気平癒（癇の虫）

江戸川区の蓮華寺に祀られている不動明王は、「虫除け不動」と呼ばれ、**小児の癇《かん》の虫**の平癒にご利益があるといい、広く信仰されてきた。昔、この地に観音堂があって、村人たちの手で守られてきたが、永享十年（一四三八）に栄源法師という旅の僧が不動明王像を背負ってやってきて、ここに永住することになった。村人たちは協力して寺堂を建ててやったが、それが蓮華寺の開創となったという。栄源の背負ってきた不動像は寺の本尊となり、「虫除け不動」と呼ばれるようになった。

あとがき

この事典ができるまでのいきさつについて、最後に少しお話しておきたいと思います。新人物往来社という出版社が、一九八〇年代に『ＡＺ』という季刊誌を出していたのですが、その第七号に寄稿を頼まれ、「庶民信仰と願かけ」という一文を私は書いたことがあります。一九八九年のことでした。その一文は編集部の意向で、「肥大化する都市の欲望とご利益祈願」などという仰々しいタイトルに変えられてしまったのですが、読者に大変好評で、大きな反響があったのです。その原稿には参考資料として、東京都内のご利益神仏の一覧表と分布図とを、おまけに付けておいたのですが、それがとても話題を呼び、その情報をもとにあちこちの寺社を参詣する読者まで出てきたのです。

この「庶民信仰と願かけ」という一文は、のちの一九九六年に三弥井書店から刊行された拙著、『江戸東京の庶民信仰』にも収録され、タイトルも原題にもどされました。さらにその後の二〇一九年、その本は講談社から文庫本で再刊されることになりました。そして今度は、それが笠間書院の目にとまり、ご利益神仏の一覧リストをさらに拡充・発展させて、江戸東京全域版の事典を作ってみないか、ということになったわけなのです。

しかしながら私は、今まで何冊もの辞典・事典の編集にたずさわってきた経験があり、一冊の事典を作るのがいかに大変な作業であるのかをよく知っています。ですから、笠間書院からのお誘いに対しても二の足を踏んでいたのですが、一冊の事典を編集するのではなく、一冊まるごと自分で書いてよいということでしたので、それならばやってみようかという気にもなりました。事典の編集にともなう最大の苦労は、多人数の執筆者たちに、いかにして同じ文体で原稿を書いていただくかということです。書かない人を、いかにして書いてくれるように持っていくか、ということもなかなか大変で、骨が折れるわけです。

その点、自分一人で全部書くのであれば、人に気を使う必要もないので、この仕事を私は引き受けることにしたのです。それに、単独執筆者によって編まれた事典には良いところがあって、書き方のトーンが一定しているうえに、全体をつらぬくカラーというものを明確に打ち出すことができ、統一感のあるものができるのです。

こうして私は二〇二〇年七月から、さっそくこの事典の執筆に取りかかったのですが、同時並行で東京都内全市区町村の再調査も進めましたので、結構それはしんどい作業で、時間もかかりました。笠間書院から私に与えられた執筆期間は半年間ということでしたが、結局書き上げたのは二〇二一年二月のことで、八ヶ月間を要してしまいました。最初の約束を守れなかったことを、関係者の皆さんにお詫びしておきます。

この事典に関する読者の皆さんからのご意見・ご批判は大歓迎致しますので、遠慮なく笠間書院を通じて私までご連絡いただきたく、お願い申し上げます。

二〇二一年四月一日

長沢利明

地域別索引

この索引は、本書収録の全ご利益神仏ならびにご利益神社・仏閣を東京の地域別に配列したものです。

千代田区

中央区

港区

新宿区

文京区

台東区

墨田区

江東区

品川区

渋谷区

中野区

杉並区

豊島区

北区

荒川区

板橋区

練馬区

足立区

葛飾区

江戸川区

八王子市

立川市

武蔵野市

三鷹市

青梅市

府中市

昭島市

調布市

町田市

小金井市

小平市

ご利益別索引

この索引は、本書収録の全ご利益神仏ならびにご利益神社・仏閣をご利益別に配列したものです。

火山噴火沈静・火山災害防止

家内安全

祈願成就

災難消除

就職成就

受験合格

巡礼利益

将棋上達

商売繁盛

旅行安全

恋愛成就

この索引は、本書収録の全ご利益神仏ならびにご利益神社・仏閣をご祭神・ご本尊別に配列したものです。

祭神・本尊別索引

七福神

七面大明神

痔の神

釈迦如来

十三仏

樹霊

鍾馗

長沢利明（ながさわ・としあき）

1954年群馬県生まれ。法政大学社会学部卒業、同大学院修了。現在、法政大学、国士舘大学講師。著書に『東京の民間信仰』『江戸東京の年中行事』『江戸東京歳時記』『江戸東京の庶民信仰』ほか。

江戸東京ご利益事典

2021年6月25日　初版第1刷発行

著者　長沢利明

イラスト　白井匠

発行者　池田圭子

発行所　笠間書院

〒101-0064
東京都千代田区神田猿楽町2-2-3
電話03-3295-1331
FAX03-3294-0996

ISBN978-4-305-70942-4

アートディレクション ―― 細山田光宣
装幀・デザイン ―― 鎌内文
（細山田デザイン事務所）
本文組版 ―― キャップス
印刷／製本 ―― モリモト印刷

https://kasamashoin.jp

日本怪異
伝説事典
朝里 樹 監修
えいとえふ 著
日本再発見
恐山霊場、東北のイエス・キリスト、
虚舟、玉藻前と殺生石、
徳川幕府の埋蔵金、鬼が棲む大江山、
最古のピラミッド葦嶽山、
謎の回廊「トンカラリン」……
日本の各地域で語られた
怪異で不思議な伝説を800項目以上掲載。
日常の外側にある、
もうひとつの日本を訪ねる事典。
笠間書院